图书在版编目（CIP）数据

国土空间详细规划探索 / 侯丽，于泓主编. -- 上海：同济大学出版社，2022.10
（理想空间 / 夏南凯，俞静主编；89）
ISBN 978-7-5765-0411-8

Ⅰ. ①国… Ⅱ. ①侯… ②于… Ⅲ. ①国土规划—研究—中国 Ⅳ. ①F129.9

中国版本图书馆 CIP 数据核字（2022）第 189462 号

出版发行　同济大学出版社
策划制作　《理想空间》编辑部
印　　刷　上海颛辉印刷厂有限公司
开　　本　635mm x 1000mm　1/8
印　　张　16
字　　数　320 000
印　　数　1-3 000
版　　次　2022 年 10 月第 1 版
印　　次　2022 年 11 月第 1 次印刷
书　　号　ISBN 978-7-5765-0411-8
定　　价　55.00 元

购书请扫描二维码

本书使用图片均由文章作者提供。

编者按

在国土空间规划的三种类型中，详细规划有几个极为鲜明的特征。详细规划是参与主体最多元的规划类型，所有的城乡空间使用者都直接参与详细规划的执行乃至编制过程；详细规划是工作总量最庞大的规划，除了有编制全覆盖的要求，详细规划的调整则随时随地都在发生，日常工作极为具体烦琐；详细规划更是暴露矛盾冲突最直接的规划，权益、权力和权利，上下级政府之间、开发企业与当地群众、规划理想与市场现实……所有冲突都集中在详细规划层面最终呈现。但是也正因为这些特征，详细规划的机制体制也成为规划领域最能体现国家治理现代化水平的“标尺”。

详细规划改革的难度可能也是最大的。一方面，详细规划更多体现为地方事务，而本次规划体系改革的一个焦点即为厘清中央事权与地方事权的分野，但详细规划权力的设计架构到目前还不够清晰；另一方面，各地的详细规划制度都是各个主体在长期磨合、碰撞中形成的力量平衡，也在根据社会经济的发展情况不断进行着微调，差异性较为明显，国家制度如何在这些差异中找到最大公约数，需要非常的智慧；此外，现行详细规划累积的多数问题已经不是技术范畴，而是关联到城市治理行为的多样化目标，以及如何同时避免管理手段的僵化和滥用。

正是因为这些特征和难点，相比于正在艰难推进的总体规划编制工作，各级主体对详细规划制度的改革工作可能抱有更直接、更贴近实际的需求。从需求，到一个更好的制度的落地，需要全面深入的调查研究和科学审慎的决策过程。

在既有详细规划研究的基础上，我们认为，在这个重要的制度转折点和工作衔接点上，有必要对详细规划的历史路径、国际动态，地方创新等各个方面再次进行系统深入研究，为最终的政策制定奠定坚实的基础。这也是我们结集出版本专辑的出发点和动力。

本专辑邀请了来自海内外科研教育机构、地方管理单位和规划编制单位的各方面专家学者，从国土空间规划的制度架构、详细规划的国际经验借鉴、地方详细规划的制度与创新以及国内详细规划编制实践四个方面，对国际国内详细规划制度的最新动态进行了具有针对性的梳理和呈现，特别感谢中国城市规划学会详细规划委员会各位委员的大力支持和突出贡献。

本专辑也是《理想空间》“国土空间规划”系列中的一辑，与以往的专辑相比，我们扩展了“规划”的概念，以应对空间规划的全域全要素特征；兼顾规划编制和管理制度，突出了详细规划的公共政策属性。希望我们的工作能为国家建立起先进科学、好用管用的国土空间规划体系积累尺寸之功。

上期封面：

CONTENTS 目录

国土空间规划体系中的详细规划

Detailed Planning in the Territorial and Spatial Planning System

同济的控制性详细规划教育与详细规划发展
——夏南凯教授访谈

Education on Regulatory Planning at Tongji University and the Future Propect on Regulatory Detailed Planning
—Interview with Professor Xia Nankai

夏南凯，同济大学建筑与城市规划学院教授、博士生导师；注册城乡规划师；上海同济城市规划设计研究院有限公司资深总工、城市评估与开发研究中心首席研究员。

[文章编号] 2022-89-A-004

一、关于控制性详细规划教育

问：夏老师，非常感谢您能接受我们的专访。您是我们控制性详细规划教育的奠基人之一，能否先请您介绍下控制性详细规划教育的历史轨迹。第一版和第二版的控制性详细规划教材，都是您主持编写和主要参与的，请您谈谈两版教材之间有哪些变化。

夏南凯（以下简称“夏”）：在我们上学的时候，并没有系统的详细规划教学，也没有教材，现在我们谈的控规当时其实是城市设计教学的一部分。

同济大学规划系最早讲解控制性详细规划的老师是邓述平先生。邓先生留访德国，带回一套图纸，大约就是B-plan的那个体系的图件。1982年我们刚刚毕业跟随邓先生做“孤岛新镇规划”，当时是在同济新村的工会俱乐部进行工作，就借鉴了这一套图纸。1984年，“孤岛新镇规划”获得了全国第一个城市规划设计一等奖。从规划实践看，就在我们编制新镇规划的同一年，1982年，上海虹桥开发区也在探索控制性详细规划的编制，这是两条平行的发展线。

上海虹桥控制性详细规划是为了对接国际进行招商引资，所以理念超前。此后，陆续有厦门、桂林等城市都进行了规划探索，这些规划是在总规或者分区规划中带有控规的概念。实践走在了规划教育的前面，80年代中期，城市设计和控制性详细规划的内容开始作为不同的章节出现在第一版《城市规划原理》教材中，1996年，同济大学开设了控制性详细规划的专门课程，相应的控规教学才逐渐形成体系。

控详的教学一直是和城市设计紧密联系在一起的，乃至目前，控详的专业课还大多是和城市设计这门课结合到一起的，有的是一个教学课程的两个阶段，有的是两个课程，但时间上是紧密衔接的。

很长一段时间中，控详都是没有专门教材的（据我所知，迄今依然还未出版全国统编的“城市设计”和“详细规划”的教材）。2005年我和田宝江一同编制了第一版《控制性详细规划》教材，主要就是弥补这个空白。我们当时还是从城市设计角度和规划编制的角度出发，基本上没有讲到管理的内容。从内容上看，当时的控制性详细规划有两大主流理念，一种是德国B-plan规划理念，规划精细，指标控制到层数、高度，像上海等大部分城市都是采用这种编制方式；另一种是美国区划的理念，重视规则的制定，更强调管理的公平性，很多指标比较空，像深圳当时的规划。这两个理念在各地的规划实际编制过程中都有参考，只是规划的出发点有所不同。

第二版则把管理的特色和要求编写进去了，主要是因为当时详规出现了很多管理问题。如控规编制完成后，未能按规划执行。由于控规编制时无法预测到5年、10年后城市的空间形态问题，所以往往需要调整控规。但也不能乱调整，像上海的规划论证是由规划主管部门的专业技术人员主导的，即使调整指标，也不大会影响到城市建设的风貌控制；深圳控规审批主要由规委会主导，土地审批过程中会再进行一轮城市设计来解决城市形象问题，局部的城市形象也保持得不错。然而，对于很多中小城市，其建设中开发商比较强势，开发商和政府博弈得较为激烈，加之缺乏专业技术能力支撑，控规调整后城市形象就很难把控，所以往往中小城市的形象问题比较多见。这显然是一个管理问题。

我们的教材对不同的编制过程和方法进行了描述，但这些方法并没有对错之分。实际上，国家虽然确定了控制性详细规划的法律地位和编制办法，但控制性详细规划的编制细则往往是由市一级管理部门调整确定，有很多的地方特色，符合当地的地方特征，经常也会有一些细节的调整。当然，在教学当中我们也一般是不会讲很多差异性的管理内容的，还是以城市设计映射出的空间内容为主。

问：“十四五”教材出版计划中控制性详细规划教材已经在编，您觉得这本教材应该赠加什么内容?

夏：面对国土空间改革，详细规划作为实施性规划非常重要，甚至比城市设计更重要。城市设计为详细规划做前期研究支撑，详细规划是具体指导城市开发建设的重要技术手段，且必须与管理手段结合。国外项目很多实行总师制度，因为从规划到实施往往需要很长一段时间，需要有较强的稳定性来保证规划设计的顺利实施，但这种稳定性又不能过于死板和僵化。

在教材中应该对详细规划的动态性有一个更深的认识和理解。随着城市的发展和规模的变化，往往建成区的部分使用功能无法匹配社会发展的新需求。改革开放之前，中国物资紧缺，生产不足，所以以扩张型规划为主，大搞建设；而现在规划大都面临供给过剩和存量提升的难题。“可持续空间”的概念是需要我们去理解的，这不同于我们通常说的可持续发展，是指规划上对不同生命周期的城市的适应。

其次，应该充分认识到城市规划本身具有社会属性，应与社会发展需求相呼应。比如，五分钟、十分钟生活圈的应用已经非常广泛，但这个五分钟并没有考虑社会的发展。不同的生活方式和交通工具，其出行时间是不同的，美国是以小汽车为主的低密度居住社区，所以其生活圈范围更大，但在高密度社区生活圈的范围可能就会小很多。说这个例子，主要是表明，不同的开发方式和生活方式所需要的控制性内容是不同的，控制的指标可能也有所不同，不能将掌握规范作为教学的唯一目标，要回到城市规划的本质属性上。

二、关于控制性详细规划的发展

问：如何评价控制性详细规划在历史中所发挥的作用？

夏：控制性详细规划的作用是承上启下，把总规内容传导到建设管理可操作的层面，是对城市空间建设的一个指导，是用来具体指导城市开发的，在《城乡规划法》中也确立了其法律地位。控详、详规指导城市开发，需要确定土地属性、开发强度及坐标。

最早详规主要是根据用地平衡理论，根据经验判断城市中需要多少工业用地、道路建设用地、居住区用地，在中国改革开放前便有用地指标体系概念了。1982—1987年，在土地批租制度实施之前，控规的指标思想是有的，但只有总的用地指标，没有详细到地块，后来控制性详细规划结合国家土地批租制度才健全了指标要素。

对于指标体系，当时的方式是把所有的城市用地指标进行统计，根据统计学得出一个结果，大城市的用地指标和中小城市的用地指标相同，不见得合理，这应该是一个很需要研究的问题。南方城市和北方城市、山区城市与平原城市、土地贫瘠地区和土地肥沃城市、土地富裕和土地紧缺的城市、大城市和小城市的用地指标应该是不一样的。随着规划的发展，这些问题也在逐步得到解决，但还是以统计经验为基础。

控规发挥的一个主要作用是配合城市设计。城市设计主要是为了城市形象，但在实施过程中无法落地，最终还是靠建筑师打造。到现在，实施和城市设计之间的鸿沟依然存在，虽然每个城市都会做总体城市设计，但是没有法定的程序或相应的规定把指标传导下去。

比如说上海浦东的城市设计，通过国际招标方案汇总后，明确了城市最高点所在的区域、建筑形态。在后来的实施过程中，上海的最高点就确定出现在陆家嘴，就是现在的“三件套”。这是规划控制产生积极成效的例子。

但是空间的格局是受到具体的经济基础和技术条件限制的。从技术和空间管理角度出发，交通、水电都是限制条件，如交通能否解决高强度开发地区的水平和垂直交通的矛盾，以及技术上能不能建到那个高度；再者就是这个城市的经济实力如何。经济条件影响人的审美，这也是控规中面临的比较难以解决的问题。比如，如果在70年代或者80年代初建设上海中心，大家都觉得很突兀，就像迪拜的哈利法塔，孤零零地杵在那里，尽管建筑本身设计还是不错的，但整体来看不见得有多么美。现在看上海中心，建筑的空间组合就很协调。

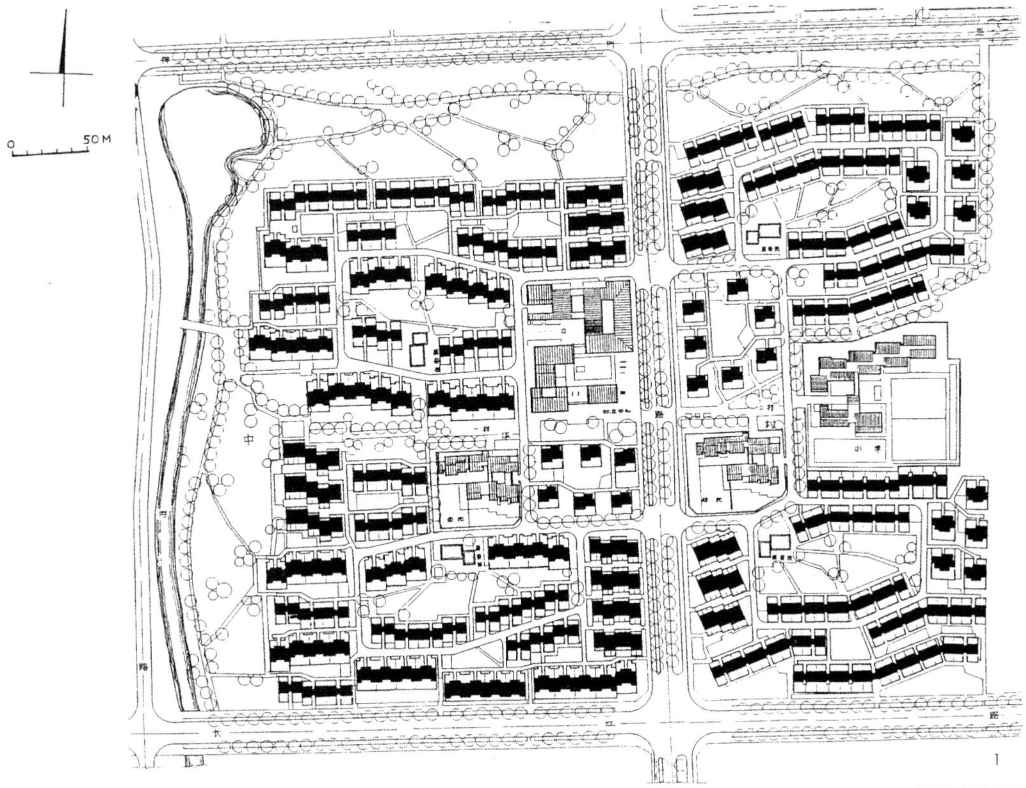

1.孤岛新镇规划

空间使用需求也随经济变化而变化，因为高强度开发带来了大运量交通，更多企业希望入驻办公，涌现出了许多新的需求，类似陆家嘴的二层连廊问题就出现了。在最早的国际招标的方案中，设计就提出要做立体多层平行交通，受限于当时的经济条件，一直无法实施，在规划审批中也没有坚持下来。直到前几年，经济实力提升了，对二层连廊的需求越发突出，然而此时，经过十几年的开发，周边的建筑都已经建好，再进行更新改造，付出的代价也是巨大的，有许多区段也不具备连接的条件了。这种案例不仅在上海有，以前的中国中国香港、广州金融城也有，日本的核心地区也有出现，要达到一定的经济实力后才会进行多层立体交通的建设，要通过不断地改造来改善交通环境。所以这是一个不断调整、适应的过程，这时控规的管理逻辑就变得非常重要了。

过去我们可以参照其他发达国家的规划方式和理念，现在中国建设发展已经超越大部分发达国家，就需要我们自己来预测判断未来的发展趋势，也许中国未来会有新的理念来引领其他国家。

问：您觉着国土空间规划改革提出的五级三类规划体系，对详细规划的影响或者要求是什么？

夏：国土空间规划最重要的一点是用控制的规划来代替发展的规划。控制的目的是保护资源，发展的目的是充分利用资源。保护资源的目标应该更加长远，不是阻碍近期的发展，而是为长期发展作保障。所以这个长远的保护目标必须有个底线，不能所有地区一个标准。

内地在改革开放时期引入了中国香港的土地管理办法，中国香港把土地作为地方政府的主要收入来源，全盘统筹。现在一些地方政府也是这样的，政府只有通过土地出让才能保证运作资金。在这种情况下，我们学习了中国香港。由于用地紧张，中国香港采取了非常严格的土地控制，每年土地审批量非常有限，所以开发强度非常高。而许多地方政府的目标都是短期的，土地供应无限制，从市场微观经济学来看，土地供应量太多，收益反而低，因为单价低。

中国香港是全港一盘棋，但是内地城市处于相互竞争关系，可能会导致恶性竞争，所以需要国土空间规划的协调，在协调的基础上再进行各个城市的详细规划的研究。所以一定要对地方政府进行严格的土地控制，要与地方发展需求及可能性相匹配。一是在事先预测上要匹配，二是在事后的监督上要匹配：能否达到土地使用的指标要求，土地的开发效益是否能达标。作为地方政府更不能只看土地收益，不管土地效益，要建立效益考核机制。

问：那么详规的管控内容到底应该是“扩张”还是应该“减量”？

夏：从理论上讲，作为国土空间规划的传导，它

2-3.孤岛新镇实景照片

的控制性指标应该传导到地块，但是我们现在没有那么大技术力量，或者没有花大成本去规划一些本身收益不高的土地，像生态用地。这类用地没有经济诉求，规划成本、管理成本很高，且后期管理跟不上。

很多地方规划要调整，但越调整越不合理，只有在管理控制很严、专家技术力量强的地区的规划调整才相对比较合理。根据这几年的经验，空间管理的问题主要出现在中小城市，中小城市的空间浪费也比大城市严重得多，将来可能会出现一大批所谓的“鬼城”，这就是管理的问题。

严格管理和细化管理是两个概念，严格管理就是对出现的问题要追究责任，细化管理就是看指标是不是做得更细，我认为中小城市可以重点地区实施细化管理，其他一般地区则强调责任管理，在规划实施过程中把空间诉求和空间建设过程以及空间最终效果进行评估，对最终结果进行追责。

问：国土空间规划体系正在逐渐成形，现有详细规划和全新的国土空间总体规划之间可能存在哪些缺环或者配合的困难?

夏：目前问题还是很多的。很多东西还没做到。比如生态空间规划，虽然很多地方都强调生态用地和其他功能的结合，但有些地方政府对划生态红线这个概念理解得非常死板，现在各地政府就强调要更多建设用地指标，说明他们对划线的这个做法没有完全理解。其实如果真的有重大项目，地方建设用地完全可以通过调整来解决。

三线在某种意义上也是可以调整的，只是要看调整的目标和总体目标之间的关系如何，哪个更重要。重大项目都是上一级政府确定，带指标落地的，所以不需要本级政府建设用地指标的确认，政府确认建设用地指标是确认权利，但是应该明确权责对等的关系，即有多少权利就有多少责任。指标应该与社会经济发展要求相对应，因为土地最终是为了解决社会问题和经济问题的。

问：未来的详细规划如何在管控和发展之间更好地平衡?

夏：管控和发展之间要有长远目标，要有中近期的预测，这样的管控才能有要求。从社会和经济来看，发展是永恒的，但是发展不仅是空间的扩大，还与空间使用的有效性相关。所以需要研究的内容有所变化。过去我们做发展型规划，主要是扩大用地，扩大空间；现在我们的目标是怎样利用好空间，包括新空间的拓展和旧空间的再利用，空间的拓展不光停留在二维层面，也要从三维立体的层面去探讨。现在国土空间总体规划还是一个平面管控，而详细规划是个三维管控，在平面管控受到限制的时候，做好空间的立体管控是更加重要的研究内容。这里的管控不光是空间形象的管控，还包括开发的强度、不同层数、不同高度空间的利用。还要考虑时间变化所带来的技术的条件和管控的要求的变化。

问：最后，我们回到规划教育和实践相结合的问题上，您觉得国土空间规划师和城乡规划师的本质区别是什么?

夏：狭义上看，我们之前接受的是城市空间规划训练，而土地规划是平面规划的概念，我觉得这两者都不够。平面控制只是最基础的控制，平面规划是取代不了城乡规划师的空间管控的。当然土地规划也有管理的技术要求，国土空间规划师应该掌握，但更重要的是要把土地规划师和空间规划师综合到一起，同时要有时间上的规划，让规划变成四维的。虽然现在的规划都有时间限制，但只画几张近期规划图和远期规划图是满足不了管理需求的。这个变化的逻辑我们该如何去应对，就需要社会规划师的时空概念，或者是经济规划师的时空概念。未来的国土空间规划要完成任务，达到我们预想的目标的话，需要更多的专业协同。以前的城乡规划师是从城市规划师来的，但土地管理的概念也是需要的，另外要有社会规划师和经济规划师参与。

实际上现在讲的国土空间规划师是一个行业的概念，就应该有多专业的规划师参与规划设计。其他行业也已经在逐步确立规划的概念。如海洋规划师，以前的海洋管理都是从专业技术角度去做的，从空间角度理解不是很多，现在需要对海洋的产业、生态有专门的研究；同理，对生态学这个专业，也不是只有一种生态学家，有动物学家、植物学家、地质学家等，这些专家都应该作为空间管理的一分子，做好多规合一，不只是两规合一。城乡规划师是无法被取代的，城市设计具有很强的专业性，因为城乡规划师主要是做城市形象管控，从社会学家和经济学家的角度看，就需要城乡规划师来把他们的管理理念落实到空间中。所以现在的“国土空间规划师”不可能覆盖所有的专业。国土规划是以底线管控为主的，城乡规划工作是以空间发展目标的管理为主的。未来的国土空间规划师可能会合二为一。

全域土地综合整治与国土空间详细规划

Comprehensive Land Remediation and Territorial Regulatory Detailed Planning

曹小曙 黄晓燕 李 涛
Cao Xiaoshu Huang Xiaoyan Li Tao

[摘 要] 全域土地综合整治是优化乡村生产、生活、生态三大空间布局，落实国土空间规划的重要抓手。在梳理全域土地综合整治概念演进及其与国土空间规划关系的基础上，解析当前国土空间详细规划面临的问题与挑战，提出完善国土空间详细规划体系的思考与建议。建议构建土地用途管制全域覆盖和乡村发展建设并重的详细规划体系，结合全域土地综合整治，实现详细规划的全域全要素土地治理。

[关键词] 全域土地综合整治；国土空间规划；详细规划

[Abstract] Comprehensive land remediation is an important way to optimize the spatial distribution of rural production, living and ecology and to implement territorial planning. This paper firstly reviews the evolution of the concept of comprehensive land remediation and its relationship with territorial spatial planning. Then, it analyzes the problems and challenges faced by the current territorial space detailed planning, and puts forward some thoughts and suggestions to improve the territorial space detailed planning system. Finally, this paper proposes to establish a detailed planning system that places equal emphasis on the comprehensive coverage of land use control and rural development and construction, and realizes the comprehensive and all-factor land governance of detailed planning by combining the comprehensive land remediation of the whole region.

[Keywords] comprehensive land remediation; territorial planning; detailed planning
[文章编号] 2022-89-P-007
基金项目：国家自然科学基金项目(41831284)

一、引言

国土是经济社会发展、城镇化发展及生态环境建设的空间载体。国土空间规划治理体系是国家治理体系的重要组成部分。2019年5月中共中央、国务院印发《关于建立国土空间规划体系并监督实施的若干意见》提出国土空间规划是国家空间发展的指南、可持续发展的空间蓝图，是各类开发保护建设活动的基本依据[1]。国土空间规划从层级和内容体系来看，形成了“五级三类”的框架体系。纵向上，对应行政管理体系，包括国家、省、市、县、乡镇五级。横向上，包括总体规划、详细规划以及相关专项规划三类。总体规划强调规划综合性和全局性，详细规划强调实施性，而专项规划则突出对重点领域、重要方面和重大问题的专门性研究和规划。分级分类的国土空间规划体系是我国空间规划体系改革的重要成果，有助于实现国家战略部署和约束指标的层级传导和空间落实。

近年来，随着我国国土空间规划实践的全面开展，学术界和相关从业人员对国土空间规划的内涵定位、空间体系、政策法规体系、支撑技术等进行了广泛讨论[2-6]。尤其是从编制的重点和方向、目标指标、实践探索等方面对不同层级的国土空间总体规划进行了深入分析[7-8]。但对于新国土空间规划体系下的详细规划讨论相对不足。相对于国土空间总体规划的完整框架和技术方法，相关文件中关于详细规划编制框架和模式的部分还有待完善。详细规划如何顺应新的国土空间规划体系，进行自我调整和完善，有效发挥其国土空间管制的核心工具职能成，为紧迫议题。

传统的详细规划主要在城市层面编制，用于引导近期土地开发和建设安排，为我国的城市用地管控和建设引导做出了突出贡献。然而，在新的发展背景和空间规划体系下，详细规划面临着城镇化转型、高质量发展、建立现代化治理体系、乡村振兴、生态环境治理等一系列挑战。作为“五级三类”中被保留的实施性规划，详细规划在功能定位、管制内容、治理方式等方面急需适应性调整，以应对生态文明建设和高质量发展目标下的国土空间治理挑战。

二、全域土地综合整治与国土空间规划解析

1. 全域土地综合整治概念的演进与形成

土地整治的本质是“对人地关系的再调适”[9]。土地整治的概念由国土整治演化而来。国土整治的概念最早发源于欧洲，在我国20世纪80年代地理学界开始提倡，后来被称为土地开发整理，再发展为土地整治的概念。土地整治包括土地开发、土地整理、土地复垦、土地修复等，是为满足人类生产、生活和生态的功能需要，对土地进行的综合治理活动[10]。我国土地整治的实践主要经历了四个阶段。第一阶段从20世纪80年代开始，以借鉴国外经验、探索耕地保护为主；第二阶段以农用地整理为重点，试点建设用地的整理；第三阶段，主要实施土地整治重大工程以推动地方创新；第四阶段的重点是国土综合整治与生态保护修复。

国土综合整治是对国土空间布局和自然资源利用进行优化调控的过程。在不同的时代背景下，国土综合整治具有不同的内涵、目标和定位。在当前国土空间规划

1.国土空间规划体系示意图

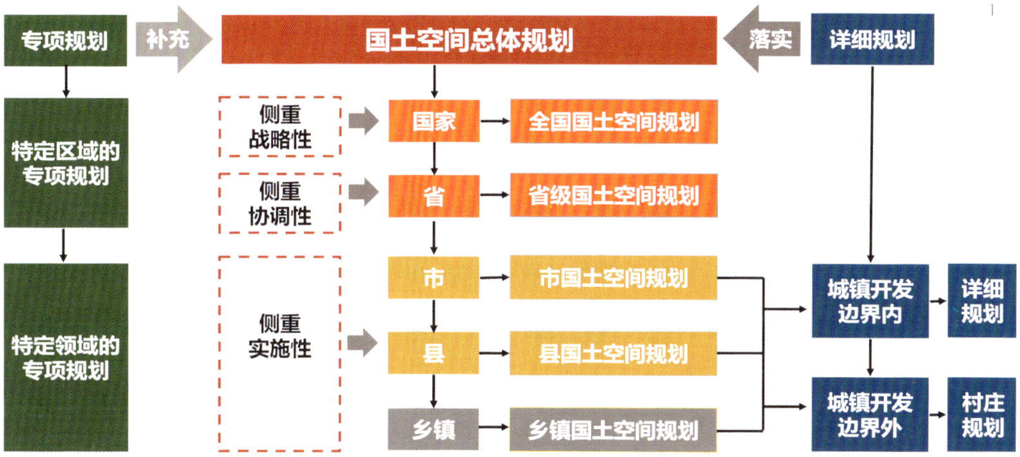

2.人类活动与土地系统关系示意图
3.人类活动系统的构成示意图
4.全域土地整治与国土空间规划的层级结构

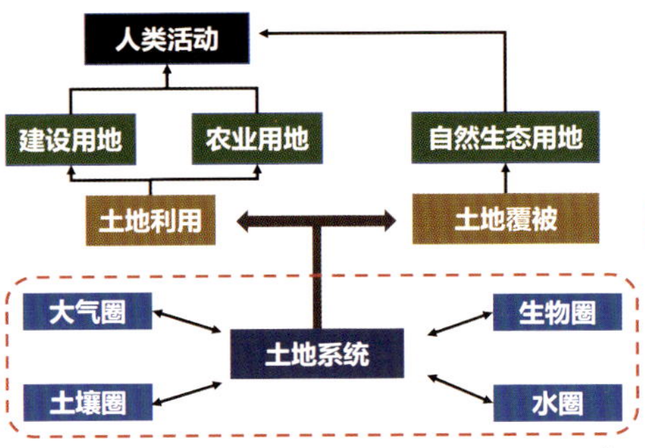

2

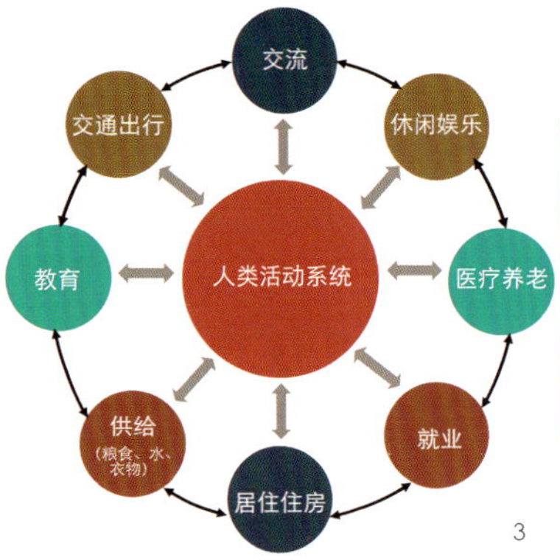

3

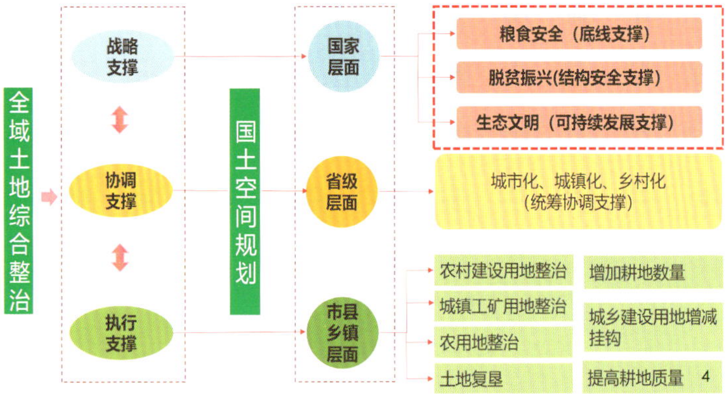

4

的语境下，国土综合整治成为实施国土空间规划、落实用途管制的重要手段。我国在2018年《乡村振兴战略规划（2018—2022年）》中明确提出加快国土综合整治，实施农村土地综合整治重大行动，推进农用地和低效建设用地整理以及历史遗留损毁土地复垦。

全域土地综合整治是在国土综合整治的基础上发展起来的一个全新概念，指的是在国土空间规划的指引下，对生产、生活、生态三大空间的全域优化布局和整体设计，对山、水、林、田、湖、草、村等进行全要素综合治理。对生产空间而言，主要指农用地的整理；对生活空间而言，主要指建设用地的整理；对生态空间而言，是乡村生态保护修复。2019年12月自然资源部印发《自然资源部关于开展全域土地综合整治试点工作的通知》，为贯彻落实习近平总书记对浙江“千村示范、万村整治”重要批示精神，按照《乡村振兴战略规划（2018-2022年）》相关部署要求，自然资源部将组织开展全域土地综合整治试点工作。[11]。2020年，中央一号文件强调“展开全域土地综合整治，优化农村生产、生活、生态空间布局”[12]。全域土地综合整治以乡村为基本实施单元，主要任务包括高标准基本农田建设、农用地整理、建设用地整治、农村人居环境整治、生态保护修复和公共空间治理等。

2. 全域土地综合整治对国土空间规划的支撑

（1）理论支撑

国土空间是自然与人类所共同实践的物质载体。国土空间规划体系就是要解决人类活动和自然之间的关系问题，自然系统与人类活动系统相互作用而形成的人地耦合系统是国土空间规划的基础理论支撑与系统性应用的前沿地带[13]。“国土空间规划”不是一个单纯的“土地＋空间”自然要素的规划，实际上是“人—地关系”规划，包含了“人的系统”和“地的系统”两个对象，以及确定两者相互对应的空间分布关系、结构配比关系、开发利用强度关系的过程。

国土空间“五级”规划，以不同尺度、不同社会组织形式、不同生产方式、不同治理制度为背景的“人类系统”为对象。由于各级“人类系统”在“土地空间”的投射具有很大区别，不能简单地按照“自上而下”传导管治的单向传导逻辑去设计国土空间规划体系。构建上下协同分工的“规划+用途管制”的治理体系必要且迫切。

全域土地综合整治是优化国土空间布局、建设美丽乡村的重要平台手段，是服务耕地保护和节约集约用地的重要举措。通过全域土地综合整治，可以有效发挥自然资源对高质量发展的支撑作用。国土空间规划是全域土地综合整治的引领，全域土地综合整治是国土空间规划实施的重要抓手。

（2）层级结构

与国土空间规划对应，全域土地综合整治应依照不同层级进行划分，每一层级诉求不同、内容不同。在国家层面，关注的核心目标是粮食安全（底线支撑）、乡村振兴（结构安全支撑）、生态文明（可持续发展支撑）。全域土地综合整治为国土空间规划提供的是战略支撑。在省级层面，关注的核心目标是城市化、城镇化、乡村化。全域土地综合整治为国土空间规划提供的是统筹协调支撑。在市县乡镇层面，关注的核心目标是增加耕地数量，提高耕地质量，并通过城乡建设用地增减挂钩等政策手段，拓展城镇建设空间。因此，全域土地综合整治以落实国土空间规划为目标，包括农村建设用地整治、城镇工矿用地整治、农用地整治和土地复垦。

三、基于全域土地综合整治的国土空间详细规划思考

1. 国土空间详细规划面临的问题和挑战

长期以来，我国传统的详细规划主要作为一种城乡规划建设过程中的技术管理工具和规划许可依据。一般在城市和镇范围内编制控制性和修建性详细规划。传统的村、镇规划深度与详细规划类似，主要方法还是村庄发展规划预测，建设用地管理等。总的来看，传统的详细规划存在重城内轻城外，对城镇开发边界外的非集中建设区管控不足等问题[14-16]。传统详细规划体系中，非建设空间未纳入城乡规划许可范围。而对于水域、林草地和耕地的空间许可制度也主要是针对单一要素的管控，缺乏对非建设空间的统筹安排。虽然传统的土地利用规划关注建设用地与非建设用地的用途转换，但也仅强调指标约束，缺乏对空间结构和功能组织的统筹安排，对于生态修复和土地治理则更是缺乏规划管理和监督[17]。

当前“五级三类”的国土空间规划体系中，总体规划是一个总的控制，是详细规划和各类专项规划的总纲。各类专项规划的编制应明确编制体系和各项落地需求，而最终应依据详细规划，将总体与各类专项规划关联起来。详细规划具有重要的法定作用，相关专项规划要相互协同。但目前相关文件并未明确专项规划的定位及具体类别。详细规划与专项规划和总体规划的横向衔接导向不明晰，审查要点不够清晰。

在新的国土空间规划语境下，详细规划主要对城镇开发边界内的建设用地进行管控，而非建设用地则通过国土空间总体规划或村庄规划间接或被动管控。非建设用地的专项规划存在的问题也很多，归纳起来有：未明确法定规划地位，非建设用地现有规划编制内容空缺与重叠错位，用地分类标准与用地评定的局限，缺乏完整的非建设用地规划控制要素体系等。

2. 完善国土空间详细规划体系的思考与建议

（1）建立土地用途管制全域覆盖和乡村发展建设并重的详细规划体系

《关于建立国土空间规划体系并监督实施的若干意见》明确了在城镇开发边界内编制国土空间详细规划，在城镇开发边界外编制村庄规划。对于城镇开发边界内的详细规划应建立全域覆盖的土地用途管制制度，并向精细化管理转型。依据国土空间总体规划划定的开发边界，控制性详细规划需要进一步深入研究确定分区管控单元，注意刚性约束和弹性管控相结合，有效落实地块化的全过程和全要素综合管控。

对于乡村建设空间，强调规划治理。乡村建设空

间更多需要的是技术引导，是在底线约束下的乡村社会的规划自治[18]。乡村建设空间规划应强化引导，减少约束，在确保指标底线（永久基本农田、生态保护红线等）约束基础上，强化村民自治，把握好规划指标的刚性和空间布局的弹性，逐步实现指标化、导则化管理。同时，乡镇国土空间规划和村庄规划是实施全域土地综合整治的规划依据，应在规划中明确全域土地综合整治的目标和重点方向。

（2）结合全域土地综合整治，实现详细规划的全域全要素土地治理

在新的国土空间规划体系下，详细规划需要适应全要素和全过程国土空间管制要求，建立覆盖自然资源全类型的详细规划体系。针对非建设用地管控模式不成熟、管理边界权责模糊等问题，详细规划需要进行针对性调整。详细规划可以是专项规划的整合统筹者，其中非建设用地的管理是要件，也是当前的弱点难点。

全域覆盖并不是说所有的地方都要做详细规划，而是说详细规划在建立的过程中要考虑非建设用地的存在和它们之间的关系。详细规划应强化对非建设空间的规划治理，结合全域土地综合整治，对非建设用地提出要素控制，并最终落在用途管制规划图上，形成一个数据库、一张规划蓝图、一套管控机制。

全要素管控指详细规划需要对自然生态类、水源湿地类、农业生产类等不同因子进行精准识别，并对城乡非建设用地提出分类实施建设指引，明确非建设用地控制强度，提出土地用途管制措施。需要加强非建设用地管控指标体系研究，有效地将非建设用地纳入法定详细规划体系。

总之，一个科学的全域全要素的详细规划体系还有待建立。国土空间治理应当顺天意、应地理、合民心。要顺应全球化的过程，要因地制宜，以人民为中心，最终实现以土地利用为核心的国土空间全域综合整治、以生态文明为核心的国土空间系统修复、以社会和谐为核心的国土空间综合治理。

5.基于全域土地综合整治的国土空间详细规划框架
6.非城镇地区详细规划——用途管制

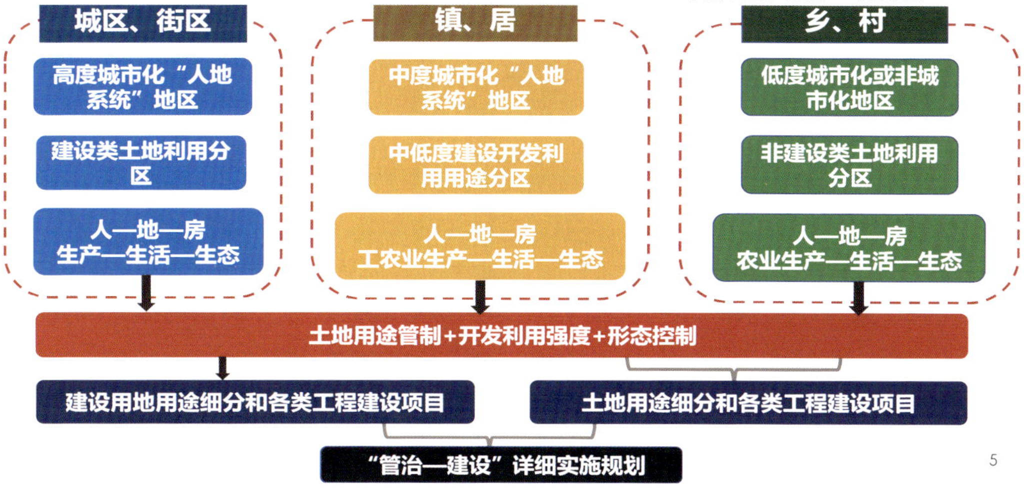

5

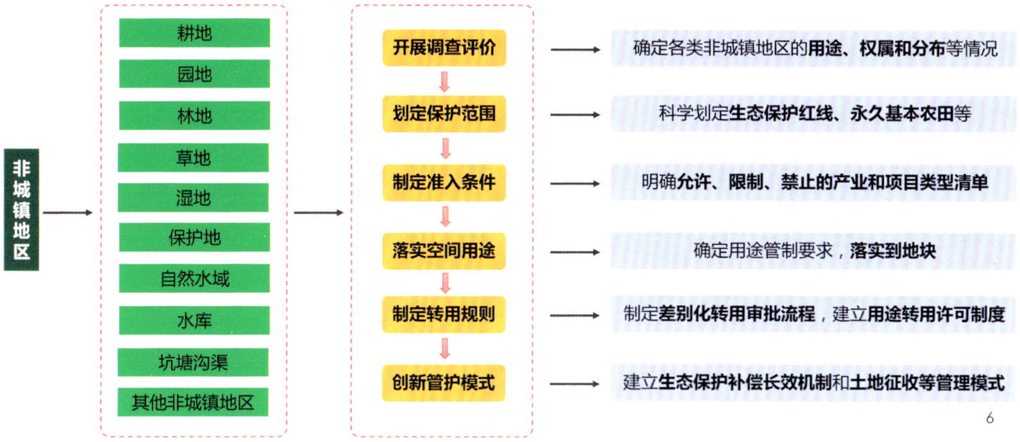

6

参考文献

[1]中共中央，国务院.关于建立国土空间规划体系并监督实施的若干意见[EB/OL]. 2019-5-23. http://www.gov.cn/zhengce/2019-05/23/content_5394187.htm.

[2]黄世臻，刘玉亭，魏宗财.中国国土空间规划研究述评：基于CiteSpace的知识图谱分析[J].南方建筑.2021(3):84-90.

[3]庄少勤，赵星烁，李晨源.国土空间规划的维度和温度[J].城市规划.2020.44(1):9-13+23.

[4]赵燕菁.论国土空间规划的基本架构[J].城市规划.2019.43(12):17-26+36.

[5]黄征学.发展规划和国土空间规划协同的难点及建议[J].城市规划.2020.44(6):9-14.

[6]潘海霞，赵民.关于国土空间规划体系建构的若干辨析及技术难点探讨[J].城市规划学刊.2020(1):17-22.

[7]郝庆，封志明.省级国土空间规划编制的几点思考[J].中国国土资源经济. 2018. 31(1): 29-33.

[8]王新哲.地级市国土空间总体规划的地位与作用[J].城市规划学刊.2019(4):31-36.

[9]严金明，夏方舟，马梅.中国土地整治转型发展战略导向研究[J].中国土地科学，2016.30(2):3-10.

[10]中华人民共和国国土资源部. 土地整治术语:TD/T 1054—2018[S]. 北京:地质出版社. 2018.

[11]中华人民共和国自然资源部.关于开展全域土地综合整治试点工作的通知. [EB/OL]. 2020-9-27. http://gi.mnr.gov.cn/202009/t20200929_2563151.html.

[12]中共中央，国务院. 关于抓好“三农”领域重点工作确保如期实现全面小康的意见[EB/OL]. 2020-02-05. http://www.gov.cn/zhengce/2020-02/05/content_5474884.htm.

[13]曹小曙.基于人地耦合系统的国土空间重塑[J].自然资源学报.2019.34(10):2051-2059.

[14]石华.高慧智.王瑒.空间规划体系构建视角下郊野单元控规地位作用及管控重点探索[J].小城镇建设.2019.37(8):19-26.

[15]王瑒.石华.邵波.等.郊野地区全域控制性详细规划技术路径探索——基于国土空间规划语境[J].城市规划.2020.44(S1):84-90.

[16]赵广英.李晨.国土空间规划体系下的详细规划技术改革思路[J].城市规划学刊.2019(4):37-46.

[17]杨秋惠.顾守柏.新时代改革背景下乡村地区国土空间规划体系构建[J].上海国土资源.2020.41(3):6-11+38.

[18]汤圆.非建设用地管控模式与途径探索：以佛山市顺德区为例[J].小城镇建设.2019.37(9):90-96.

作者简介

曹小曙，陕西师范大学，西北国土资源研究中心，主任，自然资源与国土空间研究院，院长，教授，博士生导师；

黄晓燕，陕西师范大学，西北国土资源研究中心，教授，硕士生导师；

李　涛，陕西师范大学，西北国土资源研究中心，副教授，硕士生导师。

从空间规划到地方治理
——国家治理现代化视角下总规与详规的关系探讨

Between Spatial Planning and Local Governance
—Revisiting the Relationships Between Comprehensive Planning and Detailed Planning from the Perspective of the Modernization of Governance in China

侯 丽 于 泓
Hou Li Yu Hong

[摘　要]　国土空间规划体系改革是国家治理现代化工程中的重要组成，在体现权威的合理性、功能的专业化和参与的大众化三个方面，国土空间总体规划与详细规划是分工各异，然而紧密相连、相互协调的关系。本文批评了当下所存在的将详细规划简单视为总体规划的下层级建设实施规划的思想误区，并指出详细规划作为地方治理工具，在贯彻国土空间发展战略的同时，其任务着重于体现政府权威、发挥企业家精神、引入社会的广泛参与，从而促成社会发展共识的达成，维持稳定的发展秩序。以此为视角探讨总规与详规的关系，在趋于强调自上而下约束和管控的改革实践背景下，重申这两者在分级治理与科学配置、统一引领与监督实施、公共服务的承诺与保障、战略发展与规划收益，以及程序正义和制度保障上的作用和分工。

[关键词]　国家治理现代化；国土空间规划改革；详细规划；地方治理

[Abstract]　The systematic reform of territorial spatial planning is seen as an important part of China's efforts towards the modernization of governance. The comprehensive planning and the detailed planning are playing different but highly integrated and coordinated roles in representing the legitimacy of the authorities, the professionalism of government functions, as well as guarantee of the popular participations. The article tries to clarify the misunderstanding that detailed planning was seen as mere the constructive implementation schemes of the master plans. Instead, the authors argue to restructure the relationship between the two types of planning in terms of hierarchical governance, public services provisions, strategic development and daily operations, as well as procedural justice and institutional protections.

[Keywords]　modernization of governance in China; territorial planning reform; regulatory detailed planning; local governance

[文章编号]　2022-89-P-010

国土空间规划体系改革开展以来，热烈的理论探讨与实践大多集中于国家、省、市的三级总规层面。伴随着2020年《市级国土空间总体规划编制指南（试行）》（以下简称《市指南》）和《国土空间调查、规划、用途管制用地用海分类指南（试行）》的颁布，市县国土空间总体规划在各地轰轰烈烈展开，即将进入收官阶段。在此之后，与新的国土空间总体规划相衔接的（新）详细规划体系建设即将拉开帷幕，对改革成效的检验也进入了关键时期。

各级国土空间总体规划之间自上而下的传导体系，伴随着全国、省级和市县总规编制的推进逐步清晰，国土空间政策的贯彻执行建立在垂直管理体制基础上。全国和省级国土空间规划对下一级市县总规传导的任务体现国家对自然资源保护利用的宏观战略意图，确定区域空间发展的战略格局，对下级政府资源管控的任务权责进行空间边界划分。市级总规则需要上传下达，对上位规划交办的任务落实安排，同时提出县和乡镇总规编制的要求，确保规划目标的贯彻与实施。这一轮国土空间规划改革在生态文明导向下，将原有体系中自上而下的耕地与建设用地指标分配转变为明确空间定位的三线，宏观配额与空间规划相匹配，减少区域发展政策的不确定性与投机性博弈，监管更加公开、透明、可视化。

总规与详规的关系更加体现中央与地方的分级管理体制设计，而不是上下层级总规之间的垂直传导关系。总规与详规在工作对象、工作任务，以及时效性①等方面存在较大差异，从而决定了两者之间的本质差异，即从空间规划战略制定转向地方发展及其治理。在工作对象上，总规表达的是上级政府对下级政府的宏观任务下达或自下而上提交方案的认可，体现政府体系下的垂直约束；详细规划则建构于政府—市场—社会的三重关系基础上，其工作对象既在政府内部，也包含了市场和社会——开发、利用、保护自然资源的所有行为主体，更偏重发展和治理工作。工作任务方面，总规所承担的是战略性、协调性、综合性、约束性和基础性内容②；详规内容庞杂而具体，专业考量极为综合，最终表现为每一具体地块的规划设计要求的总和，涉及社会个体切身利益——而且往往是其最为核心的利益——因而必须协调各种相邻关系、尊重产权、允许广泛的大众参与，从而构建地方发展共识。因此，相对总规而言，详规不仅仅是传统意义的空间规划，而是自上而下的空间规划与现实约束、行政制度、产权关系、社会权威乃至个体利益紧密互动的产物；并且，以地方政府为主导的详细规划在改革开放以来最大的贡献在于其服务于城市发展的经营性特征，这一点在可预见的将来仍难以被取代。[1]因此，准确地说，详细规划是政府战略发展规划、公共保障规划、经营性规划与社会契约的混合，是各种价值选择的“竞技场”，一种对政府和社会多方具有约束力的地方空间治理共识。

如果不考虑这两类规划的不同性质，受以往的惯性思维驱动，将详细规划视为总体规划的建设实施规划，依此进行总规向详规的传导制度设计，甚至简单依照总规对详规实施监督检查，则必然导致各种错配和乱象。从对这一误解的澄清入手，建立在对多规时期总规与详规的关系检讨和对当下国土空间规划编制实践的批判性思考基础上，本文尝试提出两者关系的规范性建构，就未来国土空间规划改革的持续推进提出个人建议。

一、对“失控”的忧虑：多规时期总规与详规的关系检讨

依据《中共中央 国务院关于建立国土空间规划体系并监督实施的若干意见》（中发〔2019〕18号），“详细规划是对具体地块用途和开发建设强度等作出的实施性安排，是开展国土空间开发保护活动、实施国土空间用途管制、核发城乡建设项目规划许可、进行各项建设等的法定依据”。以“用途”而非单一“建设”为考量，在土规、城规和原有被视为专项规划的多规体系中，详细规划涉及领域的内容是十分丰富的，其中，矿业、林业、海洋等详细层面的规划具有较强的垂直管理特性，从划线到标准大多由上一级政府专业职能部门确定，争议较少，在此不再赘述。

比较复杂的局面出现在土规和城规领域，这也是矛盾与问题最为集中的区域。批判性审视过去的体系关系，对地方详规“失控”并因此缺乏权威性、科学性的顾虑，如中发〔2019〕18号文中所提到的“地方规划朝令夕改”，是改革发生的一个重要考量。

1. 编制时的遵循与不断修改中的偏离

总体规划与详细规划之间的关系在计划经济时期相当于宏观战略之于具体建设行动。伴随着社会主义市场化经济体制改革进程，在详细规划层面，修建性详细规划的重要性逐渐为控制性详细规划所取代，总规与详规的对话关系也发生了实质性变化，其中对详规“失控”或者“乱”的顾虑成为一个经典话题[2]，总规对详规的约束出现了“一管就死、一放就乱”的悖论。

总体规划在详细规划编制时所发挥的传导作用最为显著，起到详规编制任务书的作用，详规的“失控”或者说与总体规划内容的偏离主要是通过不断调整发生的。其中有诸多原因。首先是工作精度的差异所导致的，如在1：1000比例的地图中“划定”以1：100比例制定的规划边界（如“三区三线”），从用地分类的大类进入中类和小类（最为典型的，如工业用地中的办公研发用地），自然会产生一定的变数，并且有相当的自我裁量空间，从大比例到小比例的“发展”是否符合总规其解释可以各有千秋；其次变化来自房地产开发市场和社会诉求的日常反馈，或者说编制总规和实施详规间的时差。在土地出让时根据当时当地的市场供需进行规划条件调整几乎成为一种常态。[3-4]

在详规中的地方政府及其主管部门，“既是裁判员、又是运动员”③，这与总规中不同层级政府担任不同角色有所不同。由于详规的审批权在地方政府，总规的权威机构被排除在修改程序之外，难以通过常规审批程序进行制约——另一方面，详规的修改是如此频繁并且需要详尽的地方知识，上级政府也很难对其日常管理进行过多的干预。详规的修改制度也十分复杂，基于地方政府对各级政府和部分的规划权力分配，各地对于控规修改程序的规定，呈现出较大的多样性，出现了各种以“技术调整”“技术完善”“深化”“动态维护”名义而简化详细规划局部调整程序的规定④。事实上，大多数详规的修改，都是出于政府意图、以合法程序完成的⑤。“政府往往是最大的‘违法’者”⑥，在访谈中课题组听到这种反馈。至于详规约束对象中的非政府主体，在利益诉求推动下以各种方式对详规的编制与修改施加影响（包括但不限于：委托权威规划咨询机构编制规划或资助设计竞赛、形成公私合作联盟、托关系、递条子、制造舆论压力等）。

因各种原因而引发的详规“局部调整”，积少成多、聚沙成塔，累积起来对总体规划意图会产生结构性扭转；但总规层面缺乏实时反馈机制，对因调整而产生的失控难以响应，形成总规与详规两层皮、在执行中逐渐相互剥离。在过去几十年快速城市化发展和房地产市场一路高歌背景下，详细规划实施通常表现为开发量和开发强度不断推高、居住用地比例增加、公共与市政设施配套有所滞后、公益性用地实现度低于经营性用地等⑦。

2. “一张蓝图干到底”：趋于刚性的强制性内容约束

对这一症结的体系性反馈主要是增强总规内容的传导刚性。2005年颁布的《城市规划编制办法》（建设部第146号令）中强制性内容的提出正是针对详细规划在实施过程中不断调整从而偏离总体规划规定的情况。依照新的编制办法，城市总体规划的“三区四线”（禁建区、限建区、适建区、蓝线、绿线、紫线、黄线），以及后来土地利用规划的“三界四区”，一旦控死，详规没有权限调整。在总规编制中，还可以根据具体情况，规定其他需要规定的强制性内容。

与强制性内容的提出相对应，2010年12月1日，住建部颁布的《城市、镇控制性详细规划编制审批办法》规定，“控制性详细规划修改涉及城市总体规划、镇总体规划强制性内容的，应当先修改总体规划”，从而进一步从程序上锁死强制性内容地方调整的可能性。

刚性内容的上传下达，比较适合如生态用地、基本农田、历史文化遗产、重大水利和市政设施等基础底线型、资源用途长期稳定的静态保护。对于其他重要的，但是规模、条件与空间可能不断调整的规划内容，如战略性发展方向、公共服务保障等，控制乏力。即便如此，这也对总规编制时的调研深度、专业水平和协调能力提出了更高的要求。进入规划实施阶段，这种细致到空间边界位置的限定，如果前期缺少详细规划深度的反馈、对地块产权等具体属性的了解，加上现实条件不可预测的各种变化，会造成其内容涉及地块的空间落位不准、使用缺乏弹性，市场开发受限、用地低效等现象的发生。

3. 新增建设用地总量的指令性管理与空间建设时序的碎片化

以1999年4月国务院批准的《1997—2010年全国土地利用总体规划纲要》和同年2月24日国土资源部出台的《土地利用年度计划管理办法》为标志，在世纪之交建立起来的新增建设用地计划管理制度，通过自上而下的指令性年度计划管理与中长期规划管理相结合的方式对城镇新增建设用地进行了定量指标约束，上级政府向下级政府分配年度或跨年度新增建设用地指标。

在城镇化发展以增量扩张为显著特征的时期，该制度的出台对遏制地方政府的竞争性扩张冲动卓有成效。不可避免地，这种自上而下的计划指标分配也对城镇发展的空间格局产生了一些负面影响，其中两方面在地方调研中表现得最为显著：首先是为项目建设去腾挪各地计划指标而导致空间布局的碎片化、建设开发的时序错位；其次计划指标自上而下层层下达、层层截留，行政级别决定新增开发量配额，忽视底层发展，空间增量向行政中心不断聚集，市场的自发性、主导性和多样性严重受阻。

在非建设用地总体规划与详细的专项整治规划之间，如基本农田增减挂钩、农用地整理、生态修复，或者低效用地再开发，从单项看都目标清晰、行动明确；但如果涉及全域的土地综合整治，则存在编制内容的重叠、错位、空缺，以及缺乏完整的（非建设用地）规划统筹约束等问题。[5]也就是说，约束性达标，综合性、协调性和全局性不足。

二、来自市县国土空间总体规划编制实践中的反思

迄今为止，国土空间规划改革所颁布的系列编制指南和标准，原则性地表达了专项规划、总体规划和详细规划之间保持传导和衔接的重要性及必要性，但具体的连接内容有待明确，审查要点有待清晰。总体而言，目前的市县总规编制更多关注于向上的衔接与反馈，这既给未来的总规与详规关系建构预留了空间，同时又迫切呼唤结构性制度设计的及时出台，落实改革意图。在当下各地的市县国土空间总规编制实践中，有几个趋势值得反思。

1. 刚性传导的“逐层打开”

空间规划中刚性与弹性内容的重新配置是落实改革目标的重要手段。在顶层设计下，对体现国家意志的基础资源管控明显增强，生态保护红线、永久基本农田和城镇开发边界的三线划定成为这一轮改革推进的工作焦点。

2021年上半年陆续完成了底图底数转换、城市开发边界划定、基本农田补划这三项重要内容，每一项工作在省—市—县总规间数据汇交都已明确了审查要点。本次规划改革，强调自上而下的一致性、规划逐层深入推进、“层层打开”。国土空间规划使用的GIS系统，可以几乎不受比例尺限制地缩放，技术上能够支持这种操作。然而在实践中，自上而下直接定位的图斑被证明在逐层打开中——按照某省自查的说法——“问题多且大”[8]。即使一贯以界桩进行管理的基本农田，在此次三调中，也发现有大量图斑和现实不符。由于国家对于地理信息一致性有强烈要求，反复强调“不得擅自调整三调图斑”“不得擅自调出基本农田”“不得排除稳定耕地”，地方政府不得不花费大量时间进行举证、申请调整。事实上，由于限时交卷的要求，对于数以万计乃至十万计的差异图斑，县市一级的处理方式堪称“八仙过海”。

对层级之间传导的精确性和一致性要求，既耗时费力，也不适用于所有内容。“层层打开”被理解为“上下一般粗”[9]。照此逻辑推演，图斑逐层打开后不一致的问题必然传导到详细规划的编制和管理中，将这样的工作路径放大到更精准比例的图纸上，对需要更高时效性、灵活性的详细规划而言，其工作量将成倍增长，几乎是不可承受的。

2. 因地制宜与探索中前进

毋庸置疑，并非所有规划内容都需加强自上而下的刚性管控，地方发展需要一定的弹性裁量空间。然而，在这一轮编制实践中，对约束性、权威性的强调占据上风，层层加码之后，为将来详细规划的可操作性带来压力。改革快速推进所带来的不确定性和时间的紧约束，进一步增强了这一隐忧。例如，一些对于总规至关重要的专项规划（例如地灾风险评估、水资源的分配方案、流域洪涝灾害控制线划定等），在市级“交卷”前夕都没有完成全域的补全或更新，如详规被视为“下位”规划，如何协调未来的矛盾，是个非常现实的问题。

改革启动以来，各类《指南》和《通知》中传达的信息有待统一。例如在城镇开发边界内，根据《市指南》，原总规中强制性内容的“四线”，除“历史文化保护线”（即原有的“紫线”）仍以明确边界的形式出现以外，公共服务设施、市政设施和蓝绿空间可以通过“范围、布局、标准和原则”等约束——也就是说，不一定以表达为定线的方式进行制定；但另一方面，《市指南》的“主要编制内容”包括“确定结构性绿地、城乡绿道、市级公园等重要绿地以及重要水体的控制范围，划定中心城区的绿线、蓝线，并提出控制要求”。这个“划定”基本上就是不强制而强制了。在实践中，很多城市仍旧抱残守缺，依据惯性将传统的四线纳入总规划定的强制性内容范畴。又如，在三线划定上，根据新的通知精神，开发边界与现状城镇建设用地规模不再要求挂钩，基本农田本轮补划中则暂未下传总量要求，强调应划尽划，实际上开发增长不占用稳定耕地几乎没有可能。

三、体现治理现代化理念的总规与详规关系建构

国家治理现代化是当前国家各项制度建设的总体方向[10]。国土空间规划领域的治理现代化应当顺应以下几个要求[11]：①高度统一的政治引领；②人民的中心性和主体性；③以法规和法治为行为规范；④充分发挥各级各类治理主体的作用；⑤充分利用各种技术工具和技术手段；⑥让社会财富充分涌流、并公平地得以分享。[6-7]

在以往的渐进式改革中，从总规到详规的传导不断强化刚性管控，集中于基础底线的约束性内容以及初始编制时全面的，然而抽象的规划目标；在详规执行层面，则在发展驱动下偏向于规划的弹性和适应性。现阶段国土空间总体规划编制强调国家意志、整体长远利益和治理的权威性，在此过程中，中央多次强调“转换思维方式”。然而，这种在不同工作阶段中体现出的“转换”，不能——也不会——是国土空间规划体系重构的唯一重点。以国家治理现代化目标为参照系，可以对总规与详规的关系有更为深入的认识，并完善其关系建构。

1. 分级治理与科学配置

国家治理现代化进程中，各级治理主体充分发挥自身的能动性、承担起不同的管理职能是整个社会能够发挥最大效能的必要条件。这不是各级政府、各级规划能不能“管到位”的问题，“一级政府、一级事权，一级规划、一级治理”的观念应当成为顶层设计的基本原则。

在规划层面上：总体规划首先落实国家意志，重点规制体现生态安全、粮食安全、能源安全等国家安全底线型的约束条件，以及国家级别的重大发展战略的内容；在此基础上，总规同时应当容纳本级的底线型要求，明确本级政府的发展意图。

与之相应，地方发展和公共服务的具体空间配置应交由详细规划来落实。针对于以往详细规划在实践中易于偏离的问题，应根据其各自的专业性配置实施要求，通过专项规划约束公共产品的供给，如教育、医疗、公共住房等，用空间性规划约束城市发展的能力边界，如准确的用地规模、建设总量、服务人口等，确保兑现地方政府的公共服务承诺。

2. 统一引领与底线监督

中国国家治理现代化的基点是高度统一的政治引领。统一引领是从中央到地方在精神和意志上的高度统一性，但不能简单理解成“图斑下传”或者“上下一般粗”。

国土空间范围内的生态环境保护、基本农田保护、历史文化保护等是当前总规确定的基础性保护范畴。这部分的内容是针对特有国情，对国家完成自身的战略目标具有基础保障意义的重要内容，总规应当明确其保护的空间格局与管控规则，当详细规划划定具体空间边界之后，由上级政府监督其执行。必须承认，由于地理及发展的差异性、空间表征的多维性，不是所有国家战略意图的层层传导都能通过“直达”的方式进行管理。

又如城镇开发边界。在生态红线、基本农田都直接划定的状况下，城镇开发边界是否构成总体规划的底线约束？如果认为，城镇开发边界作为人工与自然生态系统的分界需要加以明确的话，那么在实践中，城市内部加强生态化建设，

线外的乡村振兴战略的实施也需要增加各项设施建设。从治理逻辑上看，“城镇开发边界”不需要再作为生态底线型的控制边界，而是一个对不同管理主体实施开发建设行为管控的权责空间边界，其约束的内容更适合放在详细规划层面进行落地和划定边界。

在国土空间规划的层级编制过程中，一项重要的工作就是应当明确本级主动选择的约束性要素和指标中，哪些是向下传导的，哪些是自我约束的。这些约束条件并不限于《市指南》设置的“底线管控”。而下位规划则在承接上级“底线约束”的基础上，继续明确自身的底线，将顶层意志层层深化并细化。从这个角度上看，《市指南》约束性、预期性、建议性指标的划分使用方法，还缺少对向下传导的通盘考虑。

3. 公共服务的承诺与确保

由于地理和社会信息精度的问题，总体规划很难对公共服务设施直接落位，主要是起到人民政府的服务承诺和标准设定作用。对需要与人口、用地的动态挂钩的公共服务和市政配套设施的规划传导，在以往是个难点。专项规划在这里应起到更为重要的作用。

通常的传导是以指标传导为主，自上而下分解，这种指标传导是建立在详细规划全覆盖、详规单元能够自我平衡的基础之上的；但这种静态传导方式首先难以保障实施的合理时序，其次缺乏问责主体（规划单元与行政单元错位）。如上海在过去的规划实践中，通过设立单元规划的中间层次，逐级向下分解公共配套设施指标任务，在整单元控制性详细规划层次具体划定公共设施和市政设施位置与范围，使其可在单元内调整。这一方法所带来的问题，在于公共设施有可能不断被平移、推迟被实施，特别是在城市发展已经较为成熟但仍需提升公共服务设施水平的地区。在上海新一轮单元规划试点中，建立在已经控规全覆盖并实施的基础上，经过重新评估，对于能够确定的、独立的“三公类设施”用地——包括市级、地区级和社区级——在单元规划层面（属于总规层面）采取了用地规定到小类、直接落边界、定建筑面积下限的做法；另一方面，详规单元逐渐向行政管理单元统一，责任主体明确，对这类公共设施配套，采取“规划叠加规则”[12]的做法，如浦东新区正在制定面向街镇的十五分钟服务圈标准，开展定期评估，应对实施的不确定性。

伴随着增长模式的转变，在对不同类型公共服务设施的配套控制引导上，也可区分为与服务人口规模挂钩的公共服务设施（如养老、行政办公），和与可承载人口配置的终极规模管控。如北京在中心城所实施的减量型控规，如果确定了未来的准入人口规模，公共设施供应反过来也可以作为一个控制引导的手段。

4. 战略发展与规划收益

国土空间规划的底线约束和战略发展并行不悖。[8-9]从当前《市指南》的要求看，对于“发展”的支撑在管理维度上体现在两个方面：一是预期发展目标的设定；二是目标实现愿景下的指标体系和传导。而现实中，战略能否达成总是存在不确定性，更何况战略达成的路径也具有多种可能。总体规划向详细规划的传导应当体现出对发展灵活性的适应，例如以下政策性措施：

①在总体规划中，除功能分区外，对具有重大发展战略意义的片区，可划定范围、指定目标，并配套以特殊发展政策和详细规划管控特许授权等。

②详细规划衔接以特殊详规单元。在特定程序下划定特殊详规单元，明确相应规则与政策的配套，以是否落实总体目标为最终评价标准。

③在特殊规划单元，乃至特殊地块，允许详细规划采用可谈判的规划条件清单，通过明确规划收益，撬动社会资本从事公共产品供应。事实上，在当前的土地供应中，承诺产业导入、提供保障房等附加条件已经是一种规划收益谈判，可以在制度上激励更广泛的尝试。

5. 程序正义与立法保障

当前的传导和衔接集中关注在技术层面，例如指标、范围、内容等。历史已经证明“管死放乱”的循环仅仅通过优化技术传导是无法实现的。本轮空间规划本着“管什么，批什么”的原则，将指标体系进行了高度精简，都是空间控制类，但空间规划的控制要素并不限于空间内部逻辑。从国际和国内经验看，详细规划的控制要素实际上关联广泛，例如与就业岗位、环境影响、社会心理与习惯等，这体现了前文述及的详细规划的固有特征。更广泛的目标中，各项指标具有普遍关联性，不仅涉及总规与详规的关系，也涉及专项规划与总规、详规的关系。应该形成横向的对流关系，当然前提是建立合理的检查与评估机制，并通过评估，对后续类似决策形成支撑。

形成现代化治理体系根本的保证是制度的完善。需要指出的是，详细规划的调整是必然的常态，而不一定意味着规划缺失权威性和科学性。随着对城市功能认识的深入、现代技术手段在城乡规划中广泛应用，规划的评价方式也日趋多元和复合，很难通过统一的技术方法进行确定，在这种情况下，确保任何一种“调整”“更新”的程序正义是所有工作的底线。

程序法定是现行《中华人民共和国城乡规划法》的基本出发点。以《中华人民共和国城乡规划法》为基础，总规与详规的关联存在继续优化的需求，例如：①自下影响上的“逆向”调整程序的合理化、可操作化；②规划调整的审议方式如何适应不同城市的管理要求，基于不同等级，不同类型的项目采用不同的流程；③提升公众参与的理解度、参与度以及法定效力；④建立规划调整后实际绩效的评估、纠偏机制，乃至问责机制，通过提升权威性而实现约束性。

以上对各种程序制度的建议，在地方实践中都或有涉及，但地方实践总是处于貌似“创新”实则“违规”的模糊地带，迫切需要国家法律框架的支撑。有鉴于国家立法程序较长，并且具有更高的严肃性和稳定性，往往需要地方立法先行。借鉴美国和德国的经验，专业指导部门可提供标准法样本，指导地方因地制宜地形成地方法律法规，保证地方行政行为受到明确的法律保障与监督。

四、结语

总规与详规之间是国家战略与地方治理、长远谋划与日常管理的关系。总规对于详规的指导意义，正是引导因地制宜的详细规划能够聚沙成塔、以日常行动实现长远战略性目标、实践生态文明发展观的重要手段。另一方面，总规也需要为详规编制预留足够的空间，从而满足地方需求、尊重人民意愿、“以人民为中心”适应现实情况的不断变化。

在体现权威的合理性、功能的专业化和参与的大众化三个方面，国土空间总体规划与详细规划是分工各异，然而紧密相连、相互协调的关系。详细规划作为地方治理工具，在贯彻国土空间发展战略的同时，其任务着重于体现政府权威、发挥企业家精神、引入社会的广泛参与，从而促成社会发展共识的达成，维持稳定的发展秩序。以此为视角探讨总规与详规的关系，在趋于强调自上而下约束和管控的改革实践背景下，本文着力重申“一级政府、一级事权，一级规划、一级治理”的观念应当成为顶层设计的基本原则。

本文受国家自然科学基金课题“历史制度主义视角下中国特色城市规

划体系的演进与变革”（编号：51778427）和上海同济城市规划设计研究院有限公司暨长三角城市群智能规划协同创新中心科研课题经费资助，课题名称“国土空间规划体系下详细规划研究”（编号：KY-2020-YB-A01）。感谢中国城市规划学会详细规划学术委员会就相关话题所组织的一系列科研活动激发了本文的思考，尤其感谢吕传廷、王晓东、周剑云、方飞等委员在讨论中所给予的启发。本文的观点由作者负责。

注释

①详规没有固定的规划期限；其作为法定规划，在没有更新的规划取代之前，始终有效。

②参见《省级国土空间规划编制指南（试行）》（2020）和《市级国土空间总体规划编制指南（试行）》（2020）

③来自哈佛大学设计学院规划法教授Jerold Kayden在“人居三”会议上的交流。

④参见如成都、泸州、淮安、镇江等地的控规调整管理规定。

⑤基于访谈和各地不完全控规修改案例整理。

⑥2019年6月北京访谈。

⑦基于同济规划院的上海单元规划研究课题发现。

⑧来自某省国土空间规划工作微信群。

⑨来自于同济空间规划工作群讨论。

⑩《中共中央关于坚持和完善中国特色社会主义制度 推进国家治理体系和治理能力现代化若干重大问题的决定》（2019年10月31日中国共产党第十九届中央委员会第四次全体会议通过）。

⑪国家治理现代化的覆盖面很大，行政学的领域中也在持续深入研究，以下观点是仅涉及与文章主旨有关的部分。

⑫根据访谈，及《上海市主城区单元规划编制技术要求和成果规范（试行）》（2017版）。

参考文献

[1]赵燕菁，宋涛. 城市更新的财务平衡分析——模式与实践[J]. 城市规划, 2021(9): 53-61.

[2]黄明华, 赵阳, 高靖葆, 等. 规划与规则：对控制性详细规划发展方向的探讨[J]城市规划, 2020, 44(11): 52-57, 87.

[3]衣霄翔, 肖飞宇. 控规调整的需求及特征研究：基于项目要素的统计与分析[J]. 城乡规划, 2021(1): 117-27.

[4]陈一新. 深圳福田中心城市规划建设三十年历史研究[M]. 南京：东南大学出版社，2015.

[5]曹小曙, 欧阳世殊, 吕传廷. 基于用地分类的国土空间详细规划编制研究[J].经济地理, 2021, 41(4): 192-200.

[6]陈一新. 加强和创新社会治理[N]人民日报, 2021-01-22.

[7]唐亚林. 政治、行政与民政：当代中国国家治理现代化的“三政”框架建构[J]治理研究, 2021(3): 49-64.

[8]庄少勤. 新时代的空间规划逻辑[J]中国土地, 2019(1):4-8.

[9]段进, 赵民, 赵燕菁, 等. “国土空间规划体系战略引领与刚性管控的关系”学术笔谈[J]城市规划学刊, 2021(2): 6-14.

作者信息

侯　丽，博士，同济大学，建筑与城市规划学院，教授，博士生导师；

于　泓，硕士，上海同济城市规划设计研究院有限公司，城市评估与开发研究中心，研究员，注册城乡规划师。

控制性详细规划编制情况回顾

A Review of the Regulatory Detailed Planning Formulation

付 青 周一茗 王建平
Fu Qing Zhou Yiming Wang Jianping

[摘　要]　中国正处在国土空间规划的改革期，其中详细规划为“五级三类”中重要的一类规划类型，目前尚未出台相关编制办法或指南。本文通过回顾城乡规划体系中控制性详细规划编制发展历程，对多个城市中与控规编制相关的法规、控规编制的特征及存在问题和挑战进行了分析，并据此对未来详细规划的编制提出建议。

[关键词]　控制性详细规划；编制情况；发展历程；特征问题；建议

[Abstract]　China is currently in the period of spatial planning reformation. The detailed plan is a significant type of planning among the "five-level and three-class". But at present, no relevant compilation methods or guidelines have been issued. By reviewing the development process of the regulatory plan in the urban-rural planning system, this paper analyzes the laws and regulations related to the regulatory plan, the characteristics, the existing problems and challenges of regulatory plan compilation, taking several cities for example, and finally makes suggestions on the formulation of detailed planning in the future.

[Keywords]　regulatory detailed planning; compilation situation; development process; characteristics and issues; suggestions

[文章编号]　2022-89-P-015

一、前言

《中共中央 国务院关于建立国土空间规划体系并监督实施的若干意见》（中发〔2019〕18号）中提出建立“五级三类”的国土空间规划体系，其中详细规划为三类中的一类。从目前国土空间总体规划编制的实践与探索来看，国土空间规划是对城乡规划的融合与发展，并不是否定城乡规划或替代城乡规划，因此，国土空间规划中详细规划的编制也将会借鉴、融合城乡规划中详细规划编制的实践探索经验，基于此，本文对多个城市控制性详细规划的编制情况进行了回顾与总结，总结其存在的问题与面临的挑战，并提出对国土空间规划中详细规划改革的思考与建议。

本文主要通过资料收集整理、访谈的方式对多个城市控制性详细规划编制情况进行了调研。此次共调研了15个省（自治区、直辖市）、19个城市（含直辖市）县（含县级市），以及4个省份内的5个特殊区域，覆盖直辖市、省会城市、计划单列市、地级市、自治州、县级市（区）6类城市，重点对控制性详细规划的法规体系、编制内容进行了回顾分析（表1、表2）。

二、控制性详细规划编制历程回顾

控制性详细规划发展大致可分为探索（1982—1989年）、成熟（1990—2007年）、完善（2008—2018年）、国土空间规划（2019年至今）四个阶段。

1. 探索阶段（1982—1989年）——形成框架

这一阶段以1982年上海虹桥经济技术开发区规划编制为开端，该规划为了引进外资进行建设，借鉴美国区划的概念，首次采用了8项指标对地块建设进行规划控制。随后，厦门、桂林、苏州、广州、温州等多个城市对控制性详细规划的编制进行了探索研究，初步形成了控制性详细规划的指标体系与编制办法。1989年颁布了《中华人民共和国城市规划法》，该法规中提到详细规划的编制，但尚未提出控制性详细规划概念。

2. 成熟阶段（1990—2007年）——纳入立法

1991年9月3日住建部发布了《城市规划编制办法》（建设部令第14号），明确提出详细规划分为控制性详细规划与修建性详细规划，并规定了控制性详细规划的编制内容，2005年，住建部对该编制办法进行了修改，进一步完善了控制性详细规划的编制内容，并提出控制性详细规划确定的各地块的主要用途、建筑密度、建筑高度、容积率、绿地率、基础设施和公共服务设施配套规定应当作为强制性内容。这一时期也是土地财政发展迅速的时期，在这个过程中，上海、深圳等城市对控规编制进行了积极的探索，包括上海的单元规划、深圳的法定图则等，为控制性详细规划编制的科学化与法定化提供了有益的借鉴，同时，该阶段多个城市也开始了城市设计与控规编制相结合的实践探索。在2008年1月1日起施行的《中华人民共和国城乡规划法》（中华人民共和国主席令第七十四号）中，确定了控制性详细规划的法定地位。

3. 完善阶段（2008—2018年）——精细化、人性化

城乡规划法实施后，上海、广州、武汉、北京等城市对城乡规划与国土资源管理进行了合并，开始进行“两规合一”以及“多规合一”的规划编制探索，期间住建部提出海绵城市、城市设计、城市双修等规划要求，控制性详细规划的编制进一步精细化，如上海将重要地区的城市设计要求纳入到土地出让条件中，并在控制性详细规划中落实15分钟生活圈、街道设计等要求，更加关注人的良好生活体验。

此外，随着“多规合一”“新型城镇化”“乡村振兴”的推进，上海、北京及部分省份开始村庄规划的探索，如上海的郊野单元规划，先后开展了三个版本的规划，内容不断完善。这些均为国土空间规划体系中村庄规划编制的有益探索。

4. 国土空间规划阶段（2019年至今）——全域全要素

《中共中央 国务院关于建立国土空间规划体系并监督实施的若干意见》中提出：在市县及以下编制详细规划，其中由乡镇政府组织编制“多规合一”的实用性村庄规划，作为详细规划；在城镇开发边界内的建设，实行“详细规划+规划许可”的管制方式，在城镇开发边界外的建设，按照主导用途分区，实行“详细规划+规划许可”和“约束指标+分区准入”的管制方式。由此可见，详细规划的编制范围已不再局限于城镇开发边界内，其涉及要素也将涵盖山、水、林、田、湖、草等多种要素。

本文重点对前三个阶段中控制性详细规划的编制历程进行回顾，国土空间规划阶段的详细规划如何编制还需要进一步研究。

1.规划编制相关法规文件构成

条例	· 城乡规划条例 · 自然保护区条例 · 开发区条例 · 风景名胜区条例
技术规定	城乡（城市）规划管理技术规定
规划编制	控制性详细规划编制相关的技术规定、准则、规范、导则、规程等
规划管理	控制性详细规划管理办法、操作规程、动态维护等
配套专项	各类专项管理及规划条例、办法、标准、规定、导则等

1

表1　　调研城市一览表

编号	省份	城市	类型
1	北京市		直辖市
2	天津市		直辖市
3	上海市		直辖市
4	广东省	深圳市	计划单列市
5		广州市	省会城市
6	浙江省	杭州市	省会城市
7	江苏省	南京市	省会城市
8	陕西省	西安市	省会城市
9	安徽省		
10	山东省	青岛市	计划单列市
11		高密市	县级市
12	河南省	洛阳市	地级市
13		漯河市	地级市
14	辽宁省	沈阳市	省会城市
15	湖北省	武汉市	省会城市
16	宁夏回族自治区	银川市	省会城市
17	云南省	曲靖市	地级市
18		红河州	地级市
19	贵州省	毕节市	地级市

表2　　详细调研特殊区域一览表

编号	省份	城市	类型
1	陕西省	西咸新区	国家级新区
2	吉林省	长白山保护开发区	省政府派出机构，按市（州）对待管理，区内长白山自然保护区、长白山景区为国家级
3	江苏省	沪苏大丰产业联动集聚区	长三角区域唯一省级层面共建园区
4	山西省	转型综改示范区	由4个国家级开发区、3个省级开发区和山西大学城共8个产学研园区整合而成，现拥有部分省级行政管理权
5	浙江省	西湖风景名胜区	国家级风景名胜区

三、规划编制相关法规

通过对案例城市及特定区域的研究可以看出，各个城市中与控制性详细规划相关的法规体系可分为五类，分别为：条例（如城乡规划条例、自然保护区条例、开发区条例、风景名胜区条例等），城乡（或城市）规划管理技术规定，控制性详细规划编制及一张图建设的技术规定、导则、规则或标准等，控制性详细规划管理办法、规定，以及与控制性详细规划管理相关的条例、办法、规定或通知等。

从法规体系的构成来看，北京、上海、深圳、杭州等经济发达地区与详细规划相关的法规体系相对比较完善，中西部地区城市相对欠缺。调研省份及城市中，地级市及以上城市均依据城乡规划法制定了本地的城乡规划条例，5个特殊政策区域均有相应的管理条例；除安徽省外，其他城市均制定了城乡（城市）规划管理技术规定；但只有74%的省、城市制定了控规编制技术要求与配套的专项管理文件，58%制定了控规管理的法规文件。未制定后三项法规文件的城市主要集中在中西部。

从法规体系的特征来看，不同规模城市存在不同的特征。大城市超大城市控制性详细规划法规体系内容逐步从多头管理转向多规合一，从终极蓝图管控转向全过程的动态管控，从粗放管理转向精细化管理。而中小城市控制性详细规划的编制与管理仍较为粗放：首先不少地级市城乡规划管理条例（办法）未能及时更新，无相对成熟的控制性详细规划编制技术准则与成果规范要求，且缺少控规动态管理规定，往往导致规划编而不批，规划修改多一事一议；其次县级城市目前普遍是依据所在地级市制定的规划管理技术规定进行控规编制和建设控制，再加上县级城市规划技术力量薄弱、管理水平相对较低等原因，造成不少县城丧失了原有的尺度与特色，发生如道路过宽、退界过大、开发强度大、城市风貌单一等问题。

由此可见，未来更应该关注中小城市法规体系的建设，补充完善中小城市尤其是县级城市的规划管理技术规定与控规管理办法。

四、现阶段控制性详细规划编制特征

1. 分区分层的规划编制

编制控制性详细规划的最初目的是管控开发建设行为，然而在实施过程中出现了控规与总规衔接不到位、管理失控的问题，因此，不少城市制定了分区分层编制控规的要求。

分区主要是针对不同区域制定不同的规划成果要求，如上海针对主城区与新市镇、广州针对集中城镇建设区与非集中城镇建设区分别提出了相应的规划编制要求。此外，上海、深圳、武汉等城市开始探索旧城更新，区分存量空间与增量空间的差异化管控。

分层编制控规解决了规划实施过程中终极蓝图与发展不确定性之间的矛盾，以及各层级规划之间的衔接传导问题。传统的控规编制是单一的地块层次，即从总规直接落实到地块管控，往往造成规划弹性不足，难以适应发展的不确定性，导致规划频繁修改。从调研城市来看，控规编制基本采用了“单元—街坊”两层编制、“单元—街坊—地块”三级管控的方式，即在总图规划与地块管控之间增加了单元管控层次，既有利于底线管控，又留有合理的弹性空间，利于规划意图的落实（表3）。

2. 人性化的多维时空管控

在不断的实践过程中，控规的编制逐步从关注经济技术指标转向关注人的感受，从传统的二维空间管控转为三维空间管控，大部分城市开展了重点地段的城市设计，并将城市设计中的地下空间、界面、建筑形态、开放空间等管控要求纳入控规编制中，作为控规管控内容的一部分。同时，不少城市鼓励城市用地功能的混合与用地类型的兼容，让空间在不同时间段内可承载不同的活动，进而提升空间活力（表4）。

3. 大同小异的强制性内容

各个城市强制性核心内容基本相同，大都是围绕用地、绿地、道路交通、公共服务设施、市政基础设施、文物保护等展开的，但强制性内容的深度有差异，如武汉市重点突出用地主导性质与建设强度控制、“五线”控制、公益性公共设施规划控制、特殊要求，而针对地块本身的详细控制指标未纳入法定文件。

4. 多样化的成果形式

调研城市中出现了法定图则、普适图则+附加图则、导则+细则、单元规划+控制性详细规划、城市更新单元等多样化的成果形式。成果构成多由法定文件与技术文件构成，其中，法定文件多为“文本+图则”的形式，非法定文件的内容差异较大，成果中对公众参与、规划评估以及各项研究的要求越来越多，提升了法定文件的专业性和实用性。

对于法定文件的制定，各个城市确定的控制内容有松有严，指标差异较大，如武汉市与漯河市，仅对“五线”和公共设施控制、系统控制要求、强制性设施进行刚性控制，而对用地控制、人口规模、建设强度分区等进行弹性控制，作为指导文件。

目前，特殊区域控规编制沿用了城市控规编制的常规做法，没有特定的成果构成与核心内容要求（表5、表6）。

5. 日渐规范化的规划修改与动态维护

在控规法定化前，控规的修改有较大的随意性，但在《中华人民共和国城乡规划法》（2008年1月1日施行）、《城市、镇控制性详细规划编制审批办法》（2010年12月1日住房和城乡建设部令第7号）出台后，控规的修改程序有了明确的规定。一般城市的控规修改，主要依据国家规定，这种修改方式往往需要履行全部的控规修改程序，耗时长，效率较低，这就导致一些城市的控规编制存在“建设到哪里编制到哪里”，或者“编而不批”的情况。

接近半数的调研城市在规划管理办法或编制规范中提到了控规的修改，个别城市提到控规的动态维护。控规修改一般分为2~5种情形，以3种情形为主，针对不同的情形有不同的成果与流程要求，规范了控规修改程序。与此同时，控规的修改推动了规划的动态维护，并通过“一张图”来实现全过程的动态维护（表7）。

6. 进展不同的“一张图”管理系统

控规编制完成后需要纳入城市“一张图”管理系统，总体来说“一张图”信息平台还有待于进一步推进。经济较为发达的地区已经建构完成“一张图”管理系统并投入运行使用，如北京、上海、深圳、武汉等；部分地级城市已经启动“一张图”的搭建工作，但仅做到部分规划数据入库，未进入运行使用阶段，如漯河、曲靖、毕节等；还有一些城市“一张图”平台尚未搭建，如洛阳、红河州、高密等。

此外，县级市、县城基本上都未搭建“一张图”平台，未来有待于借助国土空间规划的推进来逐步建设（表8）。

表3　　主要调研城市控规体系层级一览表

城市	层次划分	单元大小
北京	街区一（街区深化一）地块	建议街区规模约为2~4km^2
天津	单元一街坊一地块	原则上城市中心建成区单元用地规模一般控制在1~4km^2；新区每个单元用地规模一般控制在2~6km^2
上海	单元一控规（单元一街坊一地块）	以各街道行政管辖区作为单元范围，落实15分钟社区生活圈的规划理念，对于过大的街道考虑以快速路或主干道为界进行分割，每个单元面积一般在3km^2左右，常住人口约5万~10万人
杭州	单元一街区一地块	——
南京	规划编制单元一图则单元一地块	编制单元：4~20km^2 图则单元：旧城中心区以20~30hm^2为宜，新区以80~100hm^2为宜
深圳	地块+规划控制单元	——
青岛	控规片区一管理单元一地块（街坊）	——
沈阳	单元一街区一地块	——
武汉	编制单元一管理单元（一地块）	管理单元：保证功能相对完整，按照中央活动区约50hm^2，综合组团约100hm^2，划定管理单元
漯河	编制单元一管理单元（一地块）	——
云南	邻里单元一街区（一地块）	邻里：用地规模一般在1~2km^2，与居住小区规模相当； 街区：用地规模与居住组团相当

表4　　主要调研城市城市设计内容一览表

城市	城市设计内容	在控规的地位
北京	街区层面：明确城市设计控制要素，确定整体建设高度分区，划定重点风貌区	
	地块层面：提出城市设计导则和相应的城市设计控制要求，对城市中心区、重点景观区、特色街区、文化保护区等重点区域，应加强城市设计方面的细化研究，可单独编制城市设计成果	
上海	通过附加图则落实城市设计/专题研究意图。对重点地块和需要编制附加图则的发展预留区进行管控；其中重点地区分为“三级五类”，三级由邻近区位的重要性决定，五类即公共活动中心区、历史风貌地区、重要滨水区与风景区、交通枢纽地区和其他重点地区。区分强制要素和引导性要素、刚性指标和弹性指标，且规划可纳入“规划执行”的内容	城市设计纳入控规成果（附加图则），并作为土地出让条件
杭州	在单元层面划定地下空间重点区域，并在街区层面予以细化落实。 对街区做出城市设计导向，明确街区的城市空间、景观、环境控制要求，确定重点地段建筑高度、体量、风格、色彩、界面、开敞空间、建筑群体组合的空间关系，如在退让城市道路、建筑日照间距等方面有特殊要求的，均应明确标明	
广州	城市设计主要阐明景观风貌结构，对重点地段建筑物的高度、体量、风格、色彩、建筑群体组合的空间关系等内容提出控制、引导的原则和措施。并明确地下空间开发策略及控制要求，开发目标及其依据、开发层次与内容、规模与布局，以及出入口位置、与地面建筑的关系	
深圳	法定图则：落实、深化上层次规划城市设计的要求，研究本地区的环境特征、景观特色及空间关系，并提出控制原则和措施。针对重点地段提出维护主要公共空间环境质量和视觉景观控制的原则要求	法定文件
	拆除重建类城市更新单元：落实上层次规划城市设计对更新单元的控制要求，有针对性地提出城市设计策略，说明规划方案对城市更新单元的地区城市空间组织、建筑形态控制、慢行系统与景观环境体系、地下空间与公共空间的主要构思和控制要点，明确城市设计要素和控制要求	
武汉	控规导则中特殊控制要求：依据相关规划，对分区城市特色进一步研究，确定建筑高度分区，提出城市景观等特殊控制要求。 控规细则：依据《控规导则》及相关规划提出的关于城市特色控制要求，结合单元中的特征要素，编制城市设计方案，确定特色控制要素，包括高度、风貌、色彩、体量等	
安徽	城市设计：确定片区总体城市设计框架，划定城市设计框架的用地范围，制定片区城市设计的目标、控制重点及相应的城市设计指引。划定需要进行进一步城市设计的重点控制地块，该类地块应单独作进一步的城市设计研究，然后将其城市设计成果转化为相应的规划控制要求列入该类地块的控制性详细规划要求之中	

五、现阶段控制性详细规划编制存在的问题与面临的挑战

1. 与总体规划及相关专项规划的衔接不到位

控规与总体规划的衔接一直是个难题，其中最突出的问题就是控规突破总体规划的建设用地范围，以及控规开发容量所容纳的人口超出总体规划确定的人口。国土空间总体规划前的城乡总体规划编制周期长，适应未来发展的弹性弱，难以满足城市快速发展的用地需求和不确定性，由于控规是土地出让的基础，不少城市等不及总规修编直接进行超出总体规划范围的控规编制。与此同时，政府为了提高土地的价值，过度追求高容积率，造成部分片区人口容量远超总体规划确定的容量，公共服务设施与市政基础设施配置不足，也破坏了城市风貌，增加了道路交通压力。

控规与专项规划的衔接相对较好，但由于专项规划不是法定规划，专项规划的编制多是由专业管理部门进行编制，编制情况参差不齐。有些城市没有编制专项规划，用专业部门的五年规划代替了专项规划，只能进行近期的规划衔接；有些是编制了专项规划但

表5　主要调研城市控规编制成果构成与核心内容

城市	成果构成	
	法定文件	其他文件
北京	街区：规划文本；规划图纸：现状分析图、规划分析图；街区图则	
北京	地块：规划文本；规划图则	
天津	图则、文本（含管理通则）	技术文件：说明书、基础资料汇编，控规的修编还应有上版控规评估报告
上海	单元规划：规划文本+图则图集，单元图则部分单独装订成集	技术文件：上版单元规划实施评估报告、区域战略规划研究和编制说明，根据需要还可以针对重点问题编制专题研究报告； 数据成果：电子文本+电子图纸+平台数据
上海	控规：图则（普适图则、附加图则）+文本	技术文件：基础资料汇编+规划说明书+编制文件； 附加图则技术文件：图则说明书
杭州	一文一图一表	技术文件：规划说明、规划图集、交通容量模型专篇、市政支撑体系专篇、环境影响评估专篇、公众参与专篇、控规实施评估报告； 附件：基础资料汇编； 其他：电子文件、纸质文件、汇报文件
南京	强制性执行规定：文本、图件	执行细则：执行细则文本、技术图则； 附件（技术资料）：现状基础资料汇编、规划说明及交通影响评价等公示宣传材料
广州	文本、法定图则	技术文件：说明书、技术图纸、基础资料汇编和公众参与报告
深圳	文本、法定图则、详细蓝图	技术文件：现状调研报告、规划研究报告、规划图纸
深圳	技术文件：规划研究报告、专项/专题研究、技术图纸； 管理文件：文本、附图、规划批准文件	—
青岛	规划文本、图则（总图图则、分图图则）	技术文件：说明书、技术图纸、基础资料汇编、规划研究/评估报告、公众参与报告、相关文件汇总、其他技术文件
高密	文本和图则（总图图则、单元图则、地块分图图则）	技术文件：规划说明书、图纸
沈阳	单元/街区控规：文本+图纸； 地块控规：地块图则+规划条件	—
武汉	控规导则：法定文件； 控规细则：法定文件	控规导则：指导文件+附件； 控规细则：指导文件+附件
洛阳	一般地段：文本+图册+图则； 重点地段：增加城市设计导则	说明书
漯河	文本+图纸	指导文件：文本+图纸
银川	文本：各项控制指标要求； 图件：图则、规划单元控制一览表	附件：规划说明和基础资料等
毕节	图则：控制单元图则+地块控制图则； 导则：功能区导则+地块导则	—
云南	文本+图则+核心内容报告	技术文件：规划说明书+图纸
安徽	文本+图表	技术文件：基础资料汇编、规划说明书、专题报告、规划图

表6　特殊区域控规编制成果构成与核心内容

区域	成果要求	
	分类方式	具体成果
山西转型综合改革示范区	文本+说明书+图集+图则+城市设计导则	图则：地块指标控制表和单元控制条文； 城市设计导则：对总体景观风貌、街道界面控制、开放空间控制、建筑设计控制提出相应的控制引导方法
盐城大丰产业联动集聚区	主报告+图集+图则	

滞后于发展现状，难以进行相应的衔接；还有一部分是根据控规来编制专项规划，衔接相对较好。

在国土空间规划体系中，如何在详细规划中落实总体规划与专项规划的价值取向与相关要求，妥善解决好各类规划间的传导与衔接问题，是未来控规编制面临的挑战。

2. 存量用地更新与非建设用地管控不足，对土地经济与权属的认知有限

目前，城市发展越来越重视存量规划，而存量规划的背景千差万别，牵涉复杂的权属关系协调与投入产出的资金平衡等问题，不能简单地使用增量的指标控制方式，规划编制需要有土地经济的思维模式，并需配套制定一系列的政策来推进存量的更新利用。目前上海、深圳已经在这方面进行了不少探索，其中上海的存量用地更新多采用一事一议的方式进行。

此外，传统的控规只是针对城镇建设用地范围编制的，缺少对非建设用地的管控，如自然保护地、村庄建设用地等，而对“山、水、林、田、湖、草”等多类要素的管控体系与方式，还有待于进一步研究。

3. 控规对建设品质引导与管控效果一般

目前城市建设的品质不佳主要表现为配套设施缺失与千城一面。配套设施的缺失是由于城市建设以土地财政为主，重住宅轻配套，建设过程中容易逐步蚕食规划中确定的配套设施。千城一面则是由于城市设计的缺失或城市设计控制要素可操作性不强，此外，对地方文化价值评估不足也容易造成城市本土文化的消失。

上海提出的15分钟生活圈已逐步在全国进行推广，有助于完善与提升配套设施，城市设计也越来越得到各个城市的重视，但如何制定城市设计管控要素并使之有效落实，还需要结合实践进一步探索。

4. 控规全覆盖的动态维护与修改程序不健全

调研城市中大部分城市已基本实现中心城区控规的全覆盖，如上海、南京、武汉、沈阳、洛阳、银川、曲靖、杭州西湖景区等，但某些城市的全覆盖并未达到预期的规划效果，如曲靖市控规全覆盖的时间较早，但多数控规编而未批，且随着城市的不断发展，原规划制定的控制要求与现状发展不符，多数会根据项目对控规进行局部调整，进行小范围审批，即所谓的“小控规”，这类“小控规”的编制往往会忽视配套设施的系统性，造成配套设施用地不足。

由此可见，规划的确定性与发展的不确定性之间的矛盾会导致规划失效，这就需要从时间的维度去考虑详细规划的编制，并制定相应的规划修改程序来完

表7　　主要调研城市控规修改情况一览表

城市	出处的文件名称	修改分类
上海市	《上海市城乡规划条例》（2011年1月1日起施行）	· 修改
	《上海市主城区单元规划编制技术要求和成果规范》（2019年修订）	· 单元规划修改； · 单元规划数据平台更新； · 单元规划不变
	《上海市控制性详细规划制定办法》（2015年11月1日起施行）	· 修改
	《上海市控制性详细规划局部调整规定（试行）》（2007年11月1日起试行）	· 技术性局部调整； · 一般性局部调整
	《聚焦统筹管理，突出分类处理——浅谈上海控制性详细规划实施深化（B类）和规划执行（C类）制度设计》杜潇芳，上海城市规划，2011	· A类局部调整； · B类实施深化； · C类规划执行
杭州	《杭州市控制性详细规划管理规定》（2019年2月1日起施行）	· 控制性详细规划修编； · 重大修改； · 一般修改； · 深化、细化、优化； · 勘误
深圳	无法定文件规定，根据相关研究整理	· 简易调整； · 一般调整； · 其他调整
北京	《北京市控制性详细规划编制审批管理办法》（2011年10月10日印发）	· 修改
	《北京市村庄规划导则》（试行）（2017年12月13日）	· 修改
天津	《天津市城乡规划条例》（2019年第三次修正）	· 部分内容修改； · 涉及上位规划强制性内容修改
南京	《南京市控制性详细规划编制技术规定》（2005年9月）	调整强制性执行规定、调整执行细则
云南	《云南省城市控制性详细规划编制导则与审查要点》（2017年5月）	· 重大调整I； · 重大调整II； · 一般调整
青岛	《青岛市城乡规划条例》2017年修正； 《青岛市控制性详细规划管理规定》送审稿（2017年10月25日）	· 修改
武汉	《武汉市控制性详细规划管理暂行规定（修订草案）》（2021年8月20日起施行）	· 控规修改； · 控规维护； · 控规局部调整
漯河	《漯河市城乡规划条例》（2019年3月1日起施行）	· 修改

表8　　主要调研城市一张图的图层构成和运行情况一览表

城市	内容搭建	使用对接
上海	已完成	平台已搭建完毕并使用
杭州	已完成	平台已搭建完毕并使用
南京	已完成整合入库	平台已搭建完毕并使用
西安	已完成	平台已搭建完毕并使用
青岛	已完成整合入库	相关部门已接入
高密	未搭建	—
洛阳	未搭建	—
漯河	已规范电子成果的制图标准	—
沈阳	已完成整合入库	相关部门已接入
银川	尚未完成	—
曲靖	控规未完成入库，仅有专项规划入库	目前无法交互使用
云南红河州	未搭建	—
毕节	已完成入库	2019年6月进入试运行，于2019年10月正式实施
武汉	已完成整合入库	平台已搭建完毕并使用

善控规的过程管理，使控规成为一个动态的规划管理过程。另外，要研究控规全覆盖应该是什么深度的全覆盖，之前简单粗暴的一刀切的编制方式，并不利于控规的有效实施。

5. 规划成果规范性有待提高

调研城市中超大城市、大城市均有明确的控规编制与成果样式要求，利于形成相对统一的规划成果，便于规划的实施管理，但大部分中小城市缺少成果的技术规程指导，且受限于编制经费因素，导致分散编制的控规成果质量参差不齐，不利于规划后续的管理。

六、思考与建议

详细规划是国土空间规划中重要的组成部分，是落实国土空间总体规划与专项规划的重要载体，其编制体系与过程必将吸纳控规编制探索中的经验教训，综合前述回顾提出以下五点建议：一是明确国土空间规划下详细规划法规体系基本构成，并研究中小城市详细规划的技术标准与管理流程；二是建立分层、分级、分类的编制与管控体系，强化控规的上下传导，并结合城市设计，强化多维时空管控；三是细分规划修改类型，明确管理事权；四是推动详细规划的弹性与动态管理；五是提高详细规划成果的专业性与实用性。

本论文基于笔者参与的上海同济城市规划研究院有限公司课题《国土空间规划体系下详细规划改革研究》中相关内容整理。

参考文献

[1]文中调研涉及的19个省市政府网站上公布的各类法规文件.

[2]杜潇芳.聚焦统筹管理,突出分类处理——浅谈上海控制性详细规划实施深化(B类)和规划执行(C类)制度设计[J].上海城市规划,2011(06):35-39.

[3]凌莉."体系衔接与治理创新"——上海市单元规划的演进与探索[J].上海城市规划,2018(04):80-85.

[4]熊健.控制性详细规划全过程管理的探索与实践——谈上海控制性详细规划管理操作规程的制定[J].上海城市规划,2011(06):28-34.

作者简介

付　青，上海同济城市规划设计研究院有限公司，城市开发规划研究院，一所，总工；

周一茗，上海同济城市规划设计研究院有限公司，城市开发规划研究院，一所，规划师；

王建平，上海同济城市规划设计研究院有限公司，城市开发规划研究院，一所，规划师。

我国控制性详细规划专业教材的发展与展望

The Development and Outlook of Professional Teaching Materials for Regulatory Detailed Planning in China

袁 媛 何灏宇 刘慧雯 柳意云
Yuan Yuan He Haoyu Liu Huiwen Liu Yiyun

[摘 要] 作为规划体系中的重要一环，控制性详细规划在我国微观层面的空间管治中发挥着不可或缺的作用。我国控规从概念引入以来，经历了40余年持续的理论完善和实践创新，控规教育及专业教材的演进也是我国控规发展历程的缩影。本文首先梳理控规教育的发展历程、课程设置和教学内容概况；其次分析历版控规教材的内容及其差异；再结合规划体系改革、智慧城市建设及存量规划时代背景，展望控规教材的发展方向。本文以期为控规教育及专业教材的创新发展和完善提供一定的思考。

[关键词] 控制性详细规划；控规教育；专业教材；展望

[Abstract] As one of the important parts of the urban planning system, regulatory detailed planning plays an indispensable role in the spatial governance at the micro level in China. Since the introduction of the concept of Zoning, regulatory detailed planning has been developing for over 40 years in China, including theoretical improvement and practical innovation. The evolution of professional education and teaching materials of regulatory detailed planning represents the epitome of its development process. In this paper, we firstly summarize the development process, curriculum setting and teaching content of regulatory detailed planning education in China. Then, we analyze the content of two major versions of teaching materials as well as their difference. Finally, combining with the background of planning system reform, smart city construction and regeneration planning, the paper puts forward outlook on the direction of teaching materials of regulatory detailed planning education. This paper aims to provide some thoughts for the innovation, development and improvement of regulatory detailed planning education and teaching materials.

[Keywords] regulatory detailed planning; regulatory plan education; teaching materials; outlook

[文章编号] 2022-89-P-020

2020年广东省特色专业（城乡规划）项目
2019年中山大学教学质量工程重点项目

一、引言

中国控制性详细规划（以下简称“控规”）已有约40年的历史，经历了1980年代引入区划概念对市场化开发进行管控，到1990年4月1日《中华人民共和国城市规划法》的施行确立控规的法定地位和规范编制内容，再到2000年以来各大城市控规编制与管理相结合的改革[1]。控规成为各大设计院市场份额的主体之一，也是各院校专业课程体系中的重点之一。作为规划设计与操作管理的中间环节，控规在法定规划体系中具有核心地位。控规教育通过理论教学和课程设计两大环节，教授学生控制体系和控制要素、控规编制和管理实施及传授规划价值观内容，使学生掌握控规对国土空间用途、建成环境开发有效管制的专业知识，并能以公平公正的态度看待社会问题、维护公共利益[2]。

2019年5月10日《中共中央 国务院关于建立国土空间规划体系并监督实施的若干意见》印发，对规划制度改革进行了顶层设计，也将对规划行业发展与规划教育产生重要影响。控规作为“五级三类”中的“详细规划”类型，在规划改革背景下亟需做出相应的完善和调整，使之能够充分发挥建设全域、全要素的国土空间用途管制制度、实现城乡一张图精细化管理、提高空间环境品质、服务政府现代化规划治理等职能，控规教育将迎来新一轮改变[3]。

本文从我国控制性详细规划教育现状出发，分析历版控规专业教材的特点和变化，并对未来控规教材体系的发展进行展望，以期为控规教育的创新与发展提供参考。

二、我国控规教育现状概况

1. 基本情况

1980年代，我国控制性详细规划诞生，上海等地开始规划实践。1996年，同济大学在全国率先开设控规本科课程。2003年版的《全国高等学校城市规划专业本科（五年制）教育培养方案》规定各院校必设8门核心课程，其中包括城市规划系列课程设计（城市详细规划、城市设计、城市总体规划等）[4]。21世纪以来，控规开始形成专业化教材，夯实控规理论基础教学。

2008年1月1日《中华人民共和国城乡规划法》实施，控规的法律地位大幅度提升，推动各规划院校将控规融入规划课程教学体系中。同时国内城市丰富的实践探索和创新，不断完善控规理论体系，促进控规教育内容也不断完善和创新。

国内城乡规划专业的控规课程，一般设置在5学年教育期间的第3或第4学年，在低年级建筑设计向高年级规划设计的转换中起着重要的承接作用。控规教学主要包含理论讲授和课程设计两个环节。在理论教学环节，旨在使学生了解控制性详细规划的发展背景及历程，熟悉控制性详细规划的含义特征及作用，理解控规与其他层面城市规划之间的关系。课程设计环节则要求学生掌握控制性详细规划编制的内容和方法，能够因地制宜并且理论联系实际地熟练开展规划设计，并掌握控规各项成果的要求与技术规范。控制性详细规划教学案例的尺度介于建筑与城市整体之间，以笔者所在的中山大学为例，控规设计课程的规划地块多位于城市建成区，用地范围在2km^{2}左右，近年来以城市更新为主题展开控规课程设计。控规的教学方法多采用传统的教师中心法和相互作用法等教学方法[5]。教师中心法表现为教师讲授知识，并通过提问、论证等方式加强学生印象。相互作用法的特点在教师与学生互动，教师通常将学生分为若干组进行课堂讨论或小组设计。

2. 高校专业课程开设情况

根据笔者对教育部城乡规划教学指导分委员会2020年9月的调查统计，我国高校城乡规划专业的控规课程开设情况主要分为两种（表1）。

第一种是独立设置控规课程，教学内容包括控规基础理论与控规课程设计，多在大四上学期或大四下学期同时开设，使用此类设置的有清华大学、同济大学、天津大学、重庆大学、中山大学等。少数院校将课程设计和理论教学分在两个学期，如安徽建筑大学，大三下学期是理论教学，大四下学期进行课程设计。

第二种是非独立设置，将控规课程设计作为城市规划课程设计的一个作业，或是理论教学设置在控规课程设计教学的前几次课或其他规划理论课程中。如东南大学、天津大学和北京林业大学等，控规理论教学和课程设计都在大四上学期，理论教学独立设置，但课程设计与城市设计结合。华南理工大学则将控规理论教学并在大三下学期的规划原理课程中，在大四下学期与城市设计课一起进行控规课程设计。

3. 发展趋势总结

对比2010年调查结果（表2），近10年我国高校控规教育发展存在以下趋势：独立设置控规课程的高校数量呈增长趋势，将理论教学内容从合并于课程设计中调整为独立设置，表明控规教育尤其是理论教育的重视程度有所提高[3]。如清华大学在2010年未单独设置控规课程，控规理论教学并于规划原理中，无课程设计内容，但在2020年清华大学已独立设置控规理论和设计课程；重庆大学、西安建筑

表1　2020年我国高校城乡规划专业的控规课程现阶段开设情况

序号	学校名称	控规课程设置	课程设置学年与学期	控规教学内容		备注
				课程设计	理论教学	
1	清华大学	单独开设	大三下	有	有	985、老八校
2	同济大学	单独开设	大五上	有	有	985、老八校
3	东南大学	并于城市设计课程	大四上	与城市设计结合	有	985、老八校
4	天津大学	并于城市设计课程	大四上	与城市设计结合	有	985、老八校
5	哈尔滨工业大学	单独开设	大四上	有	有	985、老八校
6	华中科技大学	单独开设	大四上	有	有	985
7	华南理工大学	并于规划原理和城市设计课程	大三下（理论）、大四下（设计）	与城市设计结合	并于规划原理中	985、老八校
8	南京大学	单独开设	大二下	有	有	985
9	重庆大学	单独开设	大四上	有	有	985、老八校
10	西安建筑科技大学	单独开设	大四下	有	有	老八校
11	武汉大学	单独开设	大四上	有	有	985
12	中山大学	单独开设	大四上	有	有	985
13	苏州科技大学	单独开设	大四下	有	有	
14	西南交通大学	单独开设	大四上	有	有	211
15	浙江大学	单独开设	大四上	有	有	985
16	北京林业大学	并于城市设计课程	大四上	与城市设计结合	有	211
17	深圳大学	并于城市设计课程	大四下	与城市设计结合	有	
18	安徽建筑大学	单独开设	大三下（理论）、大四下（设计）	有	有	
19	中国矿业大学	并于城市设计课程	大四上	与城市设计结合	有	211
20	福建工程学院	单独开设	大四下	有	有	

注：本表格仅截取已开设控规课程的主要规划院校，排名不代表先后

表2　2010年我国高校城乡规划专业的控规课程开设情况

序号	学校名称	控规课程设置	控规教学内容	
			课程设计	理论教学
1	同济大学	单独开设	有	有
2	清华大学	无	无	并于规划原理中
3	东南大学	并于城市设计课程	有	并于课程设计中
4	重庆大学	并于总体规划课程	16学时小设计	并于规划原理中
5	天津大学	并于规划设计课程	有	并于课程设计中
6	西安建筑科技大学	并于规划设计课程	有	并于课程设计中
7	华中科技大学	单独开设	有	有
8	华南理工大学	并于规划设计课程	有	并于课程设计中
9	武汉大学	并于城市设计课程	有	并于课程设计中
10	山东建筑大学	单独开设	有	有
11	苏州科技大学	并于规划设计课程	有	并于课程设计中
12	安徽建筑工业学院	单独开设	无	有
13	中山大学	单独开设	有	有
14	南京工业大学	单独开设	不固定有	有

1.理论基础部分主要内容
2.控制体系和控制要素部分主要内容
3.编制与实施管理部分主要内容

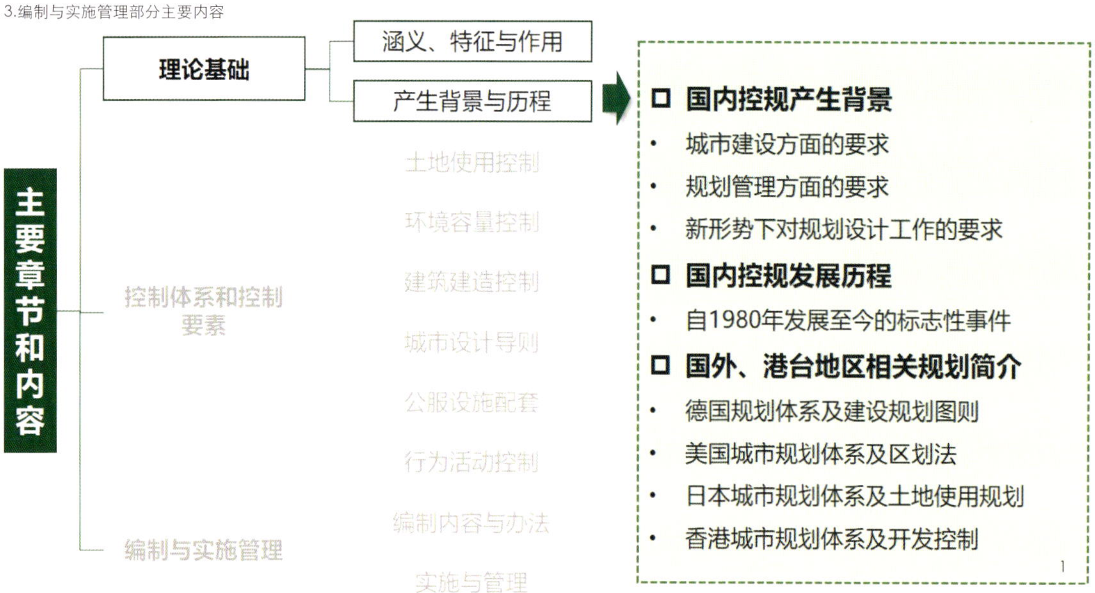

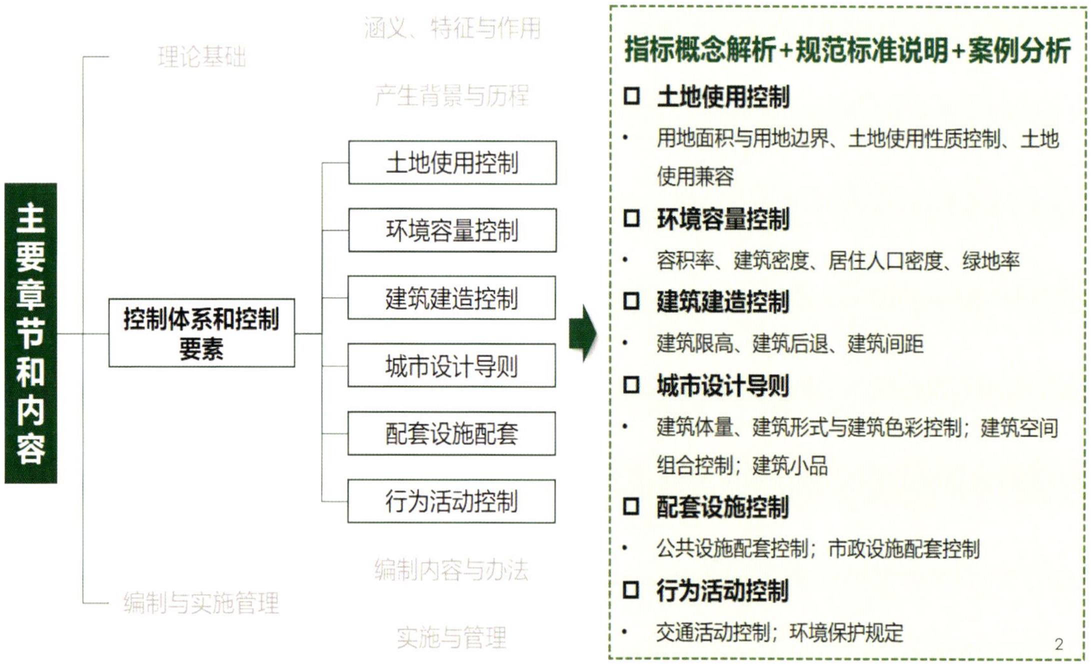

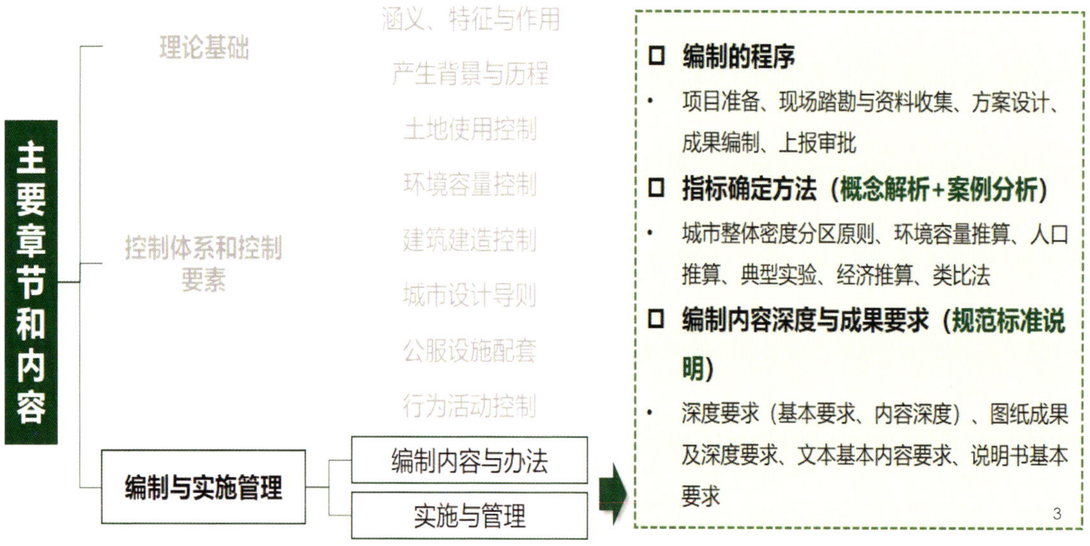

科技大学、苏州科技大学2010年控规课程并在其他规划课程中，在2020年均独立设置控规理论和设计课程。

三、我国控规专业教材的发展

随着城乡规划专业对控规理论教育的逐步重视，专业教材也经历了多次的更新与发展。21世纪以来，我国控规专业教材主要包括两个版本，即同济大学牵头编写的《控制性详细规划》和《控制性详细规划》“十二五”教材，两版教材各具特点，又互相联系。

1. 同济大学出版社版《控制性详细规划》

同济大学出版社版《控制性详细规划》为城市规划专业系列教材，共出版两版，初版于2005年7月，再版于2008年。第二版主要章节和内容包括三大部分：理论基础、控制体系和控制要素、编制与实施管理[7]。

（1）理论基础：控制性详细规划的含义、特征与作用以及产生背景与历程，其中产生背景与历程阐述了国内控规产生背景、发展历程，并简要介绍了德国、美国、日本和中国港台地区的相关规划。

（2）控制体系和控制要素：建构包含控制要素、控制方法和控制程度的控制体系。控制要素包括土地使用控制、环境容量控制、建筑建造控制、城市设计导则、配套设施配套、行为活动控制。每个控制要素内采用“指标概念解析+规范标准说明+案例分析”的论述模式。

（3）编制与实施管理：包括编制内容与办法、实施与管理两大部分，涉及编制程序、指标确定方法、编制内容深度与成果要求等主要内容。其中，指标确定方法部分通过“概念解析+案例分析”的方式进行介绍，包括城市整体密度分区原则、环境容量推算、人口推算、典型实验、经济推算、类比法；编制内容深度与成果要求中分别对图纸、文本、说明书等成果深度的规范和标准进行了说明。

该版教材系统梳理控制性详细规划的基本理论和方法，对于城市规划专业的系统理论教学具有重要指导意义，对于城市规划编制人员和管理人员的实际工作具有参考价值。

2. 中国建筑工业出版社版《控制性详细规划》“十二五”教材

自2008年1月1日《中华人民共和国城乡规划法》实施两年多后，新的控制性详细规划理论和方法不断涌现，国内的规划实践也日趋成熟。与此同时，为更好地指导高校专业教学和实际工作，控制性详细规划专业教材也亟需与时俱进。

该版教材于2011年由中国建筑工业出版社出版，是“十二五”普通高等教育本科国家级规划教材、普通高等教育土建学科专业“十二五”规划材料、高校城市规划专业指导委员会规划推荐材料，由同济大学（夏南凯、田宝江、宋海瑜）、天津大学（运迎霞、邢燕）、重庆大学（胡纹、杨培峰、李浩）、华南理工大学（汤黎明、戚东瑾、黄铎、叶红）、华中科技大学（耿虹、罗毅）以及上海市宝山区规划和土地管理局（姚村卓）六家单位联合编写。

在上述同济大学出版社版教材的基础上，新版教材优化了理论结构，融入了新的理论、方法、实例及各地的规划探索。新教材内容包括八大章节：概述、编制内容与方法、规定性控制要素、引导性控制要素、配套设施控制、实施与管理、发展新方向以及规划案例[8]。

4.《控制性详细规划》“十二五”教材主要章节和内容

4

前两章基本沿用了同济大学出版社版教材的相关内容。第三至五章对控制性详细规划控制要素采用了新的分类和论述方式，将控制要素归类为规定性控制要素、引导性控制要素和配套设施控制，并沿用了“指标概念解析+规范标准说明+案例分析”的论述模式，加入了北京、上海、深圳、佛山等城市案例辅以说明。第六章除实施和管理两方面内容外，还强调了实施与管理中的公众参与。

第七、八章介绍了我国控制性详细规划理论和实践的创新内容。“发展新方向”部分，主要介绍了我国控制性详细规划理论和政策的新探索，包括了相关学术研究新进展、国家新出台的相关法规与编制要求、上海控制性编制单元与网格化管理、控规局部调整的制度化、《广东省城市控制性详细规划管理条例》、天津市中心城区控制性详细规划的探索。“规划案例”部分，通过案例规划概述、规划方案介绍和指标说明以及案例评述，简要地介绍了我国控制性详细规划的实践创新，包括上海、天津、攀枝花、武汉、广州等城市的控制性详细规划案例。

3. 两版专业教材对比分析

对比两版专业教材的内容，可发现两者既存在共性，同时“十二五” 教材在同济大学出版社版教材的基础上优化和创新了内容。

共性主要体现在教材的理论基础上，“十二五” 教材延续了同济大学出版社版教材的基本框架，保留了控制性详细规划的基本理论概述（包括内涵、特征和作用、产生背景与发展历程、国外和港台地区的相关规划简介），以及控规的编制内容与方法。

“十二五”教材在教材框架和内容方面进行了调整和优化。一方面，对控制体系和要素的介绍方式由逐个介绍6类要素转变为以规定性、指导性指标的分类思路来展开说明，更强调控制要素在规划实施中的控制力度和作用。另一方面，实施与管理部分将“公众参与”列为独立的小节，突出了公众参与在控规编制与实施中的重要地位，与2008年《中华人民共和国城乡规划法》的要求和国内城市管理发展趋势相契合。此外，“十二五”教材纳入了我国当时控制性详细规划理论创新和实践探索的相关内容，体现了控规与时俱进的特点。该版教材结合国家新出台的相关法规与编制要求，总结国内控规理论研究的新成果，介绍国内城市先进的控规新制度实践探索；分析国内新的控规实践优秀案例，为我国控规的发展提供借鉴与参考。

控规教材的发展与我国控规及控规教育的发展轨迹相契合，新版教材重视理论和实践的在地化创新，并融入控制性详细规划教育中，及时更新和完善教育内容，提高了教材的实践指导价值，可促进高校学生及从业人员更加全面地认识我国控制性详细规划的发展与应用，有利于高素质的城市规划人才培养。

四、未来展望

在我国的城乡规划体系中，控制性详细规划发挥微观层面空间要素配置的作用[9]。近年来，在国土空间规划体系改革背景下，城乡空间治理所涉及的要素和现实问题更加错综复杂，这对控制性详细规划的改革和发展提出了新的要求，同时也要求控制性详细规划教育不断创新和与时俱进，通过高质量的教育为国土空间规划实践源源不断地输出高素质人才。专业教材作为教学工具，其完善和创新对于教学质量的提升具有基础性作用。未来我国控制性详细规划教材应不断与时俱进、吐故纳新，并结合高品质的教学辅助参考书，为城乡规划专业高校学生和从业人员提供更加全面的知识体系和多元化的创新视角。

1. 多元化的教学辅助参考书提供支撑

（1）清华大学出版社版《控制性详细规划》

《控制性详细规划》由清华大学建筑学院唐燕副教授主编，于2019年由清华大学出版社出版，属于清华大学建筑、规划、景观设计教学丛书之一。

依托清华大学城乡规划“控制性详细规划”设计课程的五年教改经验，该书专门针对控制详细规划“设计课”的教学特点、课堂设计与实际需求而编写的一部教学参考书。该书为高校城乡规划学科开设控制性详细规划设计课提供教学方案借鉴，为学生在设计课程中完成控制性详细规划编制成果提供具体指导，同时也适合相关规划技术人员、规划管理人员等概略了解控制性详细规划的编制方法与基础知识等[10]。

全书主要基于清华大学的专业教学需要，内容从综合理论基础，到控制性详细规划设计课程的设计，再到规划方法探讨与案例剖析层层深入。“综合理论基础”部分主要阐述了控制性详细规划的发展演进历程、法定地位及编制方法与课程知识要点；“控制性详细规划的设计课程教学设计”部分包括教学背景、教学模式与教学方法设计、教学大纲与课程安排、作业要求与规范性；

5.《控制性详细规划》“十二五”教材第三至五章主要内容

6-7.《控制性详细规划》“十二五”教材第七、八章主要内容

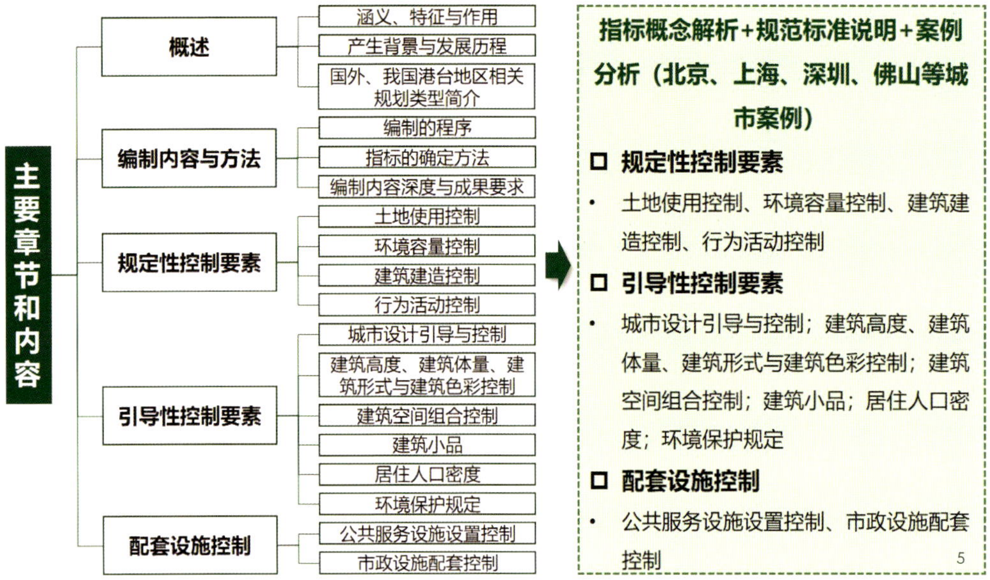

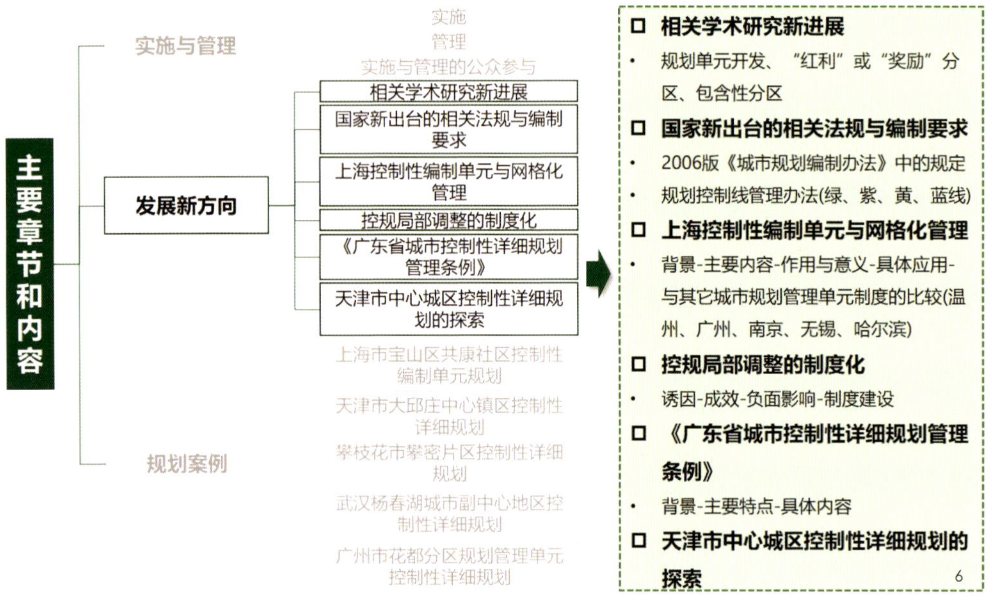

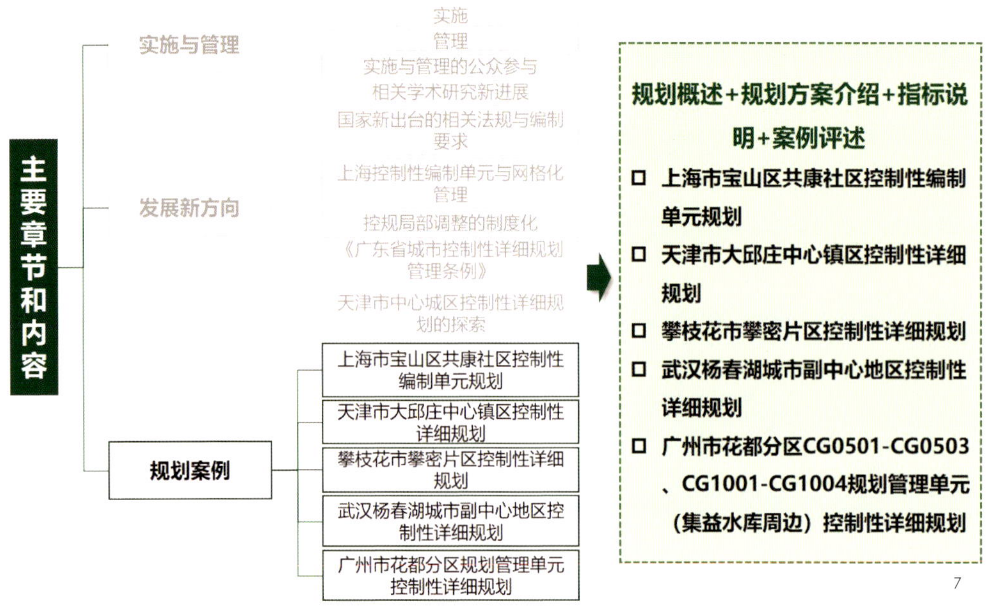

“规划方法探讨与案例剖析”部分包括开发地块指标研究、城市设计结合控制性详细规划、文本与说明书撰写三大章节内容。

（2）在编《城市开发控制规划的理论与实践》

十八大以来，一系列经济社会生态的发展模式和发展方向发生了深刻变化，对我国当前开发控制规划的研究、编制以及与规划管理的衔接提出新的挑战。具体的变化和挑战主要体现为以下三方面：①存量更新规划成为主导。如何发挥控制性详细规划在空间资源管控方面的优势，从“粗放型发展”转向“精细化发展”，成为控规改革的要点之一。②共建共治共享理念。如何通过改革控制性详细规划编制的组织方式与技术手段，为精细化管理和公众参与规划提供切实可行的依据。③大数据时代来临和新技术的推广运用，对控制性详细规划的改革提出了更高要求。

在此背景下，中山大学地理科学与规划学院统筹并联合广州市城市规划编制研究中心、上海同济城市规划设计研究院有限公司、深圳市规划国土发展研究中心、武汉市自然资源和规划局和武汉市规划研究院一所、杭州市城乡规划委员会办公室和艾斯弧（杭州）建筑规划设计咨询有限公司、无锡市规划局规划处、青岛市城市规划设计研究院、广州市城市规划设计所等多家单位共同编写了《城市开发控制规划的理论与实践》一书。

该著作定位为开发控制规划教材和书籍的补充读物或教辅材料，主要突出了三大重点内容：①国外及中国香港地区开发控制体系与控制规划研究。分析美国、英国、新加坡和中国香港地区的开发控制体系和规划内容，为我国开发控制规划改革提供借鉴。②大数据背景下开发控制要素的原创性研究。重点针对国内城市经典的开发控制要素和新型案例进行深入分析和定量研究，为科学探索控制性详细规划指标体系提供了参考依据。③面向管理实施的控制性详细规划革新研究。分析广州、上海、深圳、武汉、杭州、青岛、无锡等城市的控规改革内容、成效，为面向管理实施的控制性详细规划革新提供参考借鉴。

2. 新版控制性详细规划新教材编写设想

随着我国城市化进程和国土空间规划体系改革的持续推进，控规承担着更加精细化的空间治理职能。在新的时期，控规教育和专业教材亟需新一轮的修编。新版规划教材《控制性详细规划》将由同济大学（田宝江、夏南凯）、天津大学（运迎霞）、重庆大学（杨培峰）、华南理工大学（赵渺希）、华中科技大学（耿虹）和中山大学（袁媛）

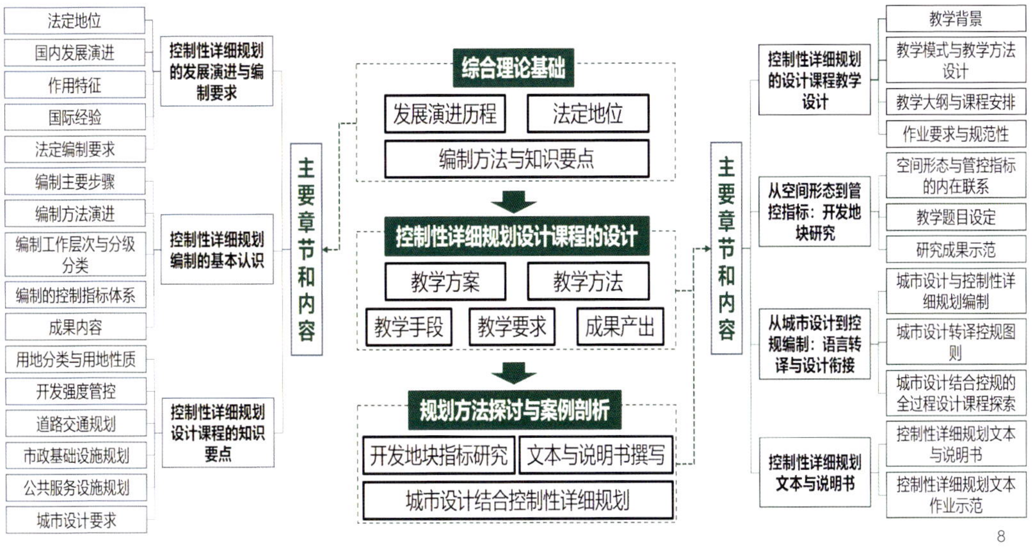

8

8.清华大学出版社版《控制性详细规划》主要章节及内容

六校联合编写。本次教材修编，在保持上一版基本内容框架的基础上，应力求反映近几年国家政策变化对控规的影响，新时期城市建设实践中控规的新探索，以及新技术对控规的支持所带来的理念和方法等方面的创新。主要体现在以下三个方面：

（1）国土空间规划背景下控规的转型与应对。国土空间规划体系改革强调了以生态文明观、多元价值观、城乡共生观和空间统筹观作为新的规划价值导向，将空间管控的内涵拓展至全域全要素，针对非建设用地的管控内容与方法亟待探索与完善。这对控规的管控体系、管控内容、管控方法和管控表达均提出了新的要求[11]。基于此，控规应立足于生态文明建设的时代需要，从空间治理现代化的视角进行改革和创新，积极融入新的空间治理体系。

（2）大数据支持下控规编制的技术与方法。物联网、移动互联网、云计算和大数据等新一代信息技术的快速发展，对城市规划编制工作也提出了更高的要求。未来智慧城市将成为城市发展的新形态与目标，利用大数据的思维及技术方法对控规编制技术方法进行创新，是探索智慧城市建设的必经之路。

（3）存量规划背景下，城市更新中控规新的探索和实践。在存量规划和城市更新的大背景下，城乡规划所面临的空间要素和空间关系更为复杂，控规作为城市微观层面的管控手段，如何通过技术方法、控制指标等方面的革新，对地块进行精细化管控，对于未来国土空间高质量发展具有重要意义。

五、结语

在国土空间规划体系建构过程中，控规教育改革思路的研究对于建立完善的空间规划体系，整合各类土地用途管制制度的经验，形成全域、全要素的国土空间用途管理平台和管制制度具有重要意义。在当前生态文明建设和大数据时代背景下，控规教育应该继续承担起输送专业人才的职能，编写多元化教材，丰富教学手段，传递新时代规划价值观[2]。

本文针对控规教育和两版控规教材现状分析总结，结合国土空间规划体系建构和发展背景，展望未来控规教材编写，以期能为控规教育的发展与完善提供一定的参考。我国国土空间规划体系仍处于探索阶段，控规教育的发展仍需进一步的讨论与完善；控规教育的改革是涉及政府、行业协会和高校的复杂系统，控规教育体系的建构和完善仍是未来一段时间内需要重点关注的问题。未来控规教学研究应关注国土空间规划体系改革中的控规转型与应对、技术革新对控规教学的影响等，以期更好地应对时代要求。

参考文献

[1]高捷,赵民.控制性详细规划的缘起、演进及新时代的嬗变——基于历史制度主义的研究[J].城市规划, 2021(1): 72-79+104.

[2]袁媛、邓宇、于立、张晓丽. 英国城市规划专业本科课程设置及对中国的启示——以六所大学为例. 城市规划学刊，2012，200：61-66.

[3]赵广英,李晨.国土空间规划体系下的详细规划技术改革思路[J].城市规划学刊, 2019(4):37-46.

[4]建设部.全国高等学校城市规划专业本科（五年制）教育培养方案[Z]. 1999(5).

[5]袁媛.控制性详细规划教学中规划师价值观的培养：以中山大学城市规划专业为例[C]. 全国高等学校城市规划专业教育指导委员会编，人文规划创意转型——2012年全国高等学校城市规划专业教育指导委员会年会论文集，北京：中国建筑工业出版社，2012：259-264.

[6]汪坚强.转型期控制性详细规划教学改革思考[J].高等建筑教育,2010,19(3):53-59.

[7]夏南凯,田宝江,王耀武.控制性详细规划(第二版)[M].上海：同济大学出版社，2008.

[8]同济大学,天津大学,重庆大学,华南理工大学,华中科技大学.控制性详细规划[M].北京：中国建筑工业出版社，2010.

[9]本刊编辑部. "空间治理体系下的控制性详细规划改革与创新"学术笔谈会[J].城市规划学刊, 2019(3):1-10.

[10]唐燕. 控制性详细规划[M]. 北京：清华大学出版社, 2019.

[11]杜瑞宏, 黄晓芳, 胡冬冬. 国土空间规划视角下非集中建设区规划体系构建[J]. 规划师, 2020(19):47-51.

作者简介

袁　媛，中山大学，地理科学与规划学院，教授、博士生导师，城市化研究院，副院长，广东省城市化与地理环境空间模拟重点实验室，副主任；

何灏宇，中山大学，地理科学与规划学院，硕士研究生；

刘慧雯，中山大学，地理科学与规划学院，硕士研究生；

柳意云，中山大学，地理科学与规划学院，高级讲师。

对控制性详细规划管控策略与上位规划衔接机制的思考
——基于玉林市国土空间规划体系构建的实践探索

Study on the Management of Regulatory Planning and the Methods of Transmission from Comprehensive Spatial Planning to Regulatory Detailed Planning
—Based on the System Construction of Yulin Territorial Planning

陈诗飏 刘 晓 黎 慧 张 梦
Chen Shiyang Liu Xiao Li Hui Zhang Meng

[摘　要]　国土空间规划体系下，控制性详细规划所遵循的上位规划逐渐变得清晰且统一。其次，五级三类体系内的控规所覆盖的范围扩大至全域、覆盖地类扩大至全要素，超出原控规的内容。最后，国土空间规划中治理语言与空间语言的融合也对控规提出了更高要求。控规的目标与内容、成果与形式等都将发生深刻的变化，所必须传导和承接的上位规划内容远超原先城市规划体系下的上位规划内容，因此，研究控规管控及对各类上位规划衔接机制的探讨具有重要意义。本文首先梳理了新背景下控制性详细规划在衔接机制上面临的主要挑战。并在此基础上，结合玉林市国土空间规划编制，从设置单元层级、控规自由裁量边界、控规弹性规则、配套控规弹性机制等层面尝试进行一定的探索。最后总结并提出空间规划改革下完善总体规划对控规传导方式的几点建议：建构配套管理机制，底线刚性管控，市场要素配置弹性可调，高标政策引导的管控策略，从而推动实现以人为本的高水平空间治理变革。

[关键词]　国土空间总体规划；控制性详细规划；传导；玉林市

[Abstract]　The management of regulatory planning should adapt to the ability of local spatial management. It should follow the contents of upper planning in spatial planning system. The spatial planning should establish a control system including the basic redline control, flexible system coping with market, and high quanlity policies of regulatory planning.

This paper sors out the contents of what upper planning should transmit to regulatory planning from three aspects. Secondly, this article concludes the main challenge of regulatory planning in the background of spatial planning system in terms of transmission system.thirdly, this paper tries to solve these problems from three aspects, including the technical aspect, the management aspect and the coordinate system between different regulatory planning. Finally, the paper tries to give some suggeestions on how to improve and perfect the transmission and manangement system of regulatory planinng.

[Keywords]　territorial planning; regulatory detailed planning; transmission system; Yulin

[文章编号]　2022-89-P-026

五级三类的国土空间规划体系已经基本明确，全要素全地类的国土空间总体规划作为空间类纲领性规划，是地区国土空间资源管理的顶层设计。而控制性详细规划，作为长期指导和对实际建设进行管控的基层规划，已被纳入空间规划体系并作为详细规划的重要类型，将延续其在国家规划体系中的关键角色。在地区空间规划体系的构建过程中，由总体规划向控制性详细规划的传导方式和路径至关重要，是决定空间总体规划的各类战略和布局能否有效落地的关键因素。

与此对应，在新的规划体系下，“控规”编制的上位规划依据变得清晰而统一，控制性详细规划在编制过程中，所必须传导和承接的上位规划远超原先城市规划体系下的上位规划内容。新时期的控制性详细规划除了应对传统控规实践中应对市场灵活性低、行政随意性大的问题之外，还面临更巨大的挑战。因此，研究控规管控及其与各类上位规划衔接机制的探讨具有重要意义。

一、当前控规面临的主要难点与挑战

1. 多规合一延伸了控制性详细规划内涵

多规合一背景下，覆盖在城市某个控规地块之上的政策意图和管控内容扩大了。

新增内容主要包括但不限于自然资源、文化遗产和生态环境，即使是在相同的领域，诸如城市更新，在空间规划的语境下，低效用地、存量盘活、增减挂钩、集体经营性建设用地等内容的重要性超过了对于城市建成环境改造的重视程度。其次，一些原先不那么具体的指导性内容在空间规划之下会被量化，并以指标分配的方式逐步下达到具体控规地块中。最后，在编制对象上，控规随着国土空间治理视野的放大将覆盖到所有的地类。

2. 国土空间总体规划的管控机制放大了控规编制弹性

国土空间总体规划采用结构性管控加规划分区的管控方式，相较之前用地地块的方式，其放大了总体规划的弹性，提升了总体规划应对市场变化的能力，也为后续的控规编制预留了充足的自由裁量的空间。但弹性的增大对城市治理水平和规划管理能力提出了更高的要求，历史经验证明无限制的自由裁量权容易产生混乱的城市建设和无序的行政管理，以项目为引导的控规调整也会使战略性和综合性的上位规划指导意义严重削弱。诸如在控规中如何落实并完善总体规划的结构，如何确定规划分区提出的用地混合、功能混合的比例，这些问题很难在总体规划层面提出非常具体的规则，只能依靠控规编制时基于地块提出针对性的要求，这在一些地区是很难实现的。

3. 空间管理逻辑转变提升了规划编制及管理的难度

空间规划将治理语言和空间语言融合在一起，部门事权关系转化为空间权力关系，这对规划编制提出了更高的要求。一方面，管控工具和空间管理逻辑发生了变化。在原来城市规划方法的基础上，对于城市内部的空间更多地融入了底线思维、效率思维和政策管控思维等，并且融合土规后能够使用的政策管控工具更加多样化了。

另一方面，随着国家行政体制改革的不断深入，对事权主体的责任要求进一步明晰，实施主体与责任主体捆绑在一起，已在根本上影响着控规的编制方法。因此，各地应根据地区实际的管理特点和管理需求做出针对性的调整，设计贴合地区的空间管理体系。在编制城市控规之前除了对地区控规编制导则等基础性内容进行熟悉，还应对地方的控规实际管理方式和可运用的管理工具做充分了解，才能编制有效能落地的控制性详细规划。

二、结合玉林单元传导机制的控规衔接机制探索

在《玉林市国土空间总体规划（2021—2035年）》项目中，对于控制性详细规划与总体规划之间的传导机制主要进行了四方面的探索。目前的探索主要还是在城市开发边界内部。

1. 设置中间层级有效衔接上下级规划

本文认为当前背景下，战略性的空间总规和实施性的地块控规之间是不可能直接衔接的。主要原因有以下四点：一，总规采用的规划分区与地块采用的地类分类之间的关系并非原城乡用地分类的树状结构的对应关系。二，总规的指标和战略分解不可能直接落实到地块，超出总规可考虑的深度，且将使地块开发完全丧失实施性。三，总规附带的政策意图和管控的实施主体与地块开发主体之间并不对应。四，总规与地块控规使用的管控工具的精度就是不同的，即使单纯从制图上就是不可实现直接衔接的。

综上，本文认为有必要设置一级中间层级，既能有效地将城市总体战略和空间结构分解，又能有效地将一部分内容传导到下一尺度的控制性详细规划。这种做法收束了一部分自由裁量权，一定程度上缓解了上述应管控机制增大导致的弹性增大的问题，但也为实际地块开发留出了一定的弹性。同时，从精度上来说，也将误差减少到一个可接受的范围。很多城市在原总规中也已经在使用单元规划了，包括北京在国土空间规划中也采用了类似的方式，笔者认为这种方式在未来应是一种常规动作。

2. 明确并约束控规自由裁量权力边界

本文认为应区分控制性详细规划的“底线型规则”内容和“引导性的规划”内容：在玉林实际项目编制中，通过与甲方的探讨，认为控制性详细规划应承接落实上位规划在目标定位、总体结构、结构性道路、市区级以上设施及蓝绿空间、区域性重大设施方面的要求，作为强制性要求严格传导并落实；而在城镇具体开发建设、非结构性道路交通、居住生活配套设施，以及蓝绿空间、非区域性的重大设施等方面，控规是对上位规划的深化与细化，需要上位规划预留一定的弹性空间，可以“适当地、谨慎地”赋予控规编制自由裁量的空间。本文基于玉林市在编制单元规划指引的实践基础上，尝试提出控规自由裁量的边界（表1）。

3. 设计符合总规管控逻辑的弹性规则和控制语汇

结合弹性管控要素及实际操作中的落实，本文提出在编制空间总体规划时，就应设计好传导至控规的弹性规则，包括四大类：用途管制、指标管控、空间落位、通则标准。总体形成以用途管制为基础，以指标管控为核心、以空间落位为辅助、以通则标准为补充的弹性管控方式。

其中，用途管制主要针对用地功能的细化，引导

表1　控规自由裁量边界

分类	自由裁量内容		可自由裁量的情境
城镇开发	用地布局	兼容用地功能及比例、布局	符合功能分区、主导功能及正负面清单管控要求的情况下可调
	开发建设指标	容积率、建筑高度	满足总体开发强度、建筑高度分区，在管控指标区间内可调整，个别标志性地块或重点地块论证后可调整
道路交通	城市支路	支路走向、道路断面	因自然要素、现状建设条件等难以实施的情况下，可调整
	慢行系统	慢行系统布局、断面及沿线设施布局	结合实际建设需要可调整布局
	交通设施	公交站点、停车场布局	结合实际公交走线和道路系统布局
居住生活	保障性住房	住房选址、配建功能	满足总量要求及建设环境要求情况下可调整，应配套完善
	生活圈配套服务设施	配套设施选址	满足总量要求及服务范围要求的情况下可调整
	生活圈蓝绿空间	社区级及以下绿地、开敞空间位置	满足总量要求及服务范围要求的情况下可调整
公共服务设施	区级公共服务设施	设施用地边界	保证规模要求和功能配置的前提下可根据实际建设条件调整
基础设施	非市本级控制的市政基础设施	35kV变电站，垃圾收集站等	满足配建要求，结合实际项目建设与周边环境可调整

1

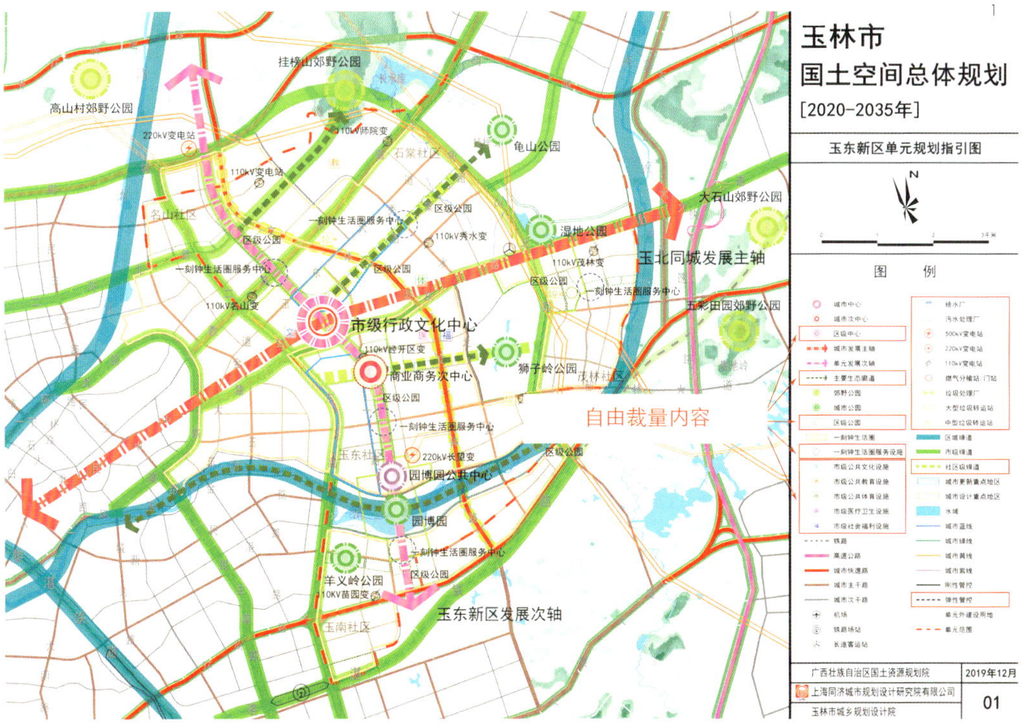

1.单元规划衔接及自由裁量内容示意图

2.社区级绿道及公园管控规则下的控规实操示意——空间管控

3-4.社区级绿道及公园管控规则下的控规实操示意——用地方案

表2　弹性管控方式

管控对象		管控方式	示例
城镇开发	用地功能细化	用途管制+指标管控+空间落位	正负面清单、主导/兼容功能比例上下限、空间结构引导
	开发管控	指标管控	功能区/开发分区指标区间
道路交通	干路系统	指标控制+通则标准	通行能力、主要断面设计
	支路系统	空间落位+指标控制+通则标准	线形走向控制、道路网密度、主要断面设计
	慢行系统	空间落位+指标控制+通则标准	线形走向控制、最小宽度、功能引导
	区级及以下交通设施	指标控制+空间落位	服务范围覆盖率、最小规模、点位控制
蓝绿空间	区级绿道、公园	空间落位+指标控制	弹性边界、总量指标、人均指标控制
	社区级绿道	指标控制+空间落位	最小宽度控制、绿道长度控制、走向线形控制
	社区级公园	指标控制+空间落位	最小规模控制、服务范围覆盖率、点位控制
居住生活	保障性住房	指标控制+用途管制	人均指标、正负面清单
	配套服务设施	指标控制+空间落位	最小规模控制、服务范围覆盖率、点位控制
	配建绿地广场	指标控制+空间落位	最小规模控制、服务范围覆盖率、点位控制
公共服务设施	区级公共服务设施	空间落位+指标控制+通则标准	弹性边界、总量指标、功能构成
	社区级公共服务设施	指标控制+空间落位+通则标准	最小规模控制、服务范围覆盖率、点位控制、功能构成
市政设施	非市本级控制的市政基础设施	空间落位+指标控制	弹性边界、设施数量、服务能级、配建要求

用地布局不偏离总体大方向的同时，给予弹性空间，根据实际建设的需要完善相关配套或兼容功能，奠定整体控规格局框架。

指标管控通过上下限指标控制或区间控制的方式，从规模总量、开发强度、服务能级等方面提出控规编制的基本条件，并结合地方功能发展导向和公众的实际需求，预留调整余地。

空间落位通过类图则的形式，通过弹性边界、线形走向控制及点位控制的方式，将管控要求落实到图面，形成具象化的管理方式。

通则标准则以通则、导则的形式，为控规的落实提供选择库或标准引导。

以上方式在广州等多个城市已有探索，在实际操作过程，宜根据管控对象，选择其中1~4类管控方式，从多维度管控控规的编制，限定自由裁量的权限，实现从导控到管控的有条件的弹性传导机制。

在控制语汇上，涉及具体线位、点位控制时，应多使用描述性内容辅助定位，诸如东二环路道路红线向北控制20m绿化带，这样尽管在图上可能因为三调测绘精度的问题出现误差，却并不会影响实际的建设。同样，应使用走向、最小宽度、最小长度、区间、清单等更适应总规管控逻辑的控制方式，而不是使用带边界的线、面、容量控制（表2）。

4. 完善控规弹性的管理方式和时间属性

（1）应明确区分控规需衔接的上位规划内容中“控制性”内容和“引导性”内容的不同管理方式。

对于控制性内容、底线型内容，主要包括城市基础公共服务设施、城市四线、三条红线等内容，应运用多种政策工具，强化空间底线，保障公共权益。

对于引导性内容，非底线性内容，主要包括城市设计、景观风貌、产业发展等内容，应适当放松限制、简化审批流程，减少制度成本，使其能迅速对市场的变化做出反应。涉及实际开发建设过程中，对于引导性内容的控规修改，应以正向奖励和激励制度代替繁复的规划修改程序。

（2）增加控规的时间属性。

国土空间规划越来越强调规划的时间属性，强调规划是过程性规划，规划编制同时也是规划管理。因此本文认为，有必要衔接上位规划，改变控规无固定期限的规划方式，适当为控规增加时间属性。规划时序首先应与近中远期的城市战略对应，其次应与各类行动计划协调一致（土地整治行动、存量盘活行动），应评估控规在项目建设分期上的合理性（防止通过分期的方式逃避公益性设施的建设），最后应建立一定的奖惩机制，保障控规在建设时序上的弹性。

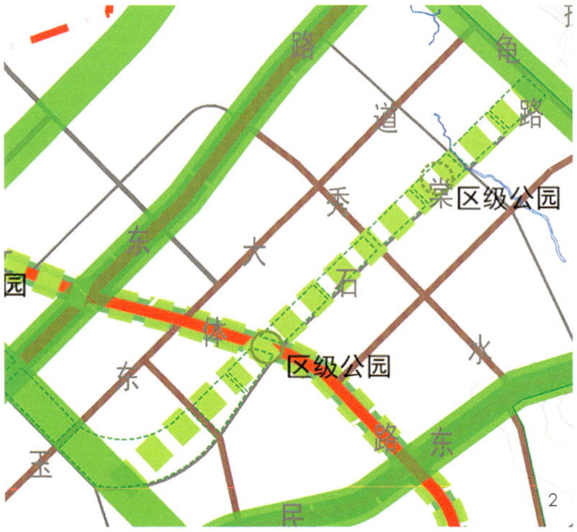

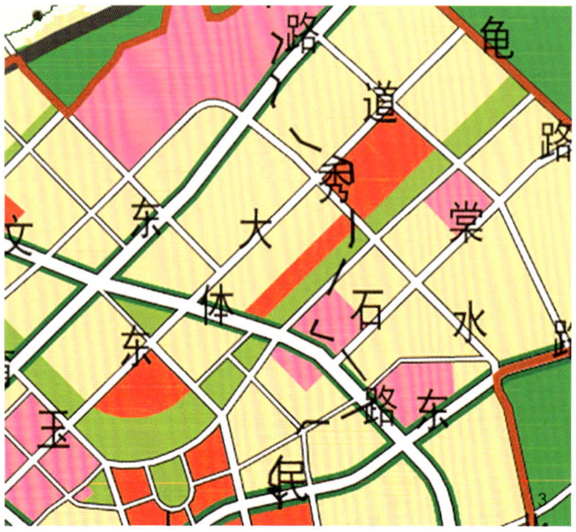

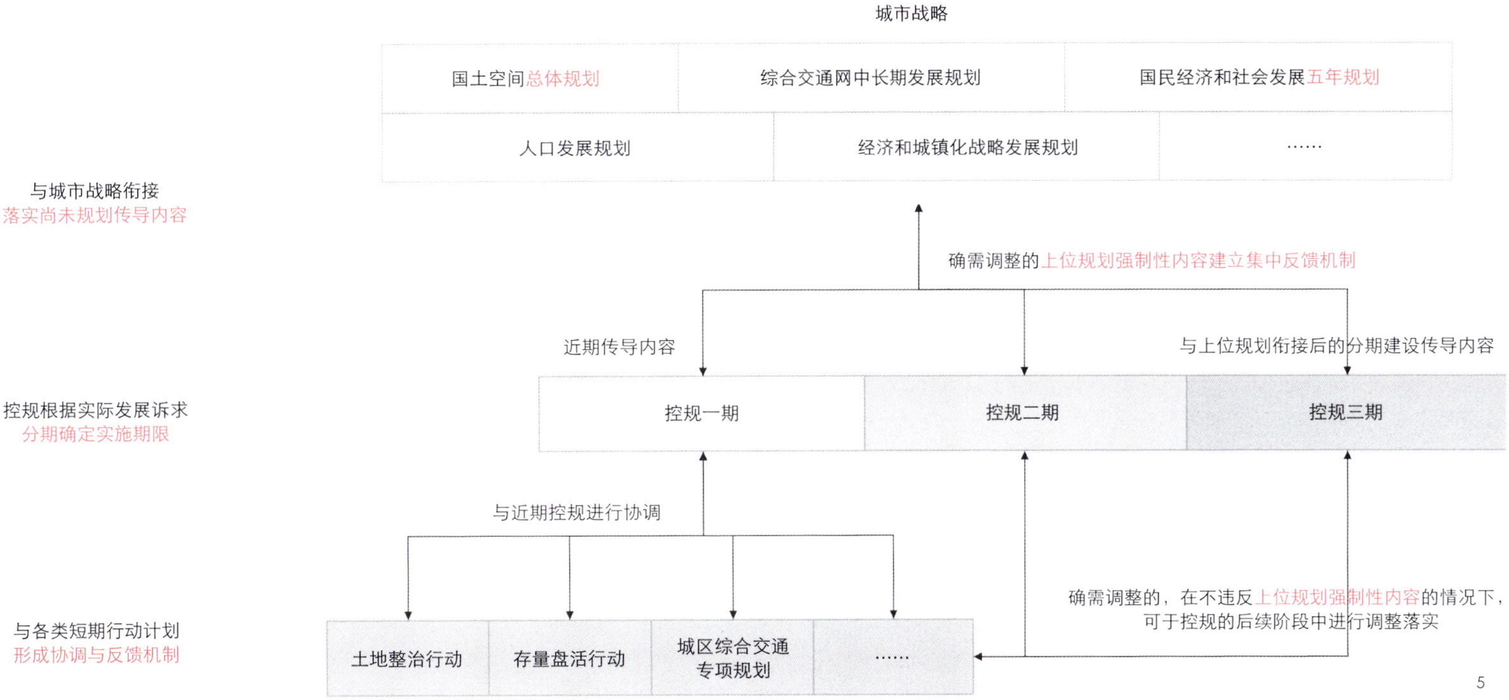

5

5. “过程式”控规的上下衔接机制模式图

三、总结

本文在空间规划背景下，概括了控制性详细规划在新时期面临的主要挑战，并结合玉林空间规划的实际案例，提出在自由裁量、弹性规则和弹性机制三个方面的具体应对方式。

（1）衔接机制应贴合地方城市的管理规则，要尽快建立完善各类配套管理、政策、协调机制。应对控规编制的主体、程序、编制、修改有全方位的考量，梳理清楚各级政府之间的控规编制的事权边界，并建立起对控制性详细规划生僻、实施权力的经济制约和监督机制。

（2）衔接机制应尽可能刚弹结合，建议增设中间单元层级。既要突出国土空间总体规划的战略思维、管控思维，又要保障规划“好用、管用”，明确区分上位规划的“控制”内容和“引导”内容，设置中间缓冲层级，有效衔接总规和地块控规之间的冲突，注重规划战略能够有效传导至控规。要尽可能为控规编制设立弹性的机制，适当预留控规自由裁量的空间。应改进控制性详细规划“蓝图式”规划，引进动态管理，增强规划在时间上的弹性。

（3）地方应尽快建立自己的控规评估机制和协调机制。国土空间规划背景下，多规合一对控规也提出了更高的要求，控规应建立在城市统一的一张图数据平台的基础上，发展符合地方实际特点的实施评估、公众参与、部门协调的机制。

笔者认为未来的控规将逐步从城市开发边界内部扩展至全域全要素，各类空间管制类的政策工具和管控方式将进一步融合，针对不同城市以及不同区域的控规管理方式发生深刻变化。而更好地公众参与制度和制度安排将缓和规划理性和市场效率之间的矛盾，将更好的平衡经济效益和公众利益，将使控规继续在空间规划体系下发挥至关重要的作用。

注释

①本文中未标注图片及表格均为作者及项目组自绘。

参考文献

[1]王新哲. 地级市国土空间总体规划的地位与作用[J]. 城市规划学刊, 2019(4):31-36.

[2]黄明华, 赵阳, 高靖葆, 等. 规划与规则：对控制性详细规划发展方向的探讨[J]. 城市规划, 2020(11): 52-57+87.

[3]王瑞, 石华, 邵波, 等.郊野地区全域控制性详细规划技术路径探索：基于国土空间规划语境[J]. 城市规划, 2020(S1):84-90.

[4]韩文静, 邱泽元, 王梅, 等. 国土空间规划体系下美国区划管制实践对我国控制性详细规划改革的启示[J]. 国际城市规划, 2020(4): 89-95.

[5]本刊编辑部. “空间治理体系下的控制性详细规划改革与创新”学术笔谈会[J]. 城市规划学刊, 2019(3): 1-10.

[6]刘宏燕, 张培刚. 控制性详细规划控制体系演变与展望：基于国家法规与地方实践的思考[J]. 现代城市研究, 2016(4): 10-15.

[7]赵民, 乐芸. 论《城乡规划法》“控权”下的控制性详细规划：从“技术参考文件”到“法定羁束依据”的嬗变[J]. 城市规划, 2009(9):24-30.

[8]田莉. 我国控制性详细规划的困惑与出路：一个新制度经济学的产权分析视角[J]. 城市规划, 2007(1):16-20.

作者简介

陈诗飏，上海同济城市规划设计研究院有限公司，城市开发规划研究院，主创规划师；

刘　晓，上海同济城市规划设计研究院有限公司，城市开发规划研究院，规划三所，所长，高级工程师；

黎　慧，上海同济城市规划设计研究院有限公司，城市开发规划研究院，主创规划师；

张　梦，上海同济城市规划设计研究院有限公司，城市开发规划研究院，主创规划师。

详细规划的国际经验借鉴

Reference from International Experiences

地方分权背景下英国城乡规划领域的央地关系

The Uk Central-local Relationship in Urban and Rural Planning in the Context of Localization

于 泓 冒艳丽

Yu Hong Mao Yanli

[摘　要] 在国土空间规划变革探索中，多层级规划文本的 “逐层打开”是一个理想模型。在国土空间总体规划编制的两年实践中，已经暴露出来诸多的问题，可以预见，在总体规划向详细规划的传导过程中，制度和技术的完善是一个庞大的工程。

英国的规划管理传统悠久，其单一制规划管控体系与中国有相当的相似性，可资借鉴。然而以往的研究中，多将英国城乡规划作为一个完全统一的“指令—执行”系统进行考察，对于不同层级之间的差异性较少进行讨论，且对隐藏在许可环节的详细规划条件也缺乏足够的关注。

本文基于对《地方主义法》颁布以后英国城乡规划法律、规划文件和许可事项的考察，重点研究：①地方分权背景下，英国城乡规划管理体制的变化；②中央—地方两级管控在内容上的传导性和精度上的差异性；③中央对于地方规划许可的介入与监察；④地方化管理所需要的制度保障体系。

研究认为：在英国，分权化改革仍然是一个发展变化中的探索实践，尚不具有足够的稳定性，实践中也需要通过不同部门、不同层级之间的协商解决复杂问题，执行效率值得商榷。但在技术手段的法制化、信息化，规划管理的公共性、全面性，专业探索的公开性、主动性上对中国空间规划，尤其是详细规划的制度革新具有较强的参考价值。

[关键词] 城乡规划；详细规划；中央与地方关系；地方分权

[Abstract] In the reform of national territory spatial planning, the "layer by layer opening" of multi-level planning text is an ideal model. In the practice of compiling the master plan, many problems have been exposed. It can be foreseen that in the process of transferring the master plan to the detailed plan, the improvement of the system and technology will be a huge project.

The planning system of the UK has a long tradition, the unitary planning control system have considerable similarities with China, for reference. However, in previous studies, urban and rural planning in the UK was mostly investigated as a completely unified "command-execution" system, and the differences between levels were rarely discussed. Meanwhile, detailed planning conditions hidden in the permission process were not paid enough attention.

In this paper, based on the British urban and rural planning law, planning documents and licensing issues after “Localism Act 2011” promulgated, research: 1) under the background of decentralization, the change of British urban and rural planning management system; 2) differences in content conductivity and accuracy between central and local control; 3) central intervention and supervision of local planning permission; 4) institutional guarantee system needed for localized management. Research suggests: in Britain, the decentralization reform is still a change in the exploration practice, it is not yet have enough stability, practice also need through the negotiation between different departments and levels to solve complex problems, execution efficiency is questionable. However, the legalization and informationization of technical means, the publicity and comprehensiveness of planning management, and the openness and initiative of professional exploration have strong reference value for China's spatial planning, especially the institutional innovation of detailed planning.

[Keywords] urban and rural planning; detailed planning; central-local relationship; localization

[文章编号] 2022-89-P-030

一、英国城乡规划的今日背景

1. 建立在法律和法规基础上的联合王国

作为资产阶级革命的滥觞，英国所有政府行政体系的运作都建立在密如蛛网的法律和法规条文之上，各项法规之间相互链接，互为补充，交互修正，持续更新是英国法律体系的显著特点。

从名称上来区分法规的等级是比较困难的。一般来说，只要呈交议会审批的文件，都具有国家法律的地位。按照英国政府官方[①]划分，法律分为两级，第一级是基本法（Primary legislation），名称后缀上是Law，Act，Order，甚至Measure，第二级是从属法（subordinate legislation），顾名思义，它往往是作为前者的补充和实施细则出现，由具体涉及的行政部门编制，提交议会审议，后缀上是Order，Rule，Regulation，特殊情况下，还有Direction。两者法律效力等同，但前者的修订可以直接推翻后者，而后者的修订不得违背前者的现行规定。

除此之外，尚有诸多不需要经过议会审议的部门公告（Written Ministerial Statements）、指导（Guidance）、指南（Direction）、通知（Circular）、规范（Standard）等文件，也是行政行为中必须遵循的文件。

由于联合王国独特的政治体制，英格兰、威尔士、苏格兰和北爱尔兰的法律规定并不相同，为简洁起见，后文所有的叙述都针对无地区特指的通用情况，其中必然包括英格兰，不必然包括上述其他地区。

如果将现代城市规划作为一种制度来观察，英国的规划法律和管控系统是历史最悠久、体系最健全的[②]，从其规划法律、法规、法条和规范的数量之多即可见一斑[③]。事实上，在英国的整个规划体系的核心，是由一系列的法律条文、条例规定和部门指导意见等交织在一起的制度和政策混合体。

虽然1990年以后，英国通过的规划相关的基本法有十数条之多（表1），但现行英国规划法律的核心仍然是《城乡规划法1990》（*Town and Country*

Planning Act），原因在于，城乡规划法规定了最基本的职责、授权、程序和所有实体，是城乡规划行政工作的基本法律工具包。在法律地位相同的条件下（不限于表1所列的规划相关法律），新制定的法律条文如果与《城乡规划法1990》的规定有冲突，则《城乡规划法1990》需要进行相应的删减、增补和修正。

2. 分权化浪潮下的英国城乡规划机构

在公共政策研究中，多以2011年的《地方主义法2011》（*Localism Act*）为分水岭，标志着地方自主和有限自治成为主流趋势。这必然反映到政府机构的设置和权限上。

今日英国中央政府部门中，首相办公室以下，有25个部级政府部门（Ministerial Departments）和20个非部级部门（non-Ministerial departments），另外有408个公共机构（Agencies and other public bodies）。

当前英国规划的主管部门为住房、社区和地方政府部（Ministry of Housing, Communities & Local Government MHCLG），属于部级政府部门，下辖13个公共机构，其中最主要的直属机构就是规划监察司（Planning Inspectorate），基本上所有与规划行政相关的事务都要经过该机构呈送规划大臣，其中最重要的是编制国家规划文件、批复所有地方规划、受理规划申诉、监督地方规划运行。

值得注意的是，由于英国中央政府规划管理机构近年来变更频繁，许多规划管理的规章还是依照当时规划主管部门的名称发布的，在当前仍然有效。

从表面上看，英国中央政府仍旧庞大，而规划的垂直管理体系没有太大变化，但是从实质性内容看，部长的规划权力有明显的削弱。

第一，2009年的《地方民主、经济发展和建设法2009》（*Local Democracy, Economic Development and Construction Act*）就已经取消了规划部长[④]指定规划主体编制区域空间规划（Regional Spatial Strategy, RSS）的职能，规划部长无法通过编制规划对地方发展施加约束。

第二，即使部长仍有收回（Call-in）的权力，但在目前英国的大政治氛围中，中央政府也会顾忌若过多地使用这种权力所面临的政治风险，担心会引起地方政治势力的反感，导致在下一次修法中对此施加限制。

第三，与1997年相比，与区域协同紧密相关的管理职能，如环境、交通、基础设施等事务目前都不在住房、社区和地方政府部手中。这导致在规划实践中，越是事关大局的事务决策就越需要以其他部门为主导。

表1　英国现行直接与规划相关的基本法一览（1990—2019）

法案名称	法律编号
邻里规划法案2017	2017 c. 20
住房和规划法案2016	2016 c. 22
规划法案2008	2008 c. 29
规划和能源法案2008	2008 c. 21
规划收益补充法案2007	2007 c. 2
规划与强制购买法案2004	2004 c. 5
规划与补偿法案1991	1991 c. 34
规划（相关问题）法案1990	1990 c. 11
规划（有害物质）法案1990	1990 c. 10
规划（保护建筑和保留地）法案1990	1990 c. 9
城乡规划法1990	1990 c. 8

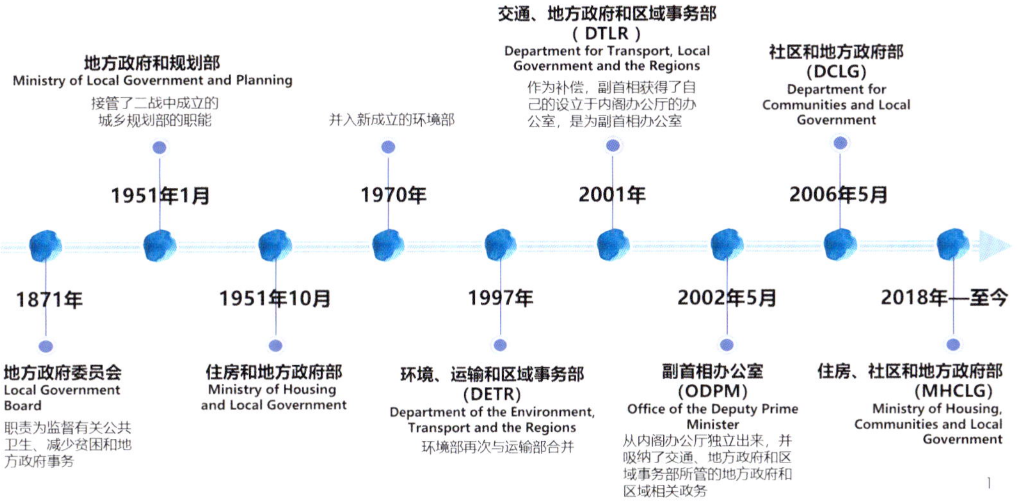

1

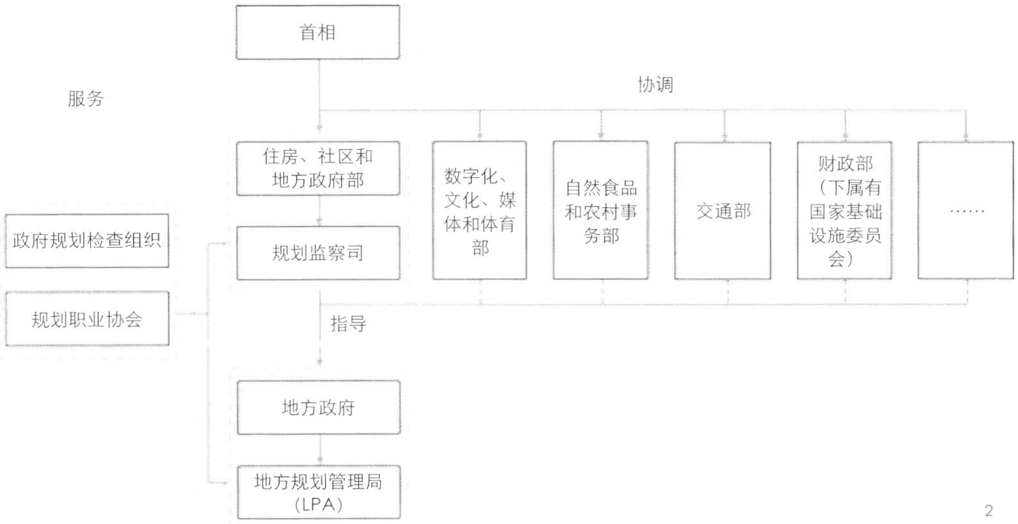

2

1.英国中央政府规划管理机构沿革
2.英国城乡规划管理结构（2019）

3. 详细规划在英国城乡规划体系中的坐标

如果将是否具备面对地块的管控指标（类似于美国Zoning或者德国B-plan）作为详细规划的标志，那么英国并不存在详细规划这一层级的工作。

首先，从法律框架上讲，自2010年取消了区域空间战略（RSS）以后，当下英国传统意义上的空间规划只有两个，地方规划（Local Plan）和邻里规划（Neighbour Plan），其中后者还是“鼓励”各个社区独立或者联合编制，报地方规划局（LPA）审批，并调整地方规划后才能用于规划审批。地方规划可以认为是一个集合了地区总体规划和部分详细规划职能的统一性规划文件。

并且，传统上英国的规划文本就不提供足够高的“完成度”。规划文件中主要明确开发的基本原则、地块概略属性以及少量限制性条文（例如竞争性功能，即在一定距离内不得有超过一定数量的商店），最精确的就是不同政策区的空间边界。

对照于研究所指的“详细规划的内容”，大部分都是地方规划局在接受到规划申请后，其内部进一步研究提出的“规划条件”，并且该条件在很大程度上是可以商议的，极端情况下，可以通过向上级主管部门申诉乃至诉讼来调整。

综上，英国的“详细规划”内容实际是分布在地方规划和规划许可条件（conditions in planning permission）之中的。

前者，有明确的书面表述，但并不具体，多表达一个幅度，或者需要参考其他规定；对于后者，按照英国规划法的精神，并不要求提供任何形式的控制要件，地方规划局可以直接拒绝，或者在“他们认为合适的条件下许可”[⑤]，自由裁量权非常之大。

实践中，为了增加规划的透明度，避免在未来可能的诉讼中处于不利地位，副首相办公室（OPDM，当时的规划主管部门）1995年发布了一份的通知，建议规划部门可以针对不同地区和不同性质的开发，提供相应的许可条件模板，以便于申请者对规划意图有个大概的了解，这一“模板”可以在后续过程中通过协商来调整和明确。

按照中国的传统看，英国的详细规划控制指标，至少在提交申请之前，无论如何都是不够明确、不够刚性的。但这似乎并没有明显影响到规划的实施。究其原因可能有四个方面：

第一，英国有深厚的法庭辩论传统，对于规划磋商驾轻就熟；

第二，土地交易与政府无关，且与是否取得土地使用权与规划许可没有关联，法律允许申请人在没有获得土地权利的情况下提交规划申请，不合则散；

第三，由于公众参与程序异常严格，议会和普通公众会起到很好的“守门人”作用；

第四，实践中，英国的最终规划条件异常繁复，没有人力和财力资源做出全面的规划，而应需出具条件时，申请人则需要缴纳规划审查费，支撑相应的研究工作。

二、英国规划的编制体系、技术要求和传导关系

1. 文件（Document）、政策（Policy）与规划（Plan）

英国对于规划文件的称谓一直在变化之中，难免使人感到困惑。为便于理解，需要将一些对应关系厘清。

（1）政策与文件

在今天的英国规划体系中，法律关系上只存在中央和地方两级，这个“地方”特指拥有议会的区（District、Borough），并没有赋予区域（Region和County）一级规划编制的天然权力，这里要注意的是，郡（county）作为行政结构依然存在，在特定情况下，它有受托审查和代为编制规划的权力。

中央一级，其规划思路和规划要求被称为国家政策（National Policy）；而地方一级，则统称为发展文件（Development Document）。由于层级明确，“发展文件”或者是“地方发展文件”（LDD，Local Development Document）完全是一个意思。

（2）文件与规划

英国规划法中，Plan的使用一定特指有带有空间界定的文件，可以简单地理解为必须“落地”，有空间分区，有实在的对象；而Document可以仅仅是政策的描述，也可以带有空间指定和划分。[⑥]

很显然是，在地方规划实际操作中，必须对空间和实在物进行管控。因此，索性就用Plan进行通指。比如，Development Document实践中被称为Development Plan。而Local Planning，完全取代了Local Development Frameworks和Local Development Document。

（3）其他观察

观察2011年以后的英国法律文件，在中央层面，已经很谨慎地使用“Plan”（“Planning”不在此列）一词，甚至也尽量避免使用“Spatial”，这显然是受到《地方主义法》的影响，避免落下“干预地方空间管制权”的口实。

但是在一些领域，中央政府依然名正言顺地使用“Plan”一词，如《国家基础设施规划》《国家高速公路规划》《国家自然保护地规划》等，这表明了中央政府分权的底限和理政的需求。然而不幸的是，这些权力，都不属于MHCLG。

2. “1+2.5+N”框架

现行城乡规划的编制体制简单分为两层：

第一级是中央政府“规划政策”（Planning Policy），与以前没有实质性变化，当前的名称是“国家规划政策框架”（NPPF），就是结构中的“1”。

第二级是地方政府的“发展规划”（Development Plan），其下，比较清晰和完整的是“地方规划”和“邻里规划”。这是2.5中的2。

规划法中提出，地方规划当局（LPAs）可以就某个特定问题，自愿以辖区全部空间或者部分空间，编制一个“整合地方规划”（Joint-Local Plan），该规划要经过地方规划当局采纳后，在本地区由原管理机构执行。该条款2011年以后并没有重大修正，实际上也是地方规划的一种形式，因此这是2.5中另外的0.5。

如上文所述，还存在一个平行于城乡规划条线的垂直板块，就是关于环境、基础设施、道路交通等中央政府没有放手的职能，有一系列的政府规划。涉及这部分内容，地方规划当局是必须遵守和协调好的，此是框架中“N”。

“英国城乡规划的核心编制结构图（2019）”可以清晰看出当前英国城乡规划的编制体系变化。如果用一个词来描述这个变化的话，就是“下沉”。

规划法取消了区域规划的地位，将所有权利下放到了市级（英语中是“区”）单位这很容易引发一个问题，郡县级（County）单位的规划机构（Planning Authority）要做什么工作？规划法的修订后，县级规划部门的权限可悲地只剩下“县级相关事务”，指采石采矿、建材生产、由此产生的交通、废物处理，以及与国家公园相关的……[⑦]该类事务地方规划局必须报请郡县规划管理部门同意，方能许可开发。

反向的，地方规划向下则延伸出了一个“邻里规划”的层级。规划法鼓励（Encourage）教区议会（Parish Council），或者邻里联盟（Neighbourhood Forum）（如果存在的话）编制邻里规划，地方规划局审议通过后，应当将必要内容纳入地方规划。同时，规划审批如果涉及以上两个实体的空间，规划局还需要征询他们的意见。

从两个角度看，规划体系都是严重地倒向底层的政治力量。

（1）中央层级的“国家规划政策框架”（NPPF）

2019版NPPF一共只有73页，没有空间图件。全部为文字描述的国家政策意图，其目录如下：

①简介

②实现可持续发展

③规划编制

④决策过程

⑤提供足够的住房

⑥打造强大的，有竞争力的经济

⑦保持城镇中心的活力

⑧健康和安全的社区

⑨可持续的交通

⑩支持高质量的通讯

⑪土地的有效使用

⑫创造有设计感的场所

⑬保护绿带的土地

⑭对应气候变化、洪水和海岸线侵蚀的挑战

⑮保护和强化自然环境

⑯保护和强化历史环境

⑰矿产资源可持续使用

“国家规划政策框架”（NPPF）就是过往的“规划政策文件”（PPS，Planning Policy Statements），加规划编制和开发许可审批的程序内容。文件指出，NPPF不定期更新，目前已经有三版分别是2012版、2018版和2019版。

实质性上，整个NPPF只有一个目标，就是指导地方规划局的规划编制和审批管理工作。

显然，73页的文件无法全面指导规划工作的方方面面，配套使用的还有一系列《规划实践指南》（*Planning practice guidance*），容纳了一个庞大的法规和政策工具库，在网络上提供文件链接。[8]

（2）地方规划和邻里规划

地方规划是由区政府（Borough或者District）编制的法定规划，可以是一份或者一组文件包括核心战略，特定土地开发的策略以及行动计划。地方当局也可以制定补充文件，来保证地方规划的实施。

邻里规划是由教区议会或者邻里联盟编制的规划。

（3）NPPF到邻里规划的传导

NPPF提出了“战略性政策”（Strategic Policies）和“非战略性政策”（Non-strategic Policies）二分法来促进传导。

“战略性政策要对发展的模式、规模和质量提出一整套的战略，并保证：

①住宅（包括经济适用房）、就业、零售、娱乐和其他的商业发展。

②交通、通信，安全、废物处理、供水，污水处理，防洪和海岸线控制方面的基础设施。提供充足的资源和能量（包括热能）。

③社区（community）基础设施（例如健康、教育、文化等）。

④保护和培育自然环境、建成环境和历史环境，包括景观和绿色基础设施以及应对气候变化的规划手段。”

此外，战略性政策需要提供发展政策图件，“成片的开发应当在政策地图上标出关键图解、标明土地使用类型和所在区域”。

战略性政策的规划期限应该至少15年。

非战略性政策指的是对一些特定地区、社区或者开发类型更为详细的政策要求。它可以包括开发坐落的位置、地方级别的基础设施和服务设施、确立形态设计、自然和历史环境保护的原则以及其他对于开发的管理策略。

“战略性政策”必须上下层一致；而“非战略性政策”可以下层推倒上层，但是不能挑战“战略性政策”的任何内容：

“邻里规划必须顺应地区发展的战略性政策要求，并不得降低战略性政策的要求，邻里规划的内容可以全部是非战略性政策。

邻里规划一经通过，它就可以取代地方规划中相冲突的非战略性内容，除非地方规划后续通过的战略性或者非战略性政策再次取代它。”

文字上，地方规划中描述的可以全是“战略性政策”，也可以全是“非战略性政策”，但是考虑到规划的效力，地方规划局很清楚，只有传导了中央的NPPF的“战略性政策”，对下层才有约束力。

地方的选择就很清晰了。对照来看的话，地方规划的框架与NPPF基本上是一一对应的关系。

3.英国城乡规划的核心编制结构（2019）

4.规划实施指导文件库目录（2019）

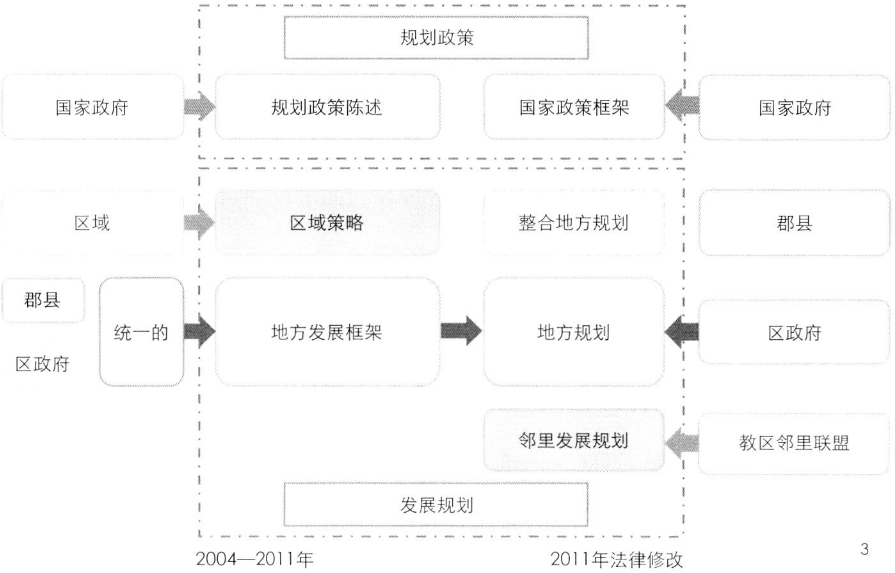

3

规划实践指导类别

· 广告
· 空气质量
· 上诉
· 适当的评估
· 提交申请之前
· 棕地土地登记处
· 租赁用房
· 气候变化
· 社区基础设施征费
· 咨询和决策前事项
· 皇室发展
· 设计：流程和工具
· 规划申请的决策
· 有效利用土地
· 执法和许可后事项
· 环境影响评估
· 计划申请费
· 灵活的计划权限选项
· 洪水风险和沿海变化
· 绿带
· 有害物质
· 健康安全的社区
· 历史环境
· 住房和经济用地评估
· 住房和经济需求评估
· 不同群体的住房需求
· 老年人和残疾人士住房
· 住房：可选技术标准
· 房屋供应和交付
· 受污染影响的土地
· 土地稳定性
· 合法的开发证书
· 光污染
· 提出申请
· 矿物质
· 自然环境
· 邻里规划
· 噪声
· 开敞空间、体育及康体设施
· 公共路权及本地绿地
· 原则上允许
· 规划制定
· 规划义务
· 可再生的低碳能源
· 农村住房
· 自建和定制房屋
· 起步房
· 战略环境评估和可持续性评估
· 镇中心和零售
· 重要交通参数
· 旅行计划、运输评估和声明
· 树木保护令和保护区树木
· 使用规划条件
· 可行性
· 废物
· 供水、废水和水质
· 什么时候需要许可？

4

3. 大伦敦——作为一个特例

在今天，大伦敦特指33个伦敦地方政府[包括“小”的伦敦城（City of London）]和两个政府开发公司（有独立的规划权）。由于伦敦特别重要的政治和经济地位，大伦敦被设计成一个独特的政治机构，1999年的《大伦敦市政府法》（*Greater London Authority Act 1999*）对伦敦区域的行政管理给出了独立的制度设计。从规划角度看，大伦敦被赋予了独立而特殊的区域规划权：

制度上，1990年《城乡规划法》中，将伦敦市长的地位与区域规划机构和联合规划机构并列。后两个机构的权力后来被调整，但伦敦市长的该项权力在2004年的《规划与强制购买法》、2008年的《城乡规划（伦敦市长）令》[Town and Country Planning（Mayor of London）Order 2008] 中却得到强化。2011年《地方主义法》通过后，并未触碰伦敦市长的这部分权利。

实践中，各个地方政府也将《伦敦规划》

5.伦敦纽汉姆（NewHam）地方规划中的目录

视为区域规划。上文提及的纽汉姆区，即在地方规划的文本中，描述规划编制背景时，明确标识，《伦敦规划》为区域性政策。

地方规划必须与《伦敦规划》协调一致，伦敦市长的规划审查意见是隶属的地方规划生效的前提。

不唯如此，法律上就明确了伦敦市长对于其辖区周边地区（“英格兰东部和东南”）的地方政府规划事务还有“顾问”和“告知”权，他们之间有相互协调的责任。

在大伦敦区域，伦敦市长甚至有一项权力是超出住房、社区和地方政府部部长的：根据《规划与强制购买法》，在对于“有重要战略意义的开发申请”（Potential Strategic Importance PSI[9] application），地方政府无权发出开发许可，这项权利归于伦敦市长。

《伦敦规划》并非一成不变，它代表了不同届政府的施政纲领。目前有四版规划，来自两任市长，2004版和2008版，属于肯·利文斯通（Ken Livingstone，2000—2008在任）负责；2011版和2016属于鲍里斯·约翰逊（Boris Johnson，2008—2016在任）负责，从现象上看，他们都是在每一个任期（4年）的末期发布一版规划，现任巴基斯坦裔市长萨迪克·汗（Sadiq Khan）在一两年后或许会发布新版规划。

全面介绍长达430页、内容丰富的《伦敦规划》是另外一项艰巨的任务，结合本文的要旨，值得关注的内容为：

（1）《伦敦规划》是一份城市建设和城市管理的综合性文件，但目标非常明确——高度关注空间和与空间使用高度相关的议题；

（2）其内容以文字表述为主，分项描述为“政策1.1”“政策8.4”等，但政策所描述的较为概略，极少有定量指标；

（3）图件主要表达的是功能分区，从精度看不足以支持定位的需求，但不同的功能分区一定会有相应的政策描述；

（4）着意描述了上下衔接的边界，《伦敦规划》中的一条主政策一般都分用三个主要部分提炼：战略性内容（Strategic）、规划决定（Planning decisions）和地方规划的工作事项（LDF[10] preparations）。

三、中央政府对地方规划行为的垂直管理

在当前高度地方分权的背景下，地方规划编制权的下放并不意味着中央政府放弃了对地方规划实务的管理。无论是修法前后，英国中央政府对于地方的规划工作一直保持着三个环节的直接介入。

1. “规划”的审查和批复过程中的介入

在规划编制工作中，所有的地方规划都必须交由MHCLG下属的规划监察司（Planning Inspectorate）进行名为“独立审查”（Independent Examination）的程序。此后，呈交国家规划行政的最高长官，MHCLG部长，做最后的行政批准。

独立审查主要是检查地方规划的编制在内容和程序上是否完全符合法律的要求，以及是否满足国家规划策略框架的“健全性”（soundness）要求。

“是否健全指的是：

（1）正向规划（Positively prepared）——其提供的策略，在最低要求上说，能够满足所在地区出现的各种需求；进而与其他规划主体达成共识，使之亦能够满足相邻区域的需要，以及实现可持续发展。

（2）公正（Justified）——一个恰当的规划，会考虑到各种合理的可能性，并基于真实的事实基础之上。

（3）有效（Effective）——在规划时限内可实现，在跨区域的战略性问题上有效地合作。

（4）与国家策略保持一致（Consistent with national policy）——与国家策略框架一致，推动可持续发展。”[11]

独立审查往往伴随着一个公开听证的程序，其反馈成果是一个独立检查报告以及针对地方规划的具体修改要求（Directions）。

独立检查之后，MHCLG部长亦可以给出自己的指导意见，在其指导意见被得到满足之前，地方规划的全部或者相关部分是不能生效的。

中央管理地方规划编制工作的出发点是：合法合规；区域统筹以及保证中央意图的向下贯彻。值得注意的是，现实中，规划部长审查规划也有着政治上的考虑。现任部长James BROKENSHIRE在2019年6月给规划监察司主任Sarah RICHARDS的一封公开信中明言：“在地方规划的审查中，我不承担什么角色，但是我要提醒规划监察司和地方规划局，议会给予我一系列的权力，允许我参与规划制定过程中，其中包括指导规划监察司的工作、提出规划修改要求，以及批准提呈给我的最后成果……很多人要求我切实行使这个权力，这些请求有一部分来自议会议员们，他们在当地有合法的权益，也有其对选民的承诺。”[12]

2. 规划许可过程中的收回

规划许可流程字面上来说比较简单，常规的流程是：申请前咨询（免费）—下载必要的规划图件（需要收费）—填写申请（可以自行填写或者委托中介机构填写）—申报（需要收费）—批复（许可、不许

可、在一定附加条件下许可）。[13]

在这个流程中，并没有将“公众参与”单独列出。实际上，公众参与和对各个相关部门的咨询也是制度化的。公众参与工作被前置到提交申请书之前的21天。彼时申请人必须将相关材料送达利益相关人；如果联系不到相关人，也需要在报纸上登报21天告知。针对涉及不同专业的项目，《城乡规划法》的补充法规对需要咨询的部门进行了基本限定[14]；对于公众和专业部分反馈的意见，规划部门有必要做出反馈，但最终决策是独立的，如果相关方对此不满，则可以进入申诉乃至诉讼程序。

原则上英国的规划许可是地方事务，最终决定权在选举官员（elected councilors）组成的“地区发展委员会”（或者同样功能不同名称的委员会）手中，但作为中央政府的核心负责人，MHCLG部长有其法定权力。

第一，对于特定地区的规划许可发表意见。

《城乡规划（咨询）（英格兰）指南》[The Town and Country Planning [Consultation]（England）Direction 2009）[15]涉及：绿带地区、城市外围地区、世界遗产地、游憩场地开发、洪水风险地区这五类地区，地方规划当局必须报送MHCLG部长，大多数情况下，部长的意见是必须进行回应和执行的，如果部长在21天内没有回复，则视为默许。

第二，取决于部长意志的介入。

收回（Call-in）制度对于学界并不陌生，也还没有一个统一的译法（有翻译为“召回”和“介入”），但是其背后的内在逻辑似乎一直没有挑明。行政意义上，“收回”并不是参与规划许可，而是完全褫夺地方审批权，交由中央政府审批。因此，其性质与上文提到“征求意见”完全不同，可以认为是前一项的升级手段。收回可以是中央政府的主动行为（将上述五类地区的规划许可报送MHCLG也是为了部长能够及时决定何时使用这一权力）；同时，任何人也可以申请部长收回，其决定权在部长。

显而易见，在地方分权化日益强盛的背景下，剥夺地方发展的自主权是不受欢迎的，因此，MHCLG部长在就收回的规划审批做出决定时，多要求进行专项研究或者/以及采用公共咨询会的形式进行。同时，为避免地方权力机构对部长权力的敌视，当时主管规划的社区与地方政府部部长在议会发表了一份“部长书面声明”，指出他只会在“超地方”重要度的项目上行使他的收回权，包括：

（1）在重要问题上可能与国家政策产生冲突时；

（2）可能对地方政府以外的经济增长和住宅需求产生显著的长远影响；

（3）可能有超越地方空间边界的显著影响；

（4）加剧了地方间或全国范围的矛盾；

（5）涉及重大的建筑学和城市设计议题；

（6）可能与国家安全和外国政府有关……[16]

现实中，部长确实非常谨慎地使用这一权力，2011年以后，每年收回的规划审批平均不足15宗（表2）。

3. 申诉过程中的复议

如果申请人不同意地方规划部门的决定，或者常规性项目经过8周还没有获得规划部门的审批，申请人可以向对规划行政行为进行申诉，对照于中国的法律体系，类似于“申请行政复议”。

英国城乡规划法明确了由部长委托所在城市的规划监察员系统（Planning Inspectorate）（不是当地政府）接受日常规划申诉。进入申诉程序后，监察员完全按照自己独立的见解，对规划申请事宜做出自己的判断。规划监察员认为规划审批确实不妥时，则会承担起一个调解员的角色，促成当地规划部门与申请人达成更好的协定。

在很多情况下，规划部长可以超越规划监察员，直接对规划申诉的事项做出决定，这被称为“复得”（recovery）。复得和收回（Call-in）一样，也是中央政府越位直接处理地方空间事务的一种手段，差别是前者需要应邀（有申诉），后者则可以是完全主动的行为。从实践上看，“复得”的案例远远多于“收回”（表3）。

可以纳入到“复得”程序的规划事项是有一定要求的。且，不同的年份，主政规划的部长都会通过《议会报告》（Parliamentary Statement）的形式，申明规划部长要介入的申诉受理事项。

规划部长在判断是否真的需要“复得”（recovery）时，主要考虑以下几个方面的要素：

（1）大于地方意义的开发提案；

（2）引起重大区域或国家争议的提案；

（3）引发关于开发控制的全新或重要议题和/或法律困难的建议；

（4）引发另一个政府部门提出重大异议的提案；

（5）对实施政府的气候变化计划和能源政策具有重大意义的提案；

（6）超过150个住宅单元或超过5hm^{2}的土地的提案；

（7）任何超过9 000m^{2}的总楼面面积，涉及主要城镇中心用途的开发；以及在中心边缘或中心位置外的场所的，不符合最新发展计划文件的提案；

（8）关于在绿带中取得重大开发的提案；涉及矿产的重大提案；

（9）对世界遗产的普世价值、完整性、真实性和标志性产生不利影响的提案；

（10）涉及绿带中的旅游地的提案；

（11）超过25个单元的住宅开发，相关机构已经提供了邻里规划，但是相关上位规划尚未健全的提案；

（12）关于勘探和开发页岩气的提案。

复得的申诉与其他规划上诉一样，通过书面陈述、听证或调查确定。一旦申诉被“复得”，监察员将不做出决定，仅是向规划部长提供一份报告和建议。[17]

总体看来，这些条件和“召回”的条件非常类似，之所以采用了两个不同名字，大概仅仅是为了体现其法律性质的不同。这种咬文嚼字算是英式规划体系的一个特色。

表2　2010年以来部长介入的规划申请

年度	“收回”的规划申请		
	收到	撤回	提交报告
2010/11	15	42	16
2011/12	7	0	10
2012/13	8	3	5
2013/14	19	5	11
2014/15	18	5	12
2015/16	22	7	8
2016/17	17	5	10
2017/18	13	7	15
2018/19P	12	5	8

资料来源：https://www.gov.uk/government/statistics/planning-inspectorate-statistics

表3　2010年以来部长复得的规划申诉

年度	基于 s78 条款由部长“复得”申诉			
	收到	经办	撤回	提交报告
2010/11	77	72	15	42
2011/12	83	70	30	62
2012/13	138	73	9	55
2013/14	113	163	22	109
2014/15	99	91	21	92
2015/16	79	85	16	89
2016/17	42	70	6	68
2017/18	30	33	6	28
2018/19P	16	28	3	35

资料来源：https://www.gov.uk/government/statistics/planning-inspectorate-statistics（注：表2和表3的数据在不同年代的制表中有所不同，原因可能是统计部门对历史数据的更新。本表数据采集时间为2020年12月）

四、规划的监测

自由裁量权宽松的背后是全方位的监测（Monitor）体系。规划法要求各级规划都有责任每年编制一个《年度监测报告》（*Annual Monitoring Report*），这是评估各级规划中各项政策的落实情况的最主要文件。

在《大伦敦规划》中，明确了必须要进行检测的关键绩效指标（KPI），共有24项。[18]在下属地方规划中，仍以纽海姆为例，其每一条核心政策，都有一个章节描述需要监测的表征指标。例如，在"保障邻里发展"政策下，监测指标为：

（1）政策的使用和稳定性——在决策和诉讼中使用政策（无特定目标，应当在不同类型的规划决策中常规性地使用此政策，并支撑规划诉讼。

（2）创造良好的场所——①犯罪率和对犯罪的恐惧（无特定目标，应当改善）；②对地区的满意率（当前为75%，应当改善）。[19]

除《年度监测报告》以外，为体现监测的时效性，及时接受相应机构和公众的监督，地方政府还不定时地对各项主要内容发布监测报告。[20]

除此之外，规划法补充条例还要求各个地方政府编制《地方发展计划》（*Local Development Scheme*），逐项按时间安排各项规划事务的落实情况。[21]

总体看来，尽管监测是对地方管理部门的绩效考察，公开化的信息也经常被"规划的挑战者"所利用，成为各种指责、乃至诉讼的"弹药"，但是英国上下层级对规划的监测都保持了较高的自觉性和主动性，认同这是规划政策是否可行，未来进行调整的重要参考依据。从中央到地方都依据"监测"情况和其他宏观条件的变化，定期或者不定期地修编本级规划。

五、经验与借鉴——高度地方化规划管控的要点与利弊

1. 严守"规划—开发—监控—修正规划"的逻辑框架

对于英国而言，底层弹性过大主要不是管理力度的问题，而是很多一事一议，模棱两可的规划决策受到很多外部的挑战。因此，对规划成果的监测就成为规划管理部门应对外界争议，提高自身业务能力的重要工具。

规划评估不仅是英国规划法中明确的地方政府必须工作，而且也是地方政府的主动行为，其不仅对地方规划的整体效果进行评价，也对各项政策的实施情况进行分别专项评估，例如人口、就业、税收问题等。这种制度化的"规划—开发—监控—修正规划"动态操作，是在分权化、草根化时代进行规划管理、增加规划严肃性的一种有效对策。

2. 技术手段方面

（1）在信息化基础上进行渐进式管理

英国法律法规体系中虽然以1990年《城乡规划法为核心》，但是并行存在多部地位平行的相关法规（如《大伦敦市政府法》《空气质量规定》《环境保护法》《皇家保护地法》）。这些法条来自各个部门，且调整异常频繁，截至2019年12月，已经有846部直接针对《城乡规划法》的重修、修订、修正案等。他们以类似超文本链接（HTML）的形式相互交叉引用为一个综合体，在开发过程中交互检查。要维持这样一个异常繁缛的法律框架，一方面依赖于其本身非常重视依法行政的宪政传统，另一方面则需要强大的信息化体系支撑。

第一，整个国家的法律法规条文都编列了清晰的编目索引，职业协会也切实对相关法律信息进行即时跟踪，不断更新指导文件；第二，在法定规划编制过程中，编制文本非常重视体例和内容的标准化，从NPPF传导下来的"战略性政策"（SP）和"非战略性政策"（NSP）等话语体系在各个层级中的地方规划中保持统一，便于理解相互之间的关系；第三，各级规划之间的效力边界比较清楚，上层的规划文件精度较低（描述较为定性），留给低层比较多的变通空间，减少上下两个图层之间的规划管理信息的冲突，提高信息系统的易维护性。

（2）受制于政治和党争的规划系统

英国城乡规划虽然起源较早，发育较为完备，但是也并非没有矛盾。突出的矛盾之一就是：多变的政治权力结构和严格的依法行政要求让规划行政体系经常处于两难。由于地方政府的崛起，现行《城乡规划法》再次处于大规模修订状态，许多现行条文与规划运行的实际状况并不吻合，需要参照新法律的条文实施。诸多条款虽然并未废止，但已经被标注为"待定"。法条繁缛、效力纠缠，相对多变，这必然增加规划工作的综合成本。

3. 规划中的定量界限问题

（1）客观应对空间政策的定量问题

我们习惯于对某些要求进行指标分解，从上至下落实空间政策的要求。但在实践中，一些政策采用这种方法进行操作却很容易陷进为指标而指标的泥潭，对于英国也是如此。例如谈及增加就业岗位这一目标时，规划审批中并不先行针对项目设定一个刚性指标，而是通过年度的规划监测，判断一个时期以来的自由裁量是否起到了作用。

此外，规划是一个特殊行业，规划上的科学性很多情况下并非指某一个确定的数值。精确，不是规划追求的唯一目标。英国的许多空间政策没有目标指标要求，只有数值监测，例如绿色能源使用率，公众满意度等。

（2）刚性与弹性的界限真的有依据么？

规划是一个夹在公平与效率之间，不讨人喜欢的行业，有一种唯成果论的宿命。没有哪个制度能保证规划维持固有的价值观不妥协、不动摇。这里我们不得不提及泰晤士河畔著名的"碎片大厦"（The Shard）。

碎片大厦直接违反了《大伦敦景观管理框架》（*LVMF: London View Management Framework*, 2007），对圣保罗大教堂的空间场域形成巨大冲击。"皇家美术委员会"（Royal Fine Art Commission, RFAC）作为当时城市风貌的主要审查机构也认为其形态有更优的处理方法，但这都没阻止碎片大厦成为"西欧之巅"；并且，建成后，碎片大厦在公众之中的风评和经济效益还相当不错。这反过来成为了其他规划异议团体的弹药，让泰晤士河两岸这条世界级滨水带处于不断增加的风险之中。

4. 目标分解与公众参与

英国各层级的规划都是先制定总体目标，层层分解，最后落实到完成这些目标的策略。规划从"可持续发展"的总目标出发，伦敦规划和地方规划都是先制定城市愿景，着眼城市的未来发展。城市发展的大方向确定后，分解成几个具体的发展目标，以详细的策略来支撑这些目标的实现。

公众参与是英国空间规划的另一个可借鉴的方面。其一，公众的赞成是审批通过的主要依据之一。规划草案颁布后，需要通过独立审查来获得公众意见。其二，社区规划的产生使居民不再仅仅是规划的旁观者，而是可以选择成为规划的制订者。

5. 地方发展不平衡的问题

英国的改革措施确实提高了规划的效率，获得良好的经济效果，但也带来新的值得思考的问题。邻里规划制度将规划权力分散到诸多利益主体之间，反而会在一定程度上导致决策过程延缓和开发效率降低。虽然权力下放是为了机会均等化，但不是每个地区都有同等的能力有效利用这

些新机会。发声能力的强与差、信息渠道的多与少，影响着城市居民行使的规划权力。由此可能造成那些最需要从规划权力下放中获益的地区反而得不到相应的利益。

6. 调整央地权责关系，协同共治

空间规划的编制与决定权涉及地方发展的权利，其本质是空间发展权在中央和地方两级上的分配。英国在地方分权的背景下，一定程度上保留了中央对地方规划的干预。地方分权化进程中对央地权责关系作出的适当安排，可提高市场配置资源的效率，激发地方主观能动性，同时保有自上而下的干预监督策略，达到效益最大化的协同共治。

注释

①基于https://www.legislation.gov.uk/ 的栏目划分。

②一般认为，工业革命以来，世界上最早的有关规划立法就是1848年英国的《公共卫生法》，英国第一部冠名城镇规划的法律为《住房与城镇规划诸法》（Housing, Town Planning, &c. Act 1919），第一部城乡规划法为1932年《城乡规划法》（town and country planning act 1932）。

③截至2019年12月，已经有846部对于直接针对《城乡规划法》的重修、修订、修正案等，这846部全部是上述两级的法律条令。

④直译为国务大臣（Secretary of State），实际内涵为规划部门的负责人，规划大臣（Planning Ministry, PM）。

⑤https://www.legislation.gov.uk/ukpga/1990/8/section/70

⑥因而《规划与强制购买法案》中有这样一条，“切实通过地方发展计划将‘地方发展文件’变成‘发展规划文件”（The [Local development] scheme must specify the local development documents which are to be development plan documents) Planning and Compulsory Purchase Act 2004 S. 15(2)(aa) inserted (6.4.2009) by Planning Act 2008 (c. 29), ss. 180(2)(b), 241(8) (with s. 226); S.I. 2009/400, art. 3(e)

⑦Local Planning Authorities: Distribution of Functions

⑧https://www.gov.uk/government/collections/planning-practice-guidance

⑨关于PSI的定义，《在城乡规划令（伦敦市长）》（The Town and Country Planning (Mayor of London) Order 2008中，有明确定义和分类，如大规模建设、重要基础设施，影响战略的开发以及法律规定的其他需要咨询部长的开发类型。

⑩Local Development Framework，详见上文“Document与Plan”。

⑪NPPF 第35条。

⑫Local Plan examinations: letter to the Chief Executive of the Planning Inspectorate，https://www.gov.uk/government/publications/local-plan-examinations-letter-to-the-chief-executive-of-the-planning-inspectorate

⑬除此之外，建设项目的报批存在一些“捷径”，譬如通过“城乡规划令”，“原则许可”等，以灵活适应各种需求。

⑭The Town and Country Planning (Development Management Procedure) (England) Order 2015，SCHEDULE 4 Consultations before the grant of permission

⑮Circular 02/09: The Town and Country Planning (Consultation) (England) Direction 2009. Ref: ISBN 9780117540057

⑯https://publications.parliament.uk/pa/cm201213/cmhansrd/cm121026/wmstext/121026m0001.htm

⑰https://www.gov.uk/guidance/appeals

⑱《伦敦规划2016年3月》，pp349。

⑲《纽汉姆地方规划2018》，pp98。

⑳https://www.newham.gov.uk/Pages/Services/Planning-policy.aspx#S106

㉑Town and Country Planning (Local Planning) (England) Regulations 2012 (Section 34:1)

参考文献

[1]卡林沃思. 英国城乡规划[M]. 南京：东南大学出版社, 2011.

[2]杨迎旭, 吴志强. 英格兰“地方发展框架”(LDF)及其启示[J]. 国际城市规划, 2008(4): 78-85.

[3]罗超, 王国恩, 孙靓雯. 从土地利用规划到空间规划:英国规划体系的演进[J]. 国际城市规划. 2017(4): 90-97.

[4]张兴.英国规划管理体系特征及启示——基于规划许可制度视角[J]. 中国国土资源经济, 2021(2):56-63.

[5]姚瑞, 于立, 陈春. 简化规划程序，启动“邻里规划”：英格兰空间规划体系改革的经验与教训[J]. 国际城市规划, 2019. DOI:10.19830/j.upi.2019.314.

[6]王伊倜, 胡若函, 王雅雯. 英国地方发展规划的梳理与启示[J]. 规划师, 2018(2): 128-133.

[7]唐子来. 英国的城市规划体系[J]. 城市规划, 1999(8): 37-41+63.

[8]于立, 曹曦东. 英格兰空间规划改革后的体系及启示[J]. 开发研究, 2020(4): 5-10.

[9]张杰. 英国2004年新体系下发展规划研究[D]. 北京：清华大学, 2010.

[10]徐瑾, 顾朝林. 英格兰城市规划体系改革新动态[J]. 国际城市规划, 2015(3): 78-83.

[11]杨东峰. 重构可持续的空间规划体系——2010年以来英国规划创新与争议[J]. 城市规划, 2016(8): 91-99.

[12]孙施文. 英国城市规划近年来的发展动态[J]. 国外城市规划, 2005(6): 11-15.

[13]林坚, 吴宇翔, 郭净宇. 英美土地发展权制度的启示[J]. 中国土地, 2017(2): 30-33.

[14]田颖, 耿慧志. 英国空间规划体系各层级衔接问题探讨——以大伦敦地区规划实践为例[J]. 国际城市规划, 2019(2): 86-93. DOI: 10.22217/upi.2017.251.

[15]张新平. 英国土地发展权国有化演变及启示[J]. 中国土地, 2015(1):36-38.

[16]宣晓伟. 治理现代化视角下的中国中央和地方关系——从泛化治理到分化治理[J]. 管理世界, 2018(11): 52-64.

[17]周飞舟, 谭明智. 当代中国的中央地方关系[M]. 北京：中国社会科学出版社, 2014.

[18]张京祥, 吴缚龙, 马润潮. 体制转型与中国城市空间重构——建立一种空间演化的制度分析框架[J]. 城市规划, 2008(6): 55-60.

[19]林坚, 赵晔. 国家治理、国土空间规划与“央地”协同——兼论国土空间规划体系演变中的央地关系发展及趋向[J]. 城市规划, 2019(9): 20-23.

[20]荀春兵, 李荣, 韩永超, 等. “央地关系”改革视角下国土空间规划体系构建思考[J]. 规划师, 2020(10): 58-63.

[21]李光龙, 周云蕾. 环境分权、地方政府竞争与绿色发展[J]. 财政研究, 2019(10): 73-86.

[22]Ministry of Housing, Communities & Local Government. National planning policy framework[OL]. (2012)[2018-04-10]. https://www.gov.uk/guidance/national-planning-policy-framework.

[23]The UK government. Localism act 2011[OL]. (2011)[2018-04-10]. http://www.legislation.gov.uk/ukpga/2011/20/contents.

[24]Ministry of Housing, Communities & Local Government, Welsh Government, et al. The planning inspectorate framework document[OL].(2012)[2018-04-11]. https://www.gov.uk/government/publications/the-planning-inspectorate-framework-document.

[25]David Richards, Martin Smith. Governance and Public Policy in the UK[M]. US: Oxford University Press, 2005.

[26]Tewdwr-Jones M. Spatial Planning and Governance: Understanding UK Planning[M]. Palgrave Macmillan, 2012.

[27]Hall P, Tewdwr-Jones M. Urban and Regional Planning[M]. London: Routledge, 2010.

[28]Gallent N, Robinson S. Neighbourhood Planning: Communities, Networks and Governance[M]. Policy Press, 2012.

作者简介

于　泓，硕士，上海同济城市规划设计研究院有限公司，城市评估与开发研究中心，研究员，注册城乡规划师；

冒艳丽，上海蓝道建筑设计有限公司，规划设计师。

空间详细规划编制的灵活性
——以德国的B-plan为例

Flexibility in Spatial Detailed Plan-Making —Take German B-plan as an Example

范 利 乌尔·阿特克
Fan Li Uwe Altrock

[摘　要]　德国是世界上最早对城市功能分区进行控制的国家。B-plan是对建设活动进行指导的法定图则，在地方议会通过后具有法律效力。B-plan的编制具有灵活性和可操作性的特点。它的灵活性首先体现在编制程序上。编制B-plan遵循必要性原则，并不是每一个建设活动都需要编制规划，仅仅在必要的情况下。在编制程序方面，B-plan的编制组织可以在确定项目之后，即先有投资项目，再编制规划。其次，B-plan的内容也有很大的灵活性。根据实际情况，B-plan有完整版的和简单版的类型。完整版的包括四大主要控制要素：用地性质、开发强度、建造类型（如开放还是封闭）和建造边界，而简单版的四大要素不全。本文列举对不同的规划类型并进行说明。

[关键词]　B-plan；灵活性；基于项目的规划；简单版；完整版

[Abstract]　Germany is the earliest country in the world to separate urban functions and apply spatial control. At the local level, a B-plan functions as a statuary plan to guide construction activities, which is empowered a legal status after approval by the local parliament, similar to a regulatory plan in China. The development of a B-plan is featured with flexibility to a large extend. First, the procedures of developing a B-plan follows the principle of necessity. Not all construction activities need to be guided by a B-plan, only when it is necessary to do so. A B-plan can also be developed after a project is confirmed, i.e., first the confirmation of an investment project, then the development of a B-plan. Second, the content of a B-plan can be flexible. Subject to situations, a B-plan can be formulated in a simplified or a comprehensive version. A comprehensive B-plan includes four major indicators for spatial control, i.e., land use, density, project border and area for project-related transportation. This paper explains various types of B-plans by giving examples.

[Keywords]　B-Plan; flexibility; project-based plan; simplified plan; comprehensive plan
[文章编号]　2022-89-P-038

一、引言：德国的F-plan和B-plan

德国地方层面的规划包括F-plan和B-plan，二者总称为“建设引导规划”（Bauleitplanung）。F-plan为准备性的“建设引导规划”，即为B-plan做准备。B-plan为有约束性的“建设引导规划”。F-plan的任务是根据《建设法典》（以下简称《法典》），对土地的建设性利用或者其他利用（如公园等非建设性利用）进行准备及指导（《法典》§1.1），类似我国的总体规划。F-plan的作用不是通过审批控制建设活动（这是B-plan的作用），而是在市域范围内进行协调，例如确保街道在正确的位置，发电厂在正确的位置，各项生产生活活动有足够合理的用地。B-plan是由地方权力机构通过后具有法律效力的规划，类似于我国的控制性详细规划。B-plan由地方权力机关通过后会进行公开，居民、开发商或者业主可以在当地政府官方网站上查询到每一地块的B-plan。只要建设项目符合它的规定，就必须得到管理机构的审批。

F-plan和B-plan的编制遵循“逆流原则”（Gegenstromprinzip），也称为“互动原则”或者“对流性原则”，即不同层次的规划互相影响，没有绝对的上下层关系。F-plan和B-plan的关系既不是自上而下，也不是自下而上，而是互相影响（易鑫与克劳斯·昆兹曼，2017）。F-plan中的用地分类标准可以由市镇自己规定。每个城市可以从实际出发、确定相应的用地类型，如柏林的居住用地分类是按照建筑密度和容积率的高低进行分类的。而整个德国的B-plan则遵循统一的用地分类。F-plan不是一个法定规划，只是一个引导，F-plan的边界也不需要严格遵循地块边界。在F-plan规划上用地性质是大类“居住”的情况下，在B-plan上可以进行细化，如“普通居住用地”“纯居住用地”。同时也可以在理由充分的情况下进行修改，如改成混合用地，或者改成绿地，但是不可以改成工业，否则就必须修改F-plan。通常这种情况极少发生，修改F-plan是一个漫长而复杂的行政过程。

通常情况下，B-plan的编制以F-plan为基础。但是如果没有F-plan，B-plan能够达到指导建设的目的，那么就不需要F-plan。此外，根据规划编制的平行性原则（《法典》§8），B-plan的制定、修改、补充或者废除也可以导致F-plan的制定、修改或者补充。F-plan和B-plan可以同时进行编制。甚至在某些必要的情况下，如果确定了B-plan不会与即将公布的F-plan相违背，可以在F-plan之前公布。

尽管德国是个联邦制的国家，城市建设属于地方事务，但是在城市规划方面的法规是全德国高度统一的。在德国，与B-plan有关的最重要的三部法律规章全部是联邦层面的，适用于所有的州。

（1）《建设法典》（*Baugesetzbuch, BauGB*），简称《法典》。

（2）《建造法规》（*Baunutzungsverordnung, BauNVO*），也译成《建设用地规范》。

（3）《图例规范》（*Planzeichenverordnung, PlanZV*），也译成《规划标识规范》。

《建设法典》的地位相当于我国的《城乡规划法》。与只有70条的《城乡规划法》相比，249条的《建设法典》中对城市规划专业内容的规定更加详实，如关于B-plan的具体规划指标的内容（法典§9，§30）。本文的内容基于《法典》中对B-Plan规定的解读以及相关资料的总结。同时，对德国城市规划专家的访谈进一步充实了本文的内容。

在B-plan发展的历史过程中，规划部门曾经设想过用B-plan将整个城市全覆盖。在经历了多年规划的实验和实践后，城市规划师和政府部门普遍认为，B-plan的编制需要有一个原因和背景，一个契机（Anlass）。对B-plan编制的反思带来了它的进一步发展，形成了编制类型的多样化和灵活性。具体来说，德国B-plan的编制有这样几种类型（Schrödter, 2018: 175）。

（1）建设活动无需编制B-plan（《法典》§1.3，《法典》§34）。只要建筑物与周围环境相融合，就不需要编制规划，尤其是针对在现有建成区内新建建筑。是否融合，由相关建设部门来决策审批。

（2）基于设计竞赛的B-plan。基于设计竞赛的B-plan并不是一种单独的规划类型，在《建设法典》中并未提到以设计竞赛为基础来编制B-plan。这是在实践过程中，为了促进规划的合理性而采用的一个程序上的策略。

（3）基于项目的B-plan（der vorhabenbezogene Bebauungsplan）（《法典》§12）。先确定好开发项目再编制B-plan。当有开发商来投资项目时，由开发商来出钱编制B-plan。规划审批后，开发商要按照B-plan来进行开发。

（4）简化版B-plan（der einfache Bebauungsplan）（《法典》§13，《法典》§30.3）。

如果一个规划中，四大控制要素（见以下第5条）不全，那么它就是简化版的B-plan。简化版的B-plan只根据实际情况规定了一项或者二三项，如只规定该地块不允许建造娱乐项目。规划部门在审批的时候，不仅仅参照B-plan，同时也要参照“法典”§34，判断该项目是否与周围环境相融合。简化版的B-plan包括两种：针对建成区的B-plan和针对非建成区的B-plan。

①针对建成区的简化版B-plan（法典§13a）。简化规划程序，达到快速利用现有空地或者提高现有建筑密度的目的。很多建成区本来就没有规划过，比如中世纪时代的历史城市。

②针对非建成区的简化版B-plan（法典§13b）。简化规划程序，这一条是为了快速解决住房问题而设立的。自该条纳入法典后，很多部门尤其是环保部门认为这一条助长了城市蔓延，不断有呼声希望将其取缔。

（5）完整版的B-plan（qualifizierten Bebauungsplan）（法典§30.1）。一个完整版的B-plan包含四大要素：用地性质（die Art der baulichen Nutzung）、开发强度（das Maß der baulichen Nutzung）、建造边界（如建造窗口）（die überbaubaren Grundstücksflächen）及交通用地范围（die örtlichen Verkehrsflächen）。用地性质指的是土地使用功能，如居住还是商业。开发强度指的是建筑密度、容积率和体积率的控制指标。

1.柏林的B-plan分布图（资料来源：柏林市城市发展与住房局网站）

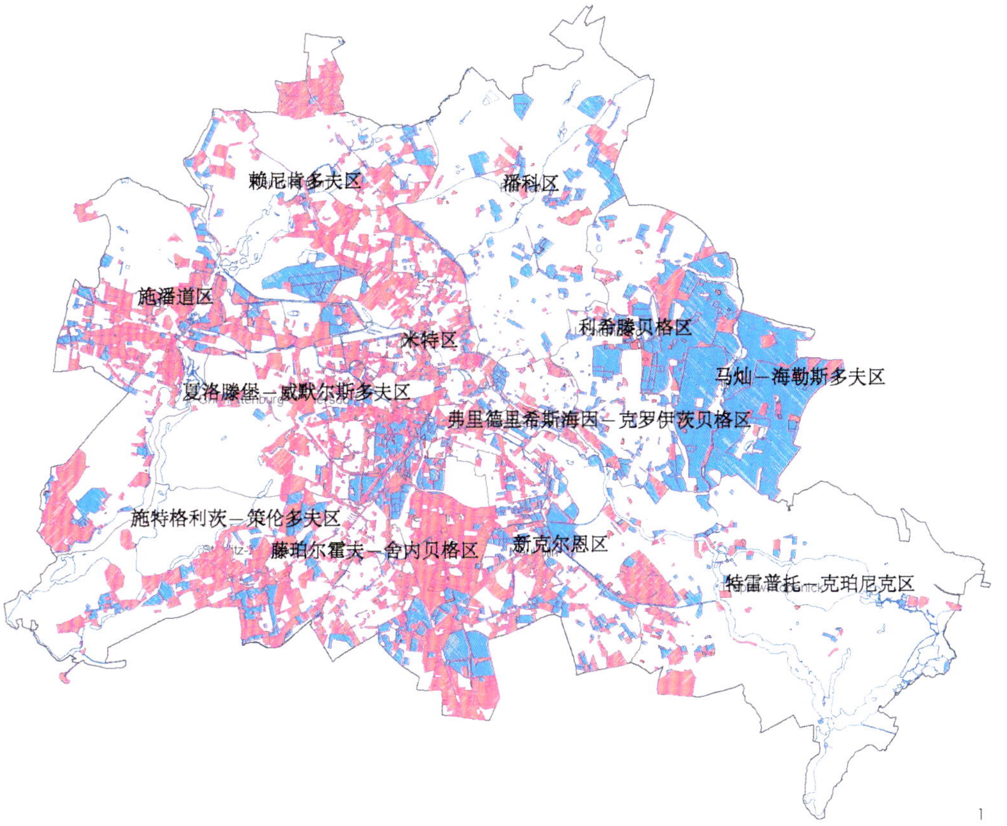

1

建造边界指的是地块内构筑物和非构筑物的边界。交通用地范围指的是该地块内的人行道、停车位、车行广场以及与城市交通衔接的用地范围。

关于完整版的B-plan介绍详见《城乡规划学科技术路线图》，本文内容不进一步介绍。下文将通过案例介绍其他四种情况或者类型的B-plan的编制。

二、建设活动无需编制B-plan：必要性原则（《法典》§1.3，《法典》§34）

在新区进行建设项目，规划是必须的。在建成区内新建建筑，通常不需要规划。唯一需要遵循的标准是，新建建筑是否与周围相协调（《法典》§34），如高度、进深一致，用地类型一致。由建设许可部门来审批建造计划是否与周围建成环境相协调。

在20世纪60年代的德国，地方部门曾经试图过对所有的地块编制规划，认为规划会在一定时期全部编制好。事实情况是，政府部门无力提供大量人力物力进行全覆盖的规划编制。同时，人们也意识到，在某些情况下并不需要编制规划。例如，对于历史城区内不需要规划。和历史城区类似，某些建成区也未必需要规划。如今形成的共识是：规划仅仅在必要的时候编制，每个城市必须自己决定是否需要编制规划。作为对城市的总体控制，F-plan是必须编制的。而B-plan仅仅在有必要时才编制，这称为规划编制的必要性原则（法典§1.3）。同时，如果是必要的情况下，那么就必须编制B-plan。是否有必要编制B-plan，由城市最高权力机关，即城市议会来决定。在2020年整个柏林市域范围的B-plan分布图中，其中红色区域为已经编制好的B-plan，蓝色区域为正在编制过程中的B-plan，无填充色区域不存在B-plan。即使是在柏林市中心，也有相当多的地块没有编制B-plan。

在没有B-plan的情况下，审批建成区内的建设唯一的标准是：该建筑是否与周围环境相协调（《法典》§34），同时要遵循建筑方面的法规。这一条款最初是作为临时条款来考虑的。因为当时曾普遍认为，整个德国迟早要完成对全国国土领域的B-plan编制。这一情况并没有发生，临时条款被固定下来，一直沿用到今天。如何判断是否与周围环境相协调，法律领域有非常多的评论和解释，规划界也有非常多的讨论，从而将这一条款明确化。涉及到有争议的案例，媒体会广泛报道，引起律师界和规划界的充分讨论，促进社会大众对这一法律条文的理解。

尽管这一条款简化了行政程序，提高了规划效率，也有地方政府部门利用这一条款进行不合理的审批，造成对条例的滥用。如1990年代柏林的

Zoofenster项目，当时的市建设部门没有组织规划，而是根据这一条对其审批，规划的高层建筑没有很好与周围中低层为主的城市风貌相协调，造成对城市景观的割裂，从而被专业人士所诟病，被普遍认为是一个建设部门的丑闻。另一个反面的例子是近年来在柏林的Pankow区，为了节省规划编制的人力物力，规划部门没有组织规划编制，而是根据这一条例批准了一些不合理的建设项目，从而带来城市问题。如在原来建造周末住宅的地块，审批了建设长期住宅的项目，但是并没有编制规划来确保消防通道，因而带来该地块的消防问题。这恰恰是B-plan的功能，保障道路和基础设施的配置。

三、基于设计竞赛的B—plan

规划是专业人员对未来城市发展的一种理性预测。对于尚未开发的地块，规划编制人员可能会对未来发展难以预测，尤其是在具有争议的重要城市地段。这种情况下，就以设计竞赛的形式来探讨未来发展的可能性，不同的设计方案提供了探讨的依据，促进专业人士进行思考。但实际上这也带来争议，设计竞赛的第一名并不应该成为规划的依据，而仅仅是应作为参考。

四、基于项目的B—plan

基于项目的规划是，在有投资商的情况下，政府与开发商就投资活动进行协商，从而在项目的基础上进行规划编制。在两德统一初期，德国宝马公司曾有过在柏林建设汽车基地的计划。在地块选好后，柏林市议会于2000年通过了针对这一项目B-plan。后来因为企业调整战略，这一项目未付诸实施 。但是这并不影响B-plan的有效性和合法性。直至今天，该地块的B-plan仍然存在并且有效。近20年后，2019年，特斯拉电动汽车公司计划在柏林修建汽车基地，选择了宝马公司曾选中的地块，其原因是可以节省建厂时间。因为规划编制耗费时间，该地块已经存在B-plan，不需要重新编制，只需简单调整就可以快速开工。通常一个B-plan从开始编制到批准，需要两至三年的时间。

基于项目的B-plan通常涉及到公私约定（《法典》§11）的内容，即公共部门和私人部门（如开发商）就建设活动达成一致，进行约定。例如，在开发一个大型的居住项目时，如果开发商出资建造附近的学校，开发商能在某些方面得到一定的政策优惠。在上海的2011《城市规划技术管理规定》第20条也属于公私约定，如果开发商增加开放空间，也允许增加相应的建筑面积。下文举出的波兹坦广场的例子也属于公私约定。

柏林在东西德统一后对原柏林墙地带进行了开发，其中一个地区是著名的商办中心波茨坦广场。为了平衡这一项目对自然的侵害，在波茨坦广场附近，由开发商出资建造了面积巨大的Gleisdreiecke公园。该公园地块原来是货运火车站，长期处于废弃状态。1990年10月两德统一后，这一地块由原来东西柏林的分隔地带突然变成了城市中心地带，因此有极大的升值空间。地块所有者为德国铁路局，其下属房地产部门Vivico公司希望进行开发带来盈利。但是公共部门希望建成开放式的市民公园。最后Vivico公司进行妥协，同意建造公园，但是双方就公园的范围大小进行了长期的争论。随着波茨坦广场的开发，在制定B-Plan的过程中进行了公私约定，由波茨坦广场的开发商投资四千万德国马克修建相邻的公园。

这一案例也涉及到平衡环境侵犯原则（Umwelteingriffprinzip）（《法典》§§135a, b, c）。理想化情况下，建设活动应该避免对自然环境造成破坏。但实际上，所有的人工构筑物都被认为是对大自然的一种侵犯。如果一块土地上存在人工构筑物，那么地基就会被封闭。如果进行水电街道等基础设施的建设，那么相关的树木就会被砍伐。这种侵犯应该控制在最小的范围内。同时，建设项目对自然的侵犯必须得到政府部门的监督（法典§1a, 法典§4c）。对环境侵犯这一逻辑的背后是大自然是主体，人类的建设活动是附属的，即大自然在先、人类在后。这与中国绿化率的出发点不同。绿地率的出发点是人而不是自然环境，含有较强的装饰性意味，没有真正考虑绿色的生态功能，因而可能出现绿化水平高却破坏生态环境的情况。德国的规划编制中，没有全国或者全市对绿化率进行统一的规定，而是在每个单独的B-plan中进行考量。B-plan必须对绿化有所考虑，但是不通过数值进行控制，而是根据实际情况来进行。值得注意的是，德国的高质量绿化景观并不是通过绿化率来实现的。德国全国统一的建筑密度标准远远高于上海。如商业办公地块的建筑密度是80%~100%，远远高于上海2011《城市规划技术管理规定》的40%~50%。

为了弥补这一侵犯，B-Plan中应当规定平衡措施。弥补措施首先应当考虑在同一地块内进行。通常，开发商应当在本地块中对绿化进行投资，如果建设活动中不得不砍伐一棵树，那么必须再投资种一棵树。如果在同一地块或者相邻地块无法进行弥补，就需要根据规划在整个城市范围内进行协调。在波兹坦广场项目中，这一平衡是在相邻地块进行协调的。

五、简化版B—plan

对于历史街区来说，并不需要对其进行建筑密度、容积率从指标上进行开发控制，因为它是已经建成的。在这种情况下，编制B-plan的目的与开发新区有所不同。在以下的案例中，其编制契机是，在对历史居住区进行修缮后，越来越多的商业餐饮娱乐混入其中，造成对居民的严重干扰。因此，编制B-plan最主要的目的是，将商业餐饮娱乐控制在一定的规模，减少对居民的干扰。也就是说，若无这一干扰问题，就没有必要编制规划（前文提到的“必要性原则”）。该规划的编制时间非常长，长达10年。其中最主要的争论点在于，对商业餐饮规模控制到何种程度。经过长时间的多方参与的讨论，最终确定了该区商业的内容及规模。

该规划另一个重要的作用是对历史城市风貌保护区进行法定化。历史文化保护区规划虽然存在，但并无法律效力。通过B-plan与保护规划的衔接，对历史风貌的保护利用B-plan这一法定规划工具进一步得到明确。

该图所在的区域为柏林市中心的历史城区，位于Mitte区，周边的四条街名称为：Sophienstraße, Rosenthaler Straße, Oranienburger Straße, Große Hamburger Straße。文字描述了这样一些规定：

（1）在“普通居住区”，不允许建苗圃园艺业和加油站。

（2）在“混合用地区”，只允许在底层或者地下室经营酒吧和餐饮。

（3）在“混合用地区”，特殊情况下允许商业和娱乐业，但不允许色情业。

（4）在“混合用地区”，不允许建苗圃园艺业和加油站。

（5）在“中心区”，根据Baunutzungsverordnung第7条第2款第5项允许修建停车楼及停车场附带的加油站的条例不适用。

（6）在“中心区”，根据 Baunutzungsverordnung第7条第3款第1项额外允许修建加油站的条例不适用。

（7）在“普通居住区”不允许修建停车场、停车库，除非例外情况下。但是可以修建地下停车。

（8）该区允许使用天然气和燃油。如果要使用其他类的能源，该能源造成的环境负面影响（如有毒气体排放）必须不超过燃油带来的排放量。

（9）街道的划分不包括在本规划内。

2

3

2.柏林市中心某一地块的B-plan（资料来源：http://mitte.gis-broker.de）
3.柏林行政区米特（Mitte）区的B-plan分布图（资料来源：柏林市政府网站）

与其他规划的衔接：

（1）教堂和学校的规划来自F-plan。

（2）城市保护保护区内的范围来自用街区保护规划。

（3）花园保护区的范围来自用保护规划。

其他规定：

该地块位于历史风貌保护区。

六、柏林Mitte区的B–plan类型分布

下图为柏林行政区Mitte区的B-plan分布图，含有不同类型的B-plan。该行政区位于柏林的市中心，具有商务中心、居住和其他功能。图中有颜色的地块表示已经存在B-plan，空白区尚未编制B-plan。不同的颜色代表了不同的B-plan类型。其中橙色代表了基于项目的B-plan，褐色地块为简化版的B-plan，蓝色地块为完整版的B-plan。可以看出，基于项目的B-plan和简化版的B-plan占据了相当大的比例。

七、总结

从试图对国土空间进行规划覆盖到灵活性的规划编制，德国的B-plan编制从理想化走向了尊重实践、灵活使用的方向。规划的目的并不是为了规划而规划，规划具有法律效力，但不是一种强制，而是为了保证建设项目合理及顺利实施。B-plan编制的灵活性带来这样几点启示。第一，B-plan仅在有必要的情况下编制。它只是对城市空间进行控制的手段之一，而不是唯一。在某些情况下，通过其他的行政或者规则也可对城市空间进行控制。第二，规划是对未来空间发展的预测，设计竞赛有助于集思广益，促进对未来进行较为合理的预测，从而成为B-plan编制的基础。第三，“基于项目的规划”最大限度保障了规划实施的可能性，赋予规划可操作性。第四，根据编制规划的目的不同，技术手段可以灵活运用，也可以创新，因此可以编制简化版的规划。这也意味着规划的量身定制，即从实际情况出发。

尽管灵活的规划编制方式促进了规划的合理性和可实施性，但仍然不能保障规划不受改动。在实践过程中，受到很多方面的影响，B-plan仍然有被不断修改的可能。“基于项目的规划”本意是为了保障规划得到实施，但是仍会发生没有实施的情况。上文“基于项目的规划”例子中，B-plan的编制是在宝马公司的项目基础上进行的。但是由于宝马公司改变投资计划，B-plan变成了没有得到实施的规划。十多年后来的特斯拉公司又带来自己的发展设想，因而不得不对原先的B-plan进行修改。尽管如此，灵活的规划编制方式体现了德国规划界对规划合理性的努力尝试，以及对规划作为管理工具之一的功能的反思，值得引起思考和讨论。

参考文献

[1]范利. 德国城乡开发控制体系及方法[M]// 中国城市规划学会. 城乡规划学科技术路线图. 北京：中国科学技术出版社, 2020, 232-246.

[2]易鑫与克劳斯 · 昆兹曼. 向德国城市学习：德国在空间发展中的挑战与对策[M]. 北京：中国建筑工业出版社, 2017.

[3]殷成志, 杨东峰. 中德城市详细规划环境控制比较研究[J]. 城市发展研究, 2017（2）：34-38.

[4]Altrock, U （2003） Büroflächen in Berlin: Stadtentwicklung und Politik. Berlin: Dietrich Reimer Verlag.

[5]Baugesetzbuch （BauGB）. 联邦建设法典.

[6]Roskamm, N （2008） Transformationen Gleisdreieck. Zwischen eiserner und blühender Landschaft in Berlin. In Arbeitskreises Stadterneuerung, Jahrbuch Stadterneuerung 2008: Beiträge aus Lehre und Forschung an deutschsprachigen Hochschulen, 309-322.

[7]Schrödter, W （2018） Bebauungsplan. In Akademie für Raumforschung und Landesplanung （ed.） Handwörterbuch der Stadt- und Raumentwicklung, 173-184.

访谈

Klenast, Gerhard，2020年4月15日。

Krüger, Arvid，2020年4月15日。

Seegers, Bernd，2020年8月20日。

作者简介

范　利，德国卡塞尔大学，德国柏林工业大学，高级研究员；

乌尔 · 阿特克，德国卡塞尔大学，建筑、城规及景观规划学院，城市更新教席教授，建筑、城规及景观规划学院，院长，德国城市更新专家委员会的主席。

互利的重新缔约
——基于纽约区划调整的启示

Rezoning with Mutual Benefit
—Experiences from New York City

侯 丽 沈 赟 朱 揆
Hou Li Shen Yun Zhu Kui

[摘　要]　规划调整意味着空间利益的再分配，详细规划尤其涉及具体的土地发展权多方博弈。本文通过以纽约曼哈顿中城东片再区划为例，介绍了纽约区划制度在新千年以来的发展、区划权力的重构与制衡，并着重分析了在这一制度约束下围绕中城区划调整而展开的多方博弈。历经几次调整，以强制性公共基金作为确保交通改善和社区投入作为大幅度提高平均开发强度、放松开发权转让管控的前提，中城区划围绕强度提高带来的收益再分配方案最终通过规定审批流程。致力于通过制度设计公平合理分配规划调整的收益，对中国详细规划改革具有启发性。

[关键词]　区划调整；开发权转让；规划制度；详细规划

[Abstract]　For detailed plans, adjustment of planning conditions reflects redistribution of spatial interests and re-definition of development rights which involves multiple actors. In the case of Rezoning Midtown East in Manhantann, New York City, the article introduces the development of NYC zoning institution since the new milionenium and the restructuring as well as the balancing among different planning authorities. After extensive negotiation and multiple proposals, the rezoning plan was finally passed by setting aside compulsory public funds for transit improvemen and community development as the pre-equisit for the increase of development density, and for the obtaining Transferralbe Development Right as-of-right. The author argues that the institution design is at the center of achieving a relatively just re-distribution of planning gains, which could be of inspirational for China's planning reform.

[Keywords]　zoning amendement; transfer of development rights; planning institution; detailed planning

[文章编号]　2022-89-P-042

本研究受国家自然科学基金面上项目（51778427）资助

通过持续的城市更新回应市场和社会对城市功能性空间供给的需求，是当代所有大城市面临的共同挑战；在规划上，则往往表现为功能用途不断重构、开发强度不断升高，以及公共和市政设施配套压力的不断增大。城市更新地区往往也是多元产权组成的区域，用途和强度的变化意味着巨额的利益纠葛以及复杂的多方博弈。在已经具有规划基础的城市，这意味着规划面临不断调整的诉求，以及调整过程中的众口难调，甚至千夫所指。作为城市公权力的代理人，城市政府是协调多方利益的责任主体，而城市规划则是实现空间利益再分配的重要制度工具。通过制度设计合理分配规划调整所带来的收益，协调多方利益达成共识、保障公共利益的同时促进城市发展，则是未来城市规划的核心工作目标。

纽约是美国最早制订区划的城市之一，并对中国控规的初期形成与发展具有较高的影响力[1]。纽约区划具有较高的稳定性，在1961年全面修订基础规则后，一直以修正案的形式在此基础上不断补充调整。至2020年年底，纽约区划文本内容已经达2781页，其中修正案（amendments）占大多数，提供了丰富的区划调整案例①。纽约城市的再开发在2000年以后伴随美国经济复苏进入新一轮高潮，相应的区划调整也极为频繁，尤其在2002年布隆伯格市长（Michael Bloomberg）执政以来，走向一个新的高峰，每年增加修正案20个以上，其中最高年份2017年达到了46个，与活跃的中国一线城市不相上下。

得益于详尽的官方报告、规划公示文件、踊跃的媒体报道，本文以2012年至2017年间纽约曼哈顿中城东片再区划（Greater East Midtown Rezoning）为例，总结分析这一案例持续五年的区划调整博弈，从制度设计视角观察这一涉及上千亿美元开发利益的规划调整是如何被提出、谈判和折中的。在布隆伯格及其继任者白思豪（Bill de Blasio）两届市政府的协调下，中城东片的基础容积率从15提升到18，发展走廊的地块开发强度通过特殊政策许可最高可达24到27不等。在加速的全球城市竞争压力下，如何在不同利益群体之间、在公正性与专业性之间，达成各方可接受的方案，这一规划调整过程及其制度设计博弈对我国当前正在展开的详细规划改革具有启发。

1. 纽约区划条例修订次数统计（1993—2019）
2.2002—2011年间纽约市区划重新修订过的区域（橙色）

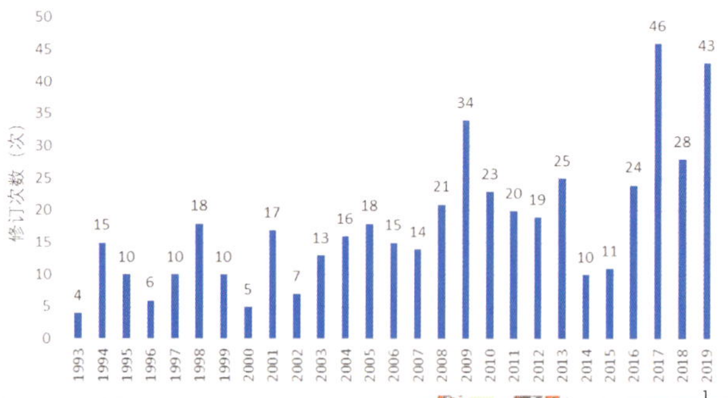

1

2

一、纽约区划权的分配与再分配

区划权是美国地方政府最为重要的管理权之一。对土地使用的规划（“规划”）和开发管控（“区划”）在美国被视为国家警察权力的体现及延伸（Euclid vs. Ambler, 1926）。根据美国宪法，警察权力在州政府一级。自1915年以来，各州纷纷将区划权下放到地方政府，而规划权的授予则存在较大差异、在区域与城市政府之间分配②。经历了百年的发展，美国地方政府在区划方面拥有较大的自主权，尤其考虑到很多地区总体规划缺位的情况——如纽约市[2]。高度自治、千差万别的地方政府体制，使得区划制度在美国各城市呈现出较大的地方差异。就区划调整的决策权而言，芝加哥传统上将其视为区议员（alderman）③的特权范畴，市长和市议会很少会否决其提议，议员也将其视为对选民承诺的重要政治资源[3-4]；在纽约，市长一直以来占有较大发言权。总的来说，回顾纽约区划制度建立百余年，其决策权日益走向多元，市长的决策权比重被不断削弱，形成了市长与市议会相互制衡的复合结构；另一方面，社区决策权比重显著上升，并且区划调整进入审批前必要的前置征询环节。

1. 纽约市的规划权威机构

需要厘清的是，纽约城市规划委员会（City Planning Commission，简称CPC）是纽约市政府中规划和区划的核心权力机构，而规划局（Department of City Planning，简称DCP）是行政执行和技术支持部门。除此之外，市政府的经济发展公司（Economic Development Corporation，简称EDC）④、纽约州帝国发展公司（Empire State Development Corporation，简称ESDC）和纽约与新泽西双州港务局（Port Authority）拥有对各自公共产权用地的规划管理权、不受纽约区划约束[5]。

纽约市规委会在历史上经历了三次重要的重组，体现了区划决策权日益多元化、趋于下沉的发展趋势，市长的影响力在这一过程中不断被削弱。在1936至1965年间，规委会主席和6位委员都由市长任命。最初的规委会制度设计中，权力的制衡是通过规委会委员与市政官员的任期差异，形成了交叉更替的人事关系：委员任期8年，市长任期4年。规委会委员被任命后，具有更长的连续性，通常是市长换届、委员留任，从而保证一定程度的委员会决策独立性和连续性。

1965年之后，规委会增加了各区独立任命的规委会委员各一名（共5名）；1989年之后，再增加一名公众代表，所有委员任期调整为5年，时间缩短；此外，除规委会主席由市长任命的规划局局长兼任外，其他11名委员任命均需通过市议会批准。

因此，市长所能控制的委员席位，从全部到7：5，然后是7：6，虽然仍然占多数，但比例明显下降；并且，市议会自1989年以后成为与市长并列的最终决策机构。

2. 纽约市的规划决策程序

纽约市实行市长—议会（mayor-council）双领导制，区划管辖权在具有行政权的市长和立法权的议会间分配并相互制衡，其中市长由市民直选，议会议员由各选区选举。在市长直选的制度传统下，纽约市政府在美国地方政府中属于强市长型⑤。在1989年之前，纽约存在一个特有的、市长占主导决策权的评估委员会（Board of Estimate），该委员会拥有对所有土地使用管理事务的最终决策权。在评估委员会的投票权设置中，市长两票、（由市长任命的）市财政局长两票、市议长两票；纽约5个区区长各一票——也就是说，市长拥有11票中的至少4票。1989年，布鲁克林区选民上诉至联邦最高法院，高院裁决纽约市自治章程中评估委员会的设置违宪，没有体现平等的代表权（Board of Estimate of City of New York v. Morris, 1989）。在这之后，评估委员会被解散，市议会取代评估委员会参与区划最终决策，即任何土地使用管理决策需经市议会和市长的先后审查通过。按照新的制度设计，市长仍然拥有区划的最终决策权，可对市议会通过的区划调整进行否决；与此同时，市议会在满足三分之二投票的前提下，也可以推翻市长的否决，重新启动程序。

3.纽约市规划权分配示意图
4.改革后纽约市统一的土地使用审查程序
5.中城东片建于1961年前的建筑分布

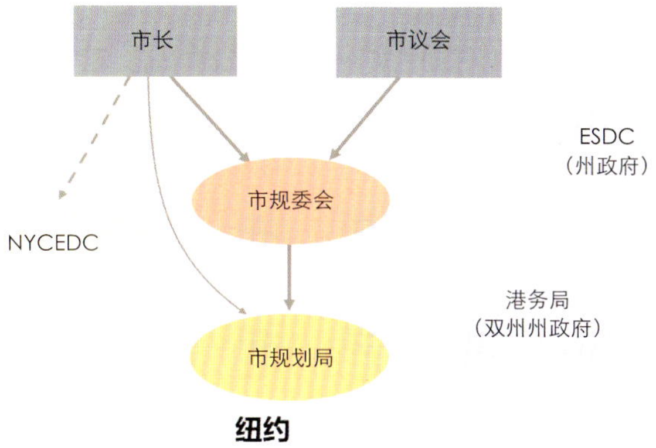

3

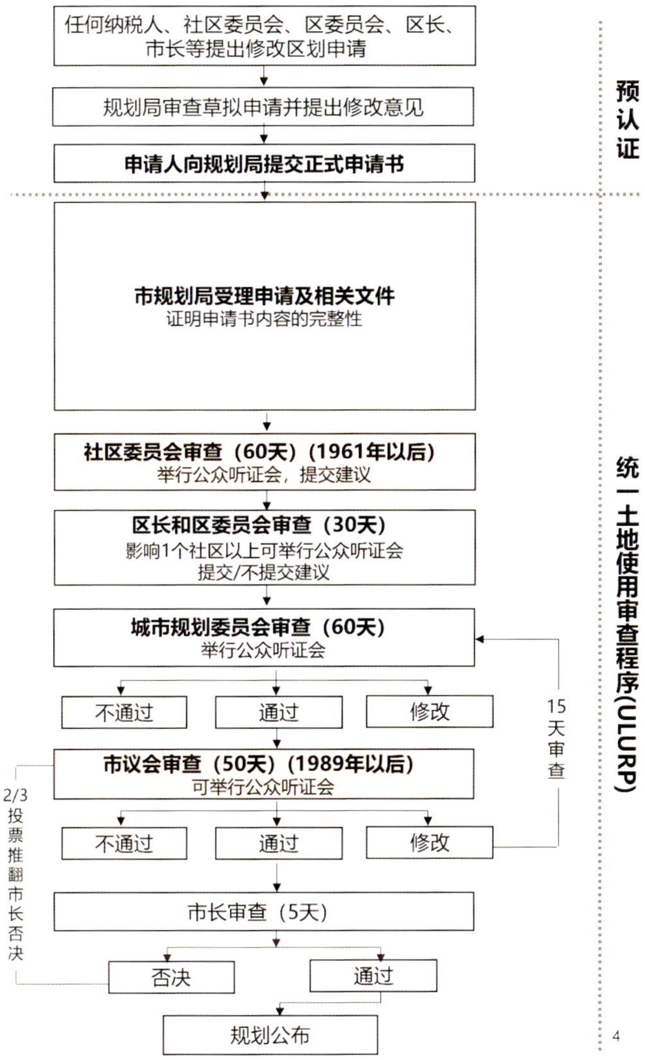

4

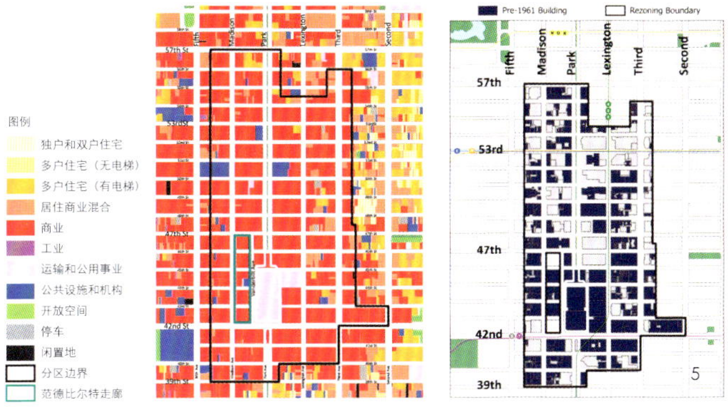

5

6.布隆伯格市长任内（2001—2013）的新建建筑

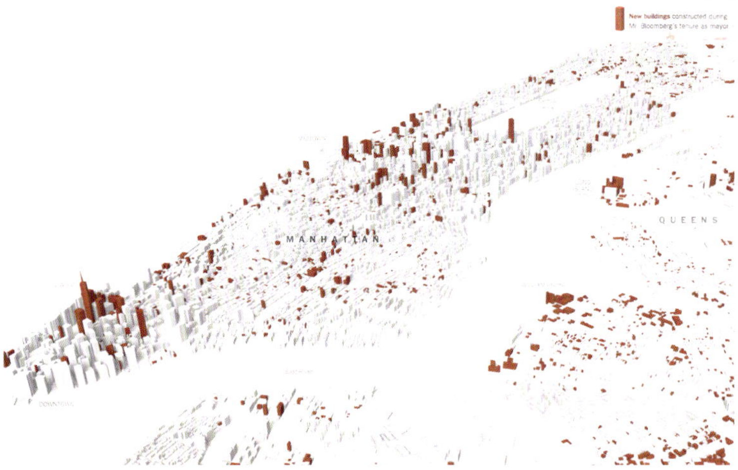

6

二、中城东片：提升全球竞争力背景下的再区划

纽约中城东片以中央车站为中心，80%以上为高强度开发的商业办公用地，是纽约引领全球经济活动和实现本地就业的重要引擎，也是纽约市政府的重要财税来源⑥。中城片区有很大一部分在1961年新区划条例通过之前已经建成，包含花园大道（Park Ave）正对的中央火车站轴线两侧密集的金融巨鳄办公总部，如摩根大通、大都会人寿保险（Metlife）、第一资本金融（Capital One）等。在1982年力图拉动时代广场再开发的《新中城区划》中，这一地区被划入“中城特殊目的区”。不过，因为80年代的焦点在于西片时代广场，东区被划为“稳定”（stabilization）区，以维持既定状态为主。此后30年间，中城特殊区的新开发项目75%发生在中城东片以外⑦。

新千年以后，在下城世贸中心重建的带领下，纽约进入了新一轮的“更快、更高、更强”的更新建设。市长布隆伯格上任以来，积极地将区划作为促进城市发展的工具，纽约市规委会完成哈德逊庭院（Hudson Yards）等114个地区的再区划审批，覆盖了纽约市近37%的土地面积。2008年华尔街所引发的全球金融风暴，使这座城市将重启全球竞争力的信心再次放在物质建设之中。危机爆发不久，布隆伯格即宣布考虑全面提升被历史保护所“阻碍”的中城片区容积率，引起舆论一片哗然。此后规划局迅速开展了对片区再区划的前期研究和论证。

2012年，纽约规划局发布了《中城东片研究报告》（*East Midtown Study*），研究报告陈述了中城东片发展面临的多重挑战：①既有办公建筑老化，60%以上建筑已使用超过50年，难以满足现代办公需求；②新办公空间增长困难，缺乏能够容纳新建大型办公楼的场地，拆除重建成本过于昂贵；③公共领域面临地铁站人流过多、人行道过窄、缺乏公共空间等。2013年，规划局正式提出《中城东片再区划提案》（*East Midtown Rezoning Proposal*）。然而，这一轮提案因议会和民间的强烈反对而夭折。直至下一任市长白思豪上任之后2017年，新的再区划方案才获得规委会和议会有条件通过。回顾这一漫长而充满争议的区划调整过程，尤其是围绕强度提升和开发权转移的政策设计，能够深切体会区划方案中的空间形态所影响的多方利益、及其作为谈判平台获得各方妥协的作用。

1. 1968：开发权转让

开发权转让是中城片区再区划的一个焦点。事实上，该制度正是发源于此地——中央火车站的再开发。美国政府对土地使用进行干预的前提是必须体现宪法中“平等保护”（equal protection）的原则，即不能针对个人、特定地块制定针对性的政策，而是普适性的“分区政策”（即“zoning”的字面含义）。在同一分区下，不同的产权所有人应当拥有同等的发展权利。如果某一土地使用管理政策使得特定地块发展受限，该地块业主应当从中得到补偿，这是开发权转移制度建立的前置逻辑。

1963年，纽约宾夕法尼亚车站（PennStation）被拆除所引发的强烈抗议⑧，推动了1965年纽约《地标保护法》（*Landmark Preservation Law*）的颁布和地标保护委员会（Landmarks Preservation Commission）的成立，也引发了全国历史保护立法的热潮。与此同时，濒临破产窘境的铁路集团努力寻求新的再开发方案、希望通过在历史建筑上加盖高层办公楼的方式缓解经济危机。1968年，中央车站（Grand Central Terminal）的两轮再开发方案被地标保护委员会驳回，业主因此而提交诉讼，认为历史保护法形成对个人财产的“剥夺”（taking），要求合理补偿。在争议期间，纽约市设立了“强度转让机制（Density Transfer Mechanism）”，并迅速于同年将“开发权转让（Transfer of Development Rights，简称TDR）”修正案写入区划条例，允许历史性地标建筑业主将受管制的开发权进行转让，转让范围包括地标建筑对面或相邻交叉口的地段，但邻近受让地块获得的转让容积率最高不得超过标准值的20%。

1969年，在诉讼的压力下，纽约规委会再次修改了开发权转让规则，允许中央车站业主将未使用的开发权转让到其控制的车站周边地块以及更远的公园大道沿线，并取消了高密度商业区容积率上浮不超过20%的限制，但并未平息业主的诉讼。历经九年的拉锯战，美国联邦高等法院1978年驳回其上诉，裁定历史保护规定符合宪法中“公共福祉”的提升，TDR制度避免了“剥夺”的发生、无需公共补偿⑨。经此判决后，区划中以历史保护名义限制开发权、设立开发权转移成为美国各地区划的重要发展[6]。

在这之后，在历史建筑业主的诉求推动下，对开发权转让的管制不断放松，包括在适用范围与许可程序上。

2. 1982：“特殊目的分区”

特殊目的区（Special Purpose Districts）自1969年开始应用于纽约区划，即在全覆盖的通则区划基础上划定重点地区，因地制宜规定更加特殊的控制要求。如前所述，1982年的《中城特殊区区划》对中城东片影响不大。1992年，该特殊区区划被修正，其中设立了“中央车站次分区”（Grand Central Subdistrict）⑩，主要用于扩大该地区历史建筑开发权转移范围，即未实现的容积率可以转让给分区内的任何地块。不过，至2012年为止，该分区仍有十几万平方米的开发权未被使用。

除了适用范围之外，开发权转移的获得在初始制度设计中需走特殊许可流程，成本高昂，被视为开发权转让政策应用不足的障碍。1998年，中城特殊目的区中设立了剧院次分区（Theater Subdistrict），其间包含了至少30家被确定为地标建筑的剧院。剧院分区设立后，不但允许地标所在地块的业主与分区内任何地块进行开发权转让交易，并简化审批程序，将转移的开发权获得视为“天然许可”（as-of-right，即无需审批），只有在被转让地块容积率超过标准值上限20%情况下才需申请特别许可。这一区域还设立了剧院分区基金，尽管该区域开发权转让的价格由市场决定，但基金会从每平方米的开发权转让中收取110美元的费用，用于促进剧院的使用和保护。这一更为自由的开发权转让机制在后来的20年间推动了超过4.5万平方米的开发权交易，并筹集了数百万资金用于保护本地剧院业。

3. 2013：容积率奖励与开发权转让之争

2013年再区划提案的主要思路是通过放松管制、大幅度提高容积率而提升地区开发容量。依照剧院分区的经验，该提案计划对中城东片分区内的容积率转移适用天然许可，简化审批程序。1982版区划中，这一地区全部为商办用地（C5和C6[11]），基础容积率为12.0或15.0；随后1992年中央次分区的设定，使核心区地块接受保护建筑开发权转让后容积率最高可达21.6。

2013年的区划提案在维持82版基础容积率分区的前提下，细化了最高容积率分区[12]，设定了围绕中央车站和公园大道轴线而逐级下降的强度分区，将可天然许可的提高容积率上限依次规定为24.0、21.6、18.0和14.4。然而，争议最大的是，该提案除了减免开发权转移的审批、提高容积率上限之外，还提出可直接向公共基金捐款获取容积率奖励（bonus），即符合资格[13]的地块可通过向地区改善基金（District Improvement Fund，DIF）[14]支付2700美元/m^2的奖励金，从而获取基础容积率之外的楼板面积[15]。因此，在基础容积率之上，开发商如果想获得更高的容积率，可以选择从地标建筑业主那里购买未使用的开发权，或继续向DIF付费，直至达到最高容积率上限。该提案还建议针对高品质开发项目（Superior Developments），可以通过特殊许可程序进一步提高其容积率，中央分区容积率最高可达30.0[16]。

这一轮再区划方案预计新增42万m^2的办公建筑和1.5万个就业岗位。尽管编制历时4年，因为其中的“购买容积率捐款”，被批评为“为了美元的区划（zoning for dollars）”[7]，大幅提升的强度分区设计缺乏对历史地标建筑和曼哈顿传统天际线的足够尊重，以及没有确保基金用于公共交通的改善等等。这个方案被批评是布隆伯格市长“希望在任期结束后在纽约留下自己的印记”的“过于仓促且缺乏透明度”举措[8]；尽管2013年底获得了规委会“有条件”通过，因明确反对该提案的议员占据了多数而没有被提交至市议会。

4. 2017年：捆绑交通和公共领域改善项目

市长白思豪在2014年上任后重启中城区划修订。地标保护委员会在此期间迅速新增了这一片区内的12座地标建筑，以确保“新旧结合”仍然是这个片区最重要的场所特征。在组织上，市议会中反对声浪最大的议员丹·加洛尼克⑰和曼哈顿区长盖尔·布鲁尔共同担任中城东片指导委员会主席，组织再区划方案修订。

中城东片指导委员会组织来自第5和第6社区的社区组织、商界、市民和劳工组织的代表，通过每两周一次的磋商，构建了新的再区划框架。该提案在延续上版鼓励高强度发展、扩大天然许可范围基调上，

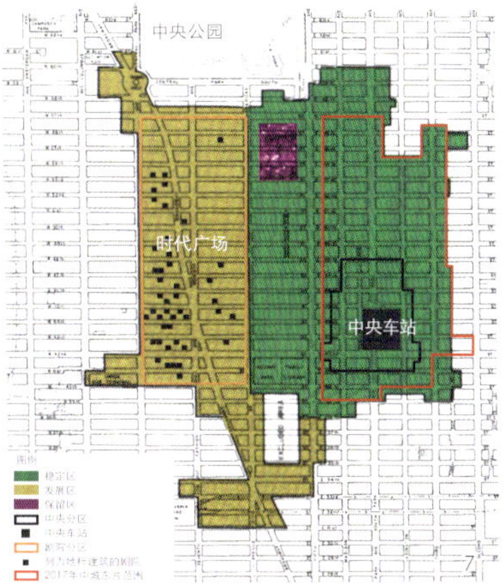

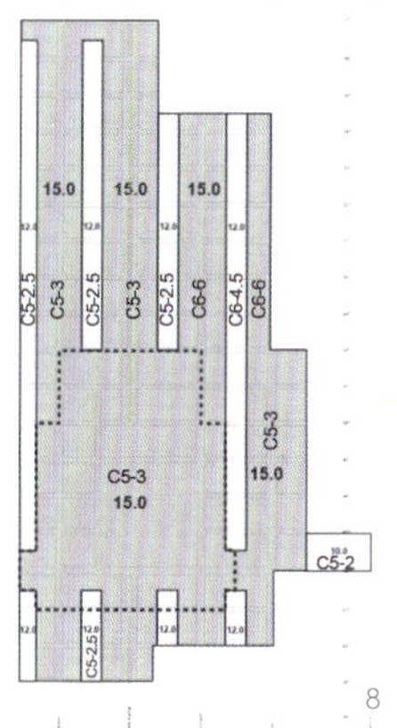

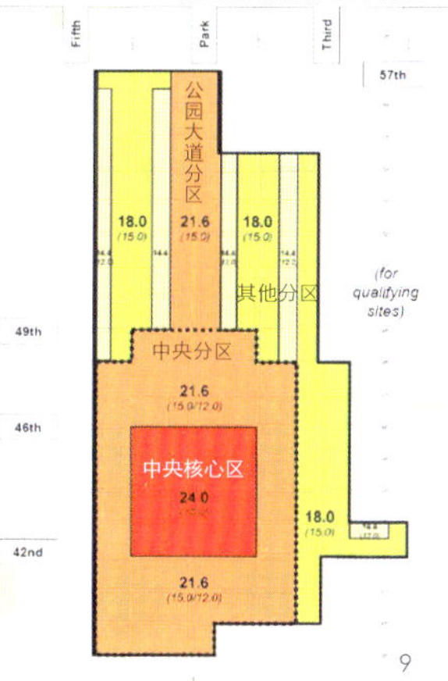

7.纽约中城特殊目的区分区范围
8.1982版区划基础容积率分区
9.2013版区划最高容积率分区

进行了适当调整：分区范围适度东扩，将第三大道东侧部分街区纳入[18]；依据轨交布局和对历史天际线的尊重（如避免遮挡克莱斯勒大厦经典的装饰艺术尖顶）调整了最高容积率分区划定方式，形成更窄但更高强度的T形高强度走廊，将天然许可的容积率上限分别提升至27.0、25.0、18.0、23.0和21.6；将原提案中的“地区改善基金”更名为“公共领域改善基金（Public Realm Improvement Fund, PRIF）”，以此成立新的地方发展公司[19]；取消原提案中付费换容积率奖励选项，但允许将地标建筑开发权转让的适用范围扩大到整个中城东片，并规定将开发权转让收益的20%留给公共领域改善基金作为其资金来源[20]。

修改后的提案中“符合资格的地块”可以通过三种方式达到天然许可的容积率上限：

（1）地标开发权转让。对于一般地段，只能通过购买地标建筑未使用的开发权，将容积率提高到天然许可框架的上限；

（2）交通设施改善。在交通改善区（Transit Improvement Zone，TIZ）内（即容积率上限为23和27区域）的开发，需要首先进行一个或多个预先确定的交通改善项目，以此换取比基础容积率高10%~20%的开发权；

（3）允许1961年前建的不合区划的建筑拆除重建，不合区划要求的重建面积需向公共领域改善基金付费660美元/m^2，其余面积需按照前两种天然许可执行。

该版提案预计新增61万m^2办公面积和1.2万m^2零售功能，为该区域带来26078个就业岗位[21]，最终于2017年8月9日得到市议会通过。

三、回顾：区划调整中的多方博弈与规划应对

在中城东片再区划的多方博弈中，不论是布隆伯格政府还是白思豪政府，都声称再区划的主要目标是增强城市竞争力，增加就业和改善办公环境。地产开发商显然对这片因历史保护而产生的“强度洼地”中蕴藏的财务收益颇感兴趣，力图游说政府以便以更低成本、更快速度在中城东片批准建设更多摩天大楼。再区划的阻力主要来自社会团体，社区居民对可能带来的拥堵加剧和摩天大楼遮天蔽日十分反感，历史保护组织等则担心再区划会威胁到赋予该地区特色的历史建筑。业主则更多关心是否能更为自由地出售其开发权、警惕市政府加入这场容积率的销售竞争。总体而言，政府、开发商和业主对整体提升中城东片的容积率形成了共识——“城市增长联盟”的典型体现，而规划师和社区在这一前提下努力达成更好的社区补偿和公共收益，适当平衡区划调整带来的利益分配格局。旷日持久的谈判结束之后，反对方最终妥协，而总体强度变得比第一轮方案更高。

1. 诉讼推动变革

中城东片再区划的核心争议之一在于额外容积率的获取方式。2013年提案允许开发商选择继续付费换取容积率奖励或购买地标建筑物未使用的开发权。当存在替代选项时，地标建筑业主质疑其开发权的转让很难与政府“出售”的容积率公平竞争。为此，地标建筑业主进行了激烈反抗。

2014年纽约规划局提出范德比尔特走廊计划，作为成片再区划的试水。2015年SL格林地产公司（SL Green Realty，以下简称格林地产）通过特殊许可程序，以斥资2.2亿美元改善中央车站交通的承诺，换取了范德比尔特一号大厦高达30的容积率。该协议引起中央车站业主安德鲁·彭森（Andrew Penson）的不满。彭森于2006年购入中央车站，看中的正是其11万m^2未使用的地标开发权，认为它可能会在房地产热潮中产生数亿美元的收益。格林公司曾与彭森就购买开发权进行过谈判，但彭森9500美元/m^2的要价超出了格林地产的底线，谈判以失败

10.三种天然许可的获得更高容积率机制（2013）
11.三种天然许可机制（2017）
12.2017年再区划最高容积率方案

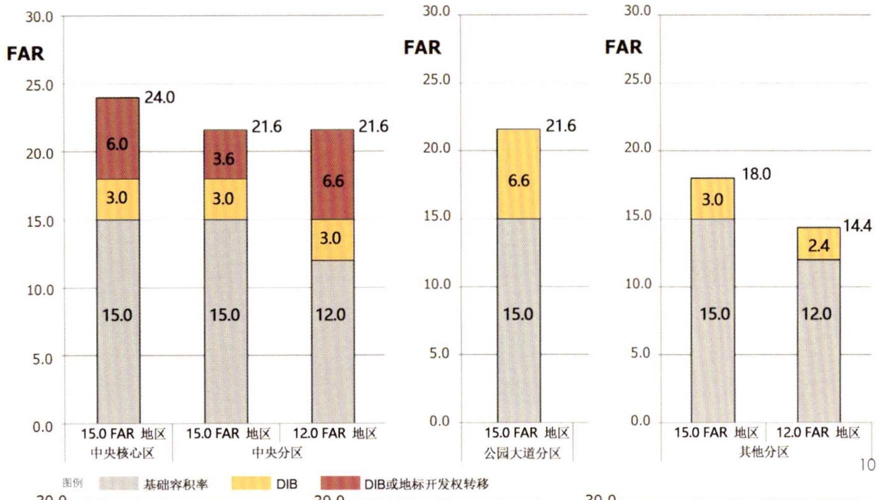

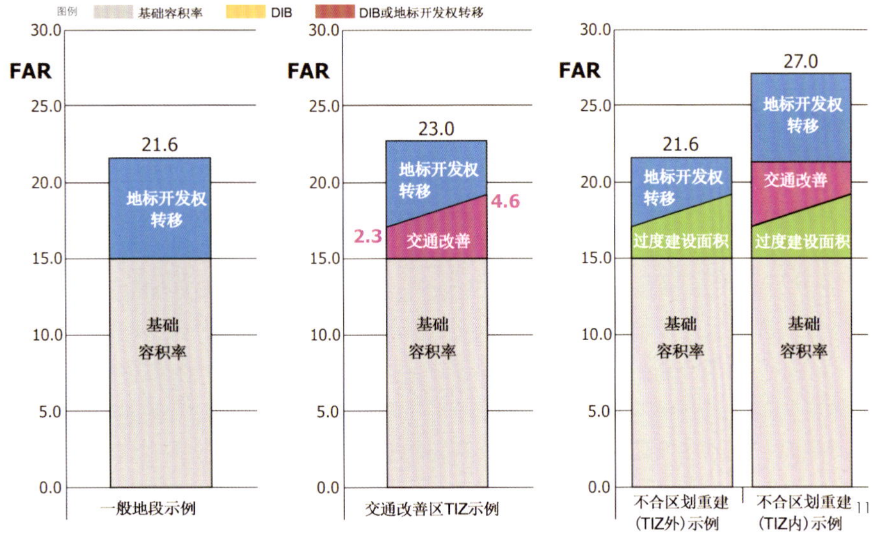

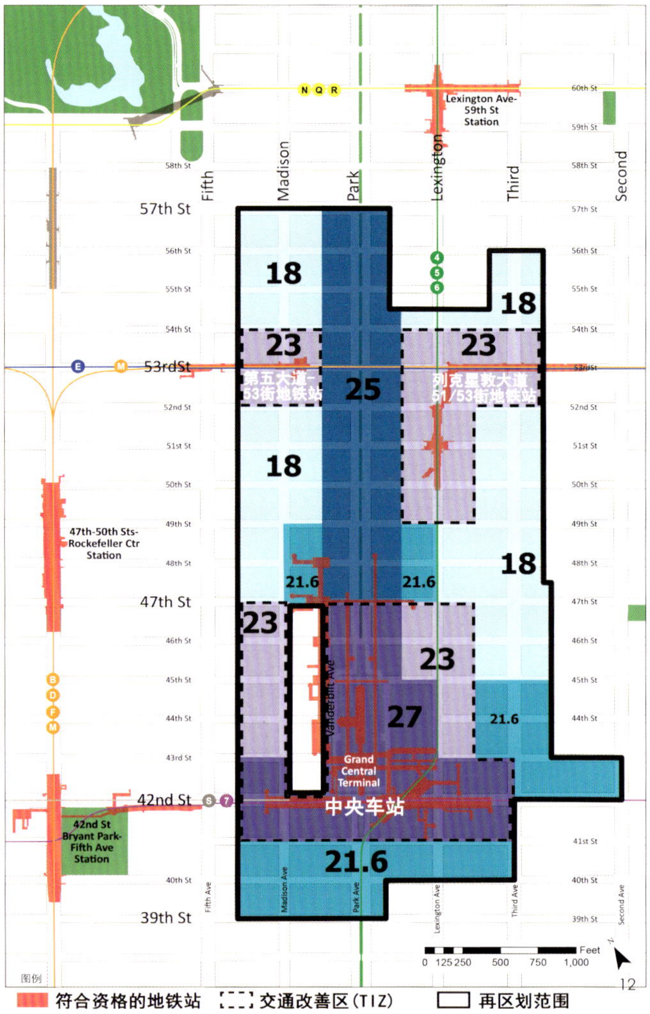

告终。彭森牵头对市政府与格林地产的交易提起违宪诉讼，要求赔偿11亿美元。他认为，市政府为格林地产提供容积率奖励，侵犯了拥有未充分使用开发权的地标业主的私人财产权。这起诉讼在2016年8月达成和解，彭森同意放弃诉讼以换取一笔未披露金额的补偿。

经过这次诉讼，2017版方案除交通改善区域和不符合区划的老建筑地块两种情况外，取消了可直接向基金购买容积率奖励的做法，所有额外容积率的获得均需通过购买未使用的地标开发权，而地标开发权转让收益的20%必须留给公共领域改善基金。

2. 避免交通改善的承诺落空

如何确保社会公众能够分享普遍强度提高的收益是第二个争议焦点。最初布隆伯格设想依托开发商付费（换取奖励）改善公共交通环境。然而，这个计划被广泛质疑：纽约城市俱乐部（City Club of New York）将这种强制付费讽刺为“敲诈勒索”[7]；《纽约时报》评论家迈克尔·金梅尔曼直言该基金是陈旧而失败的城市政策的变体，是在无担保的情况下，寄希望于依靠私人开发商的人品来实现未来的公共利益，结果可想而知[9]；各社区委员会则对未切实改善交通设施就允许更高强度再开发的空口许诺颇为不满[10]；还有许多独立人士，如史蒂文森广场咨询公司总经理J.G.柯林斯，认为该政策只要求开发商为交通改善一次性付款，而将维护、维修和更换的包袱丢给纽约纳税人和乘客，并不公平[11]。

最后的提案将社区代表和市民代表吸纳进公共领域改善基金管理委员会，增强了基金运作的透明度和公信力，市政府并承诺投入5000万美元政府资金用于基金启动。另一方面，在片区中设立了特殊政策区域——交通改善区，要求该区域内应先完成一个或多个预先确定的交通改善项目，才能够获得容积率奖励[12]。

3. 公共收益的底价

新区划规则的第三个争议在于是否应当为开发权转让设立底价。有鉴于开发权转让收益的20%应交给改善基金，2016年，纽约规划局提议规定改善基金的最低支付价格为846美元/m^2，或者以实际交易中更高的价格为准。这意味着规定了对开发权转让的最低估值为4230美元/m^2，而一旦转让价格低于该数值，地标开发权所有者将付出超过收益20%的费用。

最低价格的设定引起了各方的激烈争论。反对最低价格的纽约房地产委员会、地标建筑所有者以及地标保护委员会认为这一数额过高，不应强制规定底价。但市政府声称，设定底价是为了确保每一次开发权转让对中城东片公共领域的改善作出最低贡献。事实上，市政府真正的担忧是，开发商可能会通过私下交易等方式压低开发权的价格——市议员加洛尼克的言论表明了这一立场，他强调要避免以牺牲公共利益为代价的系统博弈。最终，开发权转让对公共改善贡献的底价在谈判中被压低到660美元/m^2。

四、结语：实现“公平的妥协”

依照土地使用的审批流程，2017版中城东片再区划方案先后得到了市政府、纽约城市规划委员会、市议会、美国交通部、土地利用委员会等机构的审批通过。社会团体中，纽约酒店行业协会对这个计划表示满意，表示再区划认真地听取了他们的意见。不过，更多的参与者对最终的区划结果并不满意。作为再区划的主要推动者，纽约房地产委员会因大多诉求被否决而抱怨不休；开发权转让底价的设置让开发商和地标建筑所有者认为遭受了损失；地标委员会、城市艺术协会等社会团体则对部分建筑没有被指定为地标建筑，以及新区划未致力于降低建筑阴影影响感到失望；社区委员会则仍然对一系列公共利益改善措施能否切实避免本已拥挤不堪的社区走向过度饱和表示担忧。

这一经验对于中国城市更新和规划作用的启示是，容积率的确是多方博弈的焦点，“更快、更高、更强”貌似是全球城市竞争中的一个无法逃避的命运，但又不限于此。纽约中城东片再区划展示了规划调整中核心争议问题的解决之道，即对区划调整的制度设计保证了利益相关者都被纳入征询与表达的正式渠道，市长、开发商和业主不得不尊重社区、市议员和社会组织的意见，在此基础上的充分沟通与协商，敏感回应利益诉求的方案，以及对时间的耐心，都对于达成“公平的妥协”方案至关重要。

纽约房地产委员会主席史蒂文·斯皮诺拉（Steven Spinola）指出，“尽管没有人完全满意，这一方案使得不同社会角色都从再区划中得到了一些东西”[8]。“这就是我们所说的公平妥协（fair compromise），当谈判桌上的每个人都不开心时，这意味着我们可能做对了”，市议员戴维·格林菲尔德（David Greenfield）如此评价[12]。这两句话，或可作为衡量未来城市化成熟地区规划调整的标尺。

注释

①区划调整、修订、再区划，三词在美国各城市中习惯用法不同，本文大部分采用纽约区划当下常用的rezoning，但处于中文使用习惯有时会在几个词之间互换。

②如著名的俄勒冈州所建立的控制城市增长边界（UGB）的大都会Metro政府。

③芝加哥的选区，规模介于中国所说的社区和行政区之间。

④有的译为经济发展局，以表明其公共职能，本文忠实于其兼顾发展和管理的职能。

⑤与此相对应议会主导的地方政府中，市长扮演“经理人”的角色，或者就直接称为city manager，主要职能是执行议会决策。

⑥根据纽约市的数据，在2017财政年度，中城东片占了房地产税的10%，约合24亿美元。房地产税是美国地方政府的主要经济来源之一，是以区划为基础进行计算的。

⑦Department of City Planning. N 130247(A) ZRM: East Midtown Rezoning[R]. Sep 30, 2013:6.

⑧1961年7月宣布计划拆除宾夕法尼亚车站，取而代之的是麦迪逊广场花园的建设（包括办公和体育馆功能的巨大建筑），引发了公众的强烈抗议，包括简·雅各布斯(Jane Jacobs)和著名建筑师菲利普·约翰逊(Philip Johnson)等。但当市民意识到这项计划并组织起来时，房地产交易已经完成，1963年10月车站开始拆除。

⑨尽管如此，最后仍然是市政府介入，通过公共财政拨款，由轨交部门MTA承担了对中央车站的修复。

⑩中央车站次分区是叠加在中城特殊区之上的，在该分区内的开发活动既要符合区划通则规定和中城特殊区区划规定，也要符合叠加的中央分区区划规定，当发生冲突时，一般以叠加的规则为准。

⑪根据区划图，中城东片用地主要为C5限制中央商务区(为整个城市服务的中央商务区)和C6一般中央商务区（比C5允许更大范围的办公、娱乐等）用地。根据所处区位不同，可进一步细分为：C5-2.5（商办容积率最高12.0）,C5-3（商办容积率最高15.0）,C6-4.5（商办容积率最高12.0），C6-6（商办容积率最高15.0）用地。

⑫基础容积率是每个地块被天然许可的开发强度；最高容积率是地块可通过向周边历史建筑购买可转移的容积率所达到的最高值。

⑬符合资格的场址包括沿大多数临街用地，沿42街约60米的临街用地，以及面积至少为2300平方米的用地。

⑭这项公共基金由六人组成的委员会负责管理，委员由市长任命，包括了城市规划委员会主席、区议会委员和大都会交通运输管理局(Metropolitan Transit Authority,MTA)主席。

⑮并且，如果新开发项目属于改善基金委员会优先改善名单上的项目可不必支付这笔费用。

⑯Department of City Planning. 2013 East Midtown Proposal[R].2013．仅针对能够对城市天际线、对步行网络等作出重大贡献的项目，并且必须提供额外的公共空间。

⑰议员加洛尼克是布隆伯格提案在市议会的主要反对者，因提案覆盖的大多数区域都是他的选区，他的支持与否被认为是决定性的。

⑱东中城合作组织（East Midtown Partnership）和纽约房地产委员会（REBNY）建议第三大道东侧纳入再区划，他们认为第三大道不仅是一个成熟的商业走廊，而且纽约市交通连接最紧密的走廊之一，那里的土地收购成本将低于公园大道。

⑲管理委员会扩大到13人，成员除7名由市长任命外，还包括市议会议长办公室代表、曼哈顿区区长办公室的代表、第4、5、6社区委员会代表和全市公民组织代表。

⑳Department of City Planning. Greater East Midtown Rezoning - Final Environmental Impact Statement[R].2017.

㉑Department of City Planning .Greater East Midtown Rezoning - Final Environmental Impact Statement.Chapter 2.Land Use, Zoning and Public Policy, 2017.

㉒Department of City Planning .proposal referred for public review to Manhattan CB 5, CB 6 and CB 8, 2017.

参考文献

[1]黎淑翎，陈璐，于萍萍译．1961纽约市区划决议案[M]．广州：华南理工大学出版社．2018.

[2]FRUG Gerald E. & David J. Barron. City Bound: How States Stifle Urban Innovation [M]. Cornell University Press, 2011.

[3]张玥.城市碎片：北京、芝加哥、巴黎城市保护中的政治[M].北京：北京大学出版社．2018.

[4]Schwieterman, Joseph P. The Politics of Place: A History of Zoning in Chicago [M]. Lake Claremont Press. 2006.

[5]FAINSTEIN S. The City Builders: Property Development in New York and London, 1980-2000 [M]. Lawrence, Kansas: University Press of Kansas. 2001.

[6]侯丽．美国“新”区划政策的评介[J]．城市规划学刊.2005(3): 36-42.

[7]David W. Dunlap.Bloomberg's Plan for Bigger East Midtown Towers Is ‘Zoning for Dollars,’ Group Says[N].The New York Times,Aug. 28, 2013,A22.

[8]Charles V. Bagli.Revised Plan for Taller Midtown Fails to Assuage Critics[N].The New York Times,July 19, 2013:A21.

[9]Michael Kimmelman.The Plan to Swallow Midtown[N].The New York Times,July 25, 2013:C1.

[10]Alan Neuhauser.Majority of Manhattan Community Boards Oppose East Midtown Rezoning[N].DNAinfo,July 2, 2013.

[11]J.G. Collins.Proposed East Midtown Transit Measure is ‘Zoning for Dollars’[N].Gotham Gazette,May 11, 2017.

[12]REBNY. Testimony of the Real Estate Board of New York Before the New York City Council, in Support of the Greater East Midtown Rezoning,June 20, 2017.

作者简介

侯　丽，博士，同济大学建筑与城市规划学院，教授，通讯作者；

沈　赟，硕士，上海同济城市规划设计研究院有限公司，副主任规划师；

朱　揆，博士，上海同济城市规划设计研究院有限公司，主创规划师。

日本市町村国土利用规划特征及启示

The Characteristics and Enlightenment of Municipal Basic Planning in Japan

兰天泽 舒 莹
Lan Tianze Shu Ying

[摘 要] 建立健全市县层面的国土空间规划体系是当前我国规划改革的首要任务之一。本文以日本市町村国土利用规划为对象，对其日本空间规划体系的地位及作用进行解读，分析规划特征并阐述其与相关规划的关系。结论认为：日本市町村国土利用规划的主要优势在于对土地利用状况的准确把握及分析、多元主体参与规划制定以及具有规划具体化的方法及措施，并在都道府县国土利用规划、个别土地管理法下的规划、市町村的基本构想等规划中起衔接作用，最后本文提出了针对我国国土空间规划的启示。

[关键词] 日本；空间规划体系；市町村国土利用规划；规划特征

[Abstract] Establishing and perfecting National Territory Spatial Planning in city and county is one of the most important mission in China planning reformation. This paper focus on Municipal Basic Plan (MBP) in Japan, analyses the planning characteristics and explains the interaction with related plans. The conclusion shows that there are three main characteristics. The advantage of MBP is precisely analyzing the current situation and the trend of land use. There are multi-parties of interest join in the MBP formulation which has specific methods and measures. Meanwhile, MBP plays a cohesive role in the Prefectural Plan, the Regulation on land transactions, and the basic concept of municipality. Finally, this article puts forward the enlightenment for China National Territory Spatial Planning.

[Keywords] Japan; spatial planning system; municipal basic plan; planning characteristic
[文章编号] 2022-89-P-048

《中共中央 国务院关于建立国土空间规划体系并监督实施的若干意见》（中发〔2019〕18号）、《省级、市级的国土空间总体规划编制指南（试行）》（自然资办发〔2020〕46号）、《国土空间调查、规划、用途管制用地用海分类指南（试行）》（自然资办发〔2020〕51号）等一系列规划文件的发布，标志着我国国土空间规划走向了纵向探索阶段。但是随着编制研究工作的深入开展，一些在规划编制中的实际问题逐步显现，如各层级空间规划体系的具体内容与相互关系不明确；详细规划与市、县级国土空间规划的权责划分与协作机制不分明等问题不断涌现。新时期，建立健全市县层面的空间规划体系是当前我国规划改革的首要任务之一，其目的是对国家宏观目标和方针的细化落实，更应注重实施性。。日本市町村级国土空间规划体系相对成熟，其发展的历史阶段和特征与我国当前阶段具有相似性。因此，本文以日本市町村国土利用规划为研究对象，阐明日本国土空间规划体系的基础上，进一步梳理日本市町村国土利用规划在日本规划体系中的地位、意义、主要内容及与相关规划的关系。最后，系统分析其规划的特征并探讨对我国空间规划的启示，以期对我国构建市、县空间规划体系提供借鉴。

一、日本国土利用规划研究现状

1. 日本市町村国土利用规划相关研究

日本学者关于市町村规划的研究开展较早，初期主要涉及的专业及领域有都市规划、地方自治、地域开发、土木工程等。1934年，永见健一在《造园杂志》发表《1932年英国新市町村计画法的主要特征》[1]，标志着日本开始学习并研究西方的市町村规划法律及政策。之后由于战争，研究停滞，直至1966年日本开展大规模国家建设，市町村规划的研究开始发展，主要集中在地域开发和地方自治领域。20世纪80年代初期，日本城市规划学者及建筑学者开始对市町村规划的编制技术及过程展开深入研究，例如1979年中岛将胜《民间规划师在市町村规划中的立场及规划技术》[2]，1983年，野村徹也的《以居民相互学习为前提的市町村规划制定过程》[3]，1985年小川善次郎[4]的《市町村规划的体系及现状》等。2000年之后，日本市町村规划研究范围成为一个更综合涉及领域更加广泛，研究问题分类也变得更加细致具体，例如相关国家制度的改良、法律法规的制定与研究、地方自治体的联协、市町村医疗规划、住环境规划、空洞地域活化等等。2002年石丸纪兴《市町村行政人员在规划有关的行政工作中与上位计划的应对和立场：从国家土地规划到市町村规划的联系和分歧》，探讨了政府工作人员在各层级规划中的作用，高攑和广2009年论文《市町村规划中居住生活等基本规划的制定状况：以九州地区市町村住宅总体规划为例》[5]对市町村住环境规划制定状况进行研究。2019年谷口守《群马县市町村的核心区域规划中等级性研究》[6]，其认为核心区域层次结构的整合组织还没有完成，因此，文章从广域的角度确定了每个市政计划中核心区域的设施数量和出行次数，目的是通过分析这些区域核心地区的计划与实际条件之间的差异，为区域等级制的区域设置做出贡献。

2. 国内相关研究

国内学者对于日本国土规划体系的研究集中在国土形成规划、国土利用规划研究两个方面。吴殿廷[7]、蔡玉梅[8]、翟国方[9]等梳理了日本国土综合开发规划到国土形成规划的演变、内容、模式以及影响以及对我国的启示。在国土利用规划中，谭纵波[10]对国土利用规划产生的背景、法律依据、规划目的、内容以及规划编制实施状况进行梳理，李亚洲[11]进一步对日本的国土形成规划、国土利用规划和专业土地利用规划的事权关系进行探究，发现其事权是在法律法规保障下，上下层级、相关部门事权具有明晰的边界和完善的协调机制。徐颖[12]认为在国土利用规划中，多目标导向、多维度管理的复合用地分类体系是保障日本土地资源的集约、高效利用的关键。

总的来说，日本学者对于市町村规划的关注主要集中在具体且细致的问题，涉及的学科和专业范围十分广泛。而国内对于日本市町村规划的研究仍停留在概述阶段，缺乏其规划的内容、特征的深入解读。

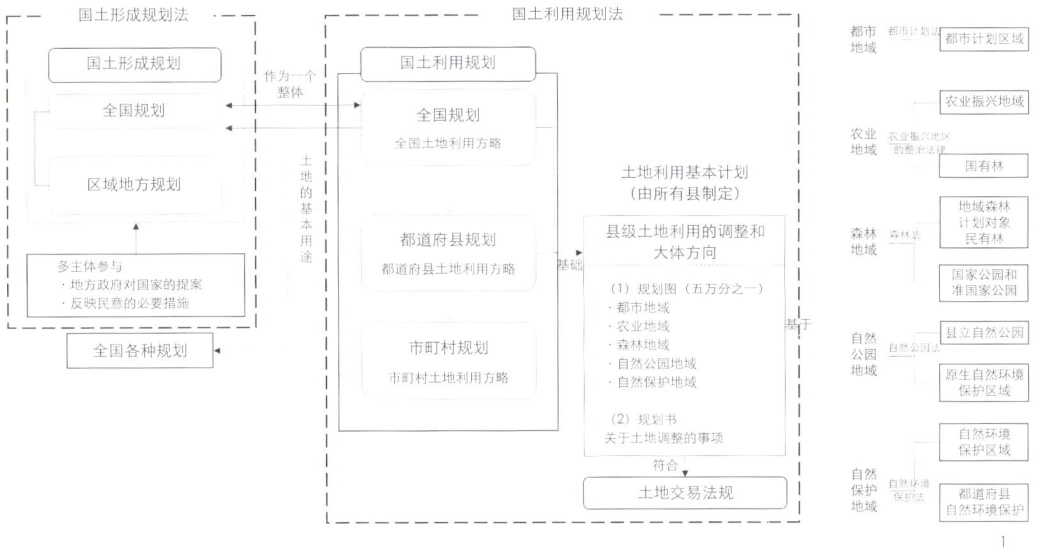

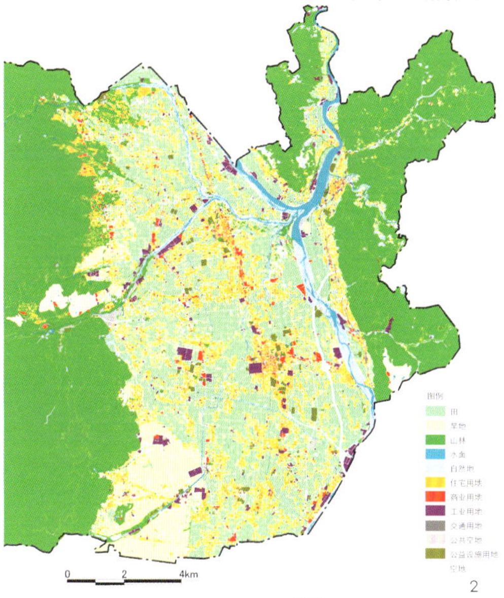

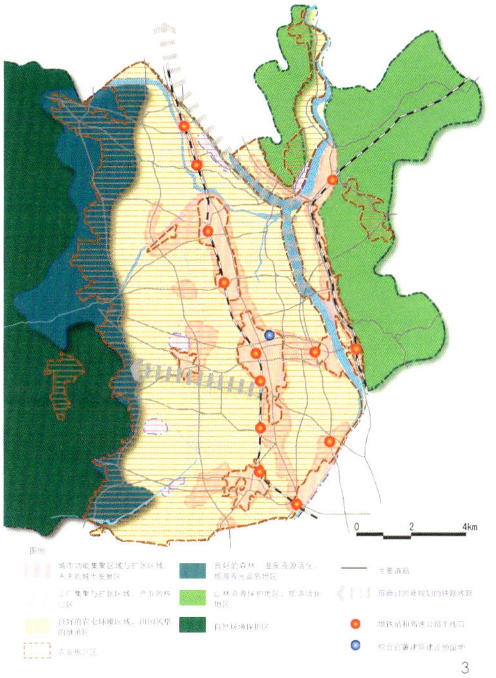

1.日本国土空间规划体系图
2.安曇野市土地利用现状图
3.安曇野市土地利用构想图

二、市町村国土利用规划在日本空间规划体系的地位及作用

1. 日本国土空间规划体系构成

日本国土空间规划体系是由《国土形成规划法》为基础编制的国土形成规划、《国土利用规划法》作为依据和保障、由国土交通部门作为主要行政体系组织编制和管理实施的国土利用规划，以及个别法[①]支撑下的土地利用基本规划三大类组成。

国土形成规划主要以跨边界的广域规划为主，在《国土形成规划法》的基础上以问题为导向，通过不同行政单位强调多主体平等参与的规划。国土利用规划是依照《国土利用规划法》中有关国土利用的基本理念，在优先公共福利，在保护自然环境的同时，以确保长期、稳定、均衡的国土利用为目的而制定基本的规划。

国土利用规划对土地需求的调节起到了抑制土地无序开发、有效利用土地的作用。在面临人口数量减少、土地需求降低的新时期，日本国土利用规划强调合理管理国土、防止土地荒废，谋求国土利用的高质量发展。在国土利用规划的指导下，以都道府县为编制主体，进行地域划分，编制土地利用基本规划，作为土地用途管制的依据。在此基础上针对五类区域划分，分别以《都市计划法》《农业振兴地区整治法》《森林法》《自然公园法》《自然环境保护法》等个别法为依据，制定各自区域的发展目标、细致的土地类型划分以及相应的地域政策。

2. 市町村国土利用规划的地位

日本国土利用规划根据运作体系自上而下分为国家级、都道府县、市町村三级，但也包含两个及以上行政管辖单元的区域协调层级。中央政府负责统筹全国国土空间发展战略，从全国、区域的角度出发制定国土政策，专注于“国家任务”的实现。都道府县规划起承上启下的作用，根据全国规划对辖区的五类地区进行空间权责划分，指导市町村的规划编制。市町村的规划更加侧重实施层面，导向实际的开发建设和资源保护利用。

虽然日本市町村国土利用规划处于国土利用规划的底层，但是日本地方政府拥有较大的自治权。为确保市町村规划、都道府县规划的自主性，全国国土利用规划规划的一体性，日本建立了国家和都道府县、都道府县和市町村之间的事后报告，以及建议或劝告的参与机制（《法》第 7 条第3第4项、第8条第3项）。都道府县政府会在都道府县国土利用规划制定时听取市町村的意见，采取如公开评论、听证会等方法，使市町村及其居民的意向充分反映到都道府县规划中，该措施反映了市町村的诉求，形成了相互调整的结构。

3. 市町村规划的主要内容及意义

根据日本《国土利用规划法》第8条所述：市町村规划是基于综合性、计划性的土地利用前提下，制定关于市町村所属土地利用的行政指导的方针及可行性规划。其主要目的是将市町村的基本构想[②]提出的政策，落实在土地利用概略图[③]上，讨论相互的位置关系和作用等，提高公共投资策略的计划性和效率性。

市町村规划意义主要体现在将市町村基本构想落在具体位置进行空间验证，可以可视化未来土地利用的方向与验证开发规划的吻合性，有计划地、有效率地进行土地相关的公共投资。同时规划将成为城市发展的指南，规划将诱导开发规划的土地利用，判别城市开发规划是否与市町村的土地利用方向一致，在区域层面可以通过与近邻市町村的合作，应对区域发展保护议题。

市町村规划可以作为土地利用基本规划和个别土地利用规制法的规划中反映市町村最终意见的依据。都市规划、农业振兴地域整备规划、地域森林规划、工业引进规划、住宅用地开发规划等各种规划都是由市町村的行政机关等制定的，在这种情况下，如果没有确立未来土地利用基本方针，仅仅只在个别规划的范围内进行讨论，往往容易忽视对有限土地资源的统一、高效地利用。

《国土利用规划法》第8条第1项以及国土利

4.市町村规划与相关规规划的关系
5.市町村国土利用规划与基于各类单项规划的关系

表1　市町村国土利用规划的主要内容

国土利用基本构想	（一）国土利用的基本方针	在明确国土利用的基本理念的基础上，确保国土安全、环境保护、土地有效利用，总结当今土地利用的问题制定未来土地利用的政策等
	（二）按用地类型制定土地利用基本方向	按照农地、林地、市街地等用地类型，制定今后土地利用方式及注意事项等
	（三）按照地域功能类型制定的国土利用的基本方向	按住宅地区、商业地区、农业地区等地域功能类型不同进行分类，制定今后土地利用的方式及注意事项等
用地类型划分规模目标及各地区的概要	（一）各用地类型规模、面积目标	制定各用地类型的今后10年的面积目标的同时，如果鉴于市町村的土地特性又制定“规模目标”作为适当指标的情况下，两者可以合并一起使用
	（二）各地区的概况	记录每个区域的基本概况，包括自然、社会、经济以及文化等内容
达成上述事项所需的措施	预计并概述土地使用所需的养护和转化有关的措施，以实现第二种措施	

资料来源：国土利用計画（市町村計画）策定の手引き

用规划法施行令第三条规定了日本市町村规划的主要内容。其规划的目标年应在制定时起约10年（表1）。

三、市町村国土利用规划与相关规划的关系

1. 与市町村基本构想的关系

市町村基本构想是根据市町村所在的地域及社会特征所制定的该市、町、村振兴发展的未来图景以及为了达成此目标所必要的振兴政策及纲要，如土地利用、产业振兴、基础设施整备等发展振兴的基本方向。而市町村国土利用规划是以都道府县规划为基础，为确保市町村土地综合性、计划性利用，同时收集当地居民的意向而制定。

市町村基本构想是针对市町村的“振兴发展”而制定的规划，表示市町村“独自”理想的计划，而市町村规划是“综合且有计划地利用国土”而制定的规划，其指标可在国家、都道府县、市町村规划之间的相互调整。国土利用规划在制定过程中有着谋求国家—都道府县—市町村三个阶段不同规模的规划之间的整合机制，同时周边地区的自治体的地域规划的匹配性的探讨，这在市町村基本构想的制定过程中是看不到的。

总的来说，市町村的基本构想是市町村国土利用规划的上位规划，在制定市町村国土利用规划时，为了使两者相一致，应从土地利用方面来对市町村的基本构想进行验证。

2. 与都道府县规划的关系

市町村规划以都道府县规划为基础（《法》第8条第2项），这并不是要求在具体事项上全部一致，或者两者完全一致。由于各规划的制定、变更时期可能会有所不同，可以在基本规划内容的基础上，根据都道府县、市町村的独特性，加入或深化全国规划、都道府县规划中没有关注的事项。

都道府县知事规定或变更土地利用基本规划时，《法》第9条规定，编制过程中应事先听取市町村长的意见。基于此，市町村长陈述意见所反映的居民意向，可以成为土地利用规划编制的依据。

3. 与各类土地利用规划法的关系

两类规划的共同点是对土地利用的长远考虑。区别在于，市町村规划中，是在单项法的基础上发现多种规划之间的矛盾并进行调整，特别是在与土地利用相关部门进行协调时。例如城市发展与农业用地保护之间的协调、为应对灾害风险而对城市地区进行的协调。

同时，市町村规划是专门用于土地利用的规划，因此可以展现涉及土地使用细节的政策。例如，在市町村的都市规划中，除了土地利用外，为城市发展，城市设施等城市形成所必需的各种事务指明方向。但如果市町村中农田，森林等非建设用地占多数，或者需要在城市地区和农田、森林之间进行调整。则需要将市町村规划与市町村的都市规划结合使用，才能对市町村土地利用问题做出更全面的回应。

4. 市町村的规划比较

根据上文，将市町村规划与其他主要规划的关系进行整理，主要从规划目的、规划依据、与市町村国土利用规划的关系、规划区域、规划内容、实现手段等方面进行比较（表2），进而总结各类规划的优势及劣势。

四、市町村国土利用规划的特征解读

日本市町村国土利用规划属于地方团体事务，且每个市町村都有特有的自然、社会条件，其规划体系、规定事项、规划内容都存在差异，但通过归纳总结，可以发现三类共性——准确把握和分析土地利用

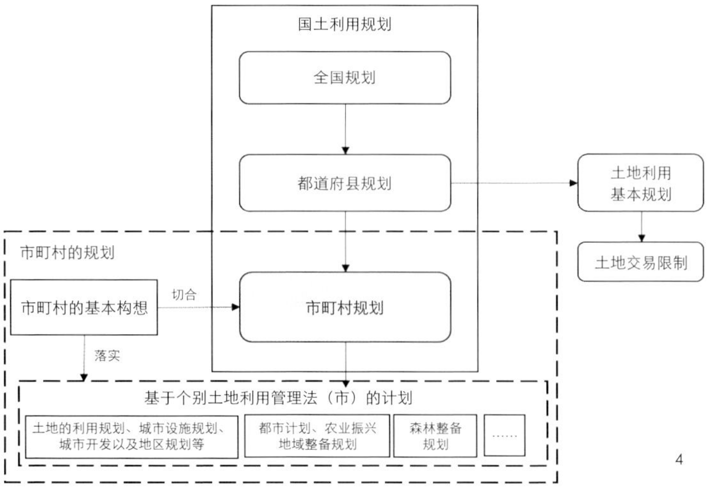

4

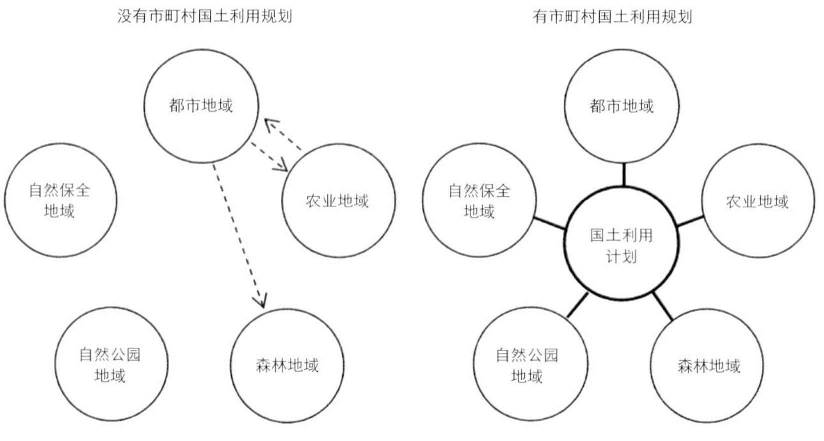

倾向于单一的规划，规划之间的矛盾难以注意到
根据多类型的土地使用法规对规划进行监督，并可以建立一个全面的规划系统
5

状况、规划多元主体的积极参与以及具有实现规划具体化的方法和措施。

1. 对土地利用状况的准确把握和分析

为了准确把握土地利用的状况，在市町村国土利用规划中，常利用人口流动及分布图和土地利用现状图、灾害分布图，以及各种统计信息等客观数据，对邻近地区和具有类似特征的地区进行比较。同时采取居民问卷调查以及现场座谈等讨论方法，把握居民的真实意图。当地的学者和专家也参加国土利用规划的实地调查和研讨会，反映对规划的地域性见解，在制定后也会继续参与，从而提高规划的可行性。

市町村国土利用规划优先利用GIS 进行土地利用现状分析并生成土地利用构想图。日本建立了较为完善的全国地理信息浏览、利用的综合平台。在国土政策局网站[4]可以下载日本土地类型、地形、地价、政策区域、公共设施、基础设施分布、自然保护地、旅游地等地理信息。而都道府县制定的土地利用规划信息则通过“土地利用调整综合支持网络系统”（LUCKY）[5]进行浏览，用以查询城市地区、农业地区、森林地区、自然公园地区、自然保护地区的大小、边界等。

利用上述信息，可以明晰土地利用的政策限制、地形、地质、灾害危险区域、自然环境保护区域、其他地域特性和资源的分布状况，综合评价绘制“土地利用构想图”，准确地与当地居民分享未来土地利用的愿景。

2. 多元主体参与的规划制定

日本市町村国土利用规划建立在综合性的土地利用观念上，在制定之初就构建了跨领域的讨论体制，是都市规划、农业、森林、自然环境、自然公园等各个领域的政府部门、专家的意见的综合反映。为了使规划更具实施性，日本建立了与当地居民、企业共享土地利用和地域建设的规定，并采取特定的方法（表3）使居民参与到规划中。

3. 制定实现规划具体化的方法和措施

日本市町村国土利用计划是以整个市町村为对象，对于城市的细微之处难以充分应对。因此，为充分利用地域资源，解决实际问题，规划通过自治会等地方团体自下而上地制定地区的土地利用计划，作为国土利用规划的补充。如福岛县三春町规划利用“平成大合并”前旧町村所设置的“城市建设协会”，召开环境美化活动和城市建设恳谈会，制定该地区的土地利用规划。

表2　市町村计划与主要计划的关系性整理

	市町村国土利用规划	市町村基本构想	市町村都市规划	市町村独自的土地利用规划
规划目的	市町村国土资源综合利用的基本政策	·市町村未来发展振兴的纲要 ·显示市町村土地利用的独特性	市町村城市规划基本准则	根据市町村的实际情况，可以自由制定规划内容和利用方法
规划依据	国土利用规划法（第八条）	市町村条例等	都市规划法（第十八条第二项）	市町村条例等
与市町村国土利用规划的关系		基本构想与其保持一致	遵循市町村国土利用规划	遵循市町村国土利用规划
土地利用视角	在充分考虑自然，社会，经济，文化条件的前提下，从长远的角度出发，优先考虑公益事业和自然环境的国土利用规划	根据市町村的地域性制定的地区未来发展的大纲	使城市用地的健康、有序发展	除了根据地区特点和问题提出土地利用政策外，还作为地方法规和指导措施的基础
规划区域	行政区域全域（都市—农地—森林）	行政区域全域（都市—农地—森林	行政区域全域（主要是都市地域）	行政区域全域—特定的地区
规划内容	如果与土地利用有关，则无论在哪个领域均可作为内容	市町村行政管辖内	除土地用途外，还涉及与城市规划有关的广泛事项（城市开发项目，城市设施开发等）	根据规划目的自由设置
优势	·法律地位 ·基于各个土地利用管制法对各规划间相互调整 ·可以展示有关土地利用的深入方针政策 ·有与国家、本省进行协调的机会	·市町村政策指导 ·市村町的措施 ·事业及预算措施以及之间的连动性	·法律地位 ·对应于城市建设所需的各种事项 ·个别具体的城市规划指南	·根据地域特性提出灵活的方针与管制 ·补充指导工具 ·不同土地用途（特别是法律法规薄弱的地区）之间相互调整的准则
劣势	没有直接的规划实现工具	·与国家、都道府县的协调 ·没有法律地位	仅参考个别法律法规	·与国家、都道府县的协调 ·没有法律地位

来源：根据市町村計画策定の手引改绘

6.日本土地利用调整综合支持网络系统

7.日本典型都市及周边地区土地利用

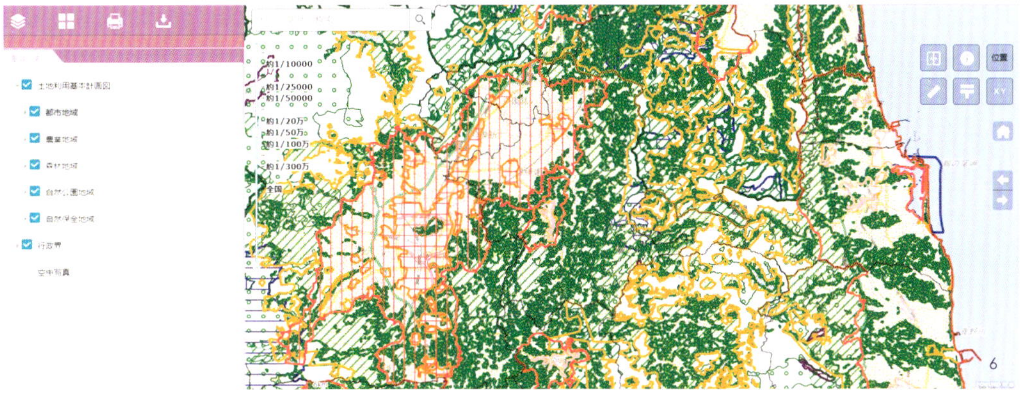

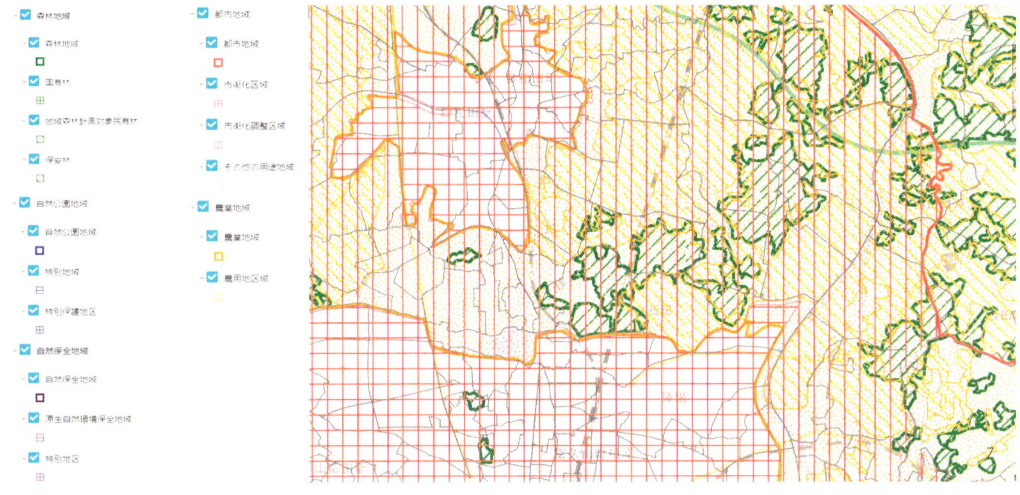

结合日本自然灾害频发的特点，市町村规划强调城市防灾减灾措施。在土地利用规划中，优先考虑安全性因素，明确“灾害风险地区”土地管理办法。如伊豆市制定的《防汛土地使用条例》，要求在洪水淹没区域提高建筑物主要结构的安全性、提供有效的避难场所等。同时，市町村规划以产业为导向，根据项目综合调整城市周边用地性质，并划分政策区，施行税收减免或发放补助等政策。在基础设施建设中，通过制定市町村的基本构想，以区域协作的方式推进道路、排水等基础设施建设。

在土地用途的综合调整方面，日本市町村土地利用规划通过地方条例对开发行为进行限制和诱导。具体来说，就是根据市町村所制定的城市建设条例，要求一定规模以上的开发行为进行申报。申报须符合建筑物的用途和绿化、建筑物的形态设计、雨水排水等土地利用规划规定。

表3　意见听取的方法及其目的

方法	主要目的
问卷调查	· 初步了解居民诉求 · 多在规划的初期阶段实施，将调查结果作为基础数据之一，用于之后的讨论
各类听证会	· 通过直接拜访地方协会和福利组织来掌握问卷无法把握的详细意图
工作坊	· 通过积极交流意见，帮助参加者认清现状并共享目标 · 多以地区、村落为单位进行，希望尽可能多的家庭参加。讨论的成果很容易与具体措施的执行相结合
居民代表会议（“城市建设会议”等）	· 在居民和各组织代表的参与下，讨论社区发展和社区发展的问题，以及解决这些问题的政策和目标 · 与工作坊一起进行，可以将多数居民的意见纳入讨论范围，并且更容易在规划中反映 · 居民代表可以加入由学者组成的委员会
公众意见	· 听取居民对于规划的意见 · 多数情况用于规划实施后居民意见的反馈

来源：根据国土利用計画（市町村計画）事例集改绘

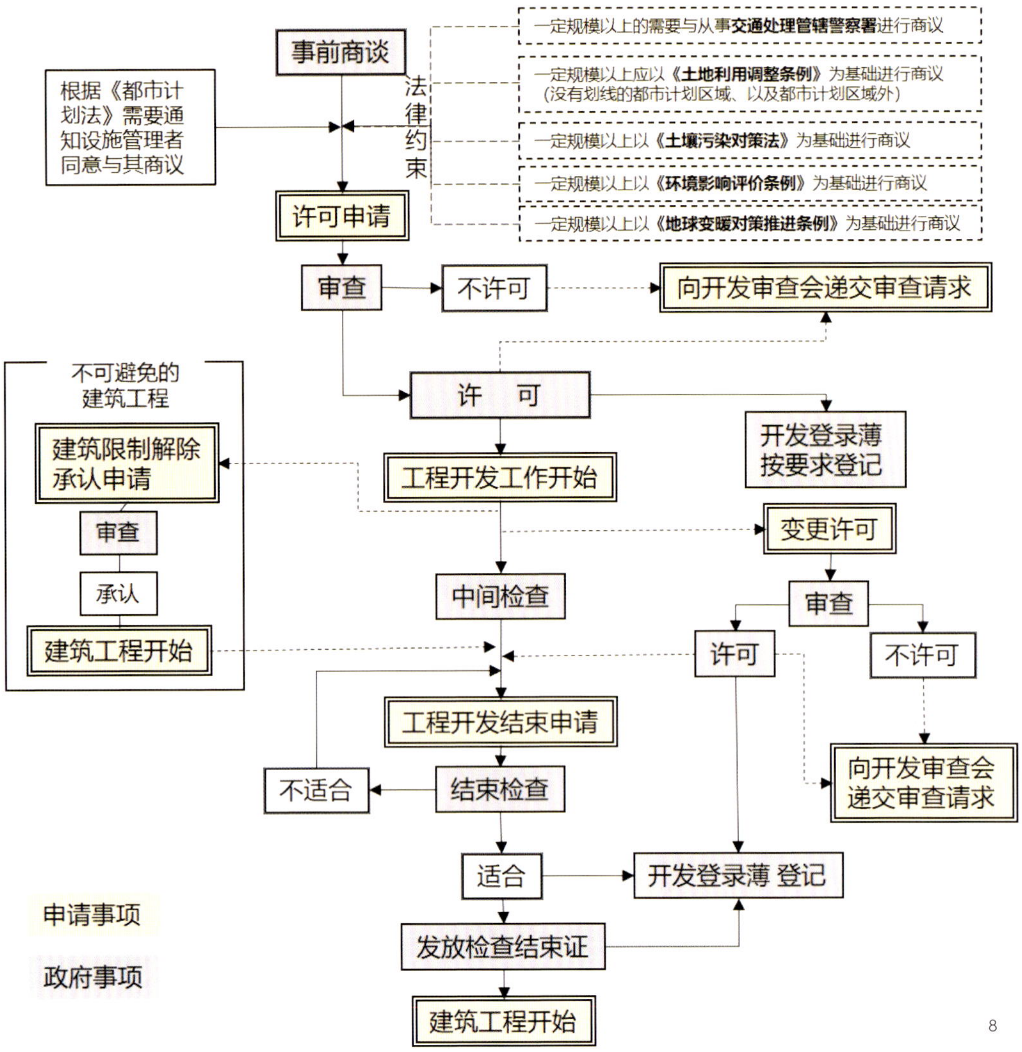

8

8.开发许可事务的一般流程

4. 市町村国土利用规划特征总结

（1）规划的包容性。

日本市町村规划的包容性表现在两个方面。在规划内容方面，可将高度成熟的开发计划自下而上地纳入市町村规划中，具体引导土地开发利用。在规划地域方面，对超出市町村行政区域的广域性开发问题，可以通过与近邻市町村的合作，谋划相邻区域的发展，谋求解决区域问题。

（2）规划的统一性

日本市町村规划是描绘未来土地利用方向的整体性规划，是基于各个类型土地利用管制法规定下的土地利用规划的行政指南。因此，在制定市町村规划时，与主管各独立土地利用规划的市町村内的相关部门（城市规划、农林业、环境等）之间共享城市发展愿景，从跨领域的角度考虑土地使用情况，进行土地利用的数量（面积）、内容（质量）、分布（空间的展开）等的调整和讨论，发现机构相关部门之间关于土地使用管理思维方式以及土地利用的矛盾，实现市町村规划的统一。

（3）规划的协商机制

市町村规划在制定过程中确保了与都道府县的协调机会。在参与制定了市町村规划的自治体中，有自治体将在制定过程中与都道府县的“意见交换”机会作为规划制定后实施政策的事前协商机会来利用。同时与地方团体、居民之间也建立了如工作坊、听证会、居民代表会议等协商机制。

五、市町村规划对我国国土空间规划的启示

1. 合理划分国土空间总体规划与详细规划的控制内容

日本的土地利用规划体系是在各个类型的土地利用管制法的基础上，通过指标控制、边界控制等手段统筹管控不同类型的用地的规划。本文认为，我国国土空间规划应实施分级管控，建立“边界控制—分区控制—单元控制—实施控制”的控制体系。

省级国土空间规划主要从生态保护类、农业发展类、城镇开发类这三种规划指标类型，管控省域国土空间。市县国土空间总体规划通过“保护与保留、开发与利用”这两大功能属性优化国土空间开发保护格局，全域以“基本分区—功能分区”实施空间用途管制。详细规划则应进一步划定管控单元，明确单元的主要功能、各类用途分区的面积、发展规模等、确定地块开发强度、各类基础设施和公共服务设施的选址等内容。并结合不同功能分区，确定指标体系，同时对各类专项规划的相关要求进行落实。

2. 建立规划协商与多元主体参与制度

跨区域与跨部门的规划协商制度是详细规划能否有效承接国土空间规划与指导项目实施的关键。本文认为，应从规划编制、规划调整个维度建立详细规划的协商制度，应该自上而下自下而上相结合。在详细规划编制过程中，首先应听取各部门、各团体利益相关者的意见，并达成事前协议，在编制完成后进行公示。在规划调整过程中，首先应对调整的合法性进行判定，制定调整草案，并由主管部门初审通过，交由规划委员会进行审议，最终主管部门通过并进行公示。通过协商制定省、市县的规划事权划分，对调整条件和相应的调整程序进行精细化的规定，形成详细规划的利益表达、利益协调以及利益补偿机制。

3. 探索详细规划中自由裁量权的分配制度

自由裁量权在详细规划编制审批、规划的实施管理、规划行政监督检查等规划管理事权中是必不可少的一部分。受审查条件的多样性、规划调整的复杂性、国土资源法律的多重影响，以及受到审查者的有限理性和立法的局限性，自由裁量权被无限放大。因此合理规范自由裁量权，使权力约束在规划事权边界，而非到自由行使的边界[13]，是未来详细规划编制的重中之重。

通过合理推进各级政府的自由裁量权，实现国土空间规划制度的完善。制定法律法规以规定不同层级政府的权力清单、责任清单和负面清单。明确国家对于重点地块的权力与责任；规定省级规划主管部门对详规编制单元的总体性、结构性的要求；市县在厘清上级政府的权力和责任的前提下，建立具体地块管理的负面清单制度。让各级政府在法律框架内把握行使自由裁量权的幅度、条件与程序，实现政府权力运行规范与高效的平衡[14]。

在编制审批中，通过如听证会、行政复议、行政诉讼制度、回避制度[15]等手段，制定合理流畅的行政程序，加强对自由裁量权的程序控制；明确各级政府在编制中处理刚性和弹性的矛盾，如在详细规划中总体容量控制和强度分区（刚性）与值域化的指标控制（弹性）；在监督检查中，应在坚持依法行政、严格执法的前提下，强调对于国家政策方针的把握，考虑违法性质、违法主体、社会效果等[16]，行使自由裁量权。

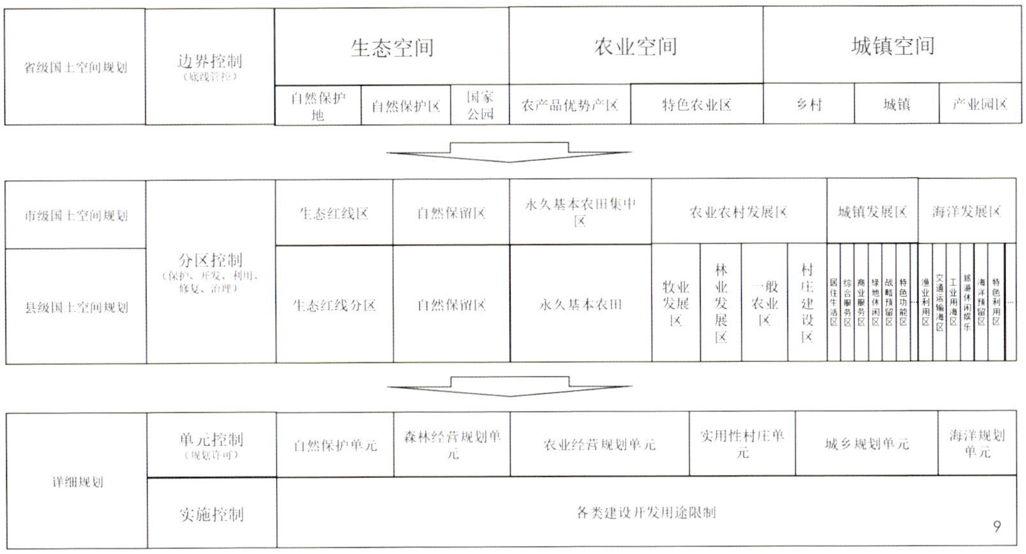

9.各类国土空间规划控制内容划分

注释

①基于个别法的规划是指：根据都市规划法、农业振兴法、森林法等相关土地利用管制法，以达到各种行政目的而制定的规划。

②市町村基本构想是在地方自治法修改前，都道府县为了约束市町村的发展所制定的规划。虽然随着地方自治法的修改而废除了市町村基本构想编制的强制性义务，即在规划期地方当局可以自主决定是否需要编制规划基本构想；而在已经编制了的情况下，市町村规划应符合市町村基本构想——市町村的上位规划，目前大多数自治体都完成了基本构想的制定。

③土地利用概略图包含：按标准年度的耕地、居住用地等使用类别所划分的土地利用状况图。这是表示目标年度的构想，区分和规划图纸等要根据市町村的裁量来决定。

④国土数値情報ダウンロード https://nlftp.mlit.go.jp/ksj/index.html

⑤日本土地利用调整综合支持网络系统http://lucky.tochi.mlit.go.jp/

参考文献

[1]永見健一.1932年イギリス新「都市町村計畫法」に於ける主なる特徴[J].造園雜誌，1934(2): 111-119.

[2]中島将勝.市町村計画における民間プランナ-の立脚点と計画技術[J].都市計画，1979(5): 35-37.

[3] 野村徹也.住民の相互学習を前提とした市町村計画策定の過程-静岡県清水町におけるケーススタディ：その1・全体構成の中ての基礎的過程[C]. 日本建築学会学術講演梗概集. 計画系，1983(9):2213-2214.

[4]小川善次郎.市町村計画の系譜と現況[J].都市計画，1985(12): 18-23.

[5]高槻和広.武藤秀明.市区町村による住生活基本計画の策定状況等：(その2)九州地方における市町村住宅マスタープランの策定状況[C]. 日本建築学会学術講演梗概集. F-1，都市計画，建築経済・住宅問題，2009(7):1395-1396.

[6]下山悠，森本瑛士，谷口守. 市町村による拠点計画における階層性の実態と課題:群馬県における事例研究[C].都市計画論文集，2019(3):500-507.

[7]吴殿廷，虞孝感，查良松.等. 日本的国土规划与城乡建设[J]. 地理学报，2006(7):771-780.

[8]蔡玉梅，顾林生，李景玉，等.日本六次国土综合开发规划的演变及启示[J]. 中国土地科学，2008(6):76-80.

[9]翟国方.日本国土规划的演变及启示[J].国际城市规划，2009(04): 85-90.

[10]谭纵波.高浩歌.日本国土利用规划概观[J].国际城市规划，2018(06): 1-12.

[11]李亚洲，刘松龄. 构建事权明晰的空间规划体系：日本的经验与启示[J]. 国际城市规划，2020(04): 81-88.

[12]徐颖. 日本用地分类体系的构成特征及其启示[J]. 国际城市规划，2012(6): 22-29.

[13]仇保兴. 从法治的原则来看《城市规划法》的缺陷[J]. 城市规划，2002(4): 11-14+55.

[14]李燕凌. 政府须规范行使自由裁量权. 人民日报[N].2015-12-01.

[15]于航兵，张沫杰，柳红卫. 城市规划管理中的自由裁量权[J].青岛理工大学学报，2010(3): 47-51.

[16]曹国生. 关于国土资源违法案件处理中的政策把握问题探讨[J]. 南方国土资源，2003(9):30-31.

作者简介

兰天泽，同济大学城乡规划学，博士研究生；

舒　莹，筑波大学情报工学研究科，社会工学，都市规划分野，博士研究生。

哲学思辨，深耕沃土
——北京详细规划的持续探索

From Philosophical Reflection to Practical Experiences
—Recent Development on Detailed Planning in Beijing

王 引 杨 贺 王若冰
Wang Yin Yang He Wang Ruobing

[摘 要] 详细规划是技术与管理的结合，在详细规划的实践过程中却存在 “编”与“管”对立与统一的情形。因此本文从详细规划的编制、管理以及两者关系进行分析，认为详细规划是实现高质量发展的核心技术手段和有效公共政策，在规划编制与实施管理两条主线之间，对立与统一无处不在。因此，在编制内容方面应遵循规律，全面认知，持续探索。在管理方面，详细规划作为技术性要素的法律文件，应做到规则管控、刚性管控、柔性供给、社会共治、面向实施、辩证施策。最后，本文结合北京详细规划编制及实施管理的经验对上述观点进行了系统地回应与分析。

[关键词] 详细规划；编制技术；实施管理；对立与统一；北京实践

[Abstract] Detailed planning is the combination of technique of compilation and planning administration. However, in the practice of detailed planning, there is the contradiction between them. This paper analyzes the relationship between technique of compilation and planning administration. This paper considers that detailed planning is the core technical means and effective public policy. In the content of detailed planning, we should follow objective laws and comprehend the current situation. As a legal document with technical elements, detailed planning should achieve rule control and flexibility of land supply and dialectically implement strategy. Also, this paper systematically responds the viewpoints combine with Beijing's experience in detailed planning.

[Keywords] detailed planning; technique of compilation; planning administration; confliction and unification; detailed planning in Beijing
[文章编号] 2022-89-P-054

一、详细规划的哲学思考

中国传统的城市建设主要受道家与儒家的影响。道家强调天人合一，遵从“人法地，地法天，天法道，道法自然”的逻辑关系；儒家强调礼法营城，遵从礼法关系，讲求和谐与秩序；历代城市建设都体现了“道与儒”的思想内涵。中国近现代城市的发展建设借鉴源自西方的城市规划学科理论，走出了自己的道路，构建了较完善的体系；其中“控规”尤为凸显。在新时代生态文明思想及国土空间规划背景下，是否依然按照原有的规划编制方法与管理办法，发展建设城市与农村，值得思考。

中国的详细规划经过三十年的探索，技术在法规的要求下不断更新完善，法规在技术的支撑下实施起效：就“量”而言，三十年的产量远远胜过以前的数千年；就“质”而言，三十年的品质却不强于百年，大体上可以理解为“萝卜多了不洗泥”，速度快、压力大；就“形”而言，由于现代文明的需求、工业社会的发展、新技术的使用，现代城市的形状早已脱胎换骨，跟原来的传统形态发生了巨大的变化；就“理”而言，三十年的探索，学理颇丰，是所有规划学人百折不挠的结果。但仍然没有终点，我们还要继续前行。

详细规划的“编”和“管”涉及面极为广泛，不仅包括城市、乡村，动物、植物，还包括了自然、人文、政治、历史、社会等，也涵盖了时间、空间与意识形态。详细规划不仅是技术，也是管理，具有社会属性；既是管理，就必定有约束。详细规划涉及到大自然的一切，城市作为大自然的组成部分，有其自身的发展规律；详规要适应城市的发展，也应该有其客观规律。大自然有其繁衍生息的自由，详规则要落实空间的约束。自由与约束，两者如何实现平衡，这就是详细规划的矛盾对立与统一。

二、详细规划编制技术的思考

详细规划编制的技术内容，主要包括详细规划的作用和目的、详细规划编制的内容、深度、方法，以及详细规划编制的成果。

详细规划的作用体现为制定工程性图纸及管理性文件，以满足复杂精密的城市运转之需，是城市建设活动中不可缺少的保障性内容，是城市建设发展的规律性结果。其目的是以人为本细化城市的功能空间、促进公众参与及社会治理、分层分类地指导城市建设，是城市管理的需求。

详规编制内容主要分为基本内容与延伸内容。基本内容是在详细规划编制过程中落实最基本的要求，如权属、功能、强度、物质流动（交通市政）等。延伸内容可以分为三个层面，一是物质层面的需求，即人由吃住行的基本要求逐渐提升到安全和舒适的要求；二是精神层面的需求，即体现为社会的多元和包容；三是本源层面的需求，即将城市、人类置于大自然的环境下进行思考，是一种大自然观。文明由人类创造，人在整个自然系统中发挥极其重要的作用，也拥有崇高的地位。随着时代发展，人们对自然的尊重不断升华，这些升华会融于日后的详细规划工作之中，也会对国土空间规划产生重要影响。传统控规的编制内容强调“老三样”——性质、规模、布局；现今则强调“新三态”——业态、形态、生态。“新三态”和“老三样”的内容没有本质区别，但是每一项内容都有拓展，都有新的发展，也体现在物质、精神和本源层面。

详细规划的深度也发生了变化。起初，控规编制深度主要强调指标和指标之间的平衡关系；而今，详细规划编制更强调相关细节性的内容来满足人们不断增长的精神层面的需求，这对于详细规划空间尺度的精准把握提出了更高的要求。

在详细规划的编制方法方面，各地区有各自的法则，没有一个绝对的、统一的、不变的方法。比如，要综合考虑当地的自然条件、现状环境、历史文化遗产、公共安全以及土地权属等相关因素；要满足城市地下空间的综合利用；要妥善处理近期与远期、局部与整体、发展与保护的关系。将这些普适性的内容放到各地区，其具体的做法将会存在差异。

详细规划成果体系也发生了变化。“一张图”数据库、编制工具箱、管理政策包的组合模式已成为常态：“一张图”数据库构建了互为因果、循环往复的现状、规则、审批动态维护体系；工具箱包括了标准、规范、指南等；政策包含了管理办法、规程、细则等。

		“编”		“管”
内容	广度	关注建设空间 ↓ 全域覆盖	✖ ⟷	分部门管制 ↓ 国土空间全域管制
	维度	多规分散 ↓ 多规合一	✖ ⟷	部门掣肘 ↓ 扁平高效
深度	深度	基本深度（深编） ↓ 扩展深度（精编）	✖ ⟷	粗放管理 ↓ 精批细管
方法	准度	总量约束 ↓ 变量可控	✖ ⟷	局部突破 ↓ 规则管控
	温度	保障公益，底线管控 ↓ 人本理念，民生优先	✖ ⟷	政策缺失，实施甩项 ↓ 刚性管控，柔性供给
	态度	管控僵化 ↓ 控导结合	✖ ⟷	政府主导，以人为本 ↓ 社会共治，面向实施

1

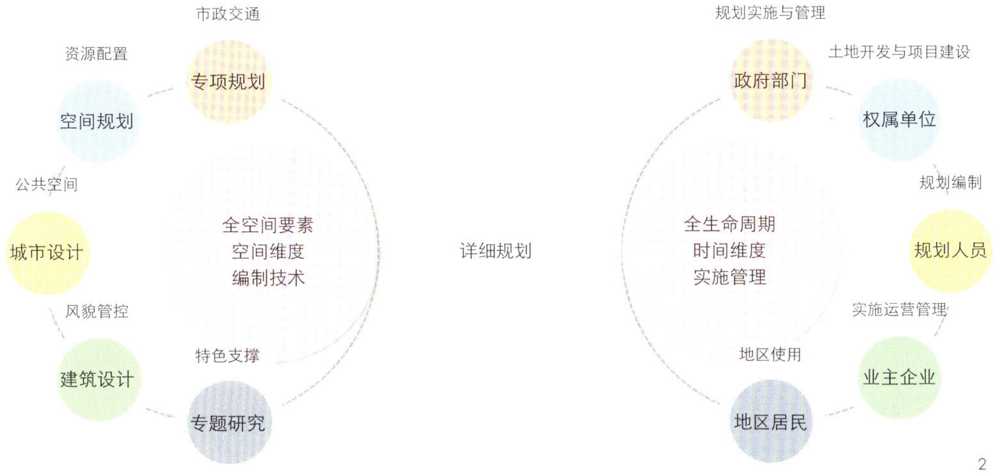

2

1.详规要素对立统一关系的演进　2.北京详细规划体系构建

三、详细规划实施管理的思考

详细规划是法律性的技术文件，还是技术性的法律文件？就我国城乡规划发展历程以及经济社会发展阶段而言，较难有清晰的结论。

其一，城市规划源自建筑学，传统城市规划较多地关注城市形体空间的研究，对于单一性较强的我国而言更是如此。改革开放以来，我国社会丰富度不断提升，城市规划的内容也越来越丰富，由城市规划过渡到城乡规划，城市规划学科也从建筑学中独立出来，成为一级学科。一直以来，强调技术的合理性与科学性是我国城乡规划不懈的追求，对城市空间进行深入研究的详细规划尤甚；关注政策法规对城乡规划实施保障发挥促进作用只是近二十年来的事情。故而，我国的城乡规划，尤其是详细规划尚处于更关注技术的阶段，尽管法律更重要。

其二，如前所述，城市这个有机生命体的繁衍生息有其内在的逻辑与规律。城市功能、规模、形态的变化是绝对的，不变是相对的。成熟的城市相对稳定，变量较小；不成熟的城市相对不稳定，变量较大。我国城市发展仍然处于高速阶段，相对不成熟，具有不稳定的特征。在此状况下，技术的支撑维护是保障城市正常运行的良好选择。因此，技术性较强的详细规划对不稳定的城市建设发展起到了纠偏织补的作用。

其三，将技术文件与法律文件做一个简单的对比。在内容方面，技术文件支撑丰厚，法律文件简明扼要；在深度方面，技术文件追求过程、逻辑清晰，法律文件强调结果；在方法方面，技术的推理、验证、评判、运算要科学合理，而法律强调程序正义，两者之间存在较大的差异。由此可见，将技术转化为法律文件并非易事，只有当条件成熟，并且对象不是很复杂时方可转化。

其四，从我国城市建设管理特征来看，行政管理部门希望建设管理中的空间管制精细化，在做出行政许可时能做到有法可依、有据可查；企业和事业单位以及公众希望信息公开，这就要求规划涉及的条件相对稳定，不论是用地范围还是用地功能、建筑规模等，都应位置准确、描述明确、数据正确；上级的督察督导要求详细规划法理性、条文性、程序性的内容更加严谨。这三个方面都对详细规划的编制以及依据详细规划的行政管理提出了更高的要求，并且这些要求已不仅是停留在技术层面，而是上升至规则与法律层面，是我国不断加强并完善法治建设的要求，是国家体制建设的需求。

综上，尽管详细规划自诞生之日即带着浓浓的技术色彩，并且城市的建设管理也需要这些技术的支撑，但从国家行政管理体系构建而言，详细规划应该是包含着浓浓的技术性要素的法律文件。

四、详细规划编制技术和实施管理的对立与统一

在梳理详细规划编制技术和实施管理矛盾关系的内在逻辑时，既要关注“编”与“管”关系的两重性，更要关注“编”与“管”作为一个整体在社会经

3.北京市国土空间规划体系

4.北京市街区控规图纸表达

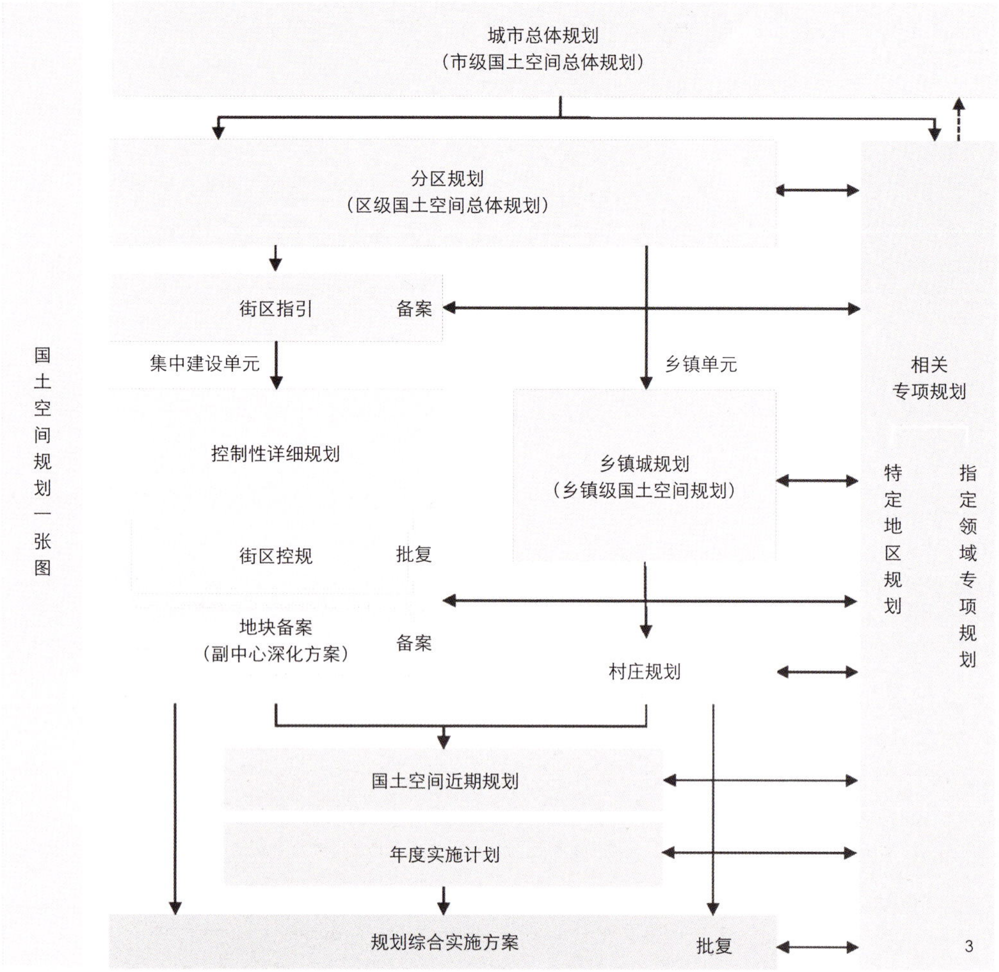

3

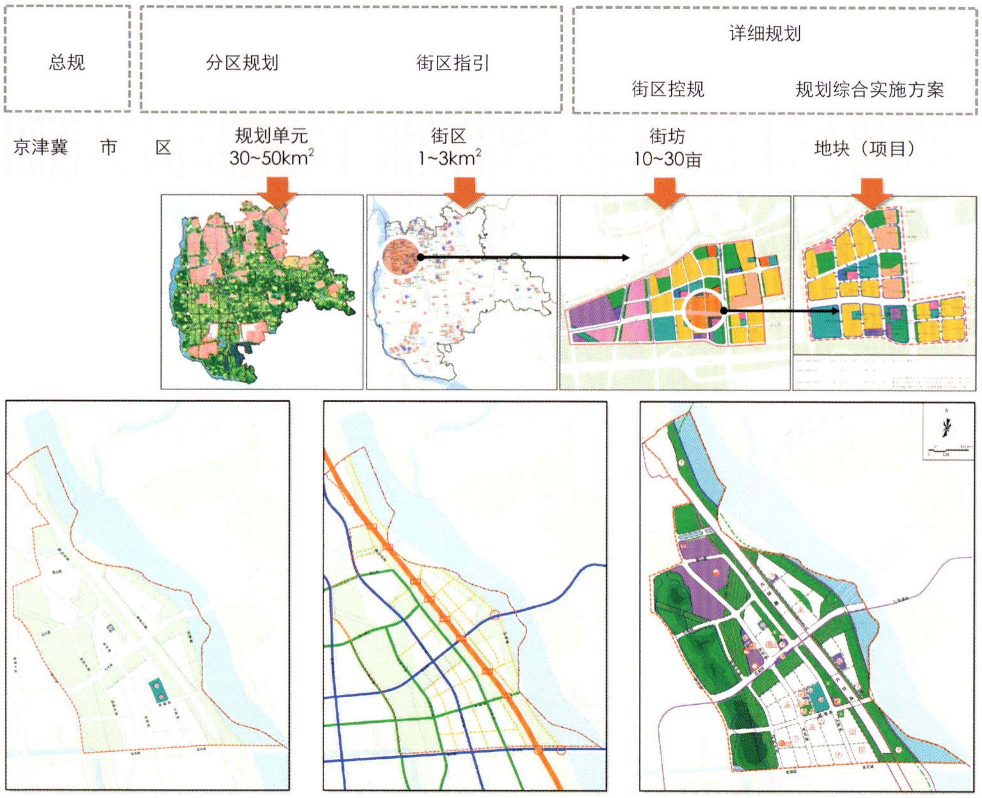

三大设施图纸表达　　道路系统图纸表达　　刚性管控要素图则表达

4

济发展中的地位（科学性、权威性、严肃性）和作用（保障城市高效、舒适、安全地运转）。

所谓的“编”与“管”的两重性体现在：精细建设的可能性和实施管理的现实性，也可理解为技术性和法律性。精细建设的可能性，就是在编制详细规划的过程当中，很多技术内容非常精准、精细，如在功能研究、高度评判等方面都有自身的逻辑。但是在实施管理的过程中，这些技术文件是否能够适应管理的现实需求，是否能够统筹协调，这就是技术性和现实性的差异，也是矛盾的对立与统一。

五、北京详细规划的实践探索

针对上述问题，以北京“三级三类四体系”中详细规划的实践探索为例，通过“道、法、术、器”四个维度进行系统的回应和分析。

1. 道：北京详细规划逻辑体系构建

北京详细规划体系的构建，提倡全空间要素和全生命周期的详规内容，既有深度与精度，又有广度与维度，从而达成详规编管全辖区覆盖、全类型统筹、全要素协调、全环节打通。

对于城乡规划而言，以前更多关注建设用地的规划，包括功能拟定、强度管理、空间形态研究等。现今，在生态文明理念下，国土空间规划应统筹全域各类空间，虽不一定对各类空间进行强制性管理，但应起到引导作用。

全市域覆盖指在集中建设单元内实施“街区指引全覆盖+街区控规按需有序编制”的策略，在乡镇单元编制“乡镇域规划+镇中心区规划”。除此之外，关注中心城区、新城的绿化隔离地区，加强城乡统筹及空间管制，构建生态安全格局，实现人与自然和谐共生。全类型统筹指在遵循城市总体规划、分区规划（含街区指引）、详细规划分层级传导要求的同时，也要建立自下而上的反馈机制，不断提升上层级规划的精度；在精心编制各专项规划的同时，也要统筹好彼此的关系，实现自然资源因地因时的合理配置。全要素协调指做好各类资源要素以及详细规划技术内部的各专业要素的协调工作，促进各要素的深度融合，实现多规合一，有效提升详规维度。过去关于空间要素考虑较多，全生命周期的内容考虑较少，现今需要将其粘合成一个整体。北京出台规划综合实施方案的目的就是为了统筹兼顾各类资源要素。全环节打通指详细规划应转变规划角色定位，作为城市治理的重要技术工具，打通规划编制、实施、管理等各个环节，实现共编共建共治共享。

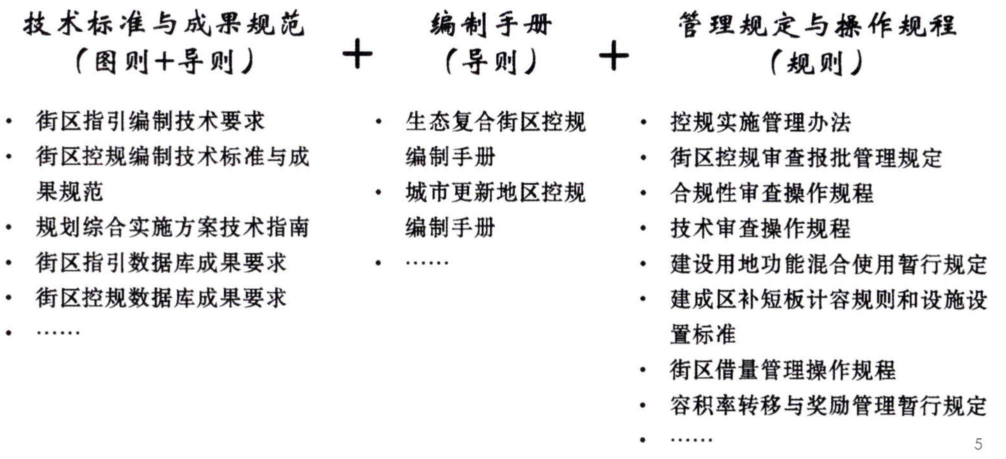

5.北京市详细规划编管模式与成果体系

2. 法：北京详细规划标准体系构建

通过制定逻辑清晰、主次分明的编制标准，推行因地制宜、重点突出的编制方法，提倡求真务实、与时俱进的工作法则，构建有序传导、批备一体的详规编管体系。辅以“两规合一”、贯通上下的新用地分类标准，保证规范度,达成详规编管全流程的顺畅、有序、闭环。

编制标准涉及技术成果质量与要求，涉及所提供的技术成果如何在行政管理中被使用。如果说过去的规划强调技术而忽略管理，规划成了美丽的图案挂在墙上，受人诟病；现在则需要改变这种状况，尤其是详细规划层级，因为涉及相关专业标准，涉及基本民生保障的内容，详细规划的编制标准就显得更加重要。

北京面向特大城市精细治理，坚持首善标准，践行宜居城市、活力城市、务实城市的规划理念，加强不同颗粒度、不同场景、不同区域、不同专项和不同时序等多维度技术研究和差异引导，探索性地制定管用、好用、实用的编制技术标准，并构建了上下互动、有序传导、批备一体、刚柔相济的详细规划层级体系。在分区规划审批下形成街区指引传导备案层，在街区控规审批下形成地块方案传导备案层，并指导规划综合实施方案编制工作；建立了从总规到分区规划再到详细规划的逻辑自洽、以及由街区指引到街区控规再到规划综合实施方案的层层递进关系。

街区指引是分区规划的传导备案层，是市区博弈统筹的框架约定，各行政区贯彻落实城市总体规划确定的规模、布局等刚性要求，深化全区统筹，指导街区控规编管。街区控规是面向实施的法定规划，要做好底线管控、系统优化、品质提升与实施引导，明确街区功能定位、强度形态、城市风貌、三大设施配置等各项刚弹要求。规划综合实施方案是统筹多元主体的实施商定，对近期建设作出全面、具体的实施计划与安排，是指导项目建设的直接依据；类似于原修建性详细规划，在其基础上增加具体的资金安排和实施程序等相关内容。

3. 术：北京详细规划的内容构成

在技术上，创新并完善刚弹并济、控导结合、虚实有度、近远有别的控规内容，既保证准度，又提升温度，达成精编细管的良性互动。

北京严格落实街区功能定位、规模指标、三大设施等刚性要求，确保城市基本框架。引导城市高品质空间营建，引导规划实施，建立街区资源、任务、实施清单。同时，创新10~30hm^{2}尺度的街坊研究，在街坊层面持续通过主导功能、基准强度、基准高度的分析，将功能布局、建筑规模和空间形态等要素从街区尺度下沉至街坊尺度，从地块尺度上提至街坊尺度，确保城市空间结构性内容。公益性设施落实到地块深度，包括三大设施、五线边界，严守公共利益底线。

从技术的角度，我们希望街区控规的表达能够更加深入；但从管理的角度，表达过深，则刚性过强，适应性较低，提升了“调整”法定规划的风险。因此，在编制的技术标准与成果要求研究过程中，编制人员和行政管理人员做了非常周密的对接，可以说详规规则是统筹、妥协、协调的结果。

4. 器：北京详细规划的成果要求

北京建立了国土空间规划“一张图”平台，研究街区控规数据库和街区指引数据库、分区规划数据库的对应、传导和更新关系，保障不同层级的数据库之间的转换与维护。北京首次推出全面、翔实、指导性强的编制标准、成果规范、数据库标准、特定地区编制手册、特殊专项研究报告等控规编制工具箱，聚焦痛点与难点，切实支撑规划编制。

总的来说，北京建立了“数据库+工具箱+政策包”的详规编管成果体系，明确“图则+导则+规则”的编管模式和成果形式，达成多元共治、有序有效的编管局面。

六、总结

详细规划是实现高质量发展的核心技术手段和有效公共政策，在规划编制与实施管理两条主线之间，对立与统一无处不在。随着社会经济环境的变化，对详规的内容、深度、方法的认识也要与时俱进，遵循规律，全面认知，持续探索，辩证施策，是把握详细规划这项工作的“道”“法”“术”“器”的有效手段，正所谓“法无定法，然后知非法法也。”

最后用两句话概括。第一句话是：贫瘠与肥沃，相对也，且互为转换。国土空间规划的全域、全类型、全要素的法则，将推进每一寸土地的深耕以及每一处景观的精雕。故而，普天之下，皆为沃土。第二句话是：“耕者求沃土，汲者求深源”。哲学思辨，施法国土空间规划编管，为上策。

本文系2020—2021中国城市规划年会，2021中国城市规划学术季——详细规划学术委员会专题会议所做《哲学思辨，深耕沃土——北京详细规划的持续探索》报告。经作者授权特刊发表。

作者简介

王　引，北京市城市规划设计研究院，总规划师；

杨　贺，北京市城市规划设计研究院，详规所，所长；

王若冰，北京市城市规划设计研究院，详规所，工程师。

国土空间规划体系构建下北京“规划综合实施方案”探讨

A Discussion on Beijing Scheme for Comprehensive Implementation of Planning under the Establishment of Territorial Planning System

谭慧娇 张 健 万 强 汪坚强
Tan Huijiao Zhang Jian Wan Qiang Wang Jianqiang

[摘　要]　国土空间规划体系的确立，对传统城乡规划的编制体系、规划管理等方面产生了重要影响。北京在构建“三级三类四体系”的国土空间规划总体框架中，开展了大量的研究，探索提出了“规划综合实施方案”，但其定位、编制与审批等还亟待明确。本文分析北京规划综合实施方案提出的背景及必要性，从管理和编制两个层面对规划综合实施方案进行探讨，并以北京市顺义区西丰乐项目为案例研究，为规划综合实施方案的完善提出了科学建议。

[关键词]　国土空间规划体系；控制性详细规划；规划综合实施方案；北京

[Abstract]　The establishment of territorial spatial planning system has an important impact on the traditional urban and rural planning in compilation system, planning management and so on. When building the territorial spatial planning system framework of ‘three levels, three types and four systems’, Beijing has carried out a lot of research and put forward the ‘scheme for comprehensive implementation of planning’, but its orientation, compilation, and approval need to be clarified. This paper analyzes the background and necessity of Beijing ‘scheme for comprehensive implementation of planning’, discusses it from the management and compilation levels, and takes the Xifengle project in Shunyi District of Beijing as an example, and proposes some scientific advice for the improvement of Beijing ‘scheme for comprehensive implementation of planning’.

[Keywords]　territorial planning system; regulatory detailed planning; scheme for comprehensive implementation of planning; Beijing

[文章编号]　2022-89-P-058

本文受国家自然科学基金面上项目资助（批准号52078008）

一、引言

2019年5月，《中共中央 国务院关于建立国土空间规划体系并监督实施的若干意见》（中发〔2019〕18号）颁布。2020年4月，《中共北京市委 北京市人民政府关于建立国土空间规划体系并监督实施的实施意见》（以下简称“意见”），正式确立了北京市“三级三类四体系”的国土空间规划总体框架。以北京新总规为统领，建立责权清晰、科学高效的国土空间规划体系并监督实施，发挥国土空间规划战略引领和刚性管控作用，加强全域全类型国土空间开发保护和用途管制，是完善首都治理体系和提高治理能力的重要举措，坚持推动一张蓝图干到底。

国土空间规划体系在国家层面和北京市层面的构建中，根据内容均分为“三类”，“三类”之一的详细规划是指对具体地块用途和开发建设强度等作出的实施性安排，是开展国土空间开发保护活动、实施国土空间用途管制、核发城乡建设项目规划许可、进行各项建设等的法定依据。北京市将详细规划划分为“控制性详细规划（以下简称“控规”）、村庄规划和规划综合实施方案（以下简称“规综”）”三个层次，其中“规划综合实施方案”相当于原北京市规划体系中的地块控规，增加成为紧密对接规划实施的最后一个层级，其编制内容和管理要求等亟待探讨和完善。

二、北京市原地块控规的问题

北京控规编制体系构建从2005年开始，当时将北京新城控规细分为街区控规（需审批）、深化方案（需备案）、地块控规（需审批）三个层级。街区控规层面，划定街区并以街区为单位进行“总量分解”，确定街区人口容量、建筑容量以及街区层面规划控制要素，保证公共空间、公益性公共设施、交通市政基础设施的规模和用地；深化方案层面，以经过市政府批准的街区控规为依据，对其提出的各项强制性内容严格落实，并对其他地块继续深化和完善，明确街区内所有地块的性质和规模；地块控规层面，主要针对拟建设开发实施的地块，结合实际情况，重点研究拟实施地块范围的规划，并统筹考虑其与所在街区及周边地区的协调关系，最终明确用地分类及指标控制。地块控规是开发建设和规划管理依据，也是密切对接实施的层级。

北京地块控规经过多年实施，仍存在一些问题难以解决：（1）市场经济下，作为城市建设最活跃的主体，开发商关心的

1.北京市国土空间规划体系示意图

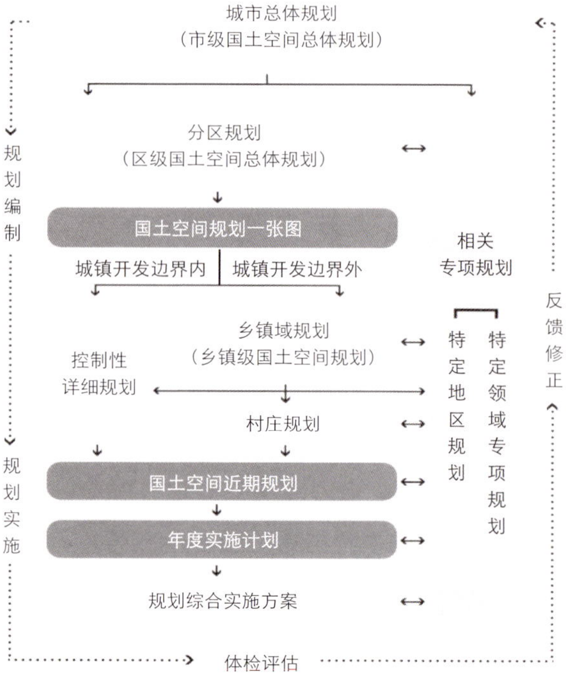

1

是投资效益和收益前景，而不会自觉的关心城市整体利益和社会公众的利益[6]，往往导致城市中经济效益高的用地优先开发建设，“先吃肉”现象频发，遗留公益性或保障性任务无法实施,与城市规划保障城市长远发展利益相悖；（2）控规编制深度和精度不够，偏重于控规指标的拟定，而真正与实施结合的资金测算、实施时序、实施路径等十分薄弱，缺少切实的研究和探讨，导致项目实施时出现偏差以及控规调整；（3）控规审批后由于各个专项规划编制深度和审批部门不同，存在大量重复工作，如为配合控规审批而编制的交通路网规划、土规调整等内容，控规批复后，真正实施时需重新编制才能达到交通、土地等各自审批部门的要求。

三、北京规划综合实施方案的演变

1. 规划实施方案的尝试

2015年随着项目审批工作的推进，原北京市规划委员会用地处在核发规划条件中发现一些控规阶段遗留的问题。为进一步提高控规落地的可实施性，在区域层面上统筹整体空间的开发建设，避免重复调整。北京启动了规划实施方案编制工作。

规划实施方案以基本地域单位（街区、镇）为实施单元，涵盖基本情况、单元资源任务梳理、单元规划实施分析、增减挂钩实施方案、实施保障措施等内容，采用多规统筹研究的方式，结合政府主导与自主实施路径研究编制，其成果内容作为控规审批的前置条件。但在具体工作开展中，并未达到预期目标，主要有四方面原因：（1）规划实施方案非法定规划，审批仅由原市规划委员会用地处出具会议纪要，缺乏约束力；（2）规划实施方案是基于既有规划的统筹实施方案，无法直接解决用地方案和实施的冲突，仍需要单独编制项目的控规方案来保证实施可行；（3）此阶段虽已提出资源任务梳理、经济可行性估算等内容，但仅前置部分内容，与各专项规划衔接不够；（4）2016年由于国土、规划等相关机构改革，原用地处整合取消，造成规划实施方案编制和审核工作停滞。

2. 规划综合实施方案的提出

2019年，北京市为配合国土空间规划体系的建设，提出“规划综合实施方案”作为推进规划实施、指导项目落地，和实施结合更为紧密的层级。2020年10月，北京市规划和自然资源委员会依据《北京市城乡规划条例》《北京市生态控制线和城

2.规划实施方案主要内容

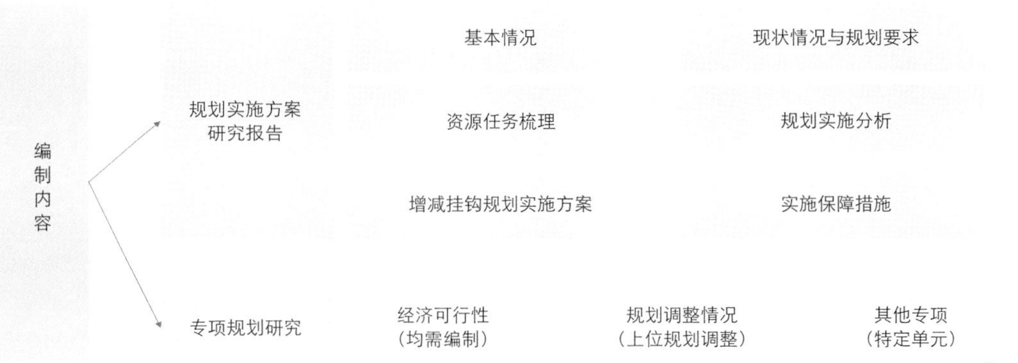

2

表1 “规划实施方案”和“规划综合实施方案”对比

分类	规划实施方案（2015）	规划综合实施方案（2019）
目的意义	实现总规修改的目标要求，向上承接总规修改确定的各区县任务和要求，在乡镇层面具体落实，指导具体项目开发建设的中观层面	依据城市总体规划、分区规划、控制性详细规划，结合相关专项规划，以及地区实际情况和经济社会发展需求制定，批准后直接指导具体建设项目规划许可和土地供应手续办理
研究范围	实施单元（街区、镇）	实施范围（城市开发边界内，一般以道路、线性地物、特征地物等作为边界划定，根据需要可跨行政区或街区划定。城市开发边界 外，应当结合生态控制线和城市开发边界划定，可以是一个村或几个村的范围）
编制主体	实施主体（企业）	区人民政府或市规划自然资源委会同区政府及相关主管部门
核心内容	基本情况 现状情况与规划要求（指标控制等） 资源任务梳理 规划实施分析（建拆比、单元经济可行性估算等） 增减挂钩实施方案（减量及还建地块认定、资金测算等） 实施保障措施	规划统筹方案（现状梳理、市场需求、政府目标、设施承载力分析、指标控制、实施步骤及实施效果） 成本测算方案（实施成本测算、社会效益及生态效益测算） 实施计划方案（多种实施路径确定实施计划）
审批部门	原北京市规划委员会用地处	北京市人民政府或北京市规划和自然资源委员会
审批回执	会议纪要	批复或备案

市开发边界管理办法》，制定了《规划综合实施方案编制暂行办法》，明确了规划综合实施方案是按照城市总体规划、分区规划、控制性详细规划及专项规划的刚性要求，通过梳理现状、统筹资源、协调利益，对一定区域近期建设规划目标，从规划统筹方案、成本测算方案、实施计划方案等方面做出的全面、具体的实施安排。

与2015年提出的“规划实施方案”相比，2019年的“规划综合实施方案”在编制主体、核心内容上都有不同，更侧重于从摸家底、明算账、保实施的角度推动北京新总规、分区规划和控规的落地。

四、北京“规划综合实施方案”探索

1. 管理层面

（1）明晰地位

作为北京市规划体系的新成员，规综隶属于详细规划，也明确了规综依据城市总体规划、分区规划、控制性详细规划，结合相关专项规划，及地区实际情况和经济社会发展需求制定，批准后直接指导具体建设项目规划许可和土地供应手续办理。那么，在新体系中规综是属于修规层面么？审批程序又应是什么流程？

从编制内容来看，《北京市城乡规划条例》和《意见》均表述规划综合实施方案应当包含土地权属、规划指标、城市设计要求、市政及交通条件、供地方式、建设时序等内容。《规划综合实施方案编制暂行办法》也提到规综应进行现状梳理，开展市政交通基础设施承载力与公共服务设施配置情况分析，传导分解落实各级规划要求，明确刚性与弹性控制内容，确定用地性质、规模、布局及城市设计要求，制定具体的工作步骤并预估实施效果。通过以上内容可以看出，规综在编制内容上更像是传统控规与交通、市政、实施等众多内容的融合，通过多专业的参与和论证，为指导项目实施提供技术支持。

在建设项目层面，“多规合一”协同平台将根

据建设单位提供的设计方案，市规划国土委对土地权属、规划指标、城市设计要求、市政及交通条件、供地方式、土地成本等方面提出意见，最终出具《xxxx项目“多规合一”协同平台规划综合实施方案审查意见的函》。此阶段的规综内容包含总平米图、现状图、竖向设计图、园林专项图、人防专项图、交通专项图以及包含平立剖在内的其他技术图纸，深度达到建筑单专业初步设计深度。可以看出，此规综是依据明确的性质指标开展具体项目的设计工作。

虽然上述两者均为规综，但是，前者才是北京规划体系中表述的规综，因此，本文建议规综应归入控规层级，将控规分为街区控规（目前以街区为单位开展编制的控规内容）和规综两个层级的编制工作。既然规综划归控规层级，那么，其审批程序及审批部门即可依照《北京市城乡规划条例》中的有关规定执行。

（2）确定审批内容

规综作为承上启下推进实施的关键环节，在内容上形成类似“统筹整合”的表达。作为行政审批的关键环节，规综将以怎样的审批内容呈现出来，成为编制单位最为关心的问题。

在以往的控规审批流程中，规划部门通常会征求交通、市政、土地等规自委内处室以及园林、水务、教委等相关委办局意见，但这些内容并未全部纳入控规编制中，也不予以审批，缺乏对其实施的有效控制。为此，建议规综将市规自委系统内各处室后期审批工作前置，集中审批或审查，构建统一“出口”，形成审批合力；同时在审批过程中征求相关委办局意见的部分，由各委办局出具相关专业审批意见，力求缩短审批时间，减少重复编制。

考虑规综类型的差异，建议将成果文件区分为法定文件和技术文件。批复文件涵盖法定内容，包括用地方案、规划指标、交通市政方案等，以上若非涉及重大调整不得重新审批；技术文件，包括产业引导、城市设计导则、资金测算、交通影响评价、环境影响评价、水资源评价等。

2. 编制层面

（1）合理划定规划范围

规综的编制是为了推进项目的综合实施，批准之后的规综直接指导具体建设项目规划许可和土地供应手续的办理。原地块控规是以产权地块作为规划范围，缺少与周边地区的统筹，从而导致“先吃肉，剩骨头”的情况出现。然而，街区是在路网格局的基础上，统筹行政边界、城市开发边界以及自然边界等因素，划定街区边界。强调自上而下传导上位规划的管控指标，容易忽视产权地块的落地实施。

《规划综合实施方案编制暂行办法》第十二条明确“城市开发边界内，规划实施范围一般以道路、线性地物、特征地物等作为边界划定，根据需要可跨行政区或街区划定。城市开发边界外，规划实施范围应当结合生态控制线和城市开发边界划定，可以是一个村或几个村的范围。需要同步实施的城市基础设施、公共服务设施、城市安全设施、生态环境用地等应当划入规划实施范围。”

上述办法划定的规综范围对比街区控规范围更聚焦实施，对比地块控规范围容纳了更多统筹内容，但对于即将推进实施的项目而言，仍需进一步精细划定规划范围。规综编制的目的是使地块之间形成统筹合力，推进项目实施。因此，规综不应是一个独立地块进行编制工作，而应该是相邻、相关的几个地块整合编制。建议将同一实施项目内所有地块，以道路围合、兼顾产权边界，共同确定规划范围。规综规划范围不应局限为物理上的一个完整范围，有可能是两个或更多不相邻范围共同构成规综的规划范围。同时，规综编制时应保留对规划范围调整优化的权利，在既定的研究范围和规划范围内进行论证，结合项目的实际情况，提出规划范围调整建议。

（2）搭建技术框架

规综工作开展时可以通过分层聚焦模式，建立技术框架，在规综实施有影响的相关地区和核心任务层面分别落实相关要求。在相关地区分析现状及规划情况，明确现状人口、用地、建筑、建设情况等信息，解读上位及相关规划，梳理可用资源和建设需求，以“四个清单和五本账”的方式明确发展诉求。在优先保障公共利益的基础上确定核心任务，核心任务根据共性和个性问题的梳理，完成规定工作和个性工作。规定工作，包含用地方案、建筑规模、空间底线、品质管控、实施路径、成本测算等内容；个性工作，是指根据任务差异从菜单库内选择开展论证工作必需的研究内容，菜单库包含产业策划、职住平衡方案、占补平衡方案、交通承载力分析、环境影响评价、市政专项分析等众多个性化内容，例如：一级开发规综必选动作包括拆迁安置方案、占补平衡方案、市政交通专项规划等内容；产业项目规综则必选产业策划、产业准入原则、职住平衡分析、产业风貌管控等内容；生态项目规综必选动作则包含资源与生态环境保护、增减挂钩方案、产业发展等内容。

综上，在规综实施有影响的相关地区强调梳理核心任务、相关设施同步推进及预测项目实施综合效果。在核心任务编制中，针对具体任务类型体现差异，量体裁衣，对症下药。

（3）明确编制内容

通过上述技术框架的研究，明确了规综需研究的工作内容，为了更好地介绍技术框架中涉及的编制内容，将以上内容根据规划统筹方案、成本测算方案、实施计划方案三部分内容分别展示。

规划统筹方案，包含与用地方案相关的规定工作和全部个性工作两部分内容，重点展开规划方案的统筹论证，对相关地区内人口、土地、房屋、产业等现状情况进行梳理，收集相关权益人与市场投资者的需求，明确政府及有关主管部门的目标与规划，开展市政交通、公共服务设施配置、产业策划、占补平衡等个性化情况分析，传导分解落实各级规划要求，在此基础上明确刚性与弹性控制内容，确定用地性质、规模、布局及城市设计要求，合理安排市政交通基础设施与公共服务设施。

成本测算方案，为规定工作内容。需进行实施成本详细测算，包括社会效益、生态效益的合理测算。为此，应当制定严格的安置政策、控制拆迁成本，合理利用政府投资项目分解实施压力，通过调整资产管理方式和运营方式降低当期财务税费成本，实现成本合理均衡。

实施计划方案，是根据规划统筹方案和成本测算方案，构建公平、公正、共建、共享的实施机制。综合运用土地供应、拆迁安置、住房保障、产业发展等政策，结合资金安排、建设计划提出多种实施路径，通过比对实施成本与效果，选取合理实施路径，实现资源与需求的合理匹配，并确定切实可行的实施计划。

（4）规范编制成果

基于满足审批及工作内容的成果文件，建议采用“1+N”的成果构成形式，即规综法定文件成果和交通、市政、城市设计、产业策划等各专题技术文件成果，有针对性对涉及内容进行精细化研究和管控。

五、以北京市顺义区西丰乐项目为例的规划综合实施方案编制

1. 项目简介

西丰乐村庄位于北京市顺义区牛栏山组团和马坡组团之间，西丰乐森林公园通风廊道上，村内有多处地道，每年都有不同程度的地质塌陷。2017年西丰乐村搬迁安置工作纳入棚户区改造和环境整治

计划，成为顺义区改善民生、打通生态廊道的重要工程。西丰乐村采用异地安置的方式，解决村民上楼问题，安置房选址为村庄南侧的顺义新城12街区范围内。2017年由市属一级开发公司启动规划编制工作，2020年项目划入区级重点实施项目，按照北京市规划和自然资源委员会关于《稳增长促发展加强规划编制与实施管理意见（试行）》开展规综内容编制并备案。

2. 规综备案的意义

2020年6月，西丰乐村定向安置房项目规综完成备案工作，规综备案意味着长达3年之久的西丰乐村棚改项目正式进入实施阶段。规综备案后，开发主体以此为依据，向规自分局申请组织初审会，初审会核心工作是依据上位规划（备案规综）论证工程项目的规模，取得《顺义区马坡镇西丰乐村棚户区改造土地开发项目“多规合一”协同平台审核意见的函》，此初审意见函相当于建设项目规划条件。项目依照初审意见函展开详细设计，并申报多规合一协同平台会商阶段的审批工作。通过以上的工作程序可以看出，规综在实际工作中所解决的核心问题是指导开发和建设管理的前置条件，因此，规综解决了原地块控规层面需解决的问题，规综也应归属于控规的规划体系内。

3. 优化规划范围

2017年西丰乐定向安置房项目启动初期，规划审批的内容为地块控规，规划范围为西丰乐定向安置房的待划拨地块，2020年，北京市规划体系变革，地块控规调整为规综，其规划范围沿用了地块控规的规划范围。经过对规综意义的研讨，规综规划范围的深入研究，本案将西丰乐村址和定向安置房地块、资金平衡地块一并划入规划范围，以确保项目的统筹实施。同时将12街区及与12街区捆绑实施的其他村庄划入研究范围，构成规综实施有影响的相关地区。

4. 搭建技术框架

西丰乐定向安置房异地安置于顺义新城12街区，这是2009年12街区规划备案时明确的内容，项目延期推进11年，标准体系已经发生了变化，街区内其他实施任务也在同步推进，新版街区控规尚在编制，为了更好地落实西丰乐项目的实施，统筹相关地区的规划引导，本案结合规划范围及研究范围的划定，通过对相关地区的论证评估，补足设施缺口，梳理捆绑任务，明确规综范围，确定规划内容，搭建了整体统筹、重点研究的工作框架。

5. 规划编制内容

本案规划编制内容包含全部规定动作，并结合本案拆迁上楼的特点，开展了定向安置房选址、建筑设计方案、交通承载力分析、环境影响评价、规划水影响评价、市政咨询方案、土地整治方案、路名规划方案等必选规划编制工作，为项目提供技术支持。例如：将规划用地的划定方案与建筑设计方案进行校核，通过建筑方案的户型配比、日照测算、幼儿园设计与规划用地边界、交通组织之间的多轮推敲认证，最终确定西丰乐安置房用地规划方案。

六、结语

经过20多年的发展，我国控规编制的实践经验在不断丰富，控规的研究、探讨也未曾间断。为了使北京“规划综合实施方案”更好发挥作用，需明确其地位，构建统一的审批出口，减少操作上的反复；加强与街区控规的衔接，逐步落实上位规划的意图，传递分解核心指标；统筹相关地区资源，划分任务，形成“相关地区＋任务”模式；强调对实施路径和资金的研究，研究保障实施的相关举措，达到切实保障实施落地的目的。目前北京的“规划综合实施方案”仍处于构建初期，成熟经验较少，本文也只是提出内容框架，“规划综合实施方案”的实现还需要探讨如何满足相关利益人诉求；怎么构建协同平台，提高审批效率；如何保证规划的实效性，如何构建定期实施评估机制等等，同时也需要政策的大力支持，在制度上进行保障。

参考文献

[1]中共中央 国务院. 关于建立国土空间规划体系并监督实施的若干意见[Z]. 2019.

[2]吴可人, 华晨. 城市规划中四类利益主体剖析[J]. 城市规划, 2005(11): 82-87.

[3]北京市规划委员会.规划实施方案编制技术指南（试行）[Z]. 2015.

[4]北京市规划和自然资源委员会.规划综合实施方案编制暂行办法[Z]. 2020.

[5]段进. 控制性详细规划：问题和应对[J]. 城市规划, 2008(12): 14-15.

[6]汪坚强. 控制性详细规划运作中利益主体的博弈分析——兼论转型期控规制度建设的方向[J]. 城市发展研究, 2014(10): 33-42.

[7]周建非. 精细化管理模式下城市设计和附加图则组织编制的工作方法初探[J]. 上海城市规划, 2013(3): 91-96.

[8]谢波, 丁杨, 张帆. 精细化管理下武汉市控规层面城市设计转型特征和实施途径[J]. 规划师, 2017(10): 10-16.

[9]汪坚强, 于立. 我国控制性详细规划研究现状与展望[J]. 城市规划学刊, 2010(3): 87-97.

[10]北京市规划和自然资源委员会.北京市控制性详细规划街区指引编制技术要求（暂行）[Z]. 2020.

[11]北京市规划委员会. 北京新城控制性详细规划编制要求[Z]. 2008.

[12]北京市规划委员会. 新城控制性详细规划（街区层面）编制技术要点（第二稿）[Z]. 2008.

[13]北京市规划委员会.北京新城控制性详细规划（地块层面）编制技术要点[Z]. 2008.

作者简介

谭慧娇，北京汉通建筑规划设计有限公司，高级工程师；

张　健，北京工业大学，城市建设学部，教授；

万　强，北京汉通建筑规划设计有限公司，总经理；

汪坚强，北京工业大学，城市建设学部，教授，通讯作者。

强化实施、关注品质下的深度融合
——上海市国土空间规划体系下的控详规划

Strengthen the Implementation and Spatial Quality
—Regulatory Detailed Planning Under the System of Territorial Planning in Shanghai

程 蓉
Cheng Rong

[摘　要]　当前上海控详规划基本实现全覆盖，本市国土空间规划体系要求单元规划进一步做深做实，控详规划则进一步向强化实施、推动城市更新、关注空间品质转型提升。2020年，上海控详规划围绕成果规范和审批规程两个核心，以提质增效为目的开展了优化完善。其中成果规范突出应对实施层面弹性适应的需求、与实施机制的衔接，以及强化规划要求向建设、管理和运营层面的传导等；审批流程重点围绕实施层面的效率需求，采取了合并环节、明确前期准备工作要求以及扩大建管层面对规划的执行空间等对策，以此适应实施层面的需求。

[关键词]　控详规划；实施导向；成果规范；审批流程

[Abstract]　At present, Shanghai's detailed planning has basically achieved full coverage. The city's land and space planning system requires that the unit planning should be further deepened and implemented, while the detailed planning should further strengthen the implementation, promote urban renewal, and focus on the transformation and improvement of spatial quality. In 2020, Shanghai detailed planning has perfected two core documents, with the purpose of improving quality and efficiency, to highlights the demand of the implementation, and improve the efficiency requirements of the implementation level.

[Keywords]　regulatory detailed planning; implementation; standardization; approval process

[文章编号]　2022-89-P-062

全面认识特定时期的上海控详规划需要从多维度综合视角展开，包括从整体规划体系的角度，基于不同层次规划的定位、任务及相互衔接关系来剖析控详规划；从城市发展不同阶段对空间品质要求的角度，控详规划所应承担的空间环境提升方面的任务；从城市经济发展土地开发的角度，控详规划所面临的编制审批覆盖任务等。2020年5月，《中共上海市委、上海市人民政府关于建立上海市国土空间规划体系并监督实施的意见》（沪委发〔2020〕13号）正式印发，确立了上海市国土空间规划体系的总体框架，明确控详规划应强化实施导向、推动城市更新，同时在深化城市设计管控要求、提升城市品质的过程中，控详规划也承担着重要任务。在综合国家优化营商环境、本市控详规划基本全覆盖，以及国土空间规划体系中的新定位等因素之下，2020年上海控详规划重点围绕成果规范、审批流程两个核心文件开展了优化提升工作，通过强化与上位规划、下位实施的衔接，深化城市设计管控，以及提高行政审批效率来落实和适应新形势下的新要求。

一、上海国土空间规划体系的演进及工作重点

上海国土空间规划体系的建立，是在对城市（城乡）规划体系传承和提升的基础上逐步形成的。总体来看，上海城市（城乡）规划体系的完善始终贯穿规划传导和规土衔接两条核心主线。规划传导方面，上海2004年通过建立中心城的单元规划，实现了将总体规划明确的发展规模和服务设施向控详规划的量化传导，确保了规划目标的落实；2007年后，单元规划管控的思路和方法逐步运用到新城，作为控详规划编制的依据。规土衔接方面，自2008年上海规划和土地合并以来即开展了持续探索，突出体现在两个方面：一是总体规划层面，依托土地利用总体规划重点突破规划与土地在规模和空间上的统一；二是控详规划层面，强化了核心指标与土地出让的对接，确保控详规划指标在土地层面的可执行可落地。

2018年自然资源部成立，并于2019年发布《中共中央 国务院关于建立国土空间规划体系并监督实施的若干意见》，上海在新形势下进一步完善了国土空间规划体系，形成“总体规划—单元规划—详细规划”三个规划层次，详细规划层次包括控详规划、郊野单元村庄规划、专项规划（详细规划层次）。在基本继承原体系的基础上，工作重心在于强调推动空间规划体系内涵逻辑的深度统一，包括不同层面规划之间、规划和土地之间，实现逐层传导和逐项落实，实现上下衔接、规土融合，并据此提出编制审批体系要空间合一、时间合拍，实施监督体系要责权清晰、系统高效，法规政策体系要部门协同、衔接配套，技术标准体系要行业领先、统一规范（中共上海市委上海市人民政府关于建立上海市国土空间规划体系并监督实施的意见，2019）。

围绕上下衔接、深度融合，上海近年来已经在陆续开展相关工作，包括：上海2035总体规划的创新，包括确定“目标（指标）—策略—机制”逻辑框架，将发展目标量化，便于逐层分解和传导；单元规划做实做深，将管控指标达到街坊深度，并区分经营性和公益性进行分类管控，为控详规划向实施转型创造条件；土地出让充分体现规划要求，在重点地区试点土地出让综合条件，整合控详规划对于出让地块的管控信息，确保规划要求在实施中的原真性和完整性传导；土地储备和供应以推动规划实施为目标制定计划，体现规土联动。这些工作为详细规划的转型提升创造了外部环境基础。

二、控详规划的发展历程及新定位

从《上海市城市总体规划（1999—2020年）》批复以来，控详规划大致经历过三个发展阶段，阶段划分与规划体系的完善在时间节点上不尽一致，但都落实了当时规划体系对控详规划的工作定位要求，同时结合城市发展对控详规划的编制审批要求，在规划范围、管控内容和技术要求方面不断推进和演变。

2000—2011年，探索阶段：这一阶段上海控详规划聚焦中心城，以落实总体规划和单元规划为目标开展了中心城整单元控详规划编制工作，管控内容包括地块边界、用地性质、容积率、建筑高度、绿地率和建筑密度等较为基本的核心指标。在技术要求方面，主要统一了文本、图则和说明书的成果规范，技术标准方面则重点明确了用地分类和公共服务设施配套等要求。

2011—2020年，成熟阶段：2008年《中华人民共和国城乡规划法》正式实施，明确了控详规划的法定地位，上海面临着城镇建设用地范围内控详规划全覆盖的重任，以有序指导土地出让工作。为尽快实现全覆盖目标，整单元控详规划是这一阶段的主要编制审批任务。在持续探索4年后，于2011年建立了由控详规划管理办法、审批规程、技术准则和成果规范构成的 “四位一体”的管控体系，明确了编制审批管理流程、统一了本市相关的专业标准、规定了围绕一张图则的成果规范要求。这次工作奠定了上海控详规划的基本框架，不论是对成果形式还是审批程序，相较之前都更体现了控详规划的严肃性和法定性，管控内容也从二维核心指标拓展至三维空间要素。

2020年以来，提升阶段：2020年上海国土空间规划体系明确时，控详规划全覆盖基本完成，单元规划也承担了明确系统管控的责任，在落实国家关于高质量发展、优化营商环境的背景下，控详规划对接项目和实施的任务日益突出，局部调整的控详规划占据编制审批工作的绝对主导地位。因此，控详规划在新形势下的任务是以强化实施导向、提质增效为目标，提升完善“四位一体”中的相关管理要求，包括技术上要兼顾规划底线和弹性适应，以及将规划、管理和实施的内容向下传导和延伸，在审批流程上要兼顾合法和高效。2020年已经完成规程和规范两个文件的优化修订。

三、国土空间体系下控详规划的创新

1. 实施导向下的成果规范提升

成果规范是上海控详规划体现管理思路的重要载体，从管控内容、要素和力度上反映出不同时期城市开发建设的需求以及行政管理的特征。

（1）原成果规范基本情况

①分区、分级、分类的成果体系

2011年上海控详规划成果规范第一版正式下发，2013年形成完善版，主要深化了重点地区城市设计附加图则成果要求，并适当简化了远郊地区以及产业园区的成果要求，至此形成了上海分区、分级、分类的控详成果编制体系：分区包括重点地区、中心城和新城一般地区、新市镇及产业园区，不同地区在管控要素和成果深度上均存在差异。其中普适图则是控详规划成果的必要图则，管控核心的开发要素，包括地块用地性质、容积率和建筑高度等，新市镇和产业园区的经营性地块可在项目阶段再予以划示，仅表示街坊的主导功能；城市设计附加图则主要针对重点地区，管控体现空间形态和品质的空间要素，包括地块附属空间、建筑形态和街道界面等。分级和分类则主要针对重点地区，从功能类型和重点管控级别两个维度区分为“五类三级”，体现重点地区在城市设计编制内容和深度上的差异。

②基于实施导向的成果规范完善

在规范执行的几年中，城市发展和开发建设出现新趋势和新需求，控详规划成果规范在应对实施需求方面也相应进行了补充和探索，包括：一是深化了存量发展条件下的分类管控要求，体现出存量地块所具备的行动特征。2014年上海第六次规划土地工作会议明确了建设用地零增长的概念，2015年《上海市城市更新实施办法》推出，存量地块开发的控详规划成果规范相应进行了明确，要求相关地块的研究需达到建筑方案深度，以确保地块开发不影响相邻地块，以及为地区提供环境良好的额外公共空间；同时还要求在成果中增加存量地块开发的实施计划，明确实施时间以及相关责任主体在后续建设、管理和运营时的责任，以保障开发按协商条件有序进行。二是开展了适应开发弹性需求的探索，包括在自贸区控详规划中尝试以更包容的功能分区，适应项目在用地性质上的不确定性；在桃浦地区控详规划中，探索了大规模转型区域内，通过分层管控、逐层深化的管控方法，实现城市设计系统锚定和意向地块深化控制得以兼顾。三是各重点地区的一级开发主体积极尝试编制城市设计导则，指导建设层面深化城市设计，提高建设项目之间的协调性和多样性，包括徐汇滨江、世博地区都编制了城市设计导则。

③对接实施仍存在的不足

原成果规范体系在对接实施方面仍存在有待提升的方面，主要表现在三个方面：首先是法定文件不利于体现项目差异化特点。按照成果规范要求，文本以规定各管控要素的释义和管理要求为主要构成，在具体规划编制时可根据需要对条文进行调整和增补。在实际规划编制过程中，订制化的条文数量不多，散落在文本中不利于体现项目的特殊管理要求，在建筑设计阶段这些特殊要求容易被管理人员和设计师忽略。其次，成果规范未能引导编制人员从实施的角度编制规划。实施视角缺失是导致规划目标在建设和运营阶段得不到较好落实重要原因，包括规划方案与实施机制的衔接，以及将与规划目标相适应的建设、管理和运营要求向实施层面传导等。信息的缺失使得规划目标缺乏后续各行政管理部门和开发运营主体的配合，从而影响实施效果和品质。三是附加图则管控以形态和指标为主，不利于下一层次的建筑方案审核人员和建筑设计师理解规划初衷，存在影响规划目标准确落实的问题，也不利于发挥建筑设计师的积极能动性，尝试提出比图则形态更优秀的方案来更好地实现规划目标。

（2）新定位下的主要优化提升措施

①分区分级分类成果体系的优化

在整体延续原分区、分级、分类成果体系的基础上，重点就城市设计的分级体系进行优化。基于打造整体城市空间协调有序、重点区域特色凸显的空间目标，将第三级城市设计扩大至全市城镇建设用地范围，实现城市设计全覆盖。相对一级地区作为城市总体空间格局中具有重要地位的市级节点，研究深度、管控内容和管控力度要求均较高而言，三级地区整体占比约为城镇建设用地的70%，是城市总体空间格局的基底，主要重视空间系统的有序，根据地区实际情况按需开展城市设计专题研究（如城市天际线、街道界面、公共空间等），城市设计研究成果达到系统图分析深度，城市设计管控要素和管控要求可纳入普适图则，无需单独编制城市设计附加图则。

②普适图则的完善

首先是精简成果内容。基于单元规划承担了中观层面系统性的规划任务，以及面向实施的规划项目以确定地块开发指标为重点的情况，以项目为导向、规划范围较小的控详规划，说明书重点论述地块指标取值的合理性，包括对单元规划的落实情况以及与周边相邻地块的关系等，精简关于规划系统合理性的说明论述，成果更为精炼简洁，突出项目主要发展诉求和规划要求的同时，也有利于提升编制效率。

其次是围绕图则突出法定成果的个性化订制特征。文本内容进一步聚焦通则式的管理，仅包含全市层面统一的控规管控要素释义和管理要求；因项目差异化的管理条款，在图则的特殊管理规定中予以规定，通过一张图则汇总规划范围内所有订制化管理要求（表1）。

③附加图则的完善

城市设计附加图则是控详规划成果规范提升优

表1　城市设计分级分类引导表

分类＼分级		一级地区	二级地区	三级地区
公共活动中心区		中央活动区、城市副中心范围内根据控规划示出的核心区域	中央活动区、城市副中心范围内根据控规划示出的区域，地区中心	社区中心
重要滨水区与风景区		黄浦江两岸、苏州河滨河的腹地地区、佘山国家旅游度假区、淀山湖风景区、国际旅游度假区等根据控规划示出的核心区域	黄浦江两岸、苏州河滨河的腹地地区、佘山国家旅游度假区、淀山湖风景区、国际旅游度假区等根据控规划示出的区域	重要景观河道两侧、市级和区级公共绿地及周边地区
交通枢纽地区		对外交通枢纽地区根据控规划示出的核心区域	对外交通枢纽地区根据控规划示出的其他区域 三线及以上轨交换成枢纽周边地区（二线轨交换成枢纽周边地区可视情况纳入二级地区）	其他轨交站点周边地区
历史风貌地区		历史文化风貌区、风貌保护街坊、风貌保护道路（街巷）和风貌保护河道的两侧街坊	历史文化风貌区和风貌保护街坊以外的文物保护单位、优秀历史建筑的保护范围和建设控制范围所涉的街坊	—
其他地区	居住区	—	根据控规划示出的区域	居住区
	产业区块	—		产业社区 产业基地
	存量地区	—		建成地区

化的重点和难点，主要围绕如何增强实施层面的弹性适应，以及将规划要求向实施层面传导等方面进行了完善。

首先是管控方式由“形态指标管控”向“目标原则+形态指标”转变。在图则内容上重点增加设计原则作为强制性管理要求，便于图则使用者理解图纸中的图形和指标制定的原则和目标，实现城市设计目标理念向实施的有效传导。根据研究情况，图形要求和指标要求可按需确定为强制性或引导性要求。引导性的要求不作为后续建筑设计的必要执行条件，在符合设计原则的条件下，建筑设计师可以拥有更充分的形态设计自主空间，既坚守了规划目标和底线，又兼顾了实施层面的弹性需求。

其次，适应不同开发机制和实施条件需求，引导规划编制形成不同深度的管控要求。以历史风貌地区为例，根据开发意向和城市设计研究深度，区分为风貌甄别和实施方案两种图则深度。其中风貌甄别深度适用于尚无明确开发意向，但已开展较为深入城市设计方案研究的地区，其规划任务重点在于锚固具有历史风貌价值的建筑以及具有肌理保护价值的地块，同时为后续的实施方案留下一定的弹性空间，因此图则针对历史建筑和肌理保护保留的主要内容一是“定身份”，划示出保护建筑和其他历史建筑；二是“控总量”，明确规划范围内保护建筑和其他历史建筑的总面积，以及各街坊保护建筑和其他历史建筑总面积。而实施方案深度的图则则适用于有明确开发意向，方案基本稳定并达到建筑设计方案研究深度要求的情形。由于意向开发主体充分参与实施方案研究，是一个经过深度协商的过程，设计方案具有高度的市场操作性，开发指标与历史建筑的保护保留、空间环境的设计紧密联系，因此图则需要完整地表达出协商明确的内容，主要表达内容包括：一是“定方式”，落实方案研究的结果，将需要保留的历史建筑细分到具体更新方式，并明确具体管控要求；二是“落地块”，明确各地块中采用不同更新方式的历史建筑的规模，用定量的方式来基本稳定保护保留方案；三是“定空间”，明确方案中建筑退界、建筑间距、巷弄宽度和开放空间范围等空间要素指标，保障设计得到落实。

再次，图则增设了实施运营要求栏，为后续需在建设、管理、运营层面配合的事项留下表达空间，引导规划编制人员填写，包括明确需在建设层面开展整体设计或整体实施的公共空间、地下空间范围，需在特定时间段向公众开放的附属公共空间范围，需进行交通管制的特定路段，以及鼓励底层商业外摆的街道界面等。通过信息的传导，一定程度有利于规划目标在建设实施运营层面得到落实。

2. 实施导向下的审批流程再造

规划审批相比建筑设计方案审批，突出的特殊性在于编制和报批主体的差异。建筑设计方案的编制过程是开发建设主体对其权属地块使用需求不断深化明确的过程，行政管理部门重点在审批环节组织开展方案审核，确保方案符合相关要求。反观规划编制过程，是公共政策制定、合理利用和分配土地资源的过程，组织编制主体为各级政府或行政管理部门，因此从编制启动时即应体现行政意志，并贯穿在整个编制审批过程中。由于组织编制主体承担了全过程的质量效率责任，也包括规划以外的各行政管理的协调，因此提质增效难度更为突出。

（1）分区分类的流程设计

2011年控详规划规程正式实施之前，控详规划“缺乏统一和明确制度约束导致时间不可预计”，同时“编制和修改调整规定的空白造成管理程序随意性大、缺乏监管”，控详规划的“权威性与严肃性面临着严峻的挑战”。其中组织编制主体的责任和分工也一定程度影响到编制审批的质量和效率。根据《上海市城乡规划条例》，市级规划行政管理部门与区人民政府一道作为组织编制主体。在具体操作中，由于缺乏具体的操作要求，市规划行政管理部门全过程质量把关以及编制效率把控方面的作用未能得到较好发挥。控详规划在上报审批前主要由区政府以及区规划行政管理部门组织开展规划编制工作，市级规划行政管理部门往往在上报审批环节开展全面的成果审核工作，容易出现由于前期沟通协商不足而导致大幅度修改，延误审批效率。

2011年开始实施的《上海市控制性详细规划管理操作规程》确定了分区分类的审批流程，包括：分区明确了组织编制主体的责任，市级规划行政管理部门和区政府在同时作为组织编制主体的前提下各有侧重。其中市级规划行政管理部门重点负责市级重点地区以及中心城浦西地区，其他地区则主要由区政府和区级规划行政管理部门负责相关组织编制工作。分类则从程序繁简的角度区分了A、B、C三类审批流程，即完整流程、简易流程和规划执行。其中完整流程主要针对整单元以及经营性用地的调整等情况较为复杂或者可能存在敏感点的规划项目；简易流程则主要针对公益类以及边界条件清晰的项目，确保程序简洁高效；规划执行则主要针对一定范围内的规划微调且不会对相邻地块造成不良影响的，可在建筑方案审批阶段进行认定。

从环节设定来看，2011年确定的审批流程最突出的特点在于全过程管理，包括：一是将市级规划行政管理部门的组织编制作用在环节中落实。市级规划行政管理部门在前期准备阶段即参与到工作中，并且在规划编制任务书有其认定或向其报备后，规划项目方正式进入编制阶段；在初步方案和草案的推进过程中，市级规划行政管理部门需针对规划方案出具修改完善意见，确保方案符合相关标准规范、落实任务书的要求，避免审批阶段出现重大修改意见。二是落实

《中华人民共和国城乡规划法》明确的法定环节，包括规划评估、专家意见征询、公示以及审批等，作为流程设计的必备环节。

（2）对接实施仍存在的不足

2011年确定的审批流程在上海控详规划全覆盖过程中发挥了非常积极的作用，规范的程序很好地维护了控详规划严肃性和科学性，行政管理部门全过程的质量和效率把控体现了规划作为政府公共政策的特殊属性。在规程推出几年时间后，控详规划的覆盖率得到了大幅提升，整单元的编制任务缩减，服务于项目实施的效率要求日益提高，既有规程中存在着不适应效率提升的因素也逐渐凸显：一是任务书的前期准备阶段的工作要求不够清晰，包括各主体的责任、效率要求，以及判断是否可以进入正式流程的评判标准等，导致在前期准备阶段的沟通协调占用了大量时间，或者编制过程中出现区政府或专业部门意见与任务书不一致的要求，从而导致任务书的协调内容失效，影响编制工作的顺利推进。二是部分环节包括意见征询、公示、市规委会审议串联开展，前一环节完成是后一环节开展的必要条件，不利于效率的进一步提升。三是规划执行的范围仍相对有限，在实施层面公共服务设施、市政基础设施以及产业项目需要更大执行空间。

（3）实施导向下审批流程的优化措施

2020年开展的规程优化，根据国土空间规划体系关于强化控详规划实施导向的总体要求，聚焦问题重点完善了几个方面：

首先是在符合法定要求的前提下归并环节。将审批程序归并为任务书制定、意见征询（含方案公示、部门和专家意见征询）、市规委会审议、审批四个环节。规划成果稳定的情况下即可开展规划公示工作。三十天规划公示期内，同步开展意见征询、市规委会审议，公示结束即可上报审批。

其次是细化任务书的编制要求，提高前期准备阶段的效率。在明确由市区共商制定规划启动任务书的同时，根据项目情况，分类明确规划条件、工作要求和责任分工、时间计划安排，保障规划制定全程时效可控，包括：一是市和区的重大工程、市和区的重点地区和重大项目的控详规划，以已经拟定的计划或相关专题会议议定的事项作为任务书内容，直接开展规划编制；二是对于有利于促进经济和社会发展的产业类、公共服务类项目的控详规划，简化任务书内容，抓紧开展规划编制；三是对于存在可能突破上位规划公共要素控制、环境及风貌控制等底线要求情形的，主要包括占用规划确定的公共绿地、减少规划控制的公共服务设施、建筑高度突破规划管控要求等，需开展方案研究比选，适时报市政府明确工作要求后抓紧制定任务书，推进规划编制。

再次是进一步扩大规划执行（改为规划实施深化）的范围。如产业研发用地在得到经产业部门认定的条件下，容积率在3.0、高度在50m以内调整的情形；基础教育设施在满足地区高度要求的条件下，可按需提升容积率等，均可以通过建筑方案审批环节调整进行认定。

四、结语

国土空间规划体系下控详规划的定位、任务和提升，具体需结合地方发展阶段以及规划工作既有基础，因地制宜地体现多规合一、规土融合。上海控详规划在强化实施、关注品质的总体定位下，2020年围绕规范和规程两个文件开展了完善提升，未来围绕技术准则修订、城市更新立法，以及以控规实施评估联动土地收储和出让计划等若干工作的开展，逐步将上海国土空间规划体系上下位规划对接、规土标准政策融合的工作向更纵深方向推进，实现各层次的规划和土地工作达成“空间合一、时间衔接”。

参考文献

[1]徐毅松，熊健，范宇，等. 关于上海建立国土空间规划体系并监督实施的实践和思考[J]. 城市规划学刊，2020(3):57-64.

[2]熊健. 控制性详细规划全过程管理的探索与实践[J]. 上海城市规划，2011(6): 28-34.

[3]上海市规划和自然资源局. 关于进一步简化优化本市详细规划管理流程，提升审批效能的指导意见[EB/OL]. 2020. https://hd.ghzyj.sh.gov.cn/xxgk/zdgkxx/202101/t20210128_1006907.html.

[4]周晓娟，周建非. 彰显法定性，突出科学性，进一步改进上海控制性详细规划成果规范[J]. 上海城市规划，2011(6): 48-53.

[5]上海市委. 中共上海市委、上海市人民政府关于建立上海市国土空间规划体系并监督实施的意见. 2020.

作者简介

程　蓉，上海市规划编审中心，副主任，教授级高级工程师。

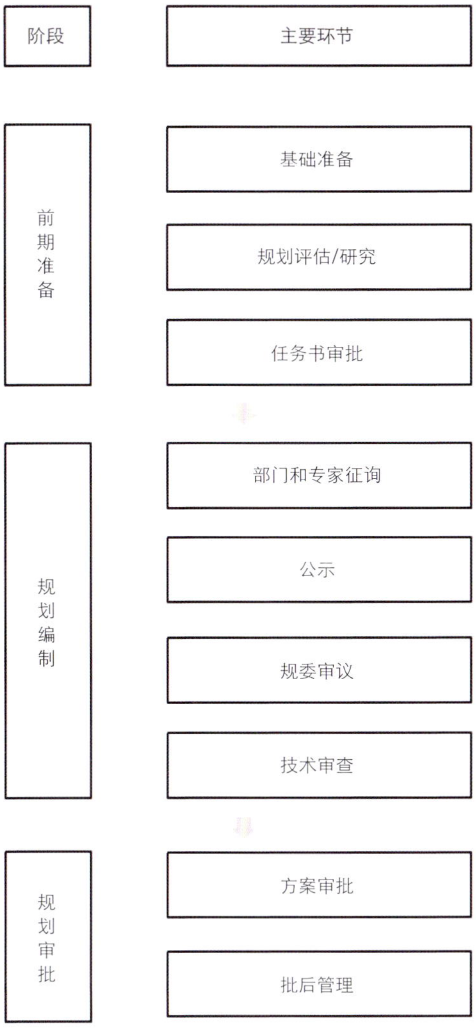

1

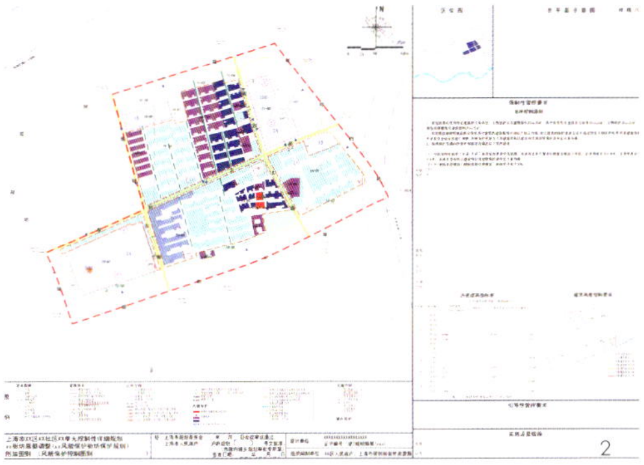

2

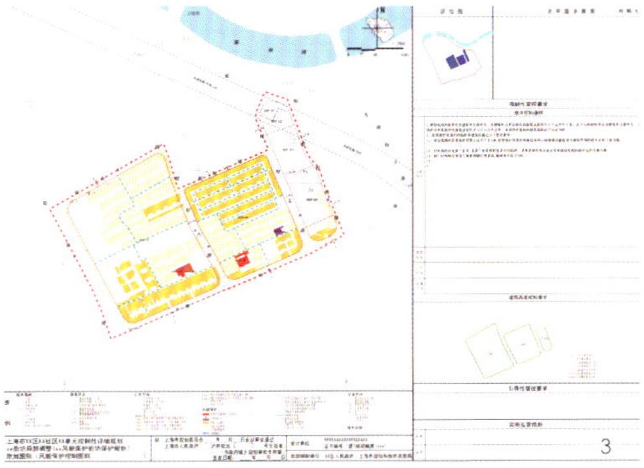

3

1.原控详规划审批完整流程
2.实施方案深度风貌图则
3.风貌甄别深度风貌图则

详细规划的层次类型与多元协同
——基于上海实践的若干思考

Level Type and Multi Coordination of Detailed Planning
—Reflections on the Practice in Shanghai

葛 岩
Ge Yan

[摘 要] 基于从“城乡规划”到“国土空间规划”的规划行业大变革和从“增量时代”到“存量时代”的城市发展两个宏观背景，结合上海详细规划的编制层次与类型分析、社会学学科视角下详细规划在实践中面临的诸多挑战，提出了个人的思考和展望——详细规划要兼顾“效率”与“公平”。

详细规划的层次类型方面，上海国土空间规划对应国家“五级三类”国土空间规划体系，结合上海超大城市管理实践，以城市总体规划、土地利用总体规划为主体，衔接主体功能区规划，实现总体、单元、详细三个空间层次上的“两规融合、多规合一”。城市化地区与郊野地区相结合的详细规划，通过空间融合、政策融合、行动融合，实现了上海城乡国土空间规划全域精细化覆盖。归纳得出详细规划的三组“强相关”：编制层次与行政边界强相关、编制类型与用地类型强相关、空间设计与空间规划强相关。

详细规划的多元协同方面，从政府、企业、社会、智库四个主体各自的角度出发，剖析了每个主体的特征、诉求与内部博弈的现状情况，以期通过平台整合和协商机制，由原有的政府单向决策转向凝聚政府、市民、社会组织和专家共识的上下联动、多元深度协作的合作模式。最后，提出各级政府间要做到权责对等，经济、社会、文化、环境要做到统筹兼顾，政府、企业、社会要做到多方协同的观点，并分享了对详细规划分别与城市设计、城市更新、社会公平三组关系的认识，从工作本源、专业提升和价值坚守三个方面阐述了对规划师工作职责的理解。

[关键词] 详细规划；层次；类型；多元协同；上海实践

[Abstract] Based on the two macro background of the great change of planning industry from "urban and rural planning" to "land and space planning" and the urban development from "incremental era" to "stock age", combined with the compilation level and type analysis of Shanghai detailed planning, and the challenges of detailed planning in practice from the perspective of sociology, this paper puts forward personal thinking and prospect-detailed planning both efficiency and fairness should be considered.

In terms of the level type of detailed planning, Shanghai's land and space planning corresponds to the national "five levels and three categories" land space planning system. Combined with the practice of Shanghai megacity management, it takes the overall urban planning and land use planning as the main body, connects the main functional area planning, and realizes the "integration of two plans and the integration of multiple plans" at the overall, unit and detailed spatial levels. Through spatial integration, policy integration and action integration, the detailed planning of the combination of urbanization and rural areas has achieved the whole area fine coverage of Shanghai urban and rural land spatial planning. Three groups of "strong correlation" are concluded: the level of preparation is strongly related to the administrative boundary; the type of compilation is strongly related to the land use type; and the spatial design is strongly related to the spatial planning.

From the perspective of government, enterprise, society and think tank, this paper analyzes the characteristics, demands and current situation of internal game of each subject from the perspective of government, enterprise, society and think tank. It is expected that through the platform integration and negotiation mechanism, the original one-way decision-making of the government will be transferred to the linkage and multi-dimensional deep cooperation of the government, citizens, social organizations and experts cooperation mode. Finally, the paper puts forward the view that governments at all levels should be equal in power and responsibility, economy, society, culture and environment should be taken into account in an all-round way, and the government, enterprises and society should be coordinated in many ways. It also shares the understanding of the relationship between detailed planning and urban design, urban regeneration and social equity, and expounds the planners from three aspects of work origin, professional promotion and value adherence cnderstanding of job responsibilities.

[Keywords] detailed planning; level; type; multi collaboration; Shanghai practice
[文章编号] 2022-89-P-067

一、宏观背景

1. 行业变革：从“城乡规划”到“国土空间规划”

当前规划行业正经历着大变革，从“城市规划”到“城乡规划”，现在到“国土空间规划”。2019年5月，《中共中央 国务院关于建立国土空间规划体系并监督实施的若干意见》正式发布。2019年6月，《自然资源部关于全面开展国土空间规划工作的通知》正式发布。之后各部委牵头制定的、涵盖编制审批、实施监督、法规政策和技术标准等文件相继出台，一系列政策文件构成了国土空间规划体系建立的基石。“国土空间规划是国家空间发展的指南、可持续发展的空间蓝图，是各类开发保护建设活动的基本依据。市级国土空间总体规划是市域国土空间保护、开发、利用、修复和指导各类建设的行动纲领，在“五级三类”规划体系中起到承上启下的关键作用。”[1]

规划的每一次转型和变革，规划人都经历着镇痛，也意味着新的蜕变和升级。上海的转型始于2008年规划和国土部门的机构合并，一项标志性的

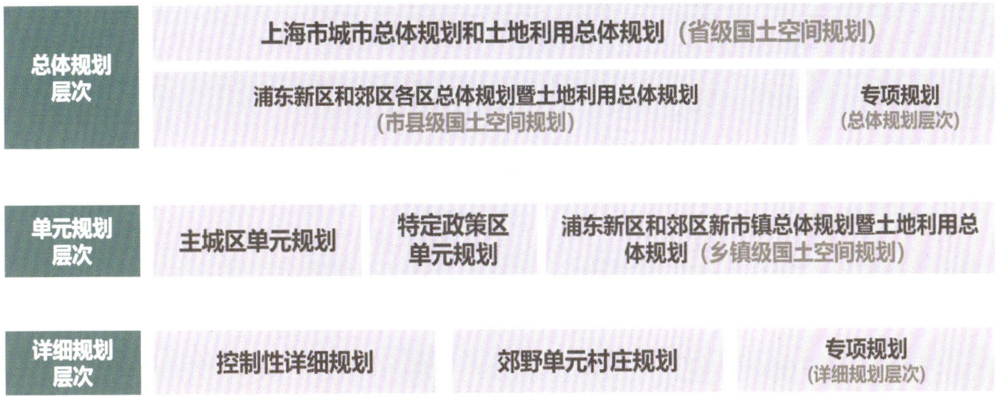

1

1.上海国土空间规划的层次类型（资料来源：上海市规划和自然资源局）

工作就是两规的技术合一。从总规编制启动的2014年开始，上海的两规从最初的技术走向了政策合一。2017年总规批复之后，到目前进入两规真正的实施合一阶段，开始编制一系列落地的规划。

2. 城市发展：从“增量时代”到“存量时代”

行业发展离不开城市的发展。在增量时代，城市的发展逻辑主要是依靠土地财政，以土地出让为主要的财政收入来源，政府这一阶段的收益和投入都是一次性的。在存量时代，地方政府依靠土地财政获得的效益占比越来越少，城市的发展主要依靠引入更高附加值的企业，通过高质量的运营管理带来持续的税收，因此我们说原来发展主要靠土地，而未来发展主要靠企业和人。处于存量时代的城市政府，需要盘活更多的现有土地资源，需要提升城市的空间价值以实现更高的经济收益。城乡规划的主要职能之一是对空间资源的再分配，城市空间资源分配是否合理公正涉及到的是空间正义与社会公正问题[2]，除了实现经济收益之外，规划必须肩负实现公平公正的社会责任。当前，社会经济呈现新常态，对政府治理能力提出更高要求[3]，规划作为政府实现空间治理目标的核心部门，在大的转型发展背景之下，面临着外部压力以及自身转型的诸多挑战。

二、地方实践

2020年5月，《中共上海市委 上海市人民政府关于建立上海市国土空间规划体系并监督实施的意见》正式发布。根据超大城市国土空间治理实际，上海以中央18号文确立的“五级三类”国土空间规划为基础，以“上海2035”为依据，提出构建“两个维度（空间维度、时间维度）、三个层次（总体规划层次、单元规划层次、详细规划层次）、四种类型（总体规划、单元规划、详细规划、专项规划）”的上海市国土空间规划编制审批体系。与国家提出“五级三类”的编制审批体系相比，上海的编制审批体系进一步突出了实践特色。上海空间规划体系的构建依托已有城乡和土地利用管理体系，融入各专项规划，建立涵盖空间和时间两个维度、“层级清晰、多规合一、传导顺畅”的地方空间规划体系，有效的保障规划的实施[4]。

1. 层次类型：上海国土空间规划体系的创新探索

对应国家“五级三类”国土空间规划体系，结合上海超大城市管理实践，上海提出以城市总体规划、土地利用总体规划为主体，衔接主体功能区规划，实现总体、单元、详细三个空间层次上的“两规融合、多规合一”。主要实现了如下三个方面的创新深化：

一是规划层次创新，增加单元规划，细化专项规划。增加了单元规划层次，包括主城区单元规划、新市镇国土空间总体规划和特定政策区单元规划，这是结合上海超大城市规划管理实际、创新提出的一个规划层次。同时将涉及空间安排的专项规划细分为总体规划和详细规划两个规划层次管理。

二是规划类型创新，补充了国土空间规划的落实要求。延续了上海已有实践经验，加入时间维度的“国土空间近期规划”和“年度实施计划”。

三是规划制度创新，增加全生命周期管理的制度要求。探索建立了规划实施监测、评估、维护机制，实现对规划的全过程、常态化、制度化管理。

规划是层次落实、上下衔接的系统，全市层面的总规重点是划定结构线，定系统、布局规模。各区总规衔接全市的总规，把总规的指标向区里落实与分解。下一层次编制单元规划，对上位规划的要求特别是公益设施予以精准的落地。单元规划既是从体系衔接的角度而设置的介于总体规划层次与详细规划层次之间承上启下的一个层次，也是对规划内容和深度的要求，即单元规划层次的各类规划必须达到单元深度，从而发挥对下层次详细规划编制的指导作用，在定位上，单元规划层次更加突出对公共利益和公共资源的保障。

2. 详细规划：上海城市化地区与郊野地区的差异化

上海的法定控规实践启动较早，1984 年上海市规划院编制的《虹桥新区详细规划》是我国控规开历史先河的第一个项目[5]。经过多年的实践探索，当前已经形成了覆盖城市化地区和郊野地区的完整规划编制体系。

总体而言，上海的详细规划可以分为两个层次，一是没有实施主体阶段编制的框架性详细规划，二是有主体参与和介入并即将落地的实施性详细规划。框架性详细规划更多的是政府多部门间的博弈，发生在规划与交通、绿化、文保、市政等部门。实施性的详细规划更多的是政府与市场间的博弈。当前的上海的详细规划，框架性详细规划基本已经全覆盖，后续开展的大多是实施性详细规划。按照编制对象类型划分，上海法定的详细规划可以分为三类，分别是城市化地区的控制详细规划、郊野地区的郊野单元村庄规划，还有覆盖两类地区的专项规划。

首先，关于城市化地区的详细规划。2010年，市局下发了《关于进一步加强规划管理，完善上海市控制性详细规划工作的通知》（沪规土资详〔2010〕373号），以“全覆盖、全要素、全过程、全关联”为目标，建立了一套全面、系统的控规管理制度体系，基本明确了分类编制程序和分区管理要求。目前上海市控制性详细规划已经形成《制定办法》《技术准则》《成果规范》《管理操作规程》“四位一体”的控详规划管理体系。控详的管理方式是分区、分类和分层。分区主要是区分重点地区与一般地区。重点地区通常编制非常详细的附加图则，并作为法定成果的一部分指导后续的实践。控规的调整程序方面，有完整程序和简易程序，一般根据调整的内容和规模确定走哪类程序，控规的核心是土地使用、开发强度、空间管制和公用设施。

其次，关于郊野地区的详细规划。上海郊野地区的详细规划编制，以上海郊野公园单元规划以郊野公园建设为契机，探索郊野地区城乡统筹的规划

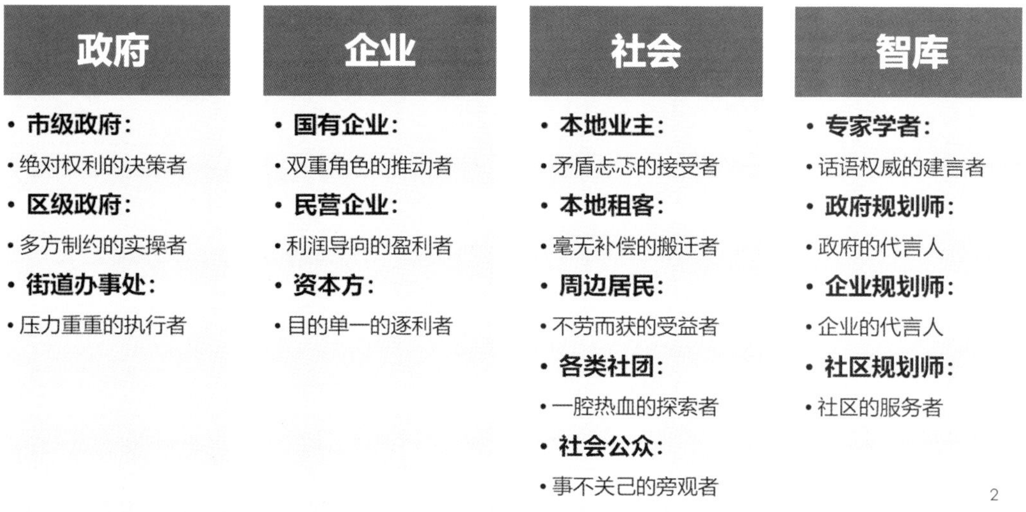

2.规划中各方主体层次、类型与角色

编制方法[6]。经过多年郊野地区的规划编制与实施探索，当前已经形成了完整的规划编制体系。当前的郊野单元村庄规划需要依据上位的村庄布局规划。村庄布局规划核心是明确未来村庄布点的规划策略，是郊野地区单元层级的规划。郊野单元村庄规划是详细规划层次的规划，核心为四个方面，分别是规划传导、全用途管制、项目审批依据以及推动实施。规划保障农民集中居住、乡村产业、基础服务等建设项目，同时做出时间、空间、资金上的具体安排。郊野地区详细规划编制目标为实现国土空间全域的精细化管控。

最后，关于详细规划层次的专项规划。专项规划除了交通市政之外，还有地下空间、生态、养老等。专项规划有总规层次的，也有详规层次的，详规层次的规划可以指导具体实施建设。上海在编的专项规划一般专业部门委托，与市规划资源局联合编制，成果编制完成后会正式审批，后续纳入控规。目前，市规划资源局正在牵头优化完善《上海市专项规划（详细规划层次）编制审批操作管理规程（试行）》《上海市专项规划（详细规划层次）编制技术要求和成果规范（试行）》，从而指导专项规划编制工作。

3. 特点小结：上海详细规划的三个“强相关”

一是编制层次与行政边界的强相关性。从提升规划实施度、便于后续管理的角度出发，上海将规划编制单元与行政边界进行衔接，很多规划的编制基本上都是以行政边界为依据，包括正在推动的单元规划、各镇国土空间规划等。

二是编制类型与用地类型的强相关性。编制方法与编制技术与现状用地类型密切相关，城市化地区与郊野地区采用不同的编制技术方法，新建地区、更新地区、历史风貌地区的编制方法也有差异，不同地区规划编制的技术手段不同，专业性也很强，需要专业人员的长期跟踪实践。

三是空间设计与空间规划的强相关性。城市化地区的城市设计作为编制控制性详细规划的重要依据，郊野地区的乡村设计作为郊野单元乡村规划的重要依据。设计非常重要，编详细规划一定要做设计，这是一个普适性规律。

三、多元诉求

1. 详细规划的主体类型、层级与角色

详细规划的利益主体，主要包括政府、企业和社会。市级政府一般作为核心权利的决策者，区级政府一般是多方制约的实操者，街道办事处是压力重重的执行者。国有企业一般不以单纯经济盈利为目标，是双重角色的推动者，而民营企业是利润导向的逐利者。社会是城市更新中的第三方力量，本地业主是城市更新矛盾忐忑的接受者，本地租客是缺乏保障的搬迁者，周边居民是不劳而获的受益者或毫无补偿的受损者。各类社团是城市更新一腔热血的探索者，社会公众是事不关己的旁观者。除了上述利益主体，智库是规划的技术服务方，专家学者是话语权威的建言者，政府规划师一般是政府的代言人，企业规划师是企业的代言者，而社区规划师是社区的服务者。但由于受聘于不同利益主体，代表公众利益的规划师的技术中立往往非常艰难。

2. 详细规划的多元诉求与利益平衡

编制详细规划时，各个主体都有自己的诉求。编制规划是规划主管部门的工作任务，每年都有任务清单，年度必须完成，还需要按照计划的时间节点。各个区镇政府要出让土地获得财政收入，必须编制完成法定的详细规划。为了实现更多的出让收益，区里希望通过空间增量、增加高度、减少公共设施实现。企业要开发一块地必须有规划，规划的指标必须保障开发有利可图。国企是比较有社会责任感的，所以它愿意背负一些历史保护、大量公益设施建设的责任，民企更多地看重经济收益。规划编制过程中，各方始终处在不断的博弈过程中。市民通常会关心与自己利益直接相关的规划。智库经常面临两难抉择，特别是受各区或者开发商的委托，需要对于开发的新增量和高度突破进行论证，非常考验规划编制团队的职业操守和底线。

四、思考展望

梁鹤年教授认为，规划工作者扮演两个角色：演绎整体利益去维持利益博弈的公允；协助弱小去中和为民请命的偏激。整体利益的关键在于适度：适度地分配不同人的利益、不同层面的利益、不同时刻的利益[7]。详细规划是分配资源，城市设计是提高品质，重点地区的详细规划编制基本都要开展城市设计工作。在当前增量的时代，城市设计特别重要，它和规划是相互补充，二者缺一不可的。城市更新是一个复杂的利益博弈过程，政府、开发商、原物业权利人、公众等在不同类型的更新中扮演着不同的角色[8]。城市更新地区的详细规划挑战更大，需要我们规划专业自身进行革新。规划需要从理念、方法、机制等多个方面进行变革。规划编制跟城市发展一样，要兼顾效率与公平。特殊发展阶段效率需要保证，但是公平不能忽视。过度地忽视公平反而会影响整体的效率。

1. 权力博弈：各级政府间的权责对等

不同层级政府间应权责对等，市区间的分工始终是政府层面一个重要话题。上海在规划审批层面，后续改革的方向是审批权会更多地向区里下放。政府的管理经常面面俱到，往往涉及全要素、全过程，但是管理要素多了以后会降低管理效率，也会抑制市场活力。所以，需要考虑管理的成本与管理的边界。到底哪些是政府一定要守的底线，哪些交给市场，哪些交给建筑师，上述核心问题都需要深入研究反思。对于各级政府来说，管什么，批什么，权责对等非常重要。管理权限之内，责任也应担当，不应该只要权力，不要责任。

2. 多维转型：经济、社会、文化、环境的统筹兼顾

周俭教授认为，现代城市设计应该同时考虑物质环境质量的提高，社会心理价值的定位和投资效益的实现[9]。详细规划是落实城市设计的法定规划，更应该遵循上述原则。从经济视角，详细规划应利益适配。建成区的详细规划应是有限目标，真正应该保住的是公共投资的能力、公共资源的积累和公共资产的保值、增殖及其充分利用。从社会视角，详细规划应关注社会公共利益与社会弱势群体。从文化视角，详细规划应关注城市历史文化传承，历史风貌地区、城市更新地区的详细规划。从环境视角，郊野地区的详细规划应守护人类生存底线。

在城市更新的背景之下，更新是为了实现增长，实现空间价值的提升，而增长之后增量空间的供给原来是比较模糊的，现在要从模糊的空间供给到精准的空间生产。利益分配不能一方独大，而是要合理地分配，避免不公平。专业人士需要关注社会的弱势群体，比如城中村改造中的低收入人群。可以学习借鉴日本、中国台湾的先进经验。精准的测算不仅仅是经济维度，还要看更新之后对原住民是不是有其他的损失，如对已有居民会带来哪些不好的社会影响。在历史地区的风貌保护细化评估中，大量建筑都是有保留价值的，但是要全部保留下来很难，所以要做精准的划分，针对不同历史价值的建筑物进行差异施策。详细规划是一个平台，通过规划的编制协调各个条线不同专业空间的诉求，最终形成一个相对理想、满足各方需求的方案。

3. 协同治理：政府、企业、社会的多方协同

政府应从原有的城市管理走向城市治理，企业应从原有的单一逐利走向保障公益，政府应对开发项目有精准的经济测算，进而保证企业不过度获利。还有社会公众，现在是有限的参与，后面应该到共同的决策。而规划的智库，应该保持独立与中立，我们要从技术服务方走向综合协调方，同时坚定地代表公众利益。

五、结语

上海详细规划的分层分类是基于上海多年经验与地域特色的尝试和探索。对于超大城市而言，规划作为一项公共政策，需要延续和传承城市的多元文化与空间、经济与社会的多样性，详细规划不仅仅是空间规划、资源规划，还是人的规划，城市规划是物质规划，同时也是经济规划、社会规划。详细规划是保障社会公平的技术手段，规划产生的空间增量是归公还是归私，还是共享收益，需要深入研究探讨。

规划师作为政府咨询的技术方，核心是要发现我们所设计的空间背后与城市社会经济之间千丝万缕的联系，我们要找到突破口，让政府投的有限的资金发挥最大的效用。规划政策、法律制定的工作比我们技术层面的工作更为重要，具有更大范围和更深远的影响，未来的规划师必须懂政策，需要为政策制定提供全方位的技术支撑，这个转型对于技术人员来说也是一个巨大的挑战。规划师必须要坚持价值底线，要处处为城市空间的使用者着想。规划的首要目标是为人民提供美好空间与美好生活，规划师应不仅是蓝图的描绘者，还应该是蓝图实施的陪伴者。

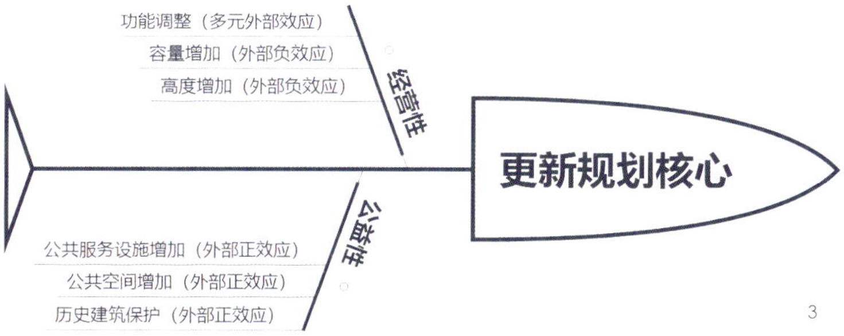

3

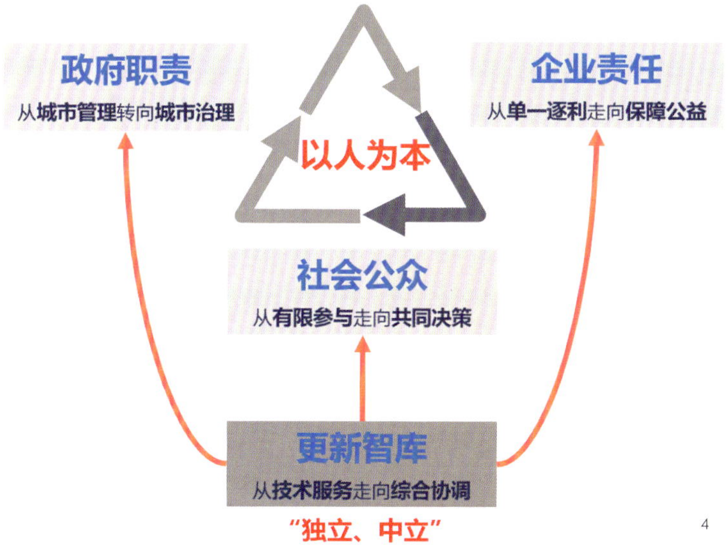

4

3.更新规划的核心要素

4.规划中各主体的转型

参考文献

[1]张兵. 2020年10月31日第17届中国城市规划学科发展论坛上的主题演讲“国土空间规划的价值取向”.

[2]周俭. 城乡规划要强化社会公正的目标[J]. 城市规划, 2016(2): 94-95.

[3]张帆. 谋求知识经济时代上海规划事业新发展，城乡规划, 2017（1）：109-110

[4]熊健,范宇,宋煜. 关于上海构建“两规融合、多规合一”空间规划体系的思考[J].城市规划学刊, 2017(S1):42-51.

[5]侯丽, 于泓. 国际视野下的详细规划与地方治理[J]. 城市规划, 2021(3): 24-32.

[6]殷玮. 上海郊野公园单元规划编制方法初探[J]. 上海城市规划,2013(5): 29-33.

[7]梁鹤年. 旧概念与新环境：以人为本的城镇化[M]. 北京：生活·读书·新知三联书店, 2016.

[8]葛岩. 关烨. 聂梦遥. 上海城市更新的政策演进特征与创新探讨[J]. 上海城市规划, 2017(5): 23-28.

[9]周俭. 现代城市设计的环境与空间策略[J].城市规划,1996(3):19-23, 60.

作者简介

葛　岩，博士，中国城市规划学会详细规划学委会，委员，上海市城市规划设计研究院重大办，副主任，高级工程师。

面向规建管协同的控规精细化改革探索与思考
——以上海市北外滩地区为例

Exploration and Consideration on the Delicacy Reform of Regulatory Detailed Planning Towards the Coordination of Planning, Construction and Management
—A Case Study of Shanghai North Bund Area

沈 赟 侯 丽
Shen Yun Hou Li

[摘　要]　在城市存量更新发展阶段，规建管协同是实现城市精细化管理的重要支撑，也是当前国土空间规划体系中详细规划改革的重要方向。本文重点以上海市北外滩地区为例，阐述该地区在城市精细化管理发展背景下，无论是控规编制和实施的发展演变，还是保障规划实施的管理机制创新，均呈现出了规划、建设和管理一体化协同趋势。通过北外滩地区的实践经验，笔者认为详细规划的编制和管理应强调其适应性，加强方案设计的多方协调平台功能，注重与管理体制的协同，并可通过技术创新服务规建管的精细化要求。

[关键词]　精细化管理；详细规划改革；规建管协同；北外滩

[Abstract]　In the stage of urban stock renewal, coordination of planning, construction and management is an important support to realize urban delicacy management, and also an important direction of detailed planning reform in the current national spatial planning system.Taking Shanghai North Bund area as an example, this paper expounds that under the background of urban delicacy management, both the evolution of regulatory detailed planning compilation and implementation, and the innovation of management mechanism to guarantee the implementation of planning, all present the trend of coordination of planning, construction and management.Based on the practical experience of Shanghai North Bund district , the authors think that the compilation and management of detailed planning should emphasize its adaptability, strengthen the function of multi-party coordination platform of design scheme, pay attention to the coordination with the management system, and serve the delicacy requirements of planning, construction and management through technological innovation.

[Keywords]　delicacy management; detailed planning reform; coordination of planning, construction and management; Shanghai North Bund area

[文章编号]　2022-89-P-070

上海同济城市规划设计研究院有限公司暨长三角城市群智能规划协同创新中心科研课题（编号KY-2020-YB-A01）资助①

一、引言

近年来，城市精细化管理作为与传统粗放式、经验型管理相对应的一种新型治理范式，在国内得到越来越多关注。“精细化”这一理念，最早可以追溯到19世纪末泰勒的科学管理[1]，20世纪50年代日本丰田公司将精细化管理理念运用到其生产和管理流程中，而后又被推广到其他各类社会组织，并在城市管理领域得到广泛应用。有学者研究提出，我国城市精细化管理发展经历了初步借鉴和尝试应用（2000—2005）、广泛推广和自主创新（2005—2015）、系统设计和高位推动（2015至今）三个阶段[2]。尽管目前学术界对城市精细化管理概念的内涵和外延都没有明确界定，但就全国各地实践来看，精细化管理大多是以解决城市管理突出的基层短板问题、改善城市环境品质、提升市民满意度为目标，涉及规划设计、环境治理、交通管理、施工管理、城管执法、应急安全等多个领域，通过法治化、标准化、智能化、社会化等方式实现城市管理的精准高效。

在城市精细化管理背景下，城市规划设计领域也展开了精细化转型的研究探索，主要集中在城市设计、控制性详细规划（以下简称“控规”）、风貌保护以及社区微更新等方面，涵盖规划编制技术和规划管理制度两个层面。随着国内大量城市转型进入存量发展阶段，以及当前国土空间规划体系改革的持续深入，越来越多研究者意识到，为实现城市精细化管理，不应只关注规划领域自身的精细化，更应进一步面向建设实施和运维管理，注重城市规划与城市建设、城市管理阶段有机衔接和协同运作。例如伍江指出，互联网和大数据使我们对空间与流之间关系的把握越来越清晰，城市规划、城市建设与城市治理也由此获得了强关联，不再是彼此分裂的不同环节[3]；段进认为城市精细化治理并不仅是将原有规划与设计及管理变得更加细化、深化，而是要更加细心耐心地观察和研究城市发展的方方面面，包括管理与服务的关系等[3]；朱子瑜指出，受制于专业和部门管理边界的传统规划设计越来越与建设实施脱节，无法指导城市建设和城市管理工作，城市规划只有真正融入“规—建—管”的全过程，才能实现“一张蓝图干到底”[3]；周鸣浩认为，城市规划、城市建设与城市管理是服务于共同的城市基本发展目标、具有内在关联统一性的三大重要工具，三者往往同步推进、互相影响与依赖、形成一种复杂的互动共生关系[4]。对于如何实现规建管协同或规建管一体化，一个重要的手段是提升信息技术支撑能力，如通过CIM（City Information Modeling，城市信息模型）平台的构建促进一体协同，在泉州[5]、雄安新区[6]等地已开展了实践；另外则是通过规划体系与方法的改革推动，如北京的详细规划体系提出了“分区管控、精编精管”“分颗粒度编制”的编管方法，一方面利用管控分区，有序传导城市规划管理结构性内容，另一方面“算实施帐”，适应市场多元化建设和管理需求，提出有适应能力的综合实施方案[7]。

上海在推动城市精细化管理工作方面走在全国前列，规划设计领域也朝向精细化发展，越来越关注城市空间品质和人性化体验，也更加关注与城市建设和综合性运行管理方面的衔接。笔者通过参与上海虹口、闵行、浦东新区等区城市精细化管理课题，以及北外滩地区新一轮城市设计和精细化管理典型示范区建设等研究工作，充分体会到上海近年来规划设计领域结合城市精细化管理要求的持续发展与挑战。本文尝试以北外滩为例，总结该地区规划设计的精细化转型实践经验，分析目前详细规划面向规建管协同所面临的问题与挑战，并提出自己的一些思考，以此与业内同行交流探讨。

二、走向精细化的上海控规编制与实施

21世纪以来，上海城市基层管理模式经历了从“网格化”到“精细化”的深化改革过程，并在2018年年初正式出台了全国首个关于城市精细化管理实施意见文件及行动计划，城市精细化管理模式得到全面推进。在城市规划设计领域，上海也逐渐将“精细化管理”理念运用在规划实践工作中，更加关注规划的实施落地和运营管理，在控规编制技术和管理制度发展完善过程中尤为明显。为保障规划顺利实施、维护建设与空间品质，各地区在开发机制和管理体制等方面也不断创新，向精细化发展。

1. 控规编管方法演进：法定图则的不断精细化

控规是原城乡规划体系中面向实施管理的规划层次，是指导城市各项建设的法定依据。在城市管理日趋精细化的背景下，上海的控规也经历了从以用地性质和开发强度、通则式退界管控，到对重点地区增加附件图则，其规定不断细化和定制化的过程。其中的一个重要转折点在于2011年，上海市规划与土地资源管理局出台新的地方控规管理规程，《规程》中规定，“对控制性详细规划确定的重点地区”，需编制基于城市设计研究的“附加图则”[8]，使城市规划管理方式实现由指标化管理向更进一步的空间形态精细化管理，加强了城市设计在法定规划编制中的作用。在城市重点地区，附加图则也需作为出让土地的附加条件，甚至要求带方案出让土地，以保障规划设计意图的落实。北外滩地区的几轮控规演变较好地反映了上海市中心城区重点地段详细规划编制与管理的发展变化。从20世纪90年代中期开始，北外滩地区启动了多轮的规划设计研究工作，早期城市设计与控规关系模糊，引导能力较弱，在提出需编制“附加图则”后该地区管控能力有所提升，近年来新一轮控规修编中则形成了更为精细化的模式。

（1）第一层面：规划与建设并行

2002年前后，虹口区人民政府和上海市规划局组织了北外滩地区城市设计国际方案征集，澳大利亚COX公司、美国RTKL公司等5家设计单位入围，并基于设计成果先后于2002年和2003年编制完成《北外滩地区（东大名路以南）控制性详细规划》和《北外滩地区控制性详细规划》。2004年，北外滩地区启动了开发建设（重点为滨江第一层面），陆续推进了17个项目（包括10个开发项目和7个市政项目），其中国际客运中心、白玉兰大厦、上海之星摩天轮等作为五大重点项目备受关注。然而在开发前期，项目审批部门意识到这些项目“每一个项目或建筑单独来看可能是精品而且富有个性，但从群体效果来看，往往不够和谐”[9]，为此再次展开了城市设计工作以指导项目的规划管理。这次城市设计针对存在已建成、已批在建、已批未建、尚未批准等多种情况的项目，在现状分析和汇总的规划实施方案评价基础上，制定了《北外滩地区城市设计导则》，对建筑功能、高度和天际线、退界和界面、建筑立面等十个方面进行系统研究和整体设计，并制定城市设计图则作为对控

1.北外滩地区（东大名路以南）控制性详细规划（2002年）总平面图
2.北外滩地区（东大名路以南）控制性详细规划（2002年）鸟瞰图
3.北外滩地区控制性详细规划用地规划图（2003年）
4.北外滩地区规划调整后总平面图（2005年）
5.北外滩地区规划调整后鸟瞰图（2005年）

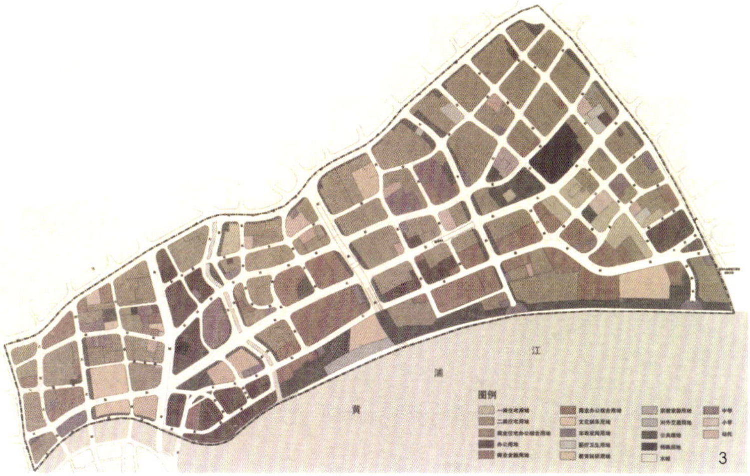

6.虹口区四川社区C080102单元控规（2007年）和北外滩社区 C080201、C080202、C080203 单元控规（2009年）用地拼合图

7.北外滩社区hk372-01街坊控制性详细规划原图则

8.北外滩社区hk372-01街坊控制性详细规划调整图则

9.hk372街坊建筑工程总平面公示图

10.hk372街坊建成照片

11.北外滩社区hk371和hk372街坊控制指标

12.上海市开发强度分区控制指标

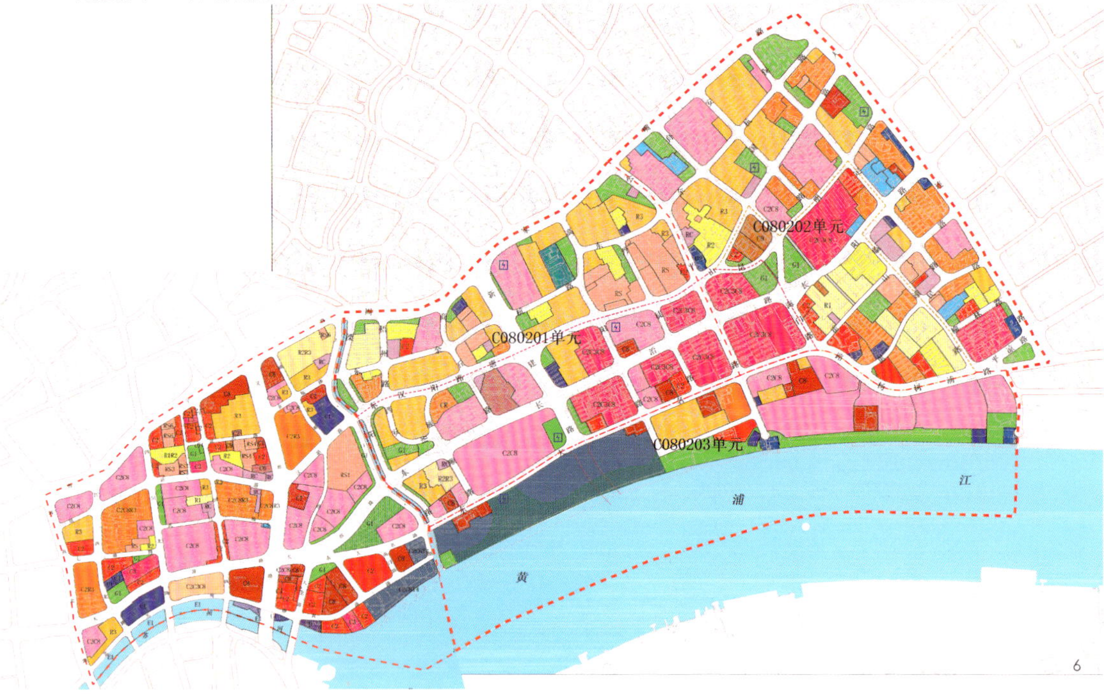

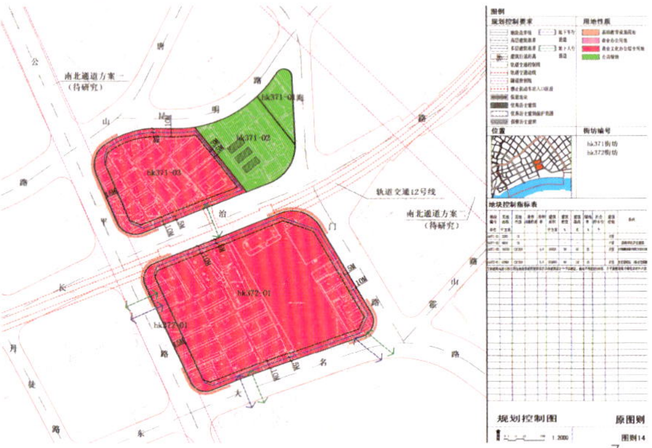

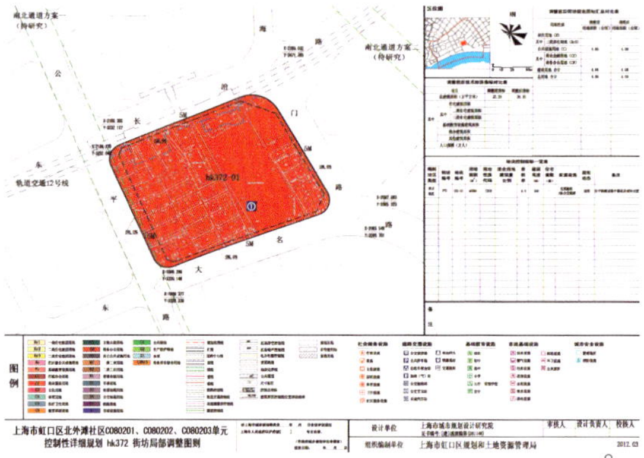

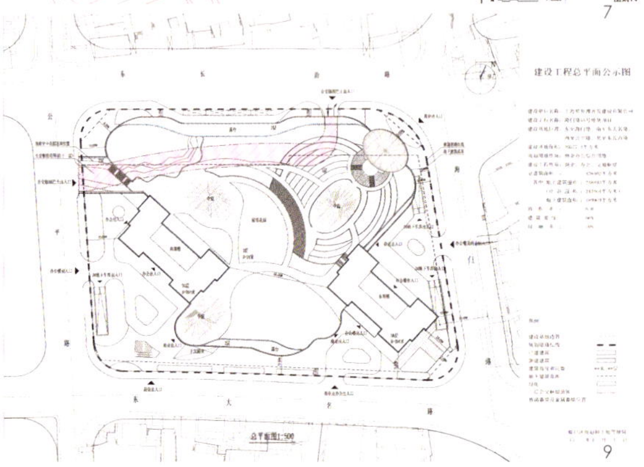

规指标体系的补充和完善。

这个时期的城市设计与控规之间的关系较为模糊，法定地位不明确，已有的城市设计导则难以为建筑设计方案审查提供有约束力的指导；另一方面，北外滩地区用地权属复杂，滨江约50hm^{2}土地属于港务局[10]，区规划部门对地块建设管理协调难度较大，使得这一时期规划实际管控和落实情况不甚理想。例如上海港国际客运中心“音乐之门”建筑实际建成效果饱受争议，各自为政的项目开发导致滨水空间的步行连续性不佳、滨江地块路网密度较低[11]等等。

（2）第二、三层面：附加图则的约束

2008年《中华人民共和国城乡规划法》实施之后，控规成为土地出让的法定依据，北外滩地区控规由四个整单元控规拼合而成，包含了四川社区和北外滩社区。这一轮控规编制体现了“横向到边、纵向到底”的网格化全覆盖精神，新的单元规划中间层次建立，协调自上而下分配总体规划的规划目标至各个控规单元，规划管控重点在于用地性质与开发强度，在形态方面主要体现为各地块的建筑限高要求和退界的通则控制。北外滩地区开发强度按市级、地区级公共活动中心进行控制，少数地块根据区位、基地条件、开发意向、空间形态布局的构思略有调整。

随后，2010年，虹口区组织了北外滩第二、第三层面城市设计国际方案征集，为后期开发指导提供了有意义的思路框架。如澳大利亚COX公司提出要重视低层沿街人行界面，德国AS&P公司提出要一定程度保留历史建筑以形成独特有魅力的城市肌理，实现新旧融合等。

2011年上海出台了新的控规管理制度，提出“1+1”的法定图则机制并形成

地块编号	用地面积	用地性质	兼容用地性质	容积率	建筑面积	建筑密度	建筑限高	绿地率	社会停车位	建设控制	备注
单位	m²				m²		m		个		
hk371-01	2280	G1								开发	
hk371-02	8090	G1								开发	保留部分历史建筑
hk371-03	16730	C2C3 C8		4.0	66920	50%	80	25%		开发	公平路侧设集中绿化并对外开放
hk372-01	40580	C2C3 C8		5.0	202900	60%	150	15%		开发	含交通枢纽，2条公交线路

主体建筑高度可结合周边地块景观控制要求在具体建筑设计中予以确定，最高不得超过180m，公平路侧设集中绿化并对外开放

11

强度分区	市级、地区级公共活动中心			一般地区			
	商业/办公容积率	高度（m）	适宜建筑层数	商业/办公容积率	住宅容积率	住宅高度（m）	住宅适宜建筑层数
Ⅰ级	<1.0	<15	≤3	<1.0	<0.8	<12	≤3
Ⅱ级	<2.0	<25	3~5	<1.5	<1.2	<18	4~6
Ⅲ级	<2.5	<40	5~8	<2.0	<1.6	<30	6~8
Ⅳ级	<3.0	<60	8~16	<2.5	<2.0	<45	8~14
Ⅴ级	<4.0	<80	14~20	<3.0	<2.5	<60	12~18
Ⅵ级	≤4.0	≥80	≥20	≤3.0	≤2.5	≥60	≥18

12

6+X指标体系——即1张整单元的普适图则确定6大基本指标，1张重点地区附加图则确定空间管制、风貌保护等“X”控制要素[12]，并明确将附加图则的法定文件纳入土地出让合同以保障实施管理。但北外滩地区由于在规程出台前已编制完成控规，只有在局部地块控规需要调整时才会增加附加图则，这为整体协调带来困难。如2012年的北外滩地区hk372-01地块，控规调整之际开始考虑通过二层连廊改善北外滩滨江可达性不佳的弊端，因此不仅将用地性质从C2C3C8调整为C2C8、容积率从4.0提升至6.0、建筑高度从150m提高至240m，还增加了五张附加图则（含地上和地下四层控制），对地上部分的广场范围建议和最小面积、二层连廊、地面公共步行通道等以及地下部分的功能、人行通道等制定了细致的控制要求。2012年年末该地块挂牌出让，上港集团与金茂联手竞得后组织建筑方案设计工作，并于2013年年末进行公示。基于上位规划的详细控制要求，该地块建筑设计方案审查也较以往更为细致，建筑裙房的立面效果以及地上地下多维度连接方面效果较好，但建成以后这些公共联系通道因为缺乏周边地块的协同，迄今尚未发挥应有的作用。另一方面，附加图则中规定地块内可设置多栋塔楼，其中一栋为标志性建筑，实施方案建设了2栋240m的塔楼，对周边地块带来压迫感，与邻近提篮桥地区历史风貌极不友好，这也说明了仅凭附加图则规定难以准确预料未来各种开发意图，仍有赖于地方规划部门对具体方案审定过程的把控与谈判能力。

（3）走向精细化模式下的设计方案统筹与综合约定管控

2018年初，北外滩街道正式成立，合并了原四川北路街道和提篮桥街道的部分地区，从而在北外滩地区形成了与规划范围相统一的地区基层城市管理主体。2018年末，北外滩作为未来上海发展的核心引领、与陆家嘴和外滩形成“黄金三角”的新定位被提出，在此基础上，新一轮城市设计和控规修编快速展开。应对城市发展战略的新要求，这一轮的规划设计工作体现了精细化管理模式的新发展：

①规划设计组织方式与成果内容的精细化：2019年年初上海市规划和自然资源局会同虹口区以“1+4”②的工作阵营，开展北外滩城市设计研究，功能配比、风貌保护等多个专题同时推进。该工作营以城市设计方案为平台，规划设计和专题研究相互补充支撑，并在项目推进过程中持续增加交通专项规划研究、方案结构和日照验证等工作，增加了规划的科学性和可实施性。基于城市设计的附加图则编制成为了规建管协同的平台，伴随规划与建设管理、公共开发部门意见的协同而逐步成型。城市设计中对二层连廊、公共通道、无车区和慢行优先道路、历史风貌展示等要求最终通过附加图则逐一纳入控规中去。“实施运营要求”也作为附加图则的重要组成部分加以明确，对于复杂的公共空间和竖向空间实施，控规文件提出了包括构建设计总控机制保障区域高品质，公共区域的公用部分统一设计、统筹实施；运营方面主要包括无车区交通管理，公共区域的公用部分运营维护以及统筹停车服务等要求。

②面向实施运营的土地出让条件精细化：在土地出让方面北外滩提出“三带三含”（带附加图则、带设计要求、带绿色建筑标准、含地下空间、含二层连廊、含交通优化）方式，确保每个地块都能符合区域整体功能和形态规划[13]，并制定综合约定纳入土地出让合同。例如2021年4月北外滩核心区480m地标建筑所在地块挂牌出让，出让合同中附有长达25页的《北外滩hk321街坊01、02（部分）地块土地出让规划、建设、运营等方面的综合约定》（以下简称“综合约定”），对规划要求（总图则及地上和地下分层控制图则的强制性和引导性管控要求、国际方案征集等），管理及运营要求（二层连廊、地下连通道建设运营、市政市容提升费用等）以及配套建设要

13.北外滩全域附加图则

14.北外滩全域附加图则——强制性管控要求

15.北外滩全域附加图则——引导性管控要求和实施运营要求

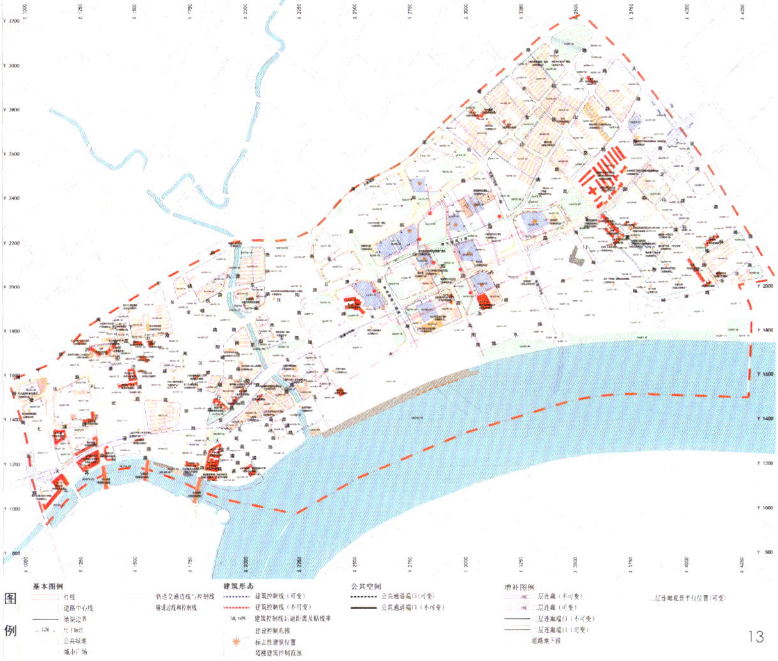

13

强制性管控要求			
	系统	设计原则	管控要素
公共空间	广场	地块内部广场临近轨交站点出入口、主要地标建筑出入口，原则上沿街道或公共通道布局；单处广场面积不应小于200m^2	地块内广场范围（可变）
公共空间	公共通道	保证新建路与中央公园之间南北向垂江通道的连续性，以及hk320塔楼、hk292塔楼与中央公园的东西向连通，通道端口尽量对齐	公共通道（可变） 公共通道（不可变）
公共空间	滨水空间	跨虹口港增设桥梁，实现滨水界面贯通，加强两岸联系，串联慢行网络； 苏州河沿线主要建筑更新改造，二层连廊滨河处布局景观平台，形成滨河标志性景观节点； 滨河重要景观界面通过错时停泊等方式，加强岸线公共性，远期将邮轮岸线外移，使岸线完全开放，形成良好的视线廊道； 通过降低虹口港防汛墙高度、抬升路面等改造方式，削减防汛墙遮挡，增加亲水体验	桥梁（可变） 开放岸线 防汛墙改造
综合交通	无车区	无车区由东余杭路、公平路、东长治路和新建路围合，无车区内唐山路地面、丹徒路、高阳路不得设置机动车出入口，将更多沿街界面作为积极的公共功能	地下车行出入口位置 禁止机动车开口段（可变）
综合交通	慢行优先	在核心区内设置慢行优先道路，东余杭路（新建路至公平路段）、东长治路（新建路至公平路段）、高阳路（周家嘴路至东余杭路段，东长治路至东大名路段）、丹徒路（东长治路至东大名路段）、北苏州路和虹桥港西侧溧阳路（部分段），其中东长治路、东余杭路、高阳路原则上控制双向四车道，机动车宽度原则上不大于14m，后续结合专项规划方案研究予以确定	机动车出入口（可变） 慢行优先道路 慢行道路段
综合交通	公共垂直交通	公共垂直交通与建筑、下沉式广场相结合，形式与人流量匹配，公共垂直交通间隔在50~80m之间； 与二层连廊相连的公共建筑至少布置一处公共垂直交通，二层连廊跨道路段应在道路两侧就近设置公共垂直交通，具体位置与形式结合方案确定	公共垂直交通
历史风貌	历史风貌展示	传承北外滩地区历史文脉，重点加强邻近中央公园、城市街道和虹口港两侧的历史界面保护修缮，还原地区真实的历史风貌，严格落实历史建筑管控体系要求，切实做好历史建筑的保护史新	全国重点文物保护单位、市级文物保护单位及优秀历史建筑 区级文物保护单位与文物保护点 其他历史建筑 肌理保护范围 重点保护风貌界面 风貌保护街坊范围 历史文化风貌区范围

14

引导性管控要求	
1.中央公园形成中央开阔大草坪、四周乔木与低矮灌木围合的整体格局，整体绿地率不低于30%，乔木覆盖率不低于20%； 2.高层建筑朝向有序，中央公园两侧的高层建筑垂江而立，以便强化朝向陆家嘴的轴线感，其他高层建筑朝向主要与道路走向平行； 3.通过道路断面改造交叉口、转弯半径缩小、路面铺装变化、信号指示灯优先等手段建设慢行优先道路	
实施运营要求	
实施	1.构建设计总控机制，经授权的专业团队对核心区整体方案设计和建设进行指导和把关，确保公共部分统一设计、统筹实施，引导各地块私有部分协调统一，最大程度保障区域发展战略的高品质实现； 2.公共区域：中央公园、广场、公共通道、慢行优先道、公共设施、垂直交通核、二层连廊、地下停车库与停车库主通道、机动车出入口等一体化公用部分均统一设计、统筹实施
运营	1.交通管理：无车区内除机动车出入口区域外保证24小时无车，只允许提供紧急车辆进入，或兼顾后勤功能，特定时间如清晨或夜晚、特定活动和节日期间，可供车辆通行； 2.公共区域：中央公园、广场、公共通道、慢行优先道、公共设施、垂直交通核、二层连廊、地下停车库与停车库主通道、机动车出入口等一体化公用部分中，移交市政单位运营的除外，均统一后期维护管理； 3.半公共区域：附属绿地、公共通道、二层连廊、地下连通道24小时对公众开放； 4.区域内停车场全面连通、停车位共享，统筹停车服务

15

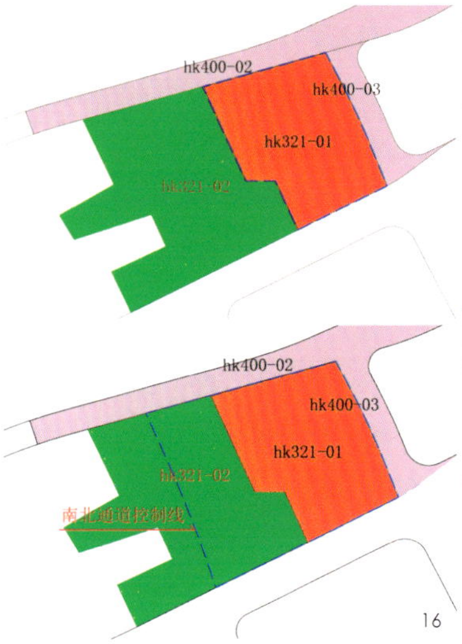

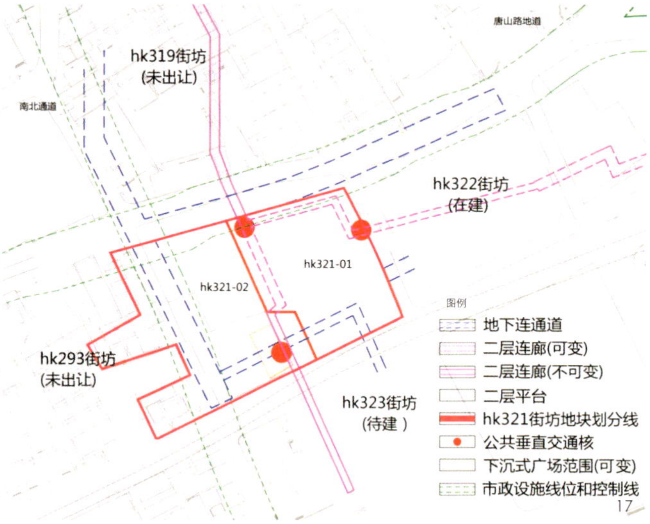

16.北外滩hk321街坊地上、地下出让范围　17.北外滩hk321街坊建设时序示意图

求（绿色建筑标准、BIM应用、环卫设施、顶部观光层等）做出了详尽规定。综合约定中明确要求国际方案征集以提升建设品质；明确建筑内外二层连廊、地下连通道等建设和运营主体以避免后期管理责任推诿等，这种方式很大程度上保障了前期规划与后续建设实施、运营管理的衔接。

总体而言，在城市精细化管理发展背景下，伴随着对城市片区未来开发和再开发整体意向的不断明晰，北外滩地区的控规编管工作越来越细化，注重实施性和可操作性，努力朝向规划、建设和管理一体化协同方向迈进。

2. 规划实施保障加强：政企合作与总师制度

规划编制完成后，在如何确保后期实施落地和保障建设品质方面，上海各地区也不断进行了精细化的探索。北外滩地区在不同时期尝试通过成立组织机构以加强对规划建设工作的领导，推进重大项目实施，例如1997年曾成立虹口区北外滩规划建设指挥部以及领导小组办公室[14]；2002年成立上海市北外滩地区综合开发领导小组以及领导小组办公室[15]等。随着市场经济发展，2017年，虹口区结合国资国企改革成立了北外滩集团，组建了北外滩功能区管委会，推动区属国企成为北外滩重要的建设责任主体，其中上海北外滩（集团）有限公司是在整合上海中虹（集团）有限公司、上海虹口投资控股有限公司、上海新虹口市政建设有限公司、上海北外滩滨江管理服务有限公司原有业务版块的基础上成立的[16]。

在北外滩新一轮规划启动后，为推动高效有序开发，2020年上海市级层面成立了由市领导牵头的北外滩地区开发建设领导小组，全市18家相关单位作为小组成员；虹口区层面则是成立了北外滩开发建设办公室（以下简称“开发办”），从全区20多个职能部门选派近百名机关事业单位干部[17]。在实践过程中，北外滩地区探索形成了“政府主导+办企合一+市场化运作”的开发模式[18]，特别是强调北外滩开发办和北外滩集团实行“一体化”管理和运作，使得行政协调和组织实施能力得以提升，确保规划落地落实。

北外滩地区以往也开展了许多有益的规划设计研究工作，但不少地块实际建成效果欠佳，其中固然有过去城市设计法定效力不足的缘故，但更重要的是设计方案审查过程缺少专业化引导。在北外滩新一轮开发中，北外滩开发办先后组建了北外滩开发建设专家委员会（五位专家委员）和总师室（三位总师），对北外滩地区（尤其是核心区）的各项建设质量进行把控[19]。在hk321街坊01、02（部分）地块土地出让综合约定中就明确要求：“国际方案征集设计机构遴选、方案评审等环节须邀请北外滩开发办总规划师、总建筑师参与，全程把控设计机构及设计方案质量；项目审批过程中的评审和征询等环节，总师须就方案贯彻北外滩规划理念、衔接实施方案、落实‘综合约定’等方面进行技术把关，出具书面意见。”北外滩地区总师制度的建立，能够对土地出让“三带三含”要求落实以及建筑形态设计等方面提供专业建议和技术支持，使该地区得以在专业引导和控制下实施建设，保障区域高品质开发。

三、规建管环节协同存在的问题及思考

从北外滩地区不同时期的规划实践中可以看到，规划改革的重要趋势是适应发展战略的持续更新、使规划编制更具实施性和可操作性，同时保持规划初衷、确保总量平衡、结构合理。在城市精细化管理背景下，规建管协同已逐渐成为当前详细规划改革的重要趋势之一，但目前要实现规建管协同仍面临着诸多问题与挑战。笔者结合北外滩地区的经验和教训，提出自己的一些思考。

1. 详细规划编制和管理的适应性

在当前国土空间规划体系框架中，详细规划是对具体地块用途和开发建设强度等作出的实施性安排。但是由于在不同时期城市发展战略、市场环境以及人的认识均有所不同，详细规划无法预见所有情况，规划编制与审批均应分层次分精度进行，以适应不断变化的时代与城市需求。北外滩在新一轮控规中有许多创新概念，在附加图则中明确其为强制性管控要求并予以公示，但在实际落地实施过程中遇到不少难点。例如规划提出将核心区6个街坊设置为无车区，但是由于北外滩地下空间错综复杂，局部道路下穿的出入口位置落实十分困难，因而存在一定争议。前期控规层面规定得过于精细化，缺乏一定程度的弹性，无法应对实际建设和管理中遇到的问题。在法定层面的规划应注重控制总体框架，明确底线和核心控制要素，避免事无巨细；规划实施方案中可以将控制引导要求进一步落实，明确是否可实施操作，从而使规划既能实现蓝图目标，又能适应动态调整。

2. 方案设计作为多方协调的平台

随着国土空间规划体系改革的深入，规划已越来越无法靠规划部门独自完成，而是需要在规划推进过程中不断与专项研究和各个政府部门进行对接，提高实施可行性。在这过程中，面向实施的方案设计更多是成为一个多方协调的基础平台，方案的调整即为各方诉求的反映。规划过程中不同专项、不同部门的共同参与，使得各方不再只是被动地接受规划成果，规划也更具科学性和可操作性。北外滩的规划设计协同工作为其他地区提供了良好的经验，但遗憾的是未能有拟招商对象提前介入，公众的意见也难以在规划中得到充分反馈。在规划编制工作中，可以尝试让有意向的开发商共同参与以明确市场需求，保证规划能够直接与开发、招商工作衔接，提高开发可行性。

3. 规划建设与管理机制的协同

为保障详细规划的落地实施，对与其相配套的管理体制机制设计也至关重要。在北外滩地区，北外滩开发办和北外滩集团分别作为作为开发建设主体和操作平台，北外滩街道则主要承担基层社会治理职能，“三驾马车”形成合力，共同推进北外滩开发建设和运营管理。需要注意的是，北外滩地区开发时间紧、任务重、要求高，当前的管理体制是否能保障速度与质量兼得仍有待考验。此外，为进一步保障地区建设品质以及建成后的长效管理，也应加强从设计导则到管理导则的研究工作。建议总结当前试点的土地出让综合约定的经验并进一步固化，制定《北外滩地区规划建设管理导则》，从规划设计、开发建设、运行管理的全过程角度，打造“北外滩标准”，确保建设标准统一、精细管理有序。

4. 技术创新服务规建管精细化要求

实现规建管协同的重要技术支撑是规划、建设和管理数据的共享与CIM系统平台构建。北外滩在以往发展中，由于规划编制审批与其他城市管理信息对接不充分，对规划的实用性和城市管理效率有所影响。北外滩街道应把握当前上海推行城市运行“一网统管”契机，汇集各方数据，实现规建管不同阶段的数据共享。一方面规划编制过程中，可以有选择性地对各部门的管理数据进行分析，为规划设计提供更多支撑；另一方面规划审批数据实时共享，便于相关部门日常管理工作的高效开展。在CIM系统建设方面，北外滩地区已初步采集了核心区交通、市政和部分已建成建筑的数据，但距离实现全流程、全周期的规建管数字化管控协同尚有距离。未来可进一步完善数据标准体系和丰富应用场景，例如增加对规划设计方案模拟分析、施工方案模拟和建设过程监督、城市运行状态监测等场景的深入研究。

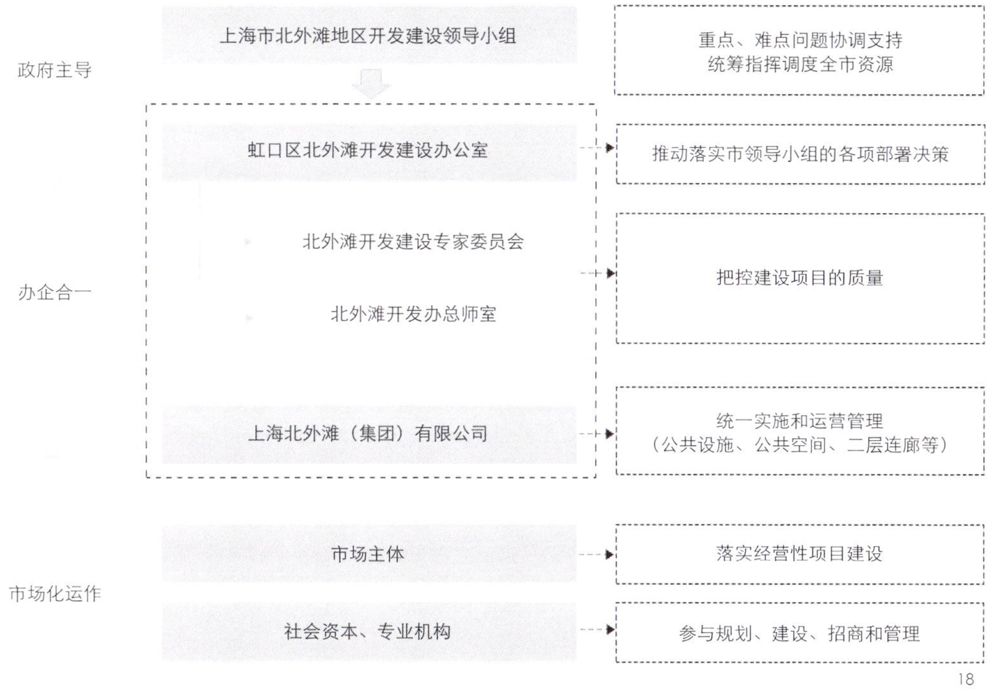

18.北外滩地区“政府主导+办企合一+市场化运作”开发模式示意图

注释

①本论文受上海同济城市规划设计研究院有限公司暨长三角城市群智能规划协同创新中心科研课题（编号KY-2020-YB-A01）资助，课题名称：国土空间规划体系下详细规划规程研究。

②“1”是日建设计东京团队，“4”是国内4位专家领衔的平行专题研究团队。

参考文献

[1]陈晨.城市治理精细化转型路径分析[J].中共珠海市委党校珠海市行政学院学报,2015,(1):38-41.

[2]余池明.城市精细化管理在我国的产生和新时代的发展[J].中国名城,2020(01):12-19.

[3]“城市精细化治理与高质量发展”学术笔谈[J].城市规划学刊,2020(02):1-11.

[4]周鸣浩.“第二人原则”下的城市规划管理新思考：评《历史街道精细化规划研究——上海城市有机更新的探索与实践》[J].时代建筑,2019(5):170-171.

[5]蔡映辉，蔡佳荣.泉州芯谷南安分园基于CIM的规建管服一体化应用案例[J].中国建设信息化,2021(07):17-19.

[6]杨滔，杨保军，鲍巧玲等.数字孪生城市与城市信息模型（CIM）思辨——以雄安新区规划建设BIM管理平台项目为例[J].城乡建设,2021(02):34-37.

[7]吕海虹.面向城市治理现代化要求的北京控规编制研究与思考，2020年11月，详细规划学术委员会北京专题学术研讨会报告.

[8]上海市规划和国土资源管理局.上海市控制性详细规划管理操作规程.第二章,2011版.

[9]俞斯佳,顾承兵.把脉城市空间品质 提高规划管理精度——城市设计在北外滩地区的探索[J].上海城市规划,2005(05):18-27.

[10]文哲.上海“北外滩”将成为投资热点[J].中外房地产导报,1997(04):41.

[11]王一,卢济威.城市更新与特色活力区建构——以上海北外滩地区城市设计研究为例[J].新建筑,2016(01):37-41.

[12]徐毅松.新形势下,切实推进上海控制性详细规划发展的认识和思考[J].上海城市规划,2011(06):14-20.

[13]上海北外滩确定开发模式：政府主导+办企合一+市场化运作[EB/OL]. https://m.thepaper.cn/yidian_promDetail.jsp?contid=8177258&from=yidian, 2020-07-08

[14]李维屏 主编,虹口年鉴[M].上海：上海交通大学出版社,1998,223.

[15]池洪 主编,虹口年鉴[M].上海：上海交通大学出版社,2003,171.

[16]上海北外滩（集团）有限公司基本情况. http://xxgk.shhk.gov.cn/hkxxgk/Depart/showinfo.aspx?InfoID=12c6540d-3105-4c22-a5d3-5fbd06621fba&CategoryNum=002004004001002，2019-06-01.

[17]单颖文.虹口北外滩开发建设办公室今成立，将尽快推出一批可见可感知项目[N].文汇报，2020-04-11.

[18]上海北外滩确定开发模式：政府主导+办企合一+市场化运作[N].澎湃新闻，2020-07-08.

[19]袁玮.北外滩开发办成立总师室：三位总师受聘 组成北外滩开发建设高端智库[N].新民晚报，2020-07-31.

作者简介

沈　婺，上海同济城市规划设计研究院有限公司，副主任规划师；

侯　丽，同济大学，建筑与城市规划学院，教授，博士生导师。

广东省详细规划历程回顾与趋势总结

A Review of Detailed Planning in Guangdong

胡 勇 蓝 添
Hu Yong Lan Tian

[摘　要]　回顾并梳理改革开放以来广东省详细规划的探索历程，按照“初探—确立—完善—转向—再探”将其大体划分为5个阶段，在不同阶段，简要记录了广东省相对全国率先的标志性事件，从“法定地位、工作流程、工作重点、作用范围”总结出详细规划发展的趋势。

[关键词]　详细规划；城市规划；城乡规划；改革开放

[Abstract]　This paper reviews the changing process of detailed planning in Guangdong since the reform and opening-up. There are five phases to be distinguished, namely preliminary piloting, initiating, improving, transforming, and reforming. Big landmarks and critical policies from each phase witnessing those pioneering initiatives in China are briefly introduced. It tries to examine detailed planning in terms of legislation issue, working process, critical parts of planning, and its jurisdiction, while envisioning detailed planning in future.

[Keywords]　detailed planning; urban planning; urban and rural planning; reform and opening-up
[文章编号]　2022-89-P-076

广东省是我国改革开放的前沿阵地，伴随着改革开放，为适应市场经济发展，广东省很早就开展了详细规划的改革探索，具有丰富的规划实践经验，期间发生了很多里程碑式的大事：20世纪90年代，广东省深圳市的法定图则探索为全国控制性详细规划（以下简称“控规”）制度的建立提供了鲜活经验；2004年，广东省人民政府出台了《广东省城市控制性详细规划管理条例》，2005年广东省建设厅制定了《广东省城市控制性详细规划编制指引（试行）》，为广东省各地市控规实践工作奠定了制度基础；从2014年开始，广东省以佛山、中山两市为试点启动省市合作的控规编制审批制度改革工作，取得了良好成效……

新时期，广东省作为“四个走在全国前列”的先锋地区，率先在全国推进国土空间详细规划创新研究，形成广东经验与示范，助力国家空间规划体系的构建，具有战略性意义。为了顺应国家国土空间规划体系建设的新要求，做好广东省详细规划与国土空间规划体系建设的衔接工作，有必要在国家改革开放的大背景下，对广东省过去开展详细规划工作进行回顾和经验总结。

一、初探：80年代早期探索

在改革开放的早期，官方的文件曾把详细规划等同于具体项目的建设规划。在1984年国务院的颁布《城市规划条例》当中，城市规划分为总体规划和详细规划两个阶段，应当根据批准的城市总体规划组织编制详细规划，作为修建设计的依据，城市详细规划由该城市人民政府审批。

面对复杂的实际建设情况，广东开始探索新的详细规划工作模式。广州为了落实城市总体规划，从1984至1987年底着手对城区内74个行政街区编制街区规划。这部分规划与美国的区划制度相似，旨在为进一步的修建性详细规划、环境空间设计、建筑设计提供控制指标、依据。1986年，广州市人民政府颁布了《广州市城市规划管理办法》，在规划技术与规划管理方面走在了全国前列。

在此期间，深圳借用了中国香港“三层次五阶段”规划体系，采取粗放控制的分区规划。1989年提出规划改革方案，主动应对城市建设机制变革，着眼于规划技术层面进行探索。在随后两年里，深圳尝试编制了各阶段成果，其中的“城市发展策略”和“深圳市规划标准与准则”产生了一定作用。

广东的实践，打破了传统“摆房子”的详细规划模式，实现了从形体示意到指标抽象的转变。对建设项目进行具体管控的详细规划，逐渐从市场主体所主导的工程建设规划中分离，收归政府主导。工程建设项目的详细规划，则逐渐转由各类市场化的主体负责实施，不再由政府包办。

二、确立：90年代初建立控制性详细规划法定制度

此后，国家层面的相关法律与配套法规肯定了广东省及其他地区的有益探索，在详细规划层面，将控制性详细规划与修建性详细规划（以下简称“修规”）进行区分：

第七届全国人大第十一次常委会1989年12月26日通过的《中华人民共和国城市规划法》（以下简称“《城市规划法》”），自1990年4月1日起施行。该法规定“城市详细规划应当在城市总体规划或者分区规划的基础上，对城市近期建设区域内各项建设作出具体的规划。城市详细规划应当包括：规划地段各项的具体用地范围，建筑密度和高度等控制指标，总平面布置、工程管线综合规划和竖向规划。”

在1991年9月3日建设部颁布的《城市规划编制办法》中，详细规划被分解为控制性详细规划和修建性详细规划，明确了各自的规划内容、文件和图纸。其中，“控制性详细规划指导修建性详细规划，以控制建设用地性质、使用强度和空间环境，作为城市规划管理的依据”。

1992年发布的《城市国有土地出让转让规划管理办法》（建设部令第22号）则进一步要求“出让城市国有土地使用权前，应当制定控制性详细规划”，规定出让地块“必须具有城市规划行政主管部门提出的规划设计条件及附图”，对于“未附具城市规划行政主管部门提供的规划设计条件及附图的出让、转让合同，或擅自变更相关内容”的情况，“不予办理建设用地规划许可证，土地权属证明无效”。

此时，城市规划体系下的详细规划体系基本成熟，控制性详细规划的法定地位得以提升。

三、完善：90年代中期至00年代中期，控规制度全省推行

基于国家确立的制度导向，各地开始尝试建立地方性的规划制度。经过若干年的探索，珠三角的几个前沿城市在90年代末出台了相关的规划条例、管理办法（表1）。

表1 珠三角城市出台相关规划条例、管理办法

文件名称	时间
广州市城市规划条例	1996年
深圳市城市规划条例	1998年
珠海市城市规划条例	1998年
东莞市城市规划管理办法	1998年

其中，1998年颁布的《深圳市城市规划条例》具有典型代表性。该条例颁布后，深圳的城市规划工作从技术路线转向了法制路线。该条例以严格的立法程序为基础，分离规划决策与规划执行，确立了“法定图则”制度。该条例在国内最早提出了规划委员会制度，明确指出法定图则的制定权和修改权属于规划委员会，且民间人士占委员会的法定多数。该条例的颁布，使法定图则不仅成为规划编制、决策、实施的核心，而且成为公众参与规划、监督规划的核心。

广东省基于各个城市的探索实践，正式出台了相关条例与指引，初步形成以控制性详细规划为主导的详细规划制度。2004年9月，广东省第十届人大常委会颁布了《广东省城市控制性详细规划管理条例》，成为我国第一部规范控制性详细规划的地方性法规。该条例在与现行上位法律法规衔接的基础上，确立了一系列原则、制度和措施，突出了控制性详细规划在城市土地划拨、出让和开发建设中的基础性地位；规范了控制性详细规划的编制、审批、实施、调整以及公众参与等法定程序，并引入了决策权与执行权分离的创新体制，明确了城市规划委员会对控制性详细规划的审议要求。

为了配合该条例的实施，规范控制性详细规划的编制内容和深度要求，广东省建设厅于2005年7月出台了《广东省城市控制性详细规划编制指引》。有别于其他地区，广东省的控制性详细规划的成果包括技术文件、法定文件和管理文件。技术文件作为编制法定文件和管理文件的技术支撑；法定文件是规定控制性详细规划强制性内容的文件，具有强制性实施的约束力，同时便于公众理解和监督；管理文件是行政主管部门实施规划管理的操作依据，结合规划管理的实际需要提出一系列规划控制要求，探索规划编制与实施管理结合。

《广东省城市控制性详细规划管理条例》与相关技术指引出台后，省内各地市遵循相关要求，陆续出台地方性技术标准与规定，推进相关工作。广东省详细规划制度体系的建设，是在不同的行政层级之间，通过一种良性的互动方式持续进行的。首先，在国家确立的控制性详细规划制度框架之下，广东省的各个城市根据地方实际情况进行积极探索。此后，基于各个城市的实践经验，广东省正式出台条例，与上位法律法规衔接，确立一系列原则、制度和措施，将控制性详细规划制度推向全省。通过这种方式，国家的政策法规与地方的管理实践得以联系起来，制度的建设与执行保持了连贯性。

四、转向：2008年至2012年，城乡统筹，存量更新

2007年10月28日第十届全国人民代表大会常务委员会颁布了《中华人民共和国城乡规划法》（以下简称“城乡规划法”），自2008年1月1日开始实施。《城乡规划法》将城镇建设区域与乡村地区共同纳入了国家层面的规划管控体系，将规划的关注点由片面注重城市发展转向更为全面的城乡统筹，促进城乡经济社会协调发展。

根据《城乡规划法》，规划区由城市总体规划、镇总体规划、乡规划和村庄规划划定。在城镇规划区内的建设用地范围、规模由总体规划确定，管理部门不得在城乡规划确定的建设用地范围以外作出规划许可。在详细规划阶段，控规第一次在国家层面的法律条文中被界定为一种单独的详细规划类型，区别于修规。城市国有土地的划拨与出让，工程项目的建设，规划条件的变更，都必须符合控规。在乡村地区，乡规划、村庄规划区域由县级以上地方人民政府确定，在乡、村庄规划区内进行建设需报规划主管部门核发乡村建设规划许可证。

在此阶段，广东省详细规划的工作重心从城镇增量空间的开发管控转移至城镇存量空间的社会治理。2009年8月25日，广东省人民政府出台《关于推进“三旧”改造促进节约集约用地的若干意见》，要求涉及改造的范围必须编制控规和改造方案。此后，各地市着眼于“三旧”改造陆续出台了一系列地方性政策。2011年，广东省住房和城乡建设厅印发《关于加强“三旧”改造规划实施工作的指导意见》的通知，进一步凸显规划在“三旧”改造中的重要作用，强化对规划实施工作的管理、保障。

着眼于宜居城乡的建设，广东省率先在开展了区域绿道网的建设。珠三角地区自2010年起，用3年左右的时间，建成了多条区域绿道，串联几百多处主要森林公园、自然保护区、风景名胜区、郊野公园、滨水公园和历史文化遗迹等发展节点，连接广佛肇、深莞惠、珠中江三大都市区，服务人口超过两千万人。这是国内首次在规划实施层面落实绿道规划的理念。为了在详细规划层面明确绿道控制区划定与管制、绿道连接线的概念形式与适用情况等技术层面的建设要求，广东省住房和城乡建设厅2011年相继出台了《广东省绿道控制区划定与管制工作指引》《广东省省立绿道建设指引》《广东省城市绿道规划设计指引》等文件。

针对广大乡村地区，广东率先启动探索“示范先行、以点串线、以线带面”城乡统筹的规划建设模式，广东省人民政府2011年出台的《广东省政府关于打造名镇名村示范村带动农村宜居建设的意见》，广东省住房和城乡建设厅出台了一系列的相关文件，包括2011年出台的《广东省名镇名村示范村建设规划编制指引（试行）》《广东省宜居城镇宜居村庄建设行动计划编制工作指引（试行）》，各地针对农村宜居建设开展了很多详细的规划工作。

五、再探：十八大以后新型城镇化道路的探索与尝试

经过三十余载飞速发展，各种环境问题爆发，“外延扩张、粗放发展”的城镇化模式得到反思。国家要求践行“以人为本，可持续发展”的理念，将社会经济发展、生态环境保护、历史人文关怀等各方面因素纳入城乡规划之中，探索新型城镇化的发展道路。

2012年11月29日，广东省第十一届人大常委员会第38次会议通过《广东省城乡规划条例》，自2013年5月1日起施行。2014年9月25，《广东省城市控制性详细规划管理条例》修正。详细规划的编制、审批、修改、实施与监督等各个环节都得到了进一步的完善。

1. 规划督察员制度与规划的动态监督

规划督察员的制度，早在2008年即已开始在珠三角地区试行。2013年12月25日，广东省住房和城乡建设厅印发《广东省城乡规划督察工作办法》，将早年地方形成的规划督察员制度推广至全省，按照"到位不越位、监督不包办、参与不决策"的原则，对各地城乡规划的编制、审批、修改及实施过程进行监督检查，突出事前预防和事中制止作用，及时发现、制止和纠正违法违规行为，确保城乡规划的有效实

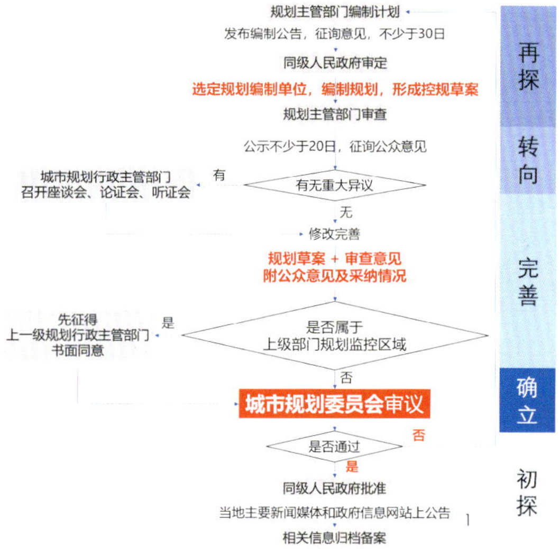

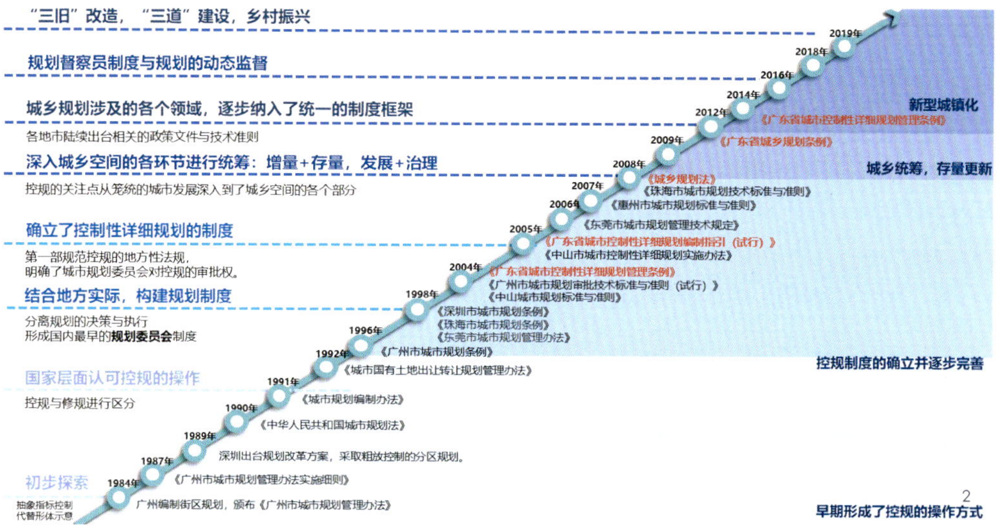

1.控制性详细规划的审批流程与城市规划委员会的作用　2.广东省详细规划创新探索历程

施。为了规范督察员日常管理，健全完善城乡规划督察工作机制、工作程序和工作方式，2014年5月28，广东省住房和城乡建设厅印发了《广东省城乡规划督察工作规程》《广东省城乡规划督察员管理细则》。2015年11月9日，广东省住房和城乡建设厅发布了《关于城乡规划建设遥感督察工作的管理办法》，利用城乡规划管理信息系统对全省城乡规划的实施进行动态监督，重点监测规划期限内的建设用地范围，城市开发边界、生态控制线控制实施情况，历史文化保护区、风景名胜区保护情况，湿地、自然保护区、水源保护区等生态敏感区和省级以上重点生态功能区保护情况，以及城市绿线、蓝线、紫线、黄线、城市道路红线实施情况。管理部门应用遥感监测技术动态监测建设情况，及时发现城乡规划建设的违法违规行为，并依法对违法违规行为进行监督、检查和查处，使城乡规划的实施与监督工作得到了进一步改善。

2. “三旧”改造的存量更新持续推进

2016年9月14日，《广东省人民政府关于提升“三旧”改造水平促进节约集约用地的通知》提出，将“三旧”改造纳入全省各级国民经济和社会发展规划、土地利用总体规划和城乡规划，进一步发挥控制性详细规划的引领作用，按照“三旧”改造需要编制完善控制性详细规划。对于成片连片改造项目，可在控制性详细规划或者相关上位规划的指引下，编制“三旧”改造项目单元规划，明确改造目标、模式、功能定位、用地规模等内容。

2018年4月4日，广东省国土资源厅出台《关于深入推进“三旧”改造工作的实施意见》，根据多年以来各地出现的实际情况，调整了地块入库标准、改造申请条件、以及相关的审批权限等内容，规范了改造供地的方式。对于将工业用地等用途改变经营性用地的自行改造，需移交公益性用地的改造项目类型、具体比例，将在控制性详细规划的编制或修编中予以落实。

2019年8月28日，广东省人民政府出台《关于深化改革加快推动“三旧”改造促进高质量发展的指导意见》，创新了规划管理制度，允许“三旧”改造单元规划作为项目实施的依据，直接覆盖原控制性详细规划，对于控制性详细规划未覆盖的区域，“三旧”改造单元规划可作为控制性详细规划实施，并允许在一定的条件下通过土地置换实现连片改造。

“三旧”改造，在盘活存量土地资源、保障经济社会发展方面发挥了积极作用，为国家建立城镇低效用地再开发制度提供了“广东经验”。详细规划在改造实施环节的公共政策保障属性，越来越发挥出不可替代的巨大作用，在各地方城市原有的工作基础上，存量空间的开发建设行为逐渐纳入了法定规划的管控体系，对控规制度形成了有效的补充。

3. “三道”建设与乡村振兴的协同推进

与此同时，详细规划的工作统筹范围跨越了城乡行政边界，涉及城镇建设区域以外的“三道”建设（绿道网、南粤古驿道、万里碧道）、乡村振兴等工作成为了新型城镇化与生态文明建设的重要组成部分。这些线形游径的民生建设项目将大量的自然山川风貌、文化遗迹、城乡景观、公共开敞空间与各类水网河湖生态廊道进行串联，让大量的政府人员、专业技术机构、非政府组织、开发企业得以全方位地介入沿线城乡居民的生产、生活，进而推动社会治理从自上而下的“官本”模式向上下联动的“共治”模式转变。

在绿道网建设方面，广东省住房和城乡建设厅印发《广东省绿道网建设2015年工作指导意见》提出了绿道“升级版”工作部署，广东省城乡规划设计研究院有限责任公司开展了《打造绿道“升级版”——构建全省绿色基础设施网络体系专项研究》。推进城市公园、湿地公园、乡村公园、森林公园、风景名胜区、带状河道海岸绿地、环城防护林带绿地、城乡楔形绿地等各类公园绿地建设，深入微观尺度整合绿地生态网络。要求各地以社区体育公园和水岸公园建设为重点，推动绿道网向绿色基础设施升级，推广低影响开发模式。将海绵城市、低影响开发的先进理念引入了绿道网的规划与建设工作中，也使绿道网系统的地表径流调蓄功能，特别是园林绿地对于雨水的收集利用和调蓄处理，成为详细规划的重要组成部分。

与绿道网的建设相辅相成，南粤古驿道线路的修缮使沿线历史文化资源得以串联起来，提升了岭南地域文化的影响力，促进了乡村休闲旅游与县域经济的发展。2018年，广东省住房和城乡建设厅会同广东省文化厅印发了《南粤古驿道保护与修复指引（2018年修编）》，在详细规划层面明确了南粤古驿道的管制体系、保护与修复原则、保护范围、附属设施范围、连接线的设计、工程做法样式等内容，将古驿道的保护与修复纳入城市绿线、紫线等城乡规划的空间管制体系，并延续了建设过程中不征地、不拆迁、不改变原有土地使用性质的基本思路。南粤古驿道的保护与修复除了关注古驿道的本体，也将其附属设施、赋存环境、相关的物质文化遗存和非物质文化遗存共同纳入考虑范围，使详细规划深入到其文化价值载体的各个环境要素。

在此基础上开展的万里碧道建设工作，将水环境治理、水生态保护与修复、水安全提升、景观与特色营造、游憩系统构建等议题纳入了规划统筹的考虑范围，使原有绿道、古驿道沿线的山水林田湖草等生态要素得以整合，兼顾了生态、安全、文化、景观、经济和社会等多重功能。2019年，广东省河长制办公室着手统筹万里碧道建设试点与规划编制工作，印发了万里碧道省级试点名单及建设指引，深入微观尺度分类对待生态环境敏感性较高的河湖水系，以及流经农村居民点、大都市中心城区和其他城区的河湖水系的修复治理工作，从而构建广东万里碧道的规划“一张图”，以及各地市域碧道规划的“一张图”，优化生态、生产、生活空间格局。

绿道、南粤古驿道、万里碧道的建设，为公众带来了更好的户外观光场所与文化休闲体验，促进了文化、旅游、体育等领域的发展，较好地协调统筹了历史文化传承、自然环境保护、生活品质提升、城乡社会经济发展与转型等方面的关注热点，为新型城镇化道路赋予了丰富的内涵与注解。另一方面，绿道、古驿道、万里碧道对于精准扶贫和农村人居环境的改善具有深远的意义，改进了乡村振兴的运作模式与工作局面，使相关工作的关注点逐渐从点状单个村庄，转向成片统筹，从单个项目的工程建设，转向乡村振兴、空间治理等方面。

在此期间，广东省详细规划探索领域拓展到了非建设用地。管控思路从以前的划线死守转变为积极的保护利用，从单纯的“控”向“融”转变，促进了社会经济发展、民生改善、历史文脉传承、自然资源保护等多方面工作的协同推进。相关的制度创新深入微观实施层面，突破了原有“一书三证”管理体系的束缚，在诸多领域都走在了全国的前列。

六、结语

综上所述，改革开放的早期，我国城市规划工作的方方面面与社会制度建设都深受计划经济的影响，所有的规划工作都由政府包办，政府主导的详细规划可以一直深入到物质空间环境中具体建筑的布置，即俗称“摆房子”的工作阶段，按照如今的理解，这样的规划已达到了修建性详细规划甚至工程设计的深度。

改革开放后，由于投资渠道、利益主体日益多元化，市场主体的力量得以培育，各类主体不断介入到城市的开发建设活动当中，政府不再像过去那样大包大揽城市建设工作，此时的规划领域，也亟需采用一种更有效的工作方式，统筹、规范和引导各类主体参与城市开发建设工作。在此背景之下，广东省及其他沿海地区开始借鉴美国的区划制度，中国香港的法定图则，以及新加坡的城市规划经验，探索详细规划的新模式。

在此过程中，政府主管部门与各类开发建设主体的行为边界逐渐成型，在开发建设的过程中产生了更加积极的关联互动关系，相关政策法规与技术标准体系所确立的规划工作机制变得更合理，更有效率的规划工作平台得以建立，各类管理事权逐渐明晰，更为现代化的社会治理体系也因此得以催生。经过多年的探索，一整套适应于社会经济发展的详细规划制度得以逐步确立，日趋完善。从广东的发展历程看，存在如下趋势：详细规划的法定地位逐步提升，工作流程逐步规范化，工作重点从增量为主进入存量为主，作用范围则“从城市拓展到乡村，从建设拓展到非建设领域”。

参考文献

[1]吕传廷，孙施文，王晓东，等. 控规三十年：得失与展望[J]. 城市规划，2017(3): 109-116.

[2]高捷. 我国控制性详细规划近二十年研究热点与进展：基于CiteSpace软件的可视化分析[J]. 城市发展研究，2020(1): 34-43.

[3]蔡瀛，王朝晖，姚燕华，等. 控制性详细规划编制的探索与创新：《广东省城市控制性详细规划编制指引》解析[J]. 城市规划，2007(3): 9-13.

[4]王富海. 从规划体系到规划制度：深圳城市规划历程剖析[J]. 城市规划，2000(1): 28-33..

[5]郭素君，徐红. 深圳法定图则与控规的历程回顾与比较[J]. 江苏城市规划，2006(6): 70-73.

[6]马向明，程红宁. 广东绿道体系的构建:构思与创新[J]. 城市规划，2013(2): 38-44.

[7]南方日报评论员. 高质量推进万里碧道建设[N]. 南方日报，2019-10-30.

[8]张京祥，陈浩，王宇彤. 新中国70年城乡规划思潮的总体演进[J]. 国际城市规划，2019(4): 8-15.

[9]蔡震. 我国控制性详细规划的发展趋势与方向[D]. 北京：清华大学，2004.

[10]戴逢，史小予，段险峰，等. 控制性规划的认识与实践[J]. 城市规划汇刊，1996(6): 1-6+64.

[11]石楠. Zoning 区划 控制性详规[J].城市规划,1992(2):53-57.

[12]王世福. 完善以开发控制为核心的规划体系[J]. 城市规划汇刊，2004(1): 40-44+95.

[13]广东省城市控制性详细规划管理条例[N]. 南方日报，2004-11-10.

[14]城市规划条例[J].中华人民共和国国务院公报,1984(1): 21-27.

[15]中华人民共和国城市规划法[J]. 四川政报，1990(2): 5-8.

[16]中华人民共和国城乡规划法[N]. 人民日报，2007-12-07.

作者简介

胡　勇，深圳市北京大学规划设计研究中心有限公司，副总规划师，高级规划师；

蓝　添，深圳市北京大学规划设计研究中心有限公司，规划师。

面向城市治理现代化的北京控规编制研究与思考

Research on the Regulatory Planning of Beijing for the Modernization of Urban Governance

吕海虹 王 引 马红杰 徐碧颖
Lyu Haihong Wang Yin Ma Hongjie Xu Biying

[摘　要] 控规是北京市国土空间详细规划的核心类别，是面向城市治理现代化的重要技术工具之一。本文立足北京城市发展阶段，基于当前在中心城区、新城地区所开展的新一轮控规编制工作，系统完善了详细规划体系，聚焦探索了控规编制技术要点，并通过具体案例实践验证，旨在形成“能用、好用、管用、想用”的控规运行系统。文章梳理了北京控规编制的三个发展阶段，总结了当前面临的减量发展、生态建设、规划实施和城市治理四大挑战，创新提出了构建1+3的立体控规运行系统和分类、分区、分颗粒度的控规编制技术思路，进而就四大核心问题进行深入研究，阐明了在技术方案的基础上，增加规则、图则、政策，及全生命周期服务的编管模式与方法。最后，文章指出，控规应当积极探索纵向的层级延伸以及横向的作业面加大，以对接国土空间改革要求、助力实现城市治理新现代化、推动城市建设高质量发展。

[关键词] 国土空间详细规划；控制性详细规划；减量发展；生态建设；规划实施；城市治理

[Abstract] Regulatory planning is the core category of Beijing's territorial and spatial planning system and is one of the important technical tools for the modernization of urban governance. Based on the urban development stage of Beijing, concentrating on the new work of regulatory planning in the central area and new towns, this paper systematically improves the detailed planning system and focuses on the technical points with practice, so as to form a regulatory planning operation system that can be used and easy to use. The paper reviews the three development stages of regulatory planning in Beijing and summarizes the current four challenges of transformation and development, ecological construction, planning implementation and urban governance. Then the paper innovatively puts forward the 1 + 3 regulatory planning operation system and the technical ideas of regulatory planning. Furthermore, the paper makes deep research on the four core issues and suggests adding rules, plans, policies, and management modes to the traditional technical solutions. Finally, the paper points out that the regulatory planning should actively explore the vertical extension and the horizontal working surface, in order to complete the requirements of territorial and spatial planning system reform, help to realize the new modernization of urban governance, and promote the high-quality development.

[Keywords] territorial detailed planning; regulatory detailed planning; transformation and development; ecological construction; planning implementation; urban governance

[文章编号] 2022-89-P-080

详细规划，是国土空间规划体系中非常重要的一类规划，长期以来在城乡建设发展中发挥着积极作用。2020年4月，《中共北京市委 北京市人民政府关于建立国土空间规划体系并监督实施的实施意见》颁布，其中明确指出：北京市国土空间规划体系分为市、区、乡镇三级，总体规划、详细规划、专项规划三类。其中详细规划包括控制性详细规划（控规）、村庄规划和规划综合实施方案。由于控规通过量化的指标和要求，将自上而下战略与自下而上实施进行有效联系，因此也是总体规划落地实施的重要抓手，发挥着承上启下的传导作用。同时控规作为政府、市场之间的重要契约，也搭建起政府意图、公共利益、个人利益统筹的协调平台，是体现城市治理现代化的重要技术工具之一。

自2017年至今，党中央国务院4年间已经先后批复了《北京城市总体规划（2016—2035年）》《北京城市副中心控制性详细规划（街区层面）（2016—2035年）》和《首都功能核心区控制性详细规划（街区层面）（2018—2035年）》3个重要的规划；2019年年底北京市委市政府也批复了13个城区和亦庄新城的分区规划，初步搭建起首都规划的四梁八柱。压茬推进控规编制、传导落实总体规划提出的城市转型发展、减量提质的任务非常迫切；对标、对表、对接副中心控规、核心区控规，其他城市集中建设地区控规编制的进程也在加速。在这样的背景下，北京市规划和自然资源委员会统筹组织开展了北京中心城区、新城地区的控规编制研究工作，我们非常有幸参与其中，有机会全方位、更深入地了解在城市规划、建设、管理全过程中的重点和难点问题，思考北京控规编制技术要点的优化方向，并探索提出可能的优化建议。

一、北京控规编制的三个发展历程

北京大范围地开展控规编制大致可以分为

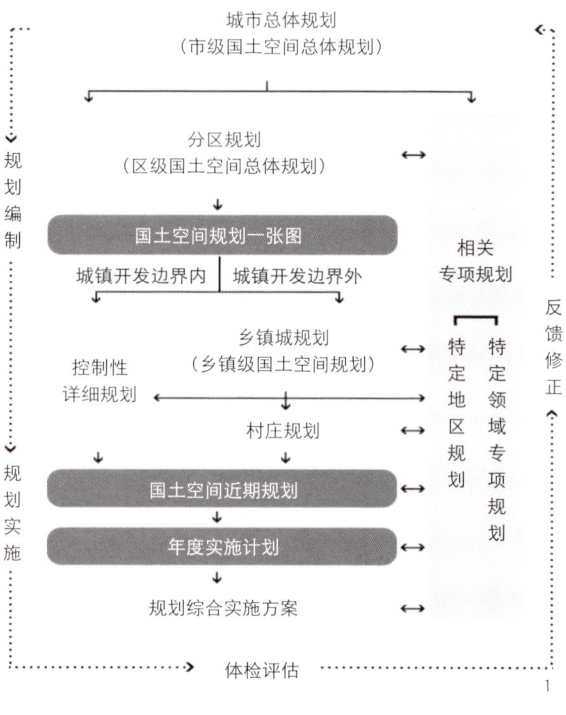

1.北京市国土空间规划体系示意图
（材料来源：北京市规自委网站）

2.副中心控规空间结构规划图（材料来源：北京市规自委网站）
3.核心区控规空间结构规划图（材料来源：北京市规自委网站）

3个阶段。1995年，北京市在市区中心地区全面开展了控制性详细规划的编制工作，规划范围约为324km²，并经市政府审批通过，形成1999年版控规。这一时期的控规主要侧重于地块层面的土地用途管制，通过空间划分、功能指定、建设规模、建筑高度等7项技术指标和要求进行用地管控。1.0版本的控规有效地解决了政府和市场对土地使用的约定问题，简单明了的指标便于管理、易于操作，在土地储备、土地出让过程中也较为实用，为土地要素市场化提供了技术支持。此后，由于自上而下一次成形的控规编制，与自下而上不断动态变化的市场需求之间产生供需错位难以避免，控规编制方法也在不断进行调整与实践。

几乎与上海市增加“控制性规划单元”、广州市提出“城市规划管理单元”概念同步，2006年，北京以“片区、街区”概念为指导，开展了中心城控制性详细规划方案的编制，规划范围约为1 088km²，并通过《中心城控制性详细规划实施管理工作方案》，确立了中心城控规动态维护的工作程序。随后在新城地区也开展了街区层面的控规编制工作，工作范围进一步扩大。升级到2.0版本时期的控规，通过增加规划层级，增强了区域系统性要求对地块指标的传导和约束；通过明确调整程序，增强了规划编制与实施之间的适配和调节。

之后北京虽然没有再大范围开展控规编制工作，但是随着认识的提升一直在不断丰富控规的内涵。比如融入城市设计要求，在2018年编制完成的《北京城市副中心控制性详细规划（街区层面）（2016—2035年）》工作中，将城市设计刚性要求纳入控规图则，图则条文中约一半与城市设计相关；并将城市设计全部要求纳入规划设计导则进行整体管控。再比如融入规划实施要求，在2020年编制完成的《首都功能核心区控制性详细规划（街区层面）（2018—2035年）》工作中，将规划实施要点纳入规划文本，并在街区划分中强调与行政管理边界的吻合，加强与城市治理的衔接。

由此可见，控规技术体系并非一成不变，而是随着时代发展的要求不断进行自我调适，具有很强的生命力和与时代同频的特征。当前面对城市治理现代化的新要求，控规技术体系还将一如既往地改革和迭代下去，总结已有编制经验，从规划视角到技术路线、从规则制定到试点实践开展探索性研究，从中提炼技术标准、校验技术规则、完善管理规程，形成一套适于新发展要求的北京控规编制方法，为践行落实总规、探索人口密集地区的城市空间优化模式提供北京方案。

二、本轮控规编制面临的四项挑战

近年来在控规编制的具体实践中，我们深切感受到有四项重大挑战摆在面前，这也是新一轮控规亟须研究的重点内容。

一是减量发展的挑战。新一版北京城市总体规划坚持走集约发展道路，实施人口规模、建设规模双控要求，倒逼城市发展方式转变。这要求规划中要精打细算使用有限的空间资源，改变以空间增量红利推动城市建设发展的惯性思维，在动力机制方面有创新，在资源配置上更精准。而控规担负着将减量提质的战略要求准确传导落实在具体实施中这一任务，则意味着更需要在规模的统分结构、增存结构、使用先后结构、供给结构方面更加精细，运用有力的技术工具，体现明确的价值导向，在有规模上限的约束条件下合理分配用地资源，推动北京从高速度发展转向高质量发展，实现北京新时代城市建设的发展蓝图。

二是生态建设的挑战。2019年《中共中央 国务院关于建立国土空间规划体系并监督实施的若干意

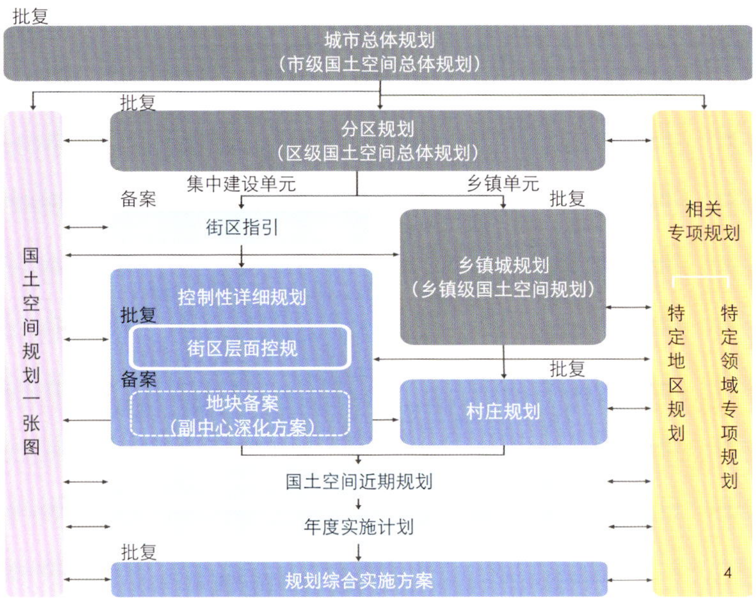

4.控规层级体系示意图

5.控规运行操作系统示意图

见》颁布，2020年自然资源部发布了省、市级《省级国土空间规划编制指南（试行）》《市级国土空间总体规划编制指南（试行）》等文件，生态文明建设战略思想已经落实到了具体技术层面，研究对象从建设用地拓展到与生态空间并重，研究目标也进一步强调提高生态服务功能和集约节约利用土地资源。控规在编制方法上需要对接这些新要求，探索规则、整合标准、开展实践，形成一套适用于非建设用地的规划编制方法。

三是规划实施的挑战。规划实施难、实施效果不佳都是在工作中经常会遇到的问题，其中有几种情况比较常见：一是实施主体经济账算不平，难以实施；二是实施进度不一致，公共设施建设往往滞后于经营性用地建设，导致地区公共服务短缺不足；三是实施精度不匹配，实体空间与公共环境一体化设计与实施程度不高，城市整体品质欠佳。因而在北京国土空间规划体系中特别明确了综合实施方案这一类型，加强实施导向。实施导向并不简单指算平经济账，而是要摸清资源任务，分析资源配置中利益分配的结构和流向，明确实施目标，并有能力实现既定目标。经济账算不平并不是简单换个方案，也可以通过捆绑实施单元、收益高低搭配、削峰填谷、加强统筹机制达到整体效能的最大化。还可以通过转换实施路径，创新实施政策、优化实施时序来满足实施需求。从这一角度出发，加强实施实际是指在控规编制中融入实施判断，提高对资源任务的掌握能力和对实施路径的判断选择能力，这也是在新一轮控规编制中应重点考虑的一个方面。

四是城市治理的挑战。十八大以来，国家明确提出“将推动城市管理走向城市治理”的目标，习总书记在视察上海时也强调：城市治理是推进国家治理体系和治理能力现代化的重要内容。从管理到治理意味着政府需要转变角色，面向多元主体，形成共治、共享、共建的共事共同体；城市治理现代化也意味着需要提升城市治理效能，在思路和方法上都应更具先进性。从思路上讲，治理更强调尊重规律，把握规律。治理能力体现在，能否有效地将对城市发展规律的认知与发展目标意图的引导相统一。从方法上讲，治理更强调系统集成，控规不仅要考虑空间逻辑，形成空间方案；更需要考虑运行逻辑，强调方案+规则+政策+科技（大数据）的统筹一体，形成控规运行系统。

三、控规的编制思路

面对上述挑战，研究更加认识到，当前控规已在纵向层级上有所拓展，上承战略、下接实施，需要增加上下接口，提高传导效能；同时在横向内容上亦有所延伸，强调多专业、多个部门的协同作战，提升团战能力。整体来看，在新一轮控规的编织中，需要在“技术思维”上融入“用户思维”和“运行思维”，调整工作定位，寻找多元需求、多维条件、多方参与下的规划共识，形成“能用、好用、管用、想用”的控规。

1. 构建1+3的立体控规运行系统

新一轮控规初步构建了1+3的立体控规运行系统。1是指1个批备一体的控规层级体系。在分区规划审批下形成街区指引传导备案层，在街区控规审批下形成地块深化方案传导备案层，指导综合实施方案编制工作。形成批要备全、刚柔相济的编制体系，实现上下互动、有序传导、精细管理。其中街区指引要统筹街区规模、三大设施、城乡统筹、空间底线约束、品质精细管控；街区控规要按需编制、落实街区指引，细化管控分区和地块指标。3是指同步开展3个支撑系统研究，包括1个工具箱，里面有技术标准和成果规范、非建设用地规划手册、更新规划手册等内容。1个政策包，包括相关规则和办法，比如控规编制办法、街区借量办法、计容办法、审批办法、评估办法等，还有一些针对特定管控地区和特殊建设情景的控规管理专项政策。1个数据库，包括建立国土空间“规划一张图”的数据平台，形成一套用地分类标准和制图规定，上下层级传导和校验规定，平台数据维护办法等，搭建控规编制、审批、实施、评估多层次的数据基础。

2. 分类、分区、分颗粒度开展规划编制

规划编制强调应分类、分区、分颗粒度开展，分类是指按照集中建设区面积占比分为建设主导、生态复合、战略留白街区3类街区。建设主导街区约一千余个，平均规模2~3km^2，是城乡建设生活的核心地区，需要进一步优化格局提升品质；生态复合街区约三百余个，平均规模4~5km^2，是城市集中建设紧邻的大尺度绿色空间，需要进一步优化开发边界，实现

6.朝阳区区级统筹单元动态调控示意图

城乡统筹发展；战略留白街区约十余个，是城市重要的发展预留地，需要进一步促进集中连片，保障未来发展。通过分类研究，希望形成因地制宜、标准相适的控规编制。

分区是指在空间维度上考虑区域特征和历史发展脉络，区分轻重缓急。重点功能区所在的街区应优先编制、保障建设；一般地区可以按照实际情况按需编制；并且对既有控规进行综合评估，明确可适用范围，充分对接市区建设计划，有序实现街区控规全覆盖。通过分区研究，希望形成繁简适度、急缓相宜的控规编制。

分颗粒度是指在同一层级上区分规划刚性和弹性内容，和在不同层级上区分规划刚性和弹性程度。通过研究我们进一步认识到，技术与规则实为一体，规则亮明立场，技术服务规则，因而对于规则所强调的，如政府应牢牢守住城市底线，严格保障城市公共利益等刚性内容，技术上就应细化颗粒度，比如将首都功能、公共服务、规模容量、生态红线等作为核心要素一贯到底，在街区指引里明确三大设施的规模、个数、位置，在街区控规明确三大设施边界，每个编制层级中的颗粒度均比经营性用地细化一度，加强传导性和落地性。同时通过学习各地经验，研究也做了一些探索，比如增加10~30hm^{2}尺度的单元细分要求，通过功能、高度、强度分区来增强包容性；加强标准研究，探索用地兼容性、提出用地混合类别及比例要求，来增强适应性等等。通过分颗粒度研究，希望形成宽猛适中、刚柔相济的控规编制要点。

四、核心问题研究

1.“方案+规则”落实减量发展要求

要在控规编制中提高规模管控力度，并与现状建设情况、规划发展建设意图相适配，需要将规模约束条件进一步前置，优先明确区域规模控制规则，作为空间规划的基本逻辑。为此，研究探索“方案+规则”来进行规模管控，并且提出分量要实、减量要准、流量要活的原则。

分量要实是指街区指引在传导单元规模时要实事求是，应区分街区中的3个指标池：现状池、保障池、资源池。现状建设要摸清底数、保障设施要优先满足、可利用资源要集约节约。并且制定了5条街区规模初次赋值规则，一定程度上防止在街区资源分配和建设时结构失衡的情况，并通过动态监测库容变化，有效地辨析城市建设情况，明确资源分配导向。

减量要准是指系统梳理各类资源，区分甄别减量的可行性。比如说在紧约束条件下对原有规划和在途项目进行再审视和再判断，对既有控规中各类用地实施情况进行逐地块梳理，从严控制建筑规模，合理匹配成本任务。

流量要活是指要增强区级政府对实施的主导能力和调控力度，在规划意图不明确的区域不必一次性释放指标，而采用流量库的方式动态调配，例如朝阳区就在街区指引中建立了区级统筹单元，进行流量动态调控。同时流量的使用也要遵循一定的规则，比如研究街区规模统筹办法，对指标输出、输入街区、发生条件、履行程序等进一步约定，通过“方案+规则”来引导规模达到预期。

2.“方案+图则”编制生态复合街区控规

国土空间规划改革方向是要突出自然资源在生态保护与城乡发展方面的基础作用，统筹全域空间。生态复合街区主要承担三个核心任务：一是推进国土空间用途管制，构建生态安全格局；二是强化城乡统筹，推动资源与任务的捆绑联动；三是加强土地综合整治，落实城乡建设用地减量任务。

研究首先梳理搭建城、土合一的用地分区、分类标准体系，把多规接口统一化、标准化、规范化。通过研究分析国家、市级、乡镇和村庄不同层级非建设用地规划标准，和实际试点应用情况，研究将非建设空间用途分区细化为7类，同时对接相关标准优化了国土空间规划用地分类，初步形成19类非建设用地，并且考虑生态功能的复杂性，细化了生态混合用地类型，比如水田复合、水绿复合用地等，考虑到生态空间与城镇集中建设区的关系，增加了景观游憩绿地类型。

研究进一步探索了生态复合街区的编制方法，通过学习上海市郊野单元村庄规划以及杭州市郊野单元控规试点的相关经验，尝试在温榆河公园、宋庄镇等区域开展生态空间控规编制探索，研究构建具有北京地方特色的技术线路。

在温榆河公园的规划实践中，现状层面突出生态功能评估，明确生态适宜性评价、生态分级、生境营

存量规划背景下面向实施的专项规划编制探索
——以虹口区基础教育设施专项规划为例

Implementation Oriented Special Planning Exploration Under the Background of Stock Planning —A Case Study of the Basic Education Facilities Special Planning in Hongkou District

李继军 魏水芸 王楚涵
Li Jijun Wei Shuiyun Wang Chuhan

[摘 要] 随着我国城市化进入新的阶段，城市发展方式面临转型——由空间扩张转向存量更新。在此背景下，中心城区用地资源紧张与设施质量提升及承载能力要求之间形成较大矛盾。

本文以虹口区基础教育设施专项规划为例，通过收集数据、部门座谈、现场踏勘等方法精准把握现状情况及结构性需求，对照国家和上海的规范要求，通过规划管控创新，制定符合虹口实际的地区标准。同时与现行控规严格衔接，盘整资源、优化布局、提升水平，从而更科学合理地做出面向实施的基础教育设施专项规划，更好地满足人民群众对优质教育的需求。

[关键词] 存量规划；专项规划；国土空间规划

[Abstract] As China's urbanization enters a new era, the urban development mode is facing transformation, from spatial expansion to stock renewal. In this context, there is a great contradiction between the shortage of land resources and the requirements for the improvement of facility quality and carrying capacity in the city center.

Taking the basic education facilities special planning in Hongkou District as an example, this paper accurately grasps the current situation and structural needs by means of data collection, departmental discussion, and on-site survey, and formulates local standards in line with the actual situation of Hongkou through planning management and governance innovation in accordance with the standard requirements of the nationwide and Shanghai. At the same time, it is strictly connected with the current regulatory planning, to reorganize resources, optimize layout and improve the quality, to make a more scientific and reasonable implementation oriented special planning for basic education facilities, so as to better meet the people's needs for high-quality education.

[Keywords] stock planning; special planning; territorial planning

[文章编号] 2022-89-P-086

一、背景

1. 国土空间规划背景对专项规划在体系中的地位提出了新的要求

在原城乡规划体系中，专项规划是城乡总体规划的规定附属文件[1]，是深化和落实城市总体规划的技术手段[2]、是编制控制性详细规划的依据，是城市规划编制体系的组成部分。而大部分专项规划的编制除城乡规划管理部门外，其他行业的主管部门也会依据相应的法规规章组织编制本行业内的专项规划，因此就造成了专项规划编制主体的多元和编制内容的不规范，与城市规划体系关系不明确[3]。2019年5月23日《中共中央国务院关于建立国土空间规划体系并监督实施的若干意见》提出“国土空间总体规划是详细规划的依据、相关专项规划的基础；相关专项规划要相互协同，并与详细规划做好衔接”，进一步明确了专线规划在国土空间规划体系中的地位，这就要求专项规划在编制阶段不仅要严格落实总体规划的要求，同时强化与详细规划的对接，增强实施性。

2. 专项规划对接详细规划的现状

以教育设施专项规划为例，目前基础教育设施主要参照服务人口规模与服务半径进行配置与布局，形成教育设施专项规划，但最终还是通过控制性详细规划进行规划落地与实施[4]。控制性详细规划是城市建设的直接依据，控规编制通常编制较快，完成时间较早，很多时候会出现控规先于专项规划完成编制的情况，从而往往专项规划无法及时有效落位，其法定强制性得不到保障[5-6]。

3. 中心城区存量资源利用现状

大城市在快速扩张过程中形成了功能密集、用地强度较大的中心城区，随着城市人口向中心城区的不断涌入，中心城区的土地承载逐渐出现了压力，大城市纷纷出现了中心城区“无地可增”的问题，这就使城市管理者将目光转向了中心城区的存量用地，通过外貌整治、功能置换、化零为整等方式重新整合用地，尽可能地满足中心城区内教育、医疗、养老等公共利益用地的需求。2018年11月15日上海市人民政府发布的《本市全面推进土地资源高质量利用的若干意见》指出，上海将实现“向存量要空间”、以质量促发展，其中有效利用存量土地资源是重要内容。但目前中心城区的存量资源利用并不充分，根据相关调查研究，英国中心城区物业资产用于存量改造的占比是7%，在北京刚刚超过1%，在上海则不足1%，上海城市更新领域存量资源的利用仍大有可为。同时，由于既有空间资源管控更加习惯于土地用途管制，这就进一步加剧了中心城区功能性用途人均标准提升与土地资源供给之间的矛盾。

二、虹口区基础教育设施现状特点

1. 在上海中心城区中情况较好，但与标准有差距

虹口区基础教育设施现状总用地面积约87.3hm^2，总的来说，虹口区的基础教育设施现状与中心城区的其他城区相比，情况较好。根据2017年底数据分析，虹口区基础教育设施与上海市其他中心城区（黄浦、静安、杨浦、徐汇、长宁、普陀等区）相比设施面积和数量基本持平，部分略有优势（幼托排名第4，好于黄浦、杨浦、普陀；小学和高中排名第3，仅次于黄浦和静安；初中排名第2，仅次于静安）。虽然中心城区基础教育设施有所集中，但中心城区的基础教育设施体现出明显的千人指标低的情况，距上海市《普通幼儿园建设标准》（DG/TJ08-45-2005）、上海市《普通中小学校建设标准》（DG/TJ08-12-2004）（以下简称“双标准”）规定的设施标准仍有较大差距，同时距郊区以及周边城市的千人指标也有一定差距（郊区及周边城市指标：幼托约在10所/万人，小学6.5所/万人，初中高中3.3所/千人）。（表1）

2. 大部分学校规模较小，部分学校用地绩效低

虹口区的基础教育设施规模普遍较小，距离折算后的标准规定（折算标准在后文）仍旧有一定差距，根据双标准上等折算后评价基础教育设施的班级数、用地面积和建筑面积，得出：54所幼托仅有2所达到15班，33所小学仅有4所达到30班，20所初中有9所达到24班，9所高中仅有1所达到24班。存在基础教育设施用地和建筑面积距离标准均差距较大的情况，其中学校用地和建筑面积均不足标准50%的幼托有21所，小学11所，初中6所，高中1所。在项目调研访谈过程中，某教育局负责人提到“某高中目前体量已满，六个班一个年级，导致走班无法实现，建筑空间不够，师生之间的公共空间也不足”“某初中缺少基本的体育跑道配置，只有大半个篮球场，但难点在于由于周边服务半径的要求，这个学校不能拆除搬迁，只能原址扩建或化零为整后就近搬迁，但周边用地并不满足这个要求”，这样的现象在访谈中并不少见。

另外，依据双标准的有关设施活动场地的要求进行评价，中小学从人均标准来看，小学有10所不达标，九年一贯制学校有1所不达标，初中有4所不达标，高中有1所不达标，完全中学有1所不达标，达标情况良好。幼儿园从总体面积来看，共有39所不达标，室外活动场地较为缺乏。

通过访谈与现场走访，现状基础教育设施在土地使用效率上也各不相同。部分学校建筑老旧、用地不足，规模小；部分学校用地有大量缺口，但周围并无扩建潜力；也有部分学校虽然规模小、建筑旧，但是重点学校或特色学校，较难搬迁或重建。这些因素都影响着学校的土地使用效率，基础教育设施绩效评价体系[①]详见表2、表3。

根据以上评价指标体系对现状幼小初高学校进行综合评分，列出现状用地使用低效的幼托4所，小学6所，初中1所，高中1所。用地低效的学校不仅有着规模小以及建筑老旧的问题，同时周边可开发地块的潜力也较小，未来原地扩建、就近搬迁可能性小，因此规划中不能盲目将其划分为扩建或翻新类型，而是应综合整合全区资源，进行教育资源的重新梳理和教育系统资源的用地置换。

3. 部分教育设施服务半径覆盖差，分布不均衡

按照《上海市控制性详细规划技术准则（2016年修订版）》和《城市居住区规划设计标准》（GB50180-2018）的要求，幼托、小学、初中对服务半径相对敏感，需要按照居住用地进行服务范围的测算，以找出服务盲区，对不同类型学校采用不一样的覆盖范围测算，即幼托以半径300m为服务范围，小学以半径500m为服务范围，初中以半径1000m为服务范围，以此来进行测算。

（1）现有幼托和小学覆盖有一定不足

在所有基础设施服务半径覆盖上，初中与高中基本能够满足全区的服务半径需求。幼托和小学的覆盖率有不足的问题，幼托覆盖不足问题主要集中在江湾街道、大柏树地区、凉城南部和嘉兴街道；小学覆盖不足问题主要集中在江湾北部、大柏树地区、凉城南部。

表1 中心城区基础教育设施对比

所在区	面积（km^2）	人口（万人）	幼托			小学			初中			高中		
			数量（所）	人均幼托数量（所/千人）	排名	数量（所）	人均小学数量（所/千人）	排名	数量（所）	人均初中数量（所/千人）	排名	数量（所）	人均高中数量（所/千人）	排名
虹口区	23.5	76.9	54	7.3	4	33	4.1	3	20	2.3	2	9	1.1	3
黄浦区	20.5	65.5	47	7.2	5	30	4.6	2	13	2.0	3	11	1.7	1
静安区	36.9	106.6	83	7.8	3	51	4.9	1	29	2.6	1	16	1.4	2
杨浦区	60.7	131.3	81	6.2	6	40	3.0	6	24	1.8	4	11	0.8	4
徐汇区	54.8	108.8	86	7.9	2	38	3.5	4	17	1.6	6	10	0.9	4
长宁区	38.3	69.4	62	8.9	1	23	3.3	5	11	1.6	5	6	0.9	5
普陀区	54.8	128.5	76	5.9	7	30	2.3	7	12	0.9	7	9	0.7	7

表2 小学及初中绩效评价体系表

类别	规模（0.4权重）	校舍设施情况（0.2权重）	周边开发潜力（0.4权重）	得分
小学	10 000m^{2}以上：5分 5 000~10 000m^2：3分 5 000m^{2}以下：1分	新建或较新：5分 简单修缮：3分 老旧建筑：1分	有空置地块：5分 有可协调地块：3分 无扩建可能性：1分	≤1.5为低效
初中	12 000m^{2}以上：5分 5 000~12 000m^2：3分 5 000m^{2}以下：1分	新建或较新：5分 简单修缮：3分 老旧建筑：1分	有空置地块：5分 有可协调地块：3分 无扩建可能性：1分	≤1.5为低效

表3 幼托及高中绩效评价体系表

类别	规模（0.25权重）	校舍设施情况（0.25权重）	地位与特色（0.25权重）	周边开发潜力（0.25权重）	得分
幼托	4 000m^{2}以上：5分 2 000~4 000m^2：3分 2 000m^{2}以下：1分	新建或较新：5分 简单修缮：3分 老旧建筑：1分	示范园：5分 一级园：3分 二级园：1分	有空置地块：5分 有可协调地块：3分 无扩建可能性：1分	≤1.5为低效或其中三项为1分
高中	12 000m^{2}以上：5分 5 000-12 000m^2：3分 5 000m^{2}以下：1分	新建或较新：5分 简单修缮：3分 老旧建筑：1分	重点学校：5分 特色学校：3分 普通学校：1分	有空置地块：5分 有可协调地块：3分 无扩建可能性：1分	≤1.5为低效或其中三项为1分

1-2.服务覆盖居住——幼托及小学
3.服务覆盖居住——初中

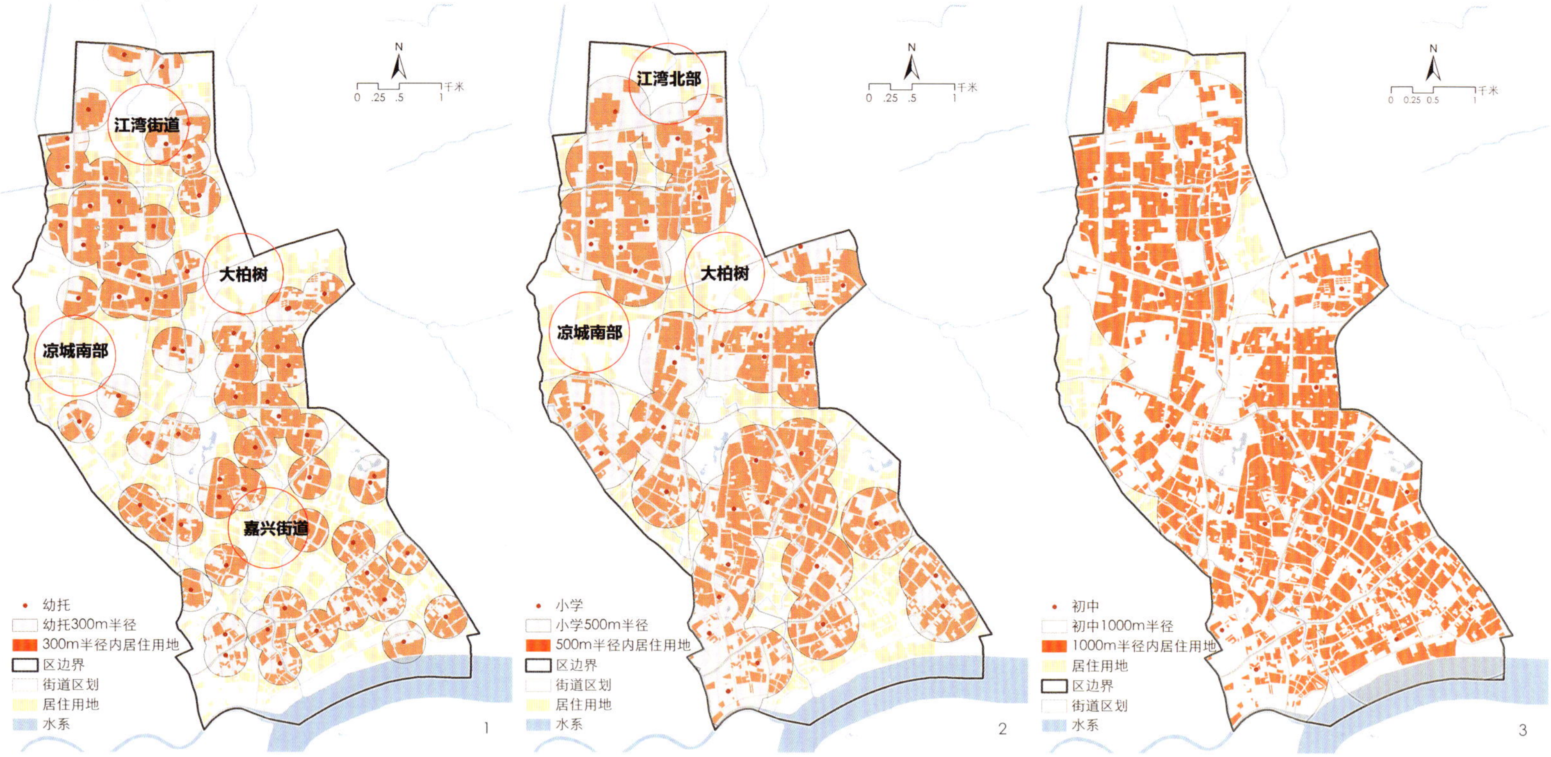

（2）部分街道基础教育设施分布不均

如北外滩街道和四川北路街道根据现有标准以及未来规划人口来看，幼托数量较少，小学数量偏多。根据调查统计，大多数幼托及小学与标准的差距很大，用地的整合和标准的提升是未来该区域的重要发展途径和目标。

三、虹口区基础教育设施规划面临问题

1. 指标需求与实际需求有所差距

通过双标准中根据人口测算的各教育基础设施配置的相关要求，即“每1万人应配建15班幼儿园一所”“每2.5万人应配建30班小学一所”“每2.5万人应配建24 班初中一所”“每5万人应配建24班高中一所”的要求，按虹口区2035单元规划中预测的70万人口进行计算，各类学校的个数和班数缺口详见表4。

表4　现状基础教育设施及未来缺口一览表

类别	幼托	小学	初中	高中
现状个数	54	37	27	12
应配个数	70	28	28	14
缺口	16	—	1	2
现状班数	459	660	455	205
应配班数	1052	840	672	336
缺口	593	180	217	131

注：其中九年一贯制小学拆分成一所小学和一所初中，完全中学拆分成一所初中和一所高中

表4反映出两个问题，首先某些类型的学校个数超过标准需求，但班级数缺口较大，侧面证明了虹口区基础教育设施规模普遍较小。其次目前虹口区人口数量大于未来规划人口数量，按照规划人口数量配备出的学校数量和班级缺口都显现出较大的问题，但在实际走访调研中，教育部门负责人以及学校负责人除对学校用地、建筑规模、场地规模等提出了需求外，并未反映适龄儿童、青少年“无学可上”的问题，因此单纯按照标准进行的指标测算来进行学校的配备，那么指标需求与实际需求的差距明显会产生规划过量的问题。

2. 用地需求与实际可供给有所矛盾

根据各单元规划人口，同时按照本次规划确定的虹口各街道基础教育设施标准折算系数，推算虹口区基础教育设施用地总量应为152.3hm^2。而受现状建成区影响，以及在土地资源紧缺的前提下，本次规划尽可能满足人口数量配比、空间基本覆盖、教育用地协调等要求，基础教育设施用地规划总量控制在133.7hm^2。现状基础教育设施保留面积为86.4hm^2，因此用地缺口为47.3hm^2。而对比已经批准的控制性详细规划后发现，现行控规中基础教育设施用地面积总量为110.7hm^2，在其原有现状的基础上实施了83.2hm^2，未实施约27.5hm^2。本轮规划首先可以利用现行控规未实施的27.5hm^{2}用地。因此最终用地缺口约19.8hm^2。

但经过项目组与区规土局进行多轮沟通后，发现中心城区用地紧张，每年用地指标严格控制，除教育用地外，随着公共设施人均标准的提高，包括养老、福利、绿地等公益性用地缺口也非常大，因此很难在近期完全满足教育设施的用地需求的缺口，只能按照已经批准的控制性详细规划进行落实，如果按照测算出的用地缺口进行规划，那么本基础教育专项设施规划势必无法与控制性详细规划进行完全地衔接落实，这样就又产生了专项规划与详细规划衔接断层，从而无法实施的问题。

3. 理想规划与实施落地衔接不足

现行控规的标准遵循上海市控规技术管理规定及上海市中小学幼托设施编制规范，但用地总量受资源限制影响了实际标准的不足且存在部分盲区。同时由于控规编制时间较早，而城市建设发展具有较多不可预测性，因此无法完全实施，存在部分现状教育设施与现行控规不一致的状况。主要问题体现在幼托、小学和初中的控规实施中。其中，幼托存在较多现行控规未落实地块，也存在一些由于实际情况所限而无法落实的地

块。此外，现行控规仍存在少许服务半径盲区，大多集中在江湾镇街道、嘉兴路街道、北外滩街道等。小学和初中存在少部分控规未落实地块，盲区主要位于江湾镇街道和曲阳路街道。因此在新一轮的基础教育专项规划编制过程中，要有效考虑到现行控制性详细规划实施的问题和未来与控规衔接的路径机制，最大限度地保证规划能落地、项目可实施。

四、面向实施的专项规划路径

1. 新指标体系——构建科学的指标体系

虹口区基础教育设施的用地面积以《上海市控制性详细规划技术准则（2016年修订版）》为主要标准，参照双标准以及《上海市城市居住地区和居住区公共服务设施设置标准》（DGJ08-55-2006）[②]。

但根据《上海市控制性详细规划技术准则（2016年修订版）》，由于用地、人口结构等因素限制，中心城区公共服务设施的用地面积标准可适当放宽[7]。在此背景下，本次研究认为，街道的定位、区位和人口结构都影响着街道内部基础教育设施的标准高低，通过综合考虑，推算得到各街道的折算系数。

首先，《上海市控制性详细规划技术准则（2016年修订版）》关于指标折算内容是：“用地面积”要求确有困难的建成区，应保证基础教育设施的建筑面积符合设置标准，用地面积可折减，折算系数参照表5。

表5　控规技术准则关于指标折算的内容

地区	内环内地区	主城区内环外地区	新城、新市镇
用地面积	≥0.6	≥0.8	≥0.8

其次，《上海市城市总体规划（2017—2035年）》中关于虹口区战略指引要求是：

“预留基础设施和公共服务设施的保障能力”“……住房和养老、基础教育、体育、绿地等基本公共服务设施以满足常住人口需求为主….考虑在常住人口基础上预留20%以上的弹性…..”“提供适应人口老龄化、少子化、国际化趋势的公共服务”“…..配套和人口结构相适应的养老、医疗、教育等公共服务设施…..”“……结合公共活动中心体系，推进各类市级、地区级高等级公共服务设施布局，重点在杨浦、虹口、普陀、静安的苏州河以北地区和浦东新区东部地区，增加体育、医疗、文化等现状较为紧缺的高等级公共服务设施，实现覆盖水平和服务水平的全面提升。”

北外滩街道和四川北路街道的部分区位被划定为CAZ地区，基础教育设施标准应相对较高，曲阳路街道被划定为重要发展区，基础教育设施标准次之，再次为其他地区，基础教育设施标准可适当降低。

最后，根据虹口区各街道第六次人口普查的人口结构依托进行趋势外推，预测各街道目前35~50岁人口比例（即后代为适龄学生阶段），年轻人口比例高的，对基础教育设施需求高要求高，因此标准适当提高，其次为年轻人口比例中等的，再次为年轻人口比例最少的（表6）。

通过以上三项指标构建指标体系，由于人口结构是趋势外推且本次研究不掌握人口机械增长数据，因此人口结构影响的权重较低。定位与区位的影响机制相似，故权重一致。根据以上的加权方法计算出各街道折算系数详见表7、表8。

2. 新实施策略——目标分解与近远结合

针对虹口位于中心城区土地紧缺的现状，本次规划将分成“扫盲”—“达标”—“提质”三个层次的规划策略进行实施。

“扫盲”是指在居住区建设标准和上海市城市总体规划的要求下，幼托、小学和初中应该满足在全区服务半径全覆盖，针对未能覆盖到的区域，进行盲点扫除的工作，同时校核各街道人口进行方案调整。

“达标”是指在满足服务全覆盖的前提下，按照中小学及幼托建设标准的要求，逐一对各类基础教育设施的达标情况进行摸排，在下一步规划中尽量满足标准建筑面积要求，如实在无法在现状情况下满足，可放置远期预留，在远期城市更新改造时优先考虑，同步更新。

“提质”是指在满足各类建设标准的前提下，选取区内定位较高的街道如北外滩街道，进行基础教育设施的高端定位和质量提升，例如建设国际学校，引进名牌教育等，与虹口区未来定位相契合，进一步提升虹口人居质量。

近期规划实施策略以“扫盲”为主，兼顾“达标”与“提质”策略。远期规划以“达标”和“提质”为主要实施策略。这样既保证了近期用地资源紧缺、教育设施亟待落地的需求，又满足了现状无法满足而实际上又缺少用地的教育设施未来在城市更新过程中，优先供给用地的需求。

3. 空间布局——充分、均衡与创新布局

本次规划的措施按照规划标准和布局的需求，同

4.规划方案——幼托（近期）

表6　虹口区各街道人口结构

街道名称	0~25岁	25~40岁	40~60岁	60岁以上
北外滩街道	19.83%	22.88%	37.41%	19.83%
广中路街道	20.01%	22.94%	36.79%	20.25%
嘉兴路街道	21.06%	24.46%	36.94%	17.54%

来源：2010第六次人口普查

表7　折算系数评级指标计算表

要素	区位	定位	人口结构
因子	内环线以内：0.6 内环线以外：0.8	CAZ地区：1.0 重要发展区：0.8 其他地区：0.6	35~50岁人口 比例 24%以上：1.0 比例 22%~24%：0.8 比例 20%~22%：0.6
参考依据	《上海市控制性详细规划技术准则（2016年修订版）》	《上海市城市总体规划（2017—2035年）》	第六次人口普查基础数据趋势外推
权重	0.4	0.4	0.2

表8　各街道基础教育设施用地面积折算系数

街道名称	区位	定位	人口	权重后
北外滩街道	0.6	1	0.8	0.8
四川北路街道	0.6	1	0.8	0.8
嘉兴路街道	0.6	0.6	1	0.6
欧阳路街道	0.6	0.6	0.6	0.6
凉城新村街道	0.8	0.6	0.8	0.7
江湾镇街道	0.8	0.6	1	0.8
曲阳路街道	0.8	0.8	0.8	0.7
广中路街道	0.8	0.6	0.8	0.7

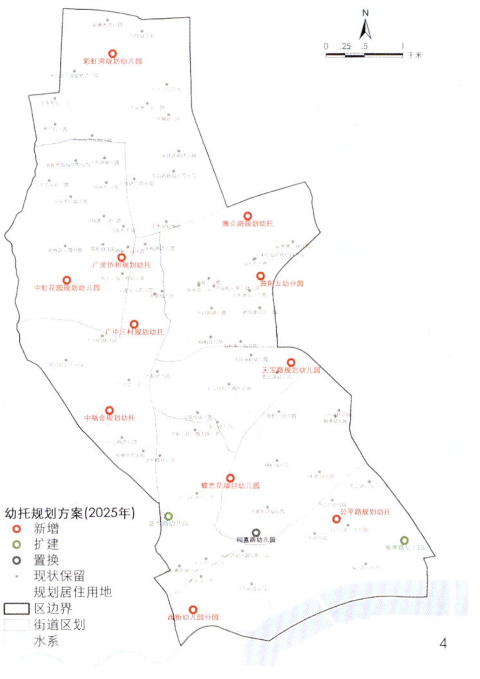

4

5.规划方案——小学（近期）
6.规划方案——初中（近期）

时依据现行控规，除保留学校外，将各类型教育设施分为新增（按控规实施、非按控规实施）、扩建（按控规实施、非按控规实施）、关闭、置换、可调剂等五种类型。

“保留”是达到各街道折减系数后标准指标的80%的基础教育设施。

“新增”是根据实际需要补充或调整，分为按控规实施和非按控规实施两类。

“扩建”根据标准要求和实际需要扩建，分为按控规实施和非按控规实施两类。

“关闭”是经协商后确定关闭。

“置换”是系统内基础教育设施用地置换为其他教育设施用地。

“可调剂”即现状是教育设施用地，远期可根据实际需要调剂成教育用地或其他用地。

以幼托规划（表9）为例，截至近期期末（2025年），规划共64 所幼托，其中保留51 所，新增11所，扩建2 所，关闭1 所。按控规实施新增6所，分别位于北外滩街道（2所）、广中路街道（1所）、凉城新村街道（1所）、曲阳路街道（1所）、江湾镇街道（1所）；非按控规实施新增5所，分为位于嘉兴路街道（1所）、欧阳路街道（1所）、广中路街道（1所）、曲阳路街道（1所）、凉城新村街道（1所）；按控规实施扩建2所，分别为新乡路幼儿园、临潼路幼儿园；关闭1所幼托，为同嘉路幼儿园。具体策略见图。同时，上述规划策略是制定过程中，与控规进行详细核对，对控规近期无法实施远期也无实现可能性的，及时调整策略并尽量达到满足全区基础教育资源均衡的规划目标，做到每个策略都可实施、有依据，专项规划与详细规划全面衔接。

表9　幼托近期规划方案一览表

规划类型	序号	学校名称	用地落实情况	备注
按控规新增	1	西街幼儿园分园	HK217-02	教育系统内调整（现崇明路小学）
	2	公平路规划幼托	HK362-04	教育局项目
	3	中福会规划幼托	HK106C-05	
	4	中虹花园规划幼托	HK074-15	
	5	腾克路规划幼托	HK067A-06	
	6	彩虹湾规划幼儿园	A038-07	
非按控规新增	7	广中三村规划幼托	HK0788-03	教育系统内调整（现民办瑞虹高中）
	8	天宝路规划幼托	HK143A-06	教育系统内调整（现教育局）
	9	广灵协和规划幼托	HK060-07	现有
	10	曲阳五幼分园	HK094-05	教育系统内调整（现教育局基建处）
	11	蝶恋花项目幼儿园		教育局项目
按控规扩建	12	新乡路幼儿园	HK175-03	
	13	临潼路幼儿园	HK383-03、HK383-04	
关闭	14	同嘉路幼儿园		

5

6

4. 新机制探索——协同其他国有存量资产盘点和利用优化

从目前教育房屋资产出租、借用的用途来看，虹口区教育房屋资产一部分租用为商业用途，如物业公司、食品公司、文化公司等，合同期限大部分到十四五期间或之前到期，如所在街道、社区急需教育房屋资产的整合置换，建议可在租期到期之后回收，以合适的方式进行再利用。另一部分为机关、部门的自用办公房屋，是教育房屋资产使用的硬性需求，征收再利用的比例不高。对盘整后的教育房屋资产本规划提出了以下几点合理化利用建议。

直接利用：对于面积相对较大的空置资源，符合幼托、中小学的建设标准的，通过产证办理，资源清理，基于所在地区的教育资源缺口和紧急程度，进行直接利用。

置换利用：对于面积较小的、分布较为零散的闲置资源或临近到期的租用资源，可以与土地部门商谈，以零换整，用多块小面积资源置换相对较大较规整的用地资源，并基于整个虹口区的教育资源缺口统筹，决定置换后的资源的利用位置。

回收利用：对于位于教育资源紧缺的区域的、临近到期的租用借用资产，且其功能对整个区域发展不紧急不必要的，可以采用到期回收或提前征收的方式，对租用资产进行利用。若资产面积较小不易利用，可采用上述置换利用的方式进行盘整利用。

功能更新：对于已经使用且功能可以改变的教育房屋资产，符合幼托、中小学的建设标准的，通过建筑功能更新和盘整，基于所在地区的教育资源缺口和紧急程度，不改变建筑外观，进行功能更新利用。

建筑改造：在标准规范允许的前提下，对于无空置、到期以及置换资源可利用的地区，首先选取1~2处试点，运用建筑改造、叠加楼层、屋顶绿化等方式满足这些地区对特定教育功能的需求，但需严格遵守相关建设规定与标准。如若试点运行良好，可推广至类似区域。

复合利用：对于教育资源较为缺乏，但又缺乏租用到期、空置以及可置换资源的地区，建议对现有已利用教育资源进行盘整，在标准规范允许的范围内，寻求现有建筑的多重功能复合利用可能性，例如可寻求专用教室的多功能分时利用可能性等。

除教育资产外，本规划还建议与其他部门如园林绿化、老龄委、社区等进行协商合作，争取通过国有资产重新盘整、化零为整、就近置换等方式，解决教育设施用地不足、服务水平覆盖不足的问题，同时也通过置换为其他部门的绿化、养老、福利等用地需求提供了一个双向流动的解决思路。

五、结语

虹口区基础教育设施专项规划的实践通过中心城区基础设施用地系数折算体系的重新构建、目标近远期实施结合、与控规对接落实项目用地以及教育内部资产的盘点等手段较好地实现了专项规划与详细规划的衔接，大大增强了专项规划的实施性以及对详细规划的指引，满足了新时期国土空间规划的要求，也通过多方协调讨论相对完善地为近期基础教育设施用地的困境创新性地提出了工作方案。

但本次基础设施专项规划由于资料、时间等限制，仍旧还有不足的地方。在实施层面，未来应加强对各类基础设施的分类指导，通过学校类型、重要程度、现状需求等将设施重新梳理分类，针对各个设施类别不同的特点提出不同的规划策略，进而制定一校一册，不仅让规划管理机构在进行全区性土地统筹过程中可以更均衡地配置土地资源，也让教育基础设施管理者在制定学校发展规划时更有据可依，可以较为现实地提出学校的发展需求。另外本规划对教育空间的共享利用也提出了自己的观点，但在多轮讨论中未被采纳，未来在基础教育设施的相关规划中，可以尝试从教育体育场地共享、课室共享、屋顶场地等方面提出更有实施可行性的相关建议，进一步优化中心城区的存量用地使用，使中心城区的资源更好地得到调配。同时，面向实施的详规及专项规划也要在传统的土地用途管制的基础上，调整思路，体现空间用途的分类管制，以便于释放中心城区更多的存量资源，保障人民群众对于更高质量更美好生活的需求。

注释

①规模是按照学校建设标准分别将各类基础教育设施分为三级，规模越小则绩效越低；校舍设施情况主要根据学校建筑质量判断，建筑质量越差，则绩效越低；幼托与高中还特别提出了地位与特色指标，旨在判断学校是否为重点学校，地位越低的学校，则绩效越低；周边开发潜力是指是否有原址扩建、重建的可能性，开发潜力越低，绩效越低。

②完全中学以高中的用地面积标准进行新建。

参考文献

[1]邱强. 城乡专项规划编制特点探讨[J]. 现代城市研究. 2009(5): 42-45.

[2]高洁. 对专项规划的反思与探索——以杭州为例[C]//中国城市规划学会. 规划50年——2006中国城市规划年会论文集（下册）, 2006: 496-500.

[3]沈锐, 范小勇. “协同”与“融合”:基于空间规划体系的专项规划探索[C]// 中国城市规划学会. 杭州市人民政府. 共享与品质——2018中国城市规划年会论文集（14规划实施与管理）, 2018: 733-741.

[4]查伟. 有效回归控规“一张图”的专项规划方法研究——以福州市长乐城区教育设施专项规划为例[J]. 福建建筑. 2019(4): 17-20.

[5]许骏.方波.徐嘉.周晓萃. 基于专业专项规划全覆盖的控制性详细规划优化实践——以重庆主城区为例[C]// 中国城市规划学会. 沈阳市人民政府. 规划60年：成就与挑战——2016中国城市规划年会论文集（06城市设计与详细规划）, 2016: 1351-1360.

[6]林宛婷. 浅议控制性详细规划与专项规划统筹机制——对落实北京市控规层面“多规合一”工作的若干思考[C]// 中国城市规划学会. 重庆市人民政府. 活力城乡 美好人居——2019中国城市规划年会论文集（15详细规划）, 2019: 154-162.

[7]马一星. 精细化语境下教育专项规划方法探索——以苏州为例[C]//中国城市规划学会. 重庆市人民政府. 活力城乡 美好人居——2019中国城市规划年会论文集（14规划实施与管理）, 2019: 686-691.

作者简介

李继军，上海同济城市规划设计研究院有限公司，规划五所，所长，教授级高级工程师；

魏水芸，上海同济城市规划设计研究院有限公司，规划五所，副所长，高级工程师；

王楚涵，上海同济城市规划设计研究院有限公司，规划五所，主创规划师，注册城乡规划师，工程师。

连续性、科学性、不确定性下的开发单元管控实施路径思考
——以深圳市前海深港现代服务业合作区第3、4开发单元规划为例

Thoughts on the Implementation Path of Development Unit Management and Control Under Continuity, Science and Uncertainty
—Take the Planning of the Third and Fourth Development Units of the Qianhai Shenzhen-Hong Kong Modern Service Industry Cooperation Zone in Shenzhen as an Example

赵宏宇 贾润泽
Zhao Hongyu Jia Runze

[摘 要] 本文针对当前城市设计成果遭受选择性转译的现状[2]，以开发单元为研究主体。借鉴城市设计概要机制，通过各级规划传导过程中连续性的提升，扭转设计落地不实的普遍现状；基于科学性的价值选择、系统性的环境影响分析挖掘地块新兴价值，推广新模式；并遵循市场的不确定性，制定适应性管控策略，协调多元主体利益，维护详规的严肃性。以深圳市前海深港现代服务业合作区第3、4开发单元规划为例，项目有效保证了综合规划中“水城”概念的连续性传导；建设过程中依据生态智慧理念指导科学的价值选择；并遵循市场规律创新性地提出详规严肃性的维护策略，以期为国土空间规划体系中的详规编制办法提供新的思路。

[关键词] 水敏性城市设计；开发单元；城市设计概要；详细规划编制；生态智慧城乡规划

[Abstract] This research is aimed at the current situation of selective translation of urban design results, with development units as the main body of research. Learn from the urban design outline mechanism, through the continuous improvement of the planning transmission process at all levels, reverse the general status quo of unrealistic design implementation; explore the emerging value of the land based on scientific value selection and systematic environmental impact analysis, and promote new models; And follow the uncertainty of the market, formulate adaptive management and control strategies, coordinate the interests of multiple subjects, and maintain the seriousness of detailed regulations. Taking the planning of the third and fourth development units of the Qianhai Shenzhen-Hong Kong Modern Service Industry Cooperation Zone in Shenzhen as an example, the project effectively guarantees the continuous transmission of the concept of "water city" in the comprehensive planning; during the construction process, the scientific value selection is guided by the concept of ecological wisdom; and follow the market law to creatively propose detailed planning and serious maintenance strategies, in order to provide new ideas for the detailed planning method under the framework of territorial and spatial planning.

[Keywords] water-sensitive urban design; development unit; urban design brief; detailed planning; research method
[文章编号] 2022-89-P-092

2015年中央城市工作会议的顺利召开与2017年中华人民共和国住房和城乡建设部（以下简称住建部）先后颁布的两批次城市设计试点城市通知文件，标志着城市设计的效用已在我国得到广泛认可。而后，2020年11月最新发布的《中共中央关于制定国民经济和社会发展第十四个五年规划和二〇三五年远景目标的建议》中指出，应统筹城市规划、建设、管理；增强城市防洪排涝能力，建设海绵城市、韧性城市。这些政策的出台也标明了城市设计发展的利好前景。但与此同时，设计成果落地不实，在各级规划传导中遭遇选择性转译、设计过程缺乏科学性和系统性，以及实施管理未能与市场经济下的城市发展特征充分结合[1]等问题也在城市建设中显得越发尖锐。研究对设计实践中的管控机制与开发模式进行探寻，借助西方国家城市设计概要机制启示，完善沟通模式，实现上层规划理念的良性传导；设计实施过程中充分关注价值选择的科学性与系统性，并针对不同规划阶段及市场的不确定性，完善适用于自身的管控策略。研究成果在项目实践中得到证实，并收获诸多正向反馈。

以深圳市前海深港现代服务业合作区（以下简称为前海新区）开发单元项目为例，作为全国第17个国务院特批国家级新区，前海新区是香港通往中国内地的战略咽喉，具有得天独厚的区位优势。同时其作为深圳市政府最后一块填海用地，建设开发模式有别于普通用地，采用以都市综合体为主的开发单元模式，每个单元由若干街坊组成，鼓励集中开发、功能混合与空间复合，侧重经济效益[2]，发挥开发单元优势，打造特区中的特区。针对该开发单元设计实施及落地成果，结合新时代控规中所存在的连续性缺失、市场与公共价值取向模糊以及市场经济不确定性带来的“水土不服”等问题进行研究，探寻国土空间规划体系中的详规编制的新思路。

一、连续性沟通机制——以开发单元设计概要为工具

针对当前城市设计成果遭受选择性转译的现象，研究基于开发主体多元化现状，平衡与沟通各方利益群体、保证从规划构想到实施建设的无障碍传导成为了单元开发建设应首要解决的问题。针对美国、加拿大等国家市场经济主导下的城市设计管控策略进行综述，参考城市设计概要机制，创造性地进行管控文件编制，形成开发单元设计概要成果，为多样化的利益群体提供一个交换、交流、交锋的平台，使得上层规划理念成果较高效地逐级传导，实现自上而下与自下而上的协同兼顾。使其作为落实规划成果构想、指导建筑开发设计、管控城市风貌、提升市民可感知度的高效手段，发挥好规划构想与空间落实之间的过渡作用[3]。

研究以前海新区实践项目为例，开发单元始

终贯彻落实《前海深港现代服务业合作区综合规划》（以下简称综合规划）的开发理念，保证对上层规划的最基本尊重。沿袭“前海水城”背后的发展逻辑，始终以保护作为开发建设的重中之重，净化并利用水资源构建景观基质，依托急剧提升的景观品质助推开发单元建设模式，达成“特区中的特区”这一重大使命。正是凭借综合规划对于“高质量发展”这一主题的精准把握，以及项目组对于上层规划的连续性传达与实施，才使得方案在众多国际联合体团队中脱颖而出，成功中标。同时，上接政府，充分发挥自上而下的管控优势，提升城市公共利益；下达建筑师，吸纳其关于落地实施的诸多意见，实现自下而上多方参与的协作优势，并通过引导手段使得建筑的设计与实施同城市整体风貌统一。

1. 协商政府管理者拟定决策条款

为弥补现阶段规划策略在协调不同地块相互关系上的短板，并实现政策对设计实施的有效指导，方案制定与实施过程中应会同政府各管理机构成立跨部门项目管理小组，针对多样化管控要素于全过程进行沟通与协调，创新的沟通机制使得构想根据实施现状及时地调整方向。以前海新区第3、4开发单元规划开发项目为例，多频次与市政、交通、人防、环保、投资运营、施工管理与水行政工作等专项部门商谈，形成周例会机制，掌握各专题建设实施进程及所遇问题，实现实施进度清晰化与沟通协调高效化。并在公共空间打造，生态环境建设，基础设施完善等方面拟定相应决策条款。成果详见表1。

单元地块位于前海新区开发强度最高的核心区，毗邻区域交通中心。项目期间不仅针对复杂立体化交通等重点问题频繁召开综合枢纽交通专项协调会，同时也根据上位政策调整与相邻地块设计实施不断对方案进行微调。依据上位政策所明确的开发需求，规划出综合发展用地，促进土地混合使用，提高效能，增强成果弹性引导能力。正是以上的周例会成果，增强了政府与设计组之间的沟通效率，促进了设计构想的实时更新。同时各开发单元主创团队间沟通碰撞，完善交通、管线、市政、环境等层面对接，实现了相邻单元的协同设计。

2. 沟通项目开发者拟定实施条款

基于设计构想的确定，将规划政策稳步向下传导，于项目编制后期同开发商及建筑师沟通

1

表1　针对政府管理者拟定决策条款汇总表

针对政府管理者拟定决策条款			
水景观系统	打造8座生态雨水公园调蓄雨洪，并形成不同降雨量下的丰富水景观	集约开发模式	在纵横交通相交节点以及地下垂直交通最密集的区域，针对开发打造4个不同功能类型的城市综合体
空间模式	双轴联动的复合公共空间体系，打造公共空间轴带，提升土地价值	景观视廊	
交通设施	打造公交出行系统、慢行交通系统。并设计具体公交、轨道、泊车等交通设施	公共空间	打造丰富街道生活空间，设计流行娱乐文化街、名品消费文化街、休闲养生文化街、精品体验文化街、林荫生活街等多样化公共空间，并营造“公共大厅”面向市民
业态策划	针对办公、商务等多种消费群体，分析消费时间及对商业的影响，提出业态发展建议	步行可达	采用POD理念，对各主要节点进行OD分析，结合区域各类形式建筑构建复合体系，打造立体式的全天候步行系统

2

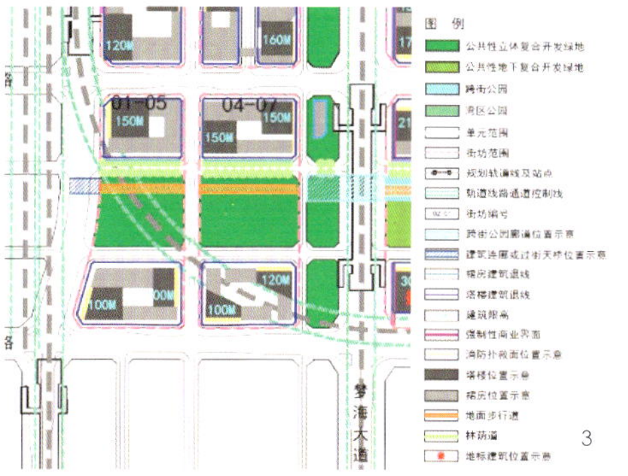

3

1.整体鸟瞰图　2.交易广场方案调整示意图　3.城市设计控制导则

交流，加强对具体建筑建造层面问题的关注。与建筑师同步设计，吸纳建筑主创的建议，针对投资、周期、运营成本等问题微调规划方案，使得滚动开发周期更为合理。从实施的角度检验设计成果，完善实际问题中所暴露的缺陷，指导城市设计的后续建设。

以开发单元西南角的交易广场方案调整为例，开发者通过协商交流，以单元规划的视角思考设计问题，站在更高格局对后续设计进行考量，以城市设计的视野增强建筑设计与单元整体的协同性，从开发单元整体发展角度出发做出牺牲让利。各利益群体相互影响交流，以此形成针对项目开发者而拟

表2　针对项目开发者拟定决策条款汇总表

针对项目开发者拟定决策条款			
建筑形式	板楼塔楼结合，延续城市肌理，调控比例关系，发挥各自优势	总平面图	
节能环保	对绿色建筑比例、综合径流系数、风环境营造、光污染治理、噪声控制及地面遮荫率进行控制	建筑退后	桂湾一路沿线退用地红线不小于10 m，梦海大道、怡海大道沿线退用地红线5m，创新1街沿线应退用地红线30m，创新10街沿线应退用地红线50m
日照分析	分析结合实验室技术手段，得出塔楼及轴线、绿廊、水廊均有两小时以上光照	风环境	通过分析风速、风压，得出区域风速一般在1~2m/s之间，双界河衔接处为2~3m/s，适宜人体感知。楼宇界面间风压值一般为3pa，利于通风
公共领域	建筑环绕公共空间形成内聚的庭院式布局	建设规模弹性管控	本单元街坊各类功能的建设规模允许相互调剂，但调整幅度不得超过其规划规模的20%

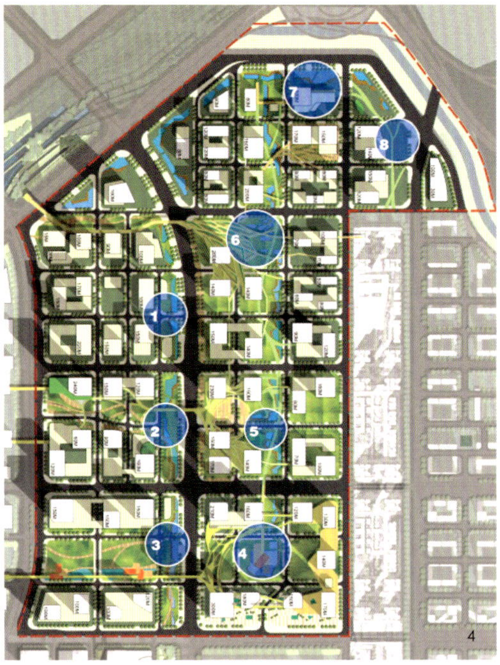

4.水敏景观结构示意图

定的实施条款（表2）。在交易广场方案调整案例中，为保证开发单元整体水廊道与景观系统的构建以及协同整体开发建设风貌的要求，经项目团队与开发商协调后修改原有综合体建设方案，并形成城市设计控制导则。开发者让步于单元整体的水景观廊道构建，压低中心区建筑，不仅满足了综合体的建设需求，同时也以此促成了开发单元设计方案的连续性与完整性。与开发者的充分交流保证了设计构想的无障碍传达。

同时在概要文件的编制过程中，为保证公平而实行信息公开制度，帮助政府、开发者、设计师和使用者构建平等高效的对话平台。建设决策实时更新与成果及时公布的新机制，保障了短期内落地实施的高绩效目标，使得管控重点一目了然，刚弹分明，增强各方交互效率。

3. 有关搭建连续性沟通管控机制的启示

针对城市设计上传下达效能低下，成果遭遇选择性转译的矛盾问题，项目于开发单元设计概要编撰之初便针对沟通障碍做出了建议与改善。不再割裂设计与实施的联系，充分继承与发挥上层规划成果，并通过建设多方协同的交流平台，完善从法规政策到规划设计再到建设实施的稳步传导。通过与政府管理者、各设计主创团队与实施建设团队的多层次交流与协同建设，形成各方一张图纸绘制蓝图的工作机制，有效避免了传导障碍与纰漏的滋生。沟通机制的构建与完善将大大提升国土空间规划体系中详规的编制效率。

二、科学性设计支持——价值取向选择及系统化分析

基于开发单元设计概要所完善的沟通机制，保证上层规划的良性传导。进一步进行价值取向选择及系统化分析决策成为研究的下一步工作。首先，在设计过程中，如何科学性地实现市场价值与公共价值的合理选择成为首要的问题。在增量规划中，详规的制定往往基于土地出让和城市设计的相关要求，而在存量规划中，详规的制定程序变得更为复杂。科学的价值取向选择将助力周边地块利益的维护以及新兴价值的挖掘。其次，基于科研论证的系统化分析，组织系统性的城市设计技术方法，有助于探寻生态对于城市发展的价值贡献，进而把规划做好，把详规做实。同时，引入生态智慧理念，从人与自然和自然与人的双向角度进行价值思考，推行服务生态指导下的开发建设。

1. 科学性价值取向选择

前海新区项目过程中，多次听取政府决策决议，在综合规划的“前海水城”理念基础上，提出再生城市的科学价值取向。针对深圳市逢旱缺水，逢雨必涝的现状，并结合地块历年水文资料数据，引入水敏性城市设计（Water Sensitive Urban Design，简称“WSUD”）等国际先进理念，打造系统性水廊道，构建雨洪管理安全格局[4]，突出高质量、高品质、可持续发展理念，进而探讨防洪、休闲和文化的综合绩效评价。市场价值与公共价值的科学调配平衡了公共利益与开发效益间的关系，使得3、4单元尽管处于远离海滨、四面受阻的闭塞区位条件下，仍然创造性地实现了“活力水城”的建设构想，通过水安全、水生态、水景观三个方面来进一步深入地实现3、4开发单元活力水城、魅力水城的场所营造。依据理论研究与实验室模拟法为基础对规划单元内生态安全格局进行分析评价，并在概要文件中明确规定了水敏系统构建应遵循的原则：

原则1，保障人身安全；

原则2，维护价值高的用地；

原则3，保障重大基础设施安全。

正是基于价值取向确定与实验室环境影响分析，研究探索开发单元空间和土地使用所采取的价值观，既不损害周边的利益，也就是不导致周边土地、房产的贬值，又能够挖掘出地块的新用途、新价值，推动城市开发与更新。项目经多层筛选，探索基于敏感性和适宜度分析的海绵型场地选址研究方法[5]，利用地块本底资源，在合适位置预留建设8座应对暴雨安全的生态雨水公园，通过设计串联整个系统，根据模拟分析数据验证水廊道的合理性，以安全、社会、经济、生态等多价值提升为目标，构建可视化的海绵型场地选址研究方法，实现“活力水城”的理念构想。同时，基于实验室支持

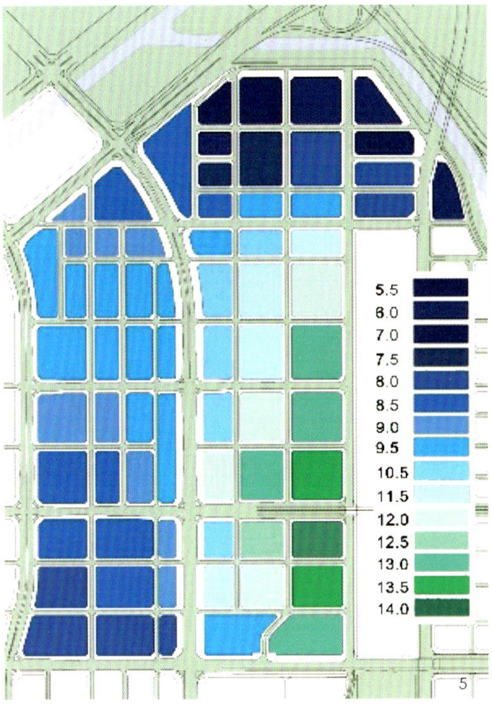

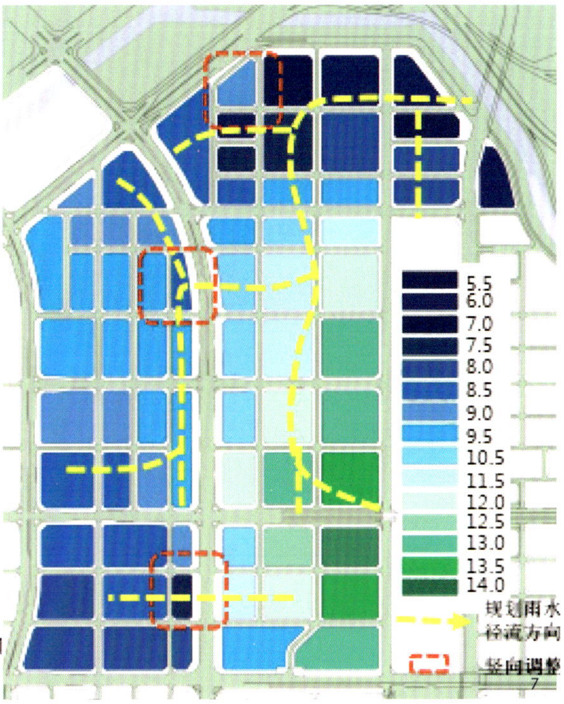

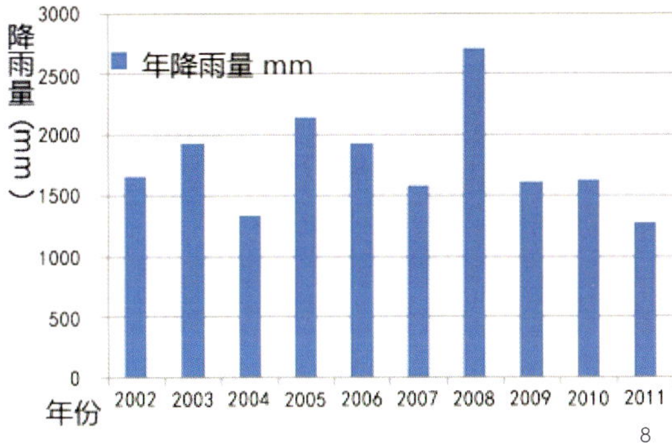

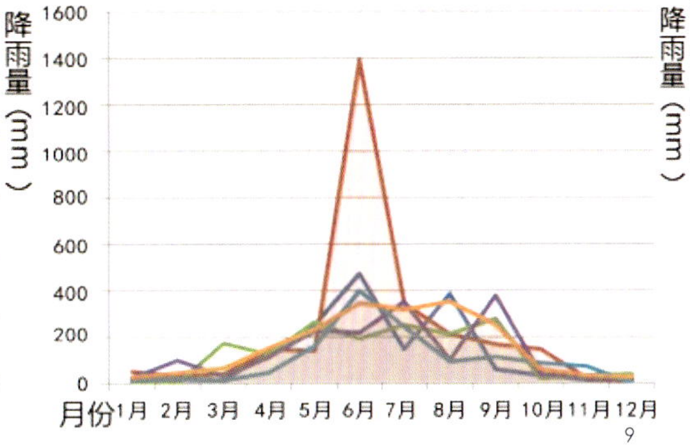

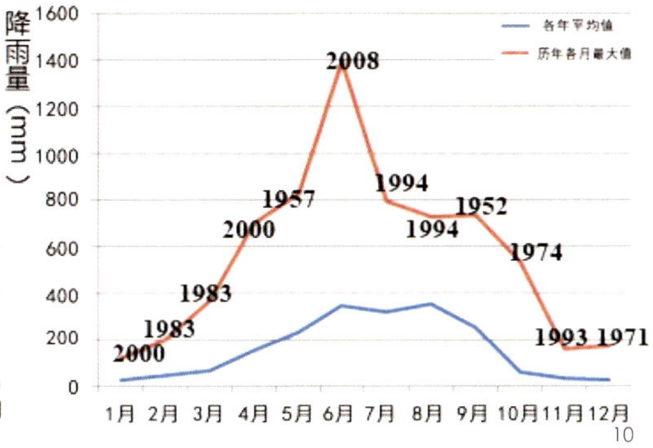

5.现状竖向示意图　6.现状暴雨径流　7.局部高程调整示意图　8.2002—2011年降雨量　9.2007—2011各月降雨量　10.近50年各月最大降雨量

下的设计成果具备客观性，并在后续的建设反馈中得以证实。

基于大数据辅助分析、决策支持平台支撑，团队掌握强有力证据，以客观且直观的数据资源为依据，实现针对暴雨径流下定论、针对竖向方案进行大规模调整的设计决策。梳理整个桂湾片区及基地内的竖向信息，得到3、4单元场地平均高程及各主要控制点高程数据。结合调研成果，依据深圳市近五年的降雨信息和地表径流参数等数据，根据“河网结构—降雨径流关系—调蓄能力理论”流程，利用实验室SWMM模型、ArcGIS等软件[6]进行“调蓄水量情景模拟分析”，计算得到设计前暴雨径流方向示意图。项目借助填海区域用地管理的灵活性，改变一如既往依山就势的建设原则，依托实验室分析技术手段、历年水文资料数据等支撑，通过局部高程调整实现对暴雨径流的引导管控，将自然暴雨径流改变为人工化暴雨径流。

基于雨量分析，判定各月份雨水收集能力，进而指导水景观系统构建。针对深圳市暴雨事件进行研究，以明确深圳市降雨情况作为分析研究的前提条件。条件一：2002—2011年，2008年为降雨量是自1953年以来的历史第二高值，部分地区最大小时降雨量为110.3mm/h（与100年一遇2小时降雨量144.4mm降雨相差无几），内涝水浸现象严重。条件二：从2007—2011年，这五年的月降雨量与近50年来的平均值相比，可看出2008年6月的降雨情况尤为突出，是历史同期最高纪录的1.5倍。条件三：依据2008年年降雨量与最大瞬时降雨量，列出近50年来各月份降雨量的最大值。再根据公式，以峰值来设定蓄水池体积，依据客观分析数据与四大城市综合体建设指导各水景观要素规模，既增加了城市综合体的生态性，又提高了该区域的活力。

2. 系统性环境影响分析

在遵循再生城市价值取向的发展模式的同时，项目依托实验室平台进行系统化环境影响分析，从雨洪管控、风环境模拟、交通可达性分析等方面，探寻生态环境对于建设宜居开发单元的贡献，并为设计方案导控实施提供有力的科学保障。项目凭借系统化科学论证的优势在国际竞标中一举获胜，并将此严谨的设计方法一以贯之地应用到其他项目实践中，结合后续研究总结归纳出了以传统生态智慧为指引的研究型设计手段。其设计成果及后续的良性反馈无一不体现出系统性分析手段对于国土空间详细规划的重要支撑作用。

（1）风环境模拟分析指导集约开发模式

参考研究香港尖沙咀等地区综合开发案例，针对人口数量和活力提出空间形态的集约开发模式，并以科学的模拟数据印证实施策略。利用实验室Phoenics等分析软件[7]，首先对区域及周边现状进

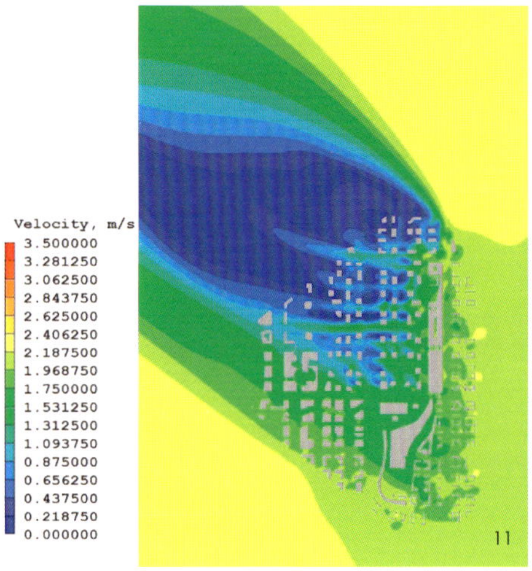

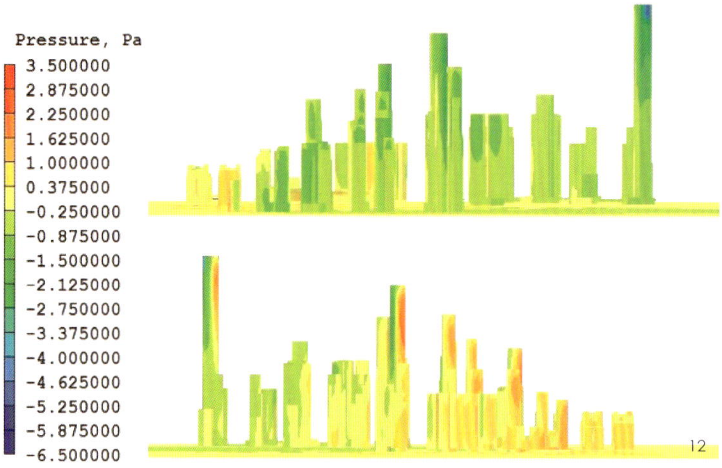

11.风速模拟图
12.风压模拟图
13-14.全天候步行系统效果图
15.OD市民出行最佳路线
16.二层步行连廊系统
17.连廊系统具体落位

行风环境模拟评测，就设计方案进行多时段多季节模拟分析[8]，用以指导和验证设计方案的合理性。其针对风速的分析可以看出3、4单元内部的风速一般在1~2m/s之间，且单元位于与双界河衔接处，受河流及海风影响，风速提高到至2~3m/s，符合人体最优舒适状态。以数据集合的形式作为依据引导开发与建设。而风压分析则是利用相对立面间风压变化所形成的通风能力差异，指导建筑开窗的合理位置，切实引导实施。建筑的东西方向立面风压值为3Pa，在最有利于通风的数值范围内，由此对后续建筑设计工作提出科学性支撑。

（2）POD理念与OD分析构建全天候步行系统

结合步行系统优先开发理念（Pedestrian Oriented Development，POD），联系项目边界大运量公共交通站点，形成一套便捷高效的全天候完整步行体系。通过对区域内四大城市综合体及其周边建筑群与深圳湾地铁站、鲤鱼门地铁站等节点之间的OD分析，得出适宜全天候步行系统的行动路线。再以理论分析科研推演为基础，结合3、4单元城市设计宏观方面的指导方向和建筑方案中的各类限制条件，得出市民出行的最佳步行路线，为城市建设提供决策支持。

结合实验室分析数据与开发者开发意愿，将二层连廊系统进行形式上的细分，形成建筑塔楼及其裙房间相互联系的二层步道体系，运用刚性管控和弹性引导双向控制手段确保全天候二层步道系统正常实施。一条空中二层连廊，将三、四单元中四大城市综合体紧密联系在一起；一条二层步道连廊与三、四单元中心绿化系统联系在一起，形成三四单元活力中心带。OD分析汇集了各主要节点间的交通流量，结合生态环境、空间氛围等因素综合制定步行路线。以保护形态、强化可达和注入活力作为城市设计廊道体系构建的设计策略和设计导则，

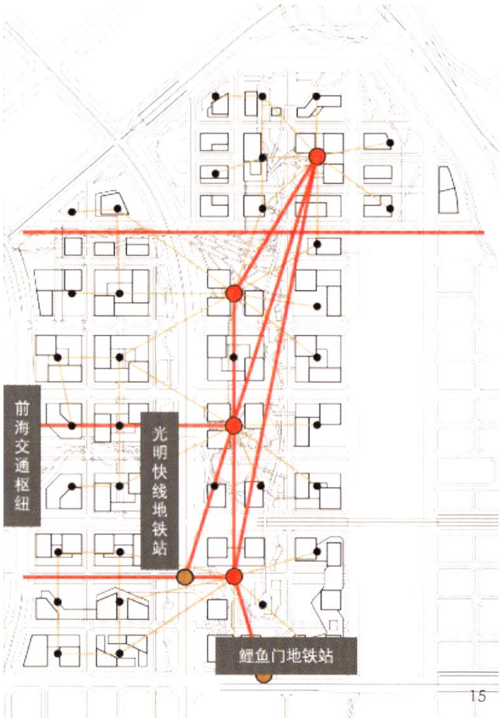

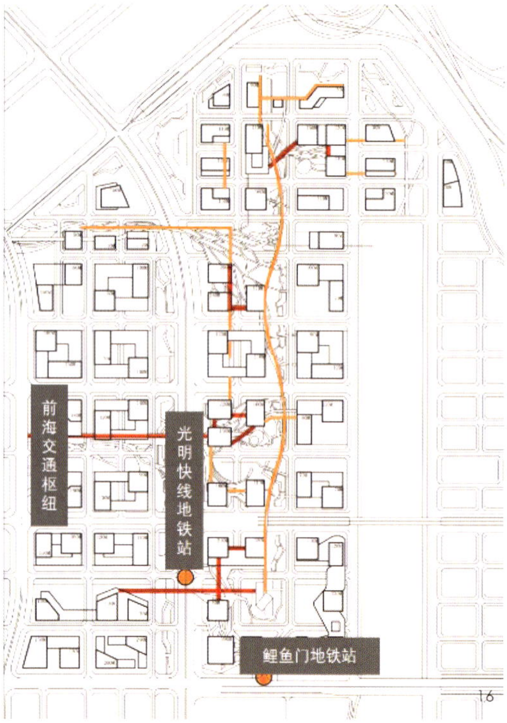

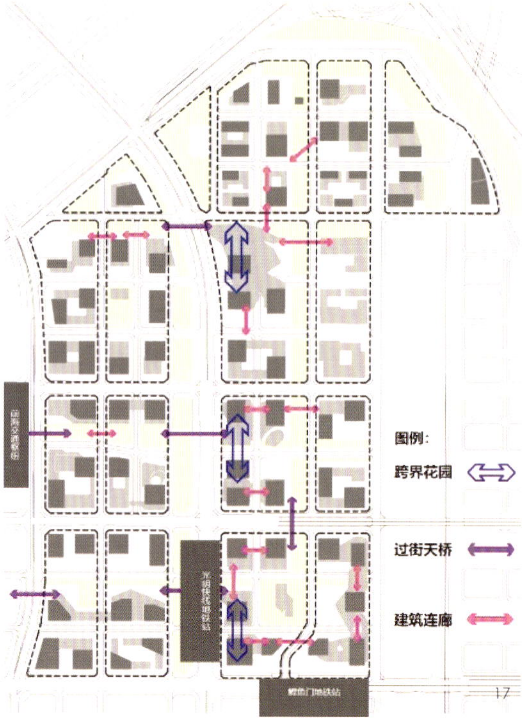

凭借科学方法预测出多条机会廊道，打造体验城市的人工轴线，并以此进行后续开发建设。事实证明基于实验室平台支持的设计决策会在建设过程中得到切实实施。

3. 有关依托科学性设计支持的启示

在开发单元设计概要高效上传下达的基础上，科学性的价值选择解决了深圳市逢旱缺水、逢雨必涝的城市建设痛点问题，以急剧提升的生态品质，推动开发单元建设模式的落地。同时，基于实验室平台的环境影响分析方法进一步系统性分析，增强了研究与实践的客观性与科学性。这种研究型设计方法的引入往往会结合用地特殊条件，对上位规划成果进行合理修正，同时以此为依据的设计导控成果也更具备实效性，有效地避免了衰减实施现象的发生。前海新区项目作为此方法的典型案例，依据科学性设计支持打造了双轴联动的复合公共空间体系、8座应对暴雨安全的生态雨水公园、营造通山达海景观廊道体系，激活片区24小时持续活力，建设4个不同功能类型的城市综合体、5条特色鲜明的公共文化活力廊道，形成无界互融的立体交通与无间断的立体绿地景观。通过结合水敏性城市设计等先进理念，呼应打造“智慧水城”的设计构想，以更生态的价值取向与系统化的环境影响分析在激烈的国际竞标中获胜。

依据实践项目过程中系统化分析技术对于实施落地的良性支撑，团队依托吉林建筑大学构建寒地城市空间绩效可视化评价与决策支持平台，联合深圳市城市规划与决策仿真重点实验室打造南北共建实验平台，实现多气候区对比研究，精研可视化分析手段，支撑设计理念落地实施。以长春市城市疫情场所地图、城市历史水系恢复模拟等诸多实际案例进行论证，探寻研究型设计方法对国土空间详细规划的决策支撑。

三、市场不确定性下的思考——兼顾管控的适应性与详规的严肃性

随着我国逐步向市场经济转型，不确定性已成为市场经济下城市发展的基本特征。其中城市发展的不确定性与规划的确定性之间的矛盾，以及发展的不确定性与投资的确定性之间的冲突，导致规划成果频繁修改，挑战详规严肃性。针对市场经济下的现状问题，充分尊重多元利益主体，城市设计实践也将向精细化管理方向发展，城市设计与城市规划体系横向衔接的需求也逐渐增大[9]。开发单元设计概要于十年前便根据地块功能的区别提出差异化管控策略，分别就政府主导与开发者主导的不同开发模式，提出针对公共空间营造要素与建筑开发要素的专属管控策略。依据要素的管理难易程度及公众价值高低制定导控管理方式。不同控制要素其控制难度不同，如与土地业权人市场诉求相关的容积率、建筑高度等方面控制难度较大，与公共价值领域联系紧密的开敞空间等方面控制难度较小。不同控制难度的要素采取的导控手段也不同，对控制难度较小的要素采取控制性方式，如开敞空间、标志物等，对控制难度较大的要素采取引导性方式，如容积率、建筑密度等。为保证城市设计成果能够切实有用并得到实施，团队凭借多种智慧管理手段及动态管控机制，依照差异性管控原则制定如下特定管控策略：

策略一，智慧的项目库导控；

策略二，与详细规划进行全面绑定；

策略三，弹性动态政策机制的引导。

回顾针对不同开发阶段和对象所提出的特定管控策略成果，不难看出其针对住建部与中华人民共和国自然资源部（以下简称“自资部”）近期颁布的政策都有所呼应，研究方向是正确的。

1. 针对复合功能地块的管控策略

近日，自资部发布的《国土空间规划城市设计指南》中指出，要从山水林田湖草角度出发，进一步关注公共空间塑造，维护公共利益。这与开发单元设计概要中提出的关于复合功能地块的管控策略有诸多相似之处。面向多功能土地使用，针对实施管理缺乏条理现象，创新城市设计管理制度。以“分层设计、分区管控、分项实施”为原则构建可视化城市设计项目库。确定底线控制、垂直导引和代价体系相结合的导控管理方法，以此指导开发单元设计概要的编制，保障城市设计的落地和实施。其中，可视化项目库管控平台的搭建可以将城市设计的社会环境和文化复杂性定向转变为计算机建模、计算、协作的城市信息反馈体系，使得城市设计更加扁平化、动态化、全过程化、全系统化。同时，项目库使公众参与城市

18.双轴联动的复合公共空间体系
19.通山达海景观廊道体系
20.激活24小时持续活力
21.不同功能类型的城市综合体

18

19

20

21

设计的全过程之中，并对的城市空间方案进行评议与对比在方案评价和实施评估阶段对设计方案与建成空间给予评价和反馈。

项目期间，团队与政府通力协作，构建3、4单元城市设计项目库，推进宜居建设，营造半人工生态环境，打造各类复合型廊道体系。依据政府主导开发的特性，沟通串联各城市公共要素，塑造自然廊道系统。结合气候特点依托丰富植被资源构建绿色生态廊道，依据城市雨水公园带打造水景观廊道；结合立体式交通系统建立全天候步行廊道，通山达海将市民引入自然；并依据上位规划标准与开发需求综合建设市政管线廊道。民众对其功能效用给予诸多正向反馈。

2. 针对单一功能地块的管控策略

面对城市空间缺乏整体性、弹性决策缺乏科学依据等方面问题，会同众多开发者、设计方探讨开发理念，就单一功能地块的开发建造沟通至建筑师、景观设计师、交通规划师层面，完善城市设计和建筑设计相关规范和管理制度，营造人工化的人文环境。以全要素为核心提出精细化的导引目标与策略，强化城市设计的实施，发挥城市设计的精细化管理作用。

对接建造商施工方群体，协商城市风貌统一治理，强化城市设计对建筑设计的指导约束，并将管控指标与要素列入开发单元设计概要，构建强有力的管控约束体系。这与住建部近期发布的《关于进一步加强城市与建筑风貌管理的通知》相契合，协同开发者，共同就开发建设与城市面貌特色管控进行策略制定。

3. 有关市场不确定性下的适应性管控实施启示

在市场经济发展模式下，详规的推广加剧和暴露了城市发展的不确定性与法定规划确定性之间的内在矛盾，规划成果严肃性屡遭挑战。概要面对各开发单元独特的周边环境与资源、上位规划管控和城市设计导则以及重点开发项目实现精准导控与有效实施，针对不同管控要素构建多层次可视化城市设计项目库。转变城市设计构想为空间环境落实[10]，针对不同开发需求提出差异化、精细化管控要求。刚性管控层面，绑定详规实施，探索城市设计的法定化途径；弹性引导层面，针对不同项目实现精细化管控，沟通开发者保证弹性决策的科学性。协调多元利益主体，维护详规成果。

以前海新区开发项目为例，协同复合功能与单一功能开发的不同需求，制定了全面的开发单元规划、详细的城市设计方案和城市设计导则等多方面成果，规避了追求开发效益而牺牲生态、城市建设整体性丧失等诸多实际问题。其构想在当时得到科学论证及各方积极反馈，实施成果也在十年后实现了对设计的高效转译与落地实施，使得新区成为地处中心的深港及大湾区合作的重要门户，契合了当今规划的发展走向。

四、结语

结合城市设计概要管控工具启示，编写适用自身开发项目的开发单元设计概要，保证各级规划传导中的连续性，并将城市设计师转变为政府、开发商与民众间的中介，构建高效沟通机制；同时进行科学性价值选取，以此确定的水敏性城市设计等理念实现了高强度开发与生态宜居环境塑造两者兼得的建设成果，并借助实验室平台环境影响分析手段，引入研究型设计方法使得方案的系统性分析成果在国际竞标中脱颖而出，并在后续实践研究中将其发展为生态智慧理念指导下的设计研究，以期回答实践项目中的特异性城市问题；最后针对市场经济的不确定性，制定适应性管控策略，绑定详规，保证落实，维护其严肃性。以上研究成果在实际开发项目中收获良好的绩效评价反馈，并使得理念构想真实落地。面向开发项目而提出的集约开发理念，为节约成本，实现区域高质量可持续发展做出了贡献，以期通过实践项目的佐证为探索详规成果高效实施策略提供支持。

当然本文的研究还存在不足之处，开发单元设计概要的编撰尚处于起步阶段，且我国城镇发展进程较快，如何针对不断细化更新、落实完善的发展变革提出动态调节机制成为后续研究应当关注的问题。本文更多的是抛砖引玉，希望可以为国土空间规划体系中的详规编制办法提供新的思路。

致谢

项目的顺利进行离不开深圳市前海深港现代服务业合作区管理局在规划编制期间给予的大力支持，更离不开合作团队（Townland香港城市规划顾问有限公司）及周边开发单元设计团队就规划构思与调整提供的宝贵思路与建议。关于实施落地的经验得益于开发单元的开发商与设计团队真诚分享。由衷地感谢作者在哈尔滨工业大学深圳研究生院工作期间，项目组全体成员、领导与同仁们的鼎力帮助！

参考文献

[1]吕传廷, 孙施文, 王晓东, 等. 控规三十年：得失与展望[J]. 城市规划, 2017(3): 109-116.

[2]刘浩, 单樑, 黄汝钦. 前海城市设计故事——深圳前海2、9开发单元城市设计与导控[J]. 城市建筑, 2014(10): 83-88.

[3]金广君. "桥结构"视角下城市设计学科的时空之桥[J]. 建筑师, 2020(3): 4-10.

[4]车生泉, 谢长坤, 陈丹, 等. 海绵城市理论与技术发展沿革及构建途径[J]. 中国园林, 2015(6): 11-15.

[5]赵宏宇, 解文龙, 赵建军, 等. 生态城市规划方法启示下的海绵城市规划工具建立——基于敏感性和适宜度分析的海绵型场地选址模型[J]. 上海城市规划, 2018(3): 17-24.

[6]赵冬泉, 陈吉宁, 佟庆远, 等. 基于GIS构建SWMM城市排水管网模型[J]. 中国给水排水, 2008(7): 88-91.

[7]王菲, 肖勇全. 应用PHOENICS软件对建筑群风环境的模拟和评价[J]. 山东建筑工程学院学报, 2005(5): 39-42.

[8]赵宏宇, 毛博. 基于改善通风和热舒适度的长春市风环境多尺度优化[J]. 西部人居环境学刊, 2020(2): 24-32.

[9]金广君. 城市设计：如何在中国落地?[J].城市规划, 2018(3): 41-49.

[10]金广君. 城市设计落地的管控工具介绍——加拿大城市设计概要[J/OL]. 国际城市规划:1-16[2020-12-03].http://kns.cnki.net/kcms/detail/11.5583.TU.20200511.0831.002.html.

作者简介

赵宏宇，吉林建筑大学，建筑与规划学院，副院长，教授，寒地城市空间绩效可视化与决策支持平台，副主任；

贾润泽，吉林建筑大学，建筑与规划学院，硕士研究生。

国土空间规划变革背景下控制性详细规划层面市政基础设施规划转型探究

Research on the Transformation of Municipal Infrastructure Planning at the Regulatory Detailed Planning Level in the Process of the Reform of the Territorial Planning System

焦小龙 赫 磊

Jiao Xiaolong He Lei

[摘 要] 国土空间规划体系正在经历建构并逐步完善的变革时期，市政基础设施规划在此背景下需要融入“五级三类”规划体系，并共同进行转型和革新。控制性详细规划作为城镇开发边界内的详细规划，既是承接、深化、落实城市总体规划目标的重要工具，又是管理城市开发建设活动的直接依据。控制性详细规划层面的市政基础设施规划应在理念上更加注重绿色生态和韧性安全，在方法上实现底线管控、支撑发展、兼容弹性和智慧融合，将生态城市、海绵城市、低碳节能、智慧城市等发展理念下市政基础设施规划的核心内容，转换成控制性详细规划的指标和空间管控要素，融入规划审批及管理信息技术平台，使规划能够真正引领城乡发展，也使规划实施过程更具有可操作性。

[关键词] 国土空间规划；控制性详细规划；市政基础设施；转型

[Abstract] The territorial and spatial planning system is undergoing a period of construction and gradual improvement. Under this background, municipal infrastructure planning needs to be integrated into the "five-level and three-category" planning system, and jointly undergoes transformation and innovation. Regulatory detailed planning, as a detailed planning within the boundaries of urban development, is not only an important tool for undertaking, deepening, and implementing the objectives of the overall urban planning, but also a direct basis for managing urban development and construction activities. Municipal infrastructure planning at the level of regulatory detailed planning should focus more on ecological protection and resilient cities in terms of concepts, and achieve bottom-line control, support for sustainable development, flexible governance, and smart facilities in terms of methods. Under the development goals of eco-city, sponge city, low-carbon and energy-saving, smart city, etc., the core content of municipal infrastructure planning is transformed into the indicators and spatial control elements of regulatory detailed planning, integrated into the planning approval and management platform, so that planning can truly lead urban and rural development also makes the planning implementation process more maneuverable.

[Keywords] territorial planning; regulatory detailed planning; municipal infrastructure; innovation

[文章编号] 2022-89-P-099

一、引言

“国土空间规划体系”的“国土”是指规划范围，覆盖国家全域的领土；“空间”是指承载“生态、生产和生活”的土地及其上下的空间各个层级，现在已经明确的五个层级与我国行政建制层级都有对应主体关系；“规划”是指未来社会经济文化的健康可持续发展的空间安排。

《中共中央 国务院关于建立国土空间规划体系并监督实施的若干意见》（中发〔2019〕18号）（以下简称“《若干意见》”）提出分级分类建立国土空间规划。“国土空间规划是对一定区域国土空间开发保护在空间和时间上作出的安排，包括总体规划、详细规划和相关专项规划。”“详细规划是对具体地块用途和开发建设强度等作出的实施性安排，是开展国土空间开发保护活动、实施国土空间用途管制、核发城乡建设项目规划许可、进行各项建设等的法定依据。”《若干意见》在构建国土空间规划体系的基础上，在“编制要求”中分别以“体现战略性”“提高科学性”“加强协调性”“注重操作性”等为核心，明确了国土空间规划的具体工作内容和要求；在“实施与监管”等内容中，对保证国土空间规划有效实施建立了一系列的制度框架，从而为国土空间规划工作的开展指明了方向。

市政基础设施规划如何适应国土空间规划体系改革？在控制性详细规划层面，市政基础设施规划如何转型？本文将分别从这两方面展开论述。

二、国土空间规划体系的市政基础设施规划层次和作用

市政基础设施是重要的城市建设基础，市政基础设施规划是国土空间规划的支撑之一。

市政基础设施体系是综合性、多专业的，一般可分为涉水系统、能源系统、信息系统、环境卫生系统、城市安全系统，其中涉水系统包给水、排水、海绵城市，能源系统包括电力、燃气、供热，城市安全系统包括防洪、消防、地质灾害防治、人民防空等。

国土空间规划体系分为“五级三类”国土空间规划体系，市政基础设施规划既是“三类”中专项规划的组成内容（市政专项），也是“五级”国土空间规划的必备内容（市政配套）。

根据国土空间规划的层次，对应的市政基础设施规划主要内容包括：

（1）战略定位——落实上层级规划，谋求自身发展。

（2）区域统筹——实现跨行政区域的市政基础设施共建共享，水资源、能源等合理配置。

（3）总体规划——进行重大市政基础设施的空间布局，尤其是对空间有重大影响或邻避效应的廊道、设施等，要予以明确。

（4）控制性详细规划——以总体空间规划为依据，并且对其进行深化、细化，面向实施，满足城乡发展的需求。以工程设施规划为例，具体内容包括确定规划范围内各项市政设施的“源”，提出总量要求，明确各类市政工程设施的布局、规模，确定规划范围内的管网的布置形式、管网定线以及敷设方式，

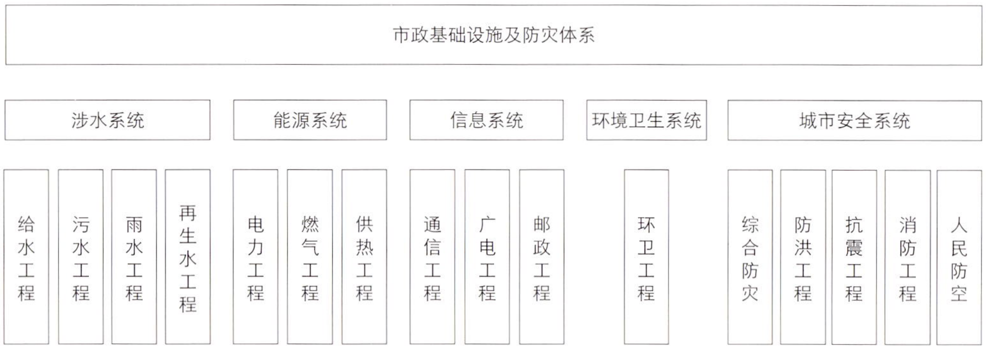

1

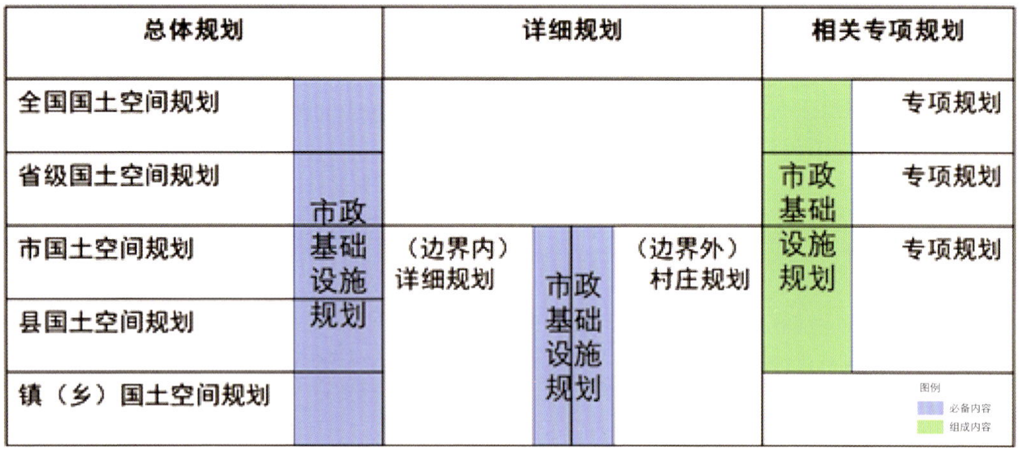

2

1.市政基础设施体系组成图　　2.国土空间规划体系下市政基础设施规划层次图

确定主次管网的管径。“全业态和系统性专项规划的研究进一步深化和落实了总规层面的相关要求，是控规用途管制的有力支撑，为控规体系提供宏观系统性和微观适应性的设施控制要求。”

三、控制性详细规划层面市政基础设施规划转型

控制性详细规划既是承接、深化、落实城市总体规划目标的重要工具，又是管理城市开发建设活动的直接依据，在我国的城市建设过程中发挥了重要作用。

国土空间规划体系变革的背景下，控制性详细规划层面市政基础设施规划如何转型?

1. 理念的转型

（1）更加注重绿色生态

城乡建设应坚持生态理念，坚持绿色发展，市政基础设施发展应更加注重绿色生态理念。如在规划中应坚持水系统的可持续发展，规划给水系统强调节水优先，根据不同用户采用分质供水；污水则强调严控污染、系统治理；雨水贯彻海绵城市理念，从水生态、水资源、水环境方面着手，全程管控，提出绿、灰排水方式相结合的雨水系统。能源方面提倡构建清洁低碳能源体系。以绿色、低碳、清洁能源发展模式为主导，强调多能协同满足用户用能需求，最大限度利用本地可再生能源，优先利用天然气等清洁能源，坚持煤炭清洁利用，促进城市绿色发展。

（2）更加注重韧性安全

坚持安全底线思维，突出安全在规划中的地位，统筹各类次生灾害。应充分考虑城市自身特点，将传统单一的防灾模式逐步转换成多种灾害防治相结合的形式，实现各类工程设施共建共享，各级应急系统协同响应，各种信息资源实时交换。规划从灾害的防灾、减灾、救灾和重建的全过程，空间范围覆盖新区全地域，按不同时段的工作重点采取适当措施，达到减少城市灾害损失的目的。注重针对城市不同灾害类型潜在危害估计，提出相应的防灾措施。从注重防灾的角度转变至防灾减灾。从用地空间布局开始提出安全控制要求，以达到减少灾害冲击及快速恢复的目的。

（3）更加注重对接实施

控制性详细规划除了“自上而下”传导上层级总体规划的各项指标和管控要求的同时，还需要“自下而上”对接开发建设的实际需求。市政基础设施规划在控制性详细规划层面，需要与市政基础设施各项专项规划紧密衔接，核实并确定各市政专项的目标、规模和建设标准，统筹安排各类设施空间布局，在近期建设方面明确各重点项目建设实施需求。

例如，某城市新区市政基础设施管网远期空间规划布局非常合理，但与近期路网建设不同步，造成业主为了满足近期使用要求，而实施大量临时工程，造成投资浪费，所以规划在重视方案制定的合理性的同时，还应兼顾实现的路径，从而使规划方案更加合理、经济和可操作。

2. 规划方法的转型

（1）底线管控——从技术内容到实施依据

赵广英、李晨提出国土空间规划体系下的详细规划技术改革思路包括建立全域覆盖、开发和保护并重的规划技术体系，从技术平台向制度平台转变，建立多级联动的规划管理体系，强化规划设计对城乡环境品质的塑造。市政基础设施规划的技术体系、管理体系等应与控制性详细规划整体同步转型创新。

新的规划体系在各级国土空间总体规划的作用设定和机制设计上突出了重点，并强调“自上而下、上下联动”原则。

国土空间规划的其中一项核心内容就是各类管控要求的传导，具体方法为划定各类管控线，界定分区，并配套相应的分区管控要求。与市政基础设施规划密切相关的重要管控线为“蓝线”“绿线”“黄线”，此类管控要求为底线管控，不允许突破。“蓝线”“绿线”控制了区域最基本的生态底板，并从韧性安全角度，以“绿线”划定重要的安全分区分离带、防护区、缓冲区等。“黄线”除了传统基础设施空间的保护，还要预留未来5G网络等新型基础设施的发展空间。将生态城市、海绵城市、低碳节能、智慧城市等发展需求转换成控制性详细规划的指标和空间管控要素，融入控制性详细规划规划内容，纳入规划审批管理信息平台。

（2）支撑发展——从终极蓝图到动态维护

控制性详细规划直接面向实施，城市发展从来不是一蹴而就，而是需要逐步推进，“终极蓝图”式的成果表达，无法与城市发展完全吻合，所以规划应将终极规划目标拆解，制定分期分阶段目标，并明确实现各阶段规划目标的发展路径，使规划更具有操作性。赵民就提出即使在规划建成区，对不同的功能地域（如工业区、商务区、居住区）、不同的特性地域

（如新城区、老城区、历史街区）及发展的不同阶段（如确定性开发、不确定性开发），也均应该采用差别化的策略——控制要素的选择及“严格”与“宽松”不一概而论。

案例分析：山东某城市属于寒冷地区，规划约20万人口，距离城市外10km有钢铁生产基地，钢铁有大量的工业余热可以利用，本着充分利用清洁能源，提高能源利用效率的原则，规划提出要引入工业余热作为集中供热热源。但是从余热利用工程建设周期与城市用热需求有一定的差距，所以在城市内部先行规划建设能源站，作为近期的热源，待工业余热引入后，能源站转为调峰及补充热源。

桂明等就提出市政基础设施对城乡发展具有“门槛效应”，应由“单纯满足需求”走向“合理需求管理”，市政基础设施规划应由“局部、静态”规划向“系统、动态”规划转变。随局部土地开发强度的调整，从系统角度对相关设施进行容量校核，动态地调整并完善市政基础设施规划。

（3）兼容弹性——从确定规模到兼容满足

近年来全国各地对控制性详细规划编制和审批进行大量的改革探索，为应对未来的不确定性，增加规划的适应性，增加控制性详细规划的用地兼容性和指标弹性。黄明华等提出控制性详细规划应该平衡刚性与弹性，兼顾增量与存量，覆盖时间与空间。这对传统市政基础设施规划技术方法产生了巨大的挑战。如果需求预测是兼容和弹性的，市政基础设施规划如何面对?

长远谋划，保障空间网络，留足发展备用地。按照最大需求进行设施用地预留，按照合理需求进行设施规模的规划，既保证了城市发展的需求，又为未来的潜在需求提供可能。

“多站合一”，用地功能复合，合址、立体建设。在规划中可以将同类型、相互影响较小的设施采取合址、共建的方式，如可以将电力设施、供热设施、燃气设施、供水设施等共址、立体建设，集约节约用地。同时也可以地上、地下综合开发，将市政设施“地下化”建设，地上可以建设公共绿地、体育休闲活动场所等，在节约用地的同时优化城市景观环境。

（4）智慧融合——从传统市政到新型基础设施

随着人工智能、量子通信、新能源等技术的成熟，规划应根据当地实际情况，对接新型基础设施建设政策，分析评估智慧水务、智慧能源等建设可行性及需求，为新型信息基础设施、融合基础设施发展创造条件。戴慎志等提出将数据基础设施作为一类新型基础设施加入，并与传统基础设施进行融合，提升各类基础设施供给的数据化、智慧化水平。

新型信息基础设施是指基于新一代技术演化生成的基础设施，如5G、物联网、工业互联网、卫星互联网为代表的通信网络基础设施，以人工智能、云计算、区块链等为代表的新技术基础设施，以数据中心、智能计算中心为代表的算力基础设施等。有条件的地区，市政基础设施规划应在传统基础设施的基础上按照需求增加数据中心、边缘计算节点等新型信息基础设施规划内容。

融合基础设施是指深度应用互联网、大数据、人工智能等技术，支撑传统基础设施转型升级，如智能交通基础设施、智慧能源基础设施等。

将智慧城市体系的市政支撑内容，具体落实到控制性详细规划的管控内容中。预留网络通道、设施用地等可与城市绿地系统、道路系统相结合，宜先进行综合管廊布设。近期尚未建设时，先作为公共绿地，待项目启动后进行布设。设施及管线尽量采用“地下化”建设，项目建设后地上空间仍可恢复为原有绿地及公共场所功能。

四、结语

国土空间规划体系尚在不断完善之中，市政基础设施规划作为国土空间规划体系不可或缺的内容，为城乡发展提供支撑。控制性详细规划层面的市政基础设施规划的转型应围绕城乡发展的新需求，从理念、技术方法上不断革新和探索，将生态城市、海绵城市、低碳节能、智慧城市等发展理念下，市政基础设施规划的核心内容转换成控制性详细规划的指标和空间管控要素，融入规划审批及管理信息技术平台，使规划能够真正引领城乡发展，也使规划实施过程更具有可操作性。

参考文献

[1]吴志强. 国土空间规划的五个哲学问题[J]. 城市规划学刊, 2020(6): 7-10.

[2]孙施文. 国土空间规划的知识基础及其结构[J]. 城市规划学刊, 2020(6): 11-18.

[3]韩萌, 赵一丹. 控制性详细规划阶段的市政基础设施规划: 2019中国城市规划年会[C]. 中国重庆, 2019.

[4]韩莉莉, 王亚男, 张驰. 空间规划体系重构背景下天津市控规体系优化探索: 2019中国城市规划年会[C]. 中国重庆, 2019.

[5]黄明华, 赵阳, 高靖葆, 等. 规划与规则——对控制性详细规划发展方向的探讨[J]. 城市规划, 2020(11): 52-57.

[6]赵广英, 李晨. 国土空间规划体系下的详细规划技术改革思路[J]. 城市规划学刊, 2019(4): 37-46.

[7]赵民. 国土空间规划体系建构的逻辑及运作策略探讨[J]. 城市规划学刊, 2019(4): 8-15.

[8]桂明, 徐承华, 冯一军. 浅析控制性详细规划层面的市政基础设施规划[J]. 城市规划, 2013(12): 68-71.

[9]戴慎志, 刘婷婷, 宋海瑜. 智慧社会数据基础设施在国土空间规划的应用[J]. 城市规划, 2020(2): 27-31.

作者简介

焦小龙，上海同济城市规划设计研究院有限公司，高级工程师；

赫　磊，同济大学，建筑与城市规划学院，副教授。

飞地国土空间规划编制管理探索
——以沪苏大丰产业联动集聚区为例

Exploration on the Territorial Planning and Management of Enclave
—A Case Study of the Regulatory Planning of Shanghai Jiangsu Dafeng Industrial Linkage Cluster Area

董岳峰 陈保禄
Dong Yuefeng Chen Baolu

[摘　要]　随着中国经济的快速发展，不同地域与城市之间发展不平衡，土地供给与用地需求矛盾增加，推动了“飞地”的产生，进而催生了“飞地经济”，给地方经济注入了新的活力。“飞地”的产生调配整合了社会资源，提高了土地利用效率，弥合了区域间的经济落差，值得我们进一步研究讨论。本文以沪苏大丰产业联动集聚区为例，研究其规划组织编制的特点和规划管理的难点。同时，针对“飞地”区域的规划管理提出强化区域联动、跨区域统筹用地指标、弹性和刚性并重等策略，以期在国土空间规划编制与管理体系之下，实现高质量发展的目标。

[关键词]　飞地；沪苏；区域协作；控制性规划

[Abstract]　With the rapid development of China's economy, the development between different regions and cities is unbalanced, and the contradiction between land supply and land demand increases, which promotes the emergence of "enclave", and then gives birth to "enclave economy", which injects new vitality into the local economy. The emergence and allocation of "enclave" integrates social resources, improves land use efficiency and bridges the economic gap between regions, which is worthy of further research and discussion. This paper takes the Shanghai Jiangsu Dafeng industrial linkage cluster area as an example to study the characteristics of its planning organization and the difficulties of planning management. At the same time, for the planning and management of the "enclave" area, this paper purposes strategies such as strengthening regional linkage, cross regional overall land use indicators, paying equal attention to flexibility and rigidity, in order to achieve the goal of high-quality development under the land spatial planning and management system.

[Keywords]　enclave; Shanghai & Jiangsu; regional collaboration; regulatory detailed planning
[文章编号]　2022-89-P-102

一、引言

“飞地”的概念，最早是一个地理学的概念，它是指某国或地区的一部分，与主要地域单元相分隔，被邻近国家或地区的土地包围的地区。当发达地区由于城镇化、工业化进程中用地饱和、产业转型升级的原因，需要将一些产业层次低的企业迁移出去，欠发达地区则为加快区域经济发展，迫切需要承接产业转移项目，导致了“飞出地”与“飞入地”之间经济非均衡发展、区域间产业梯度转移，产生了“飞地经济”。这种经济模式已经逐步应用于地区经济发展的实践中，成为一种推动地区经济发展的重要模式。

根据国内学者的总结与定义，“飞地经济”是指两个经济发展水平不同、互相独立的行政区域，在经济发展过程中突破原有的体制或机制限制，借助于税收分配等合作机制，采取跨越空间的行政管理和经济开发战略，最终实现两地资源互补、互利共赢的经济发展模式。“飞地经济”模式有着不同的分类。按飞地建设的投资方式，可分为由飞出地负责全部基础建设投入的“飞出地投资型”、由飞入地负责全部基础建设投入的飞入地投资型和由两地按照协议共同分担基础建设投入的两地共投型三种类型。按“飞地”园区管理模式的不同将“飞地经济”分为由新属地对工业园区进行管理的“飞入地管理型”、由“飞出地”派遣管理团队对园区进行管理的“飞出地管理型”和由双方共同派驻人员建立园区管理委员会进行协调管理的“两地共管型”三种类型；按“飞地”形成的原因不同将“飞地经济”分为集约用地型、优势互补型和产业梯度转移型三种类型。

“飞地”与“飞地经济”发展模式在我国东部沿海经济发达省份应用较多，目前正在逐步向中西部内陆地区推广。

“飞地经济”的发展模式可以分为产业转移“飞地经济”模式、区域合作“飞地经济”模式、移民工业“飞地经济”模式、特色产业“飞地经济”模式和区位调整“飞地经济”模式等，其中产业转移“飞地经济”模式是目前我国“飞地经济”的主要模式，如佛山与江门的产业转移。沪苏大丰产业联动集聚区属于移民工业“飞地经济”模式范畴。

除了经济发达地区向欠发达地区的“正向飞地”以外，还存在一些“反向飞地”。例如盐城在上海设立了盐城（上海）国际科创中心，借力“上海大脑”，做强“盐城创新”，把盐城企业的研发中心设在上海，研发成果用在盐城，形成“研发在上海、生产在盐城”的协同创新模式。

二、“飞地”政策导向

2016年3月发布的《中华人民共和国国民经济和社会发展第十三个五年规划纲要》，明确提出支持“飞地经济”发展。2020年10月发布的《中共中央关于制定国民经济和社会发展第十四个五年规划和二〇三五年远景目标的建议》进一步提出“推动区域协调发展，健全区域战略统筹、市场一体化发展、区域合作互助、区际利益补偿等机制”。从国家顶层设计来看，未来对于区域合作的大方向正在稳步推进。

2017年6月，国家发展改革委、国土资源部、环境保护部、商务部、海关总署、工商总局、质检总局、统计局联合发布《关于支持“飞地经济”发展的指导意见》（以下简称“《指导意见》”）。《指导意见》明确由“园区所在地政府提供相关公共服务和保障”。同时鼓励按照市场化原则和方式开展“飞地经济”合作。鼓励合作方共同设立投融资公司，采取政府和社会资本合作（PPP）等模式，吸引社会资本参与园区开发和运营管理。提高园区专业化运行水平，支持通过特许经营、政府购买服务等方式，将园区部分或全部事务委托给第三方运营管理，条件成熟地区可探索园区管理与日常运营相分离。根据《指导意见》，园区建设用地原则上使用所在地土地指标，原则上应依托现有各类开发区（园区）开展“飞地经济”合作，如涉及征地拆迁、土地整理等事务，相关工作由所在地政府负责。同时在政府内部考核时，对于地区生产总值、工业总产值、固定资产投资额、进出口额、外商投资额等经济指标，允许合作方综合考虑权责关系和出资比例，以及能源消费、污染物排放等资源环境因素，进行协商划分，仅作专门用途供内部使用。

本次研究对象所在地大丰市为了加快推进飞地建设，努力把“飞地”打造成上海新兴产业和产业转移的示范区，建设成上海的“第二浦东”，成立了“推进上海新兴产业和产业转移示范区建设协调服务领导小组”。各种政策导向均显示国家和地方政府对于“飞地”产生的经济和社会效益充满期待。

三、沪苏集聚区飞地管理及规划编制特点

1. 沪苏集聚区历史沿革与管理体制

沪苏大丰产业联动集聚区的历史最早追溯到1950年，由时任上海市长陈毅在距离上海300多公里的江苏大丰划出一部分土地作为隶属上海的垦区，作为安置和改造上海1949年后失业和无家可归的游民。2014年上海农场、川东农场、海丰农场合并为新上海农场，面积达307km^2。根据2019北上海·大丰农业“123”重点工程投资推介会发布的官方统计，2019年沪苏集聚区生产和供应了上海15%的鲜奶、12%的优质大米、8%的瘦肉型生猪、3%的淡水产品，成为上海域外最大的“米袋子、菜篮子”后方基地。

2015年11月上海市政府和江苏省政府共同设立沪苏大丰产业联动集聚区，实行“省市完全授权、园区封闭运作”管理模式，沪苏大丰产业联动集聚区党工委、管委会、开发建设公司正式揭牌成立。沪苏集聚区党工委、管委会分别为盐城市委、市政府派出机构，规格为正处级，委托盐城市大丰区委、区政府管理。沪苏集聚区是由上海市人民政府和江苏省人民政府共同主导建设，是省级层面的合作园区，是上海到目前为止唯一以市级层面与外地合作共建的开发区，也是列入长三角一体化规划纲要的唯一省际合作园区。

2019年12月1日，中共中央、国务院公布《长江三角洲区域一体化发展规划纲要》，盐城是江苏苏北唯一一个被纳入的城市，沪苏大丰产业联动集聚区作为其中一批重要事项和重点工程列入国家规划纲要。

2. 沪苏集聚区规划编制与管理

（1）沪苏集聚区控制性规划编制及审批

目前，沪苏集聚区规划审批遵循江苏省审批流程，江苏省拥有土地管理审批权，规划依据为国家及江苏省地方规范。规划由沪苏集聚区管委会组织编制、大丰区政府审批。

（2）沪苏集聚区控制性规划的弹性

因开发建设具有不确定性，规划强调弹性控制、混合布局。城市建设用地根据其使用性质进行分类，一般划分至小类，但考虑到绝大部分为新增用地，建设项目尚不明确等情况，规划用地以中类为主，公用设施用地划分至小类。用地性质的划分标准以《城市用地分类与规划建设用地标准》（GB50137—2011）为准，并按照《江苏省控制性详细规划编制导则》2011版中的相关规定新增了工业研发用地。为应对开发建设的不确定性，规划强调弹性控制，增加混合用地，包括RB商住混合用地、B1B2商业商务混合用地、B1B2S3商业商务交通枢纽混合用地、A2B1展览商业混合用地、W1H23M物流仓储港口工业混合用地。居住生活功能与产业生产功能适度混合，实现职住平衡，减少通勤交通量和汽车尾气污染，提升环境品质。居住与行政办公、商业金融、商务研发等服务功能适度混合，集聚中心区人气，培育发展活力。

3. 沪苏集聚区管理难点

对于沪苏大丰集聚区来说，最重要的是项目土地保障问题。在盐城市政府、大丰区政府、上海临港经济发展（集团）有限公司、光明食品（集团）有限公司四方于2015年11月签订的《沪苏大丰产业联动集聚区开发建设合作协议》中明确了集聚区首期开发面积2km^{2}的指标落实方案。协议约定盐城市政府、大丰区政府保证该集聚区相关指标不被统筹或调剂出去，确保顺利启动与持续开发。对于后续土地指标如何解决，由于上海市和江苏省的现行土地审批管理权限和流程有所不同，而集聚区的土地审批管理权在江苏，加之大丰当地建设用地指标较为紧张等因素，土地指标问题还有诸多细节尚待理顺和解决。

沪苏大丰产业联动集聚区开发建设有限公司已联合原土地权利人共同完成地籍调查、红线测绘、政府批文、协议洽谈等工作，2019年5月正式签订《沪苏联动集聚区国有农用地使用权划转协议》。国有农用地使用权划转程序涉及沪苏两地多个部门，没有先例可循。在上海市国资委、经信委的支持下，由临港集团、光明集团推动完成该项工作。后续又磋商解决了权利人更迭、农开基金和复垦等补偿、测绘数据完善等技术性难题，最终于2020年4月完成6011.745亩（其中宗地4515.65亩）国有建设用地使用权划转，取得不动产权证书。

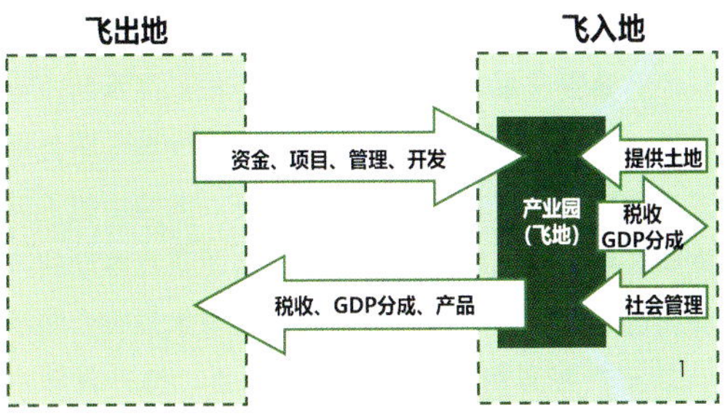

1.飞地经济模式

4. 沪苏集聚区实施效果

沪苏大丰产业联动集聚区目前已经被纳入国家公布的《长江三角洲区域一体化发展规划纲要》中，成为共建省际产业合作园区的重要组成部分，范围内涉及的建设用地指标已于2019年同步调整。目前6幢标准厂房以及江都路、扬帆变电站等园区配建工程，部分道路、基础设施已按照规划完成建设，奥为智能门窗项目于2017年、汉能移动能源项目于2019年已落地，“战略+招商+建设”得以同步落实。“飞地经济”在沪苏集聚区这一区域得到长足发展。

与此同时，沪苏集聚区的发展也给上海与盐城两地的合作起到了示范作用，实现了双方共赢。截至2020年，上海电气、光明集团、临港集团等一批行业龙头落户盐城，上海百强企业中有40家在盐城有投资，在盐城投资的上海企业接近500家，总投资超过1700亿元；盐城新兴产业项目63%来自上海，1/3的规模以上工业企业与上海有着合作关系。

四、飞地规划编制管理思考

1. 飞出地与飞入地强化区域联动

飞出地与飞入地两者相互依托，互利互惠。飞出地主要从产业、人才、管理等方面输出先进经验。飞入地一般是提供空间载体，借助飞出地的先进经验和资本达到经济、社会等多方面提升的目

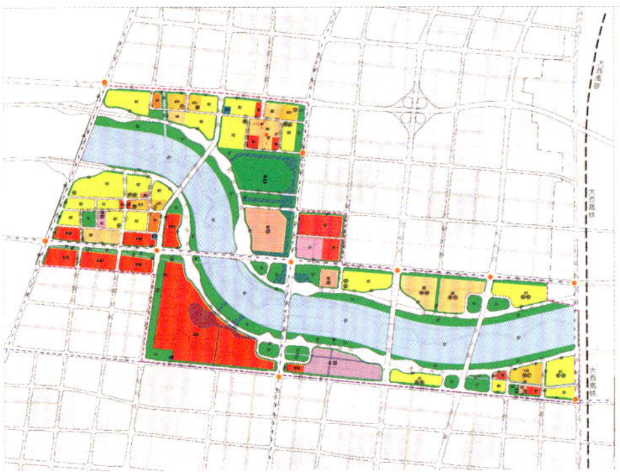

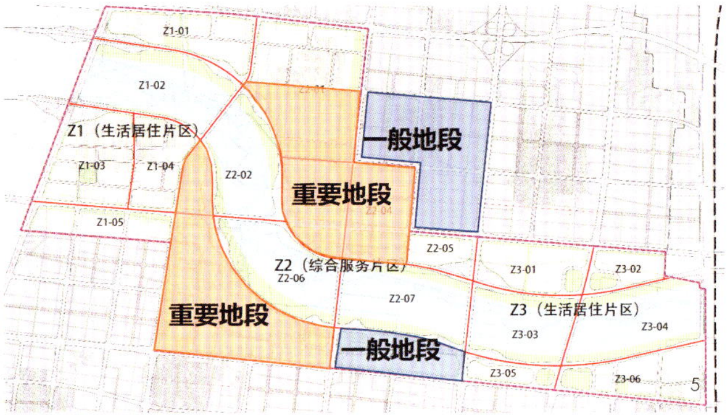

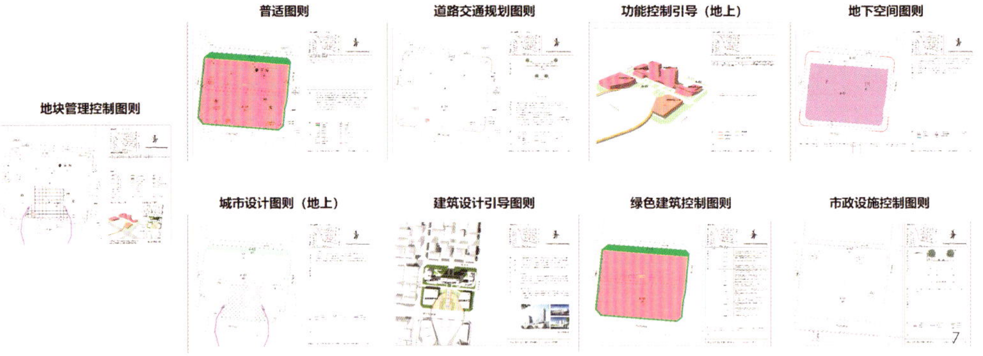

3.综改示范区太原起步区中区用地规划图副本
4.综改示范区核心区用地混合规划
5.综改示范区太原起步区中区重点地段划分
6.综改示范区核心区总体鸟瞰
7.“1+8”建设管控图则

内的开发区，于2016年建立山西转型综合改革示范区，总体思路是“整合、改制、扩区、调规”。其内涵首先是把太原都市区内的太原、晋中两市8个主要开发区整合成转型综合改革示范区，统一领导、统一规划、统一政策，而太原、晋中两市的人、财、物不变。晋中市域内各园区受晋中市和示范区双重领导，以晋中市领导为主。在整合8个园区现状规划区域的基础上，进一步向南、北两翼扩展，打开示范区发展空间。同时理顺综改示范区管理体制、运行机制和各类利益主体关系，强化示范区经济属性，剥离社会管理职能，科学确定示范区发展布局，做到一次规划到位、滚动开发利用。

2. 综改示范区事权

综改示范区管委会（以下简称“管委会”）为省人民政府派出机构。其主要职责包括六个方面：①统筹协调综改示范区的改革发展和体制机制创新，组织制定实施与经济发展相关的政策措施；②组织编制综改示范区的总体规划，报省人民政府批准后组织实施；组织修改综改示范区的总体规划，由所在地设区的市人民政府批准后实施，报省人民政府备案；③编制、审批、修改综改示范区的控制性详细规划和专项规划，报所在地设区的市人民政府备案后组织实施；④向省人民政府申报农用地转用和土地征收；由所在地设区的市人民政府同意审批土地出让（划拨）、收回、处置方案，办理土地出让（划拨）、收回、处置及不动产登记等事项；⑤在综改示范区行使相应的综合经济管理权和相关行政管理权，具体事项由省人民政府确定；⑥法律、法规规定的其他职责。

管委会出台了《山西转型综合改革示范区规划建设十五条（试行）》《示范区工业（仓储）厂区围墙设计指引》等文件，正有效指导示范区的发展建设。

3. 规划管理特点

管委会为省人民政府派出机构，其行政权力来源于山西省人民代表大会常务委员会授权。综改示范区中的规划编制主体与审批主体由《山西省人民代表大会常务委员会关于山西转型综合改革示范区行政管理事项的决定》予以明确：综改示范区控制性详细规划由管委会组织编制、审批、修改，报所在地设区的市人民政府备案后组织实施。在实际运行过程中，综改示范区太原市部分由综改示范区管委会组织编制、审批、修改；综改示范区晋中市部分由综改示范区晋中开发区管委会组织编制，报晋中市人民政府审批后组织实施。

这种不完全的授权式管理，使得同一个综改示范区内出现多个部门分别组织编制规划，不同区域的地方政府各自审批、实施规划的情况。

三、针对综改示范区特点的控规编制与管理探索

1. 强调产城融合的产业社区打造

在规划编制体系上，管委会由省人民政府独立授权，自行组织编制、审批控制性详细规划。虽然综改示范区与太原、晋中紧密联系，但是在空间上远离太原与晋中的主城区，属于相对独立的产业园区。因此作为启动区域的综改示范区太原起步区中区控制性详细规划强调产城融合的产业社区打造，未来太原起步区中区将成为新的城区，更好地服务于周边产业园，其主导功能包括完善的公共服务设施配套、商业办公等。

2. 预留弹性的发展空间

由于综改示范区的主要发展方向是产业园区，因此发展过程中不可避免会遇到的不同类型的产业项目需要落地，局部规划也需要根据建设实际需要进行调整，动态管理机制中提前预留好规划弹性，包括用地、道路、各类设施等方面。用地弹性是在规划之初提高各类用地的兼容性，使其复合化利用，引导各类功能向立体化、叠加化发展。道路弹性主要是根据各道路宽度、属性分类研判，同时保证主次干路按规划实施的基础上，对部分支路提前预留，根据建设实际需要增减。

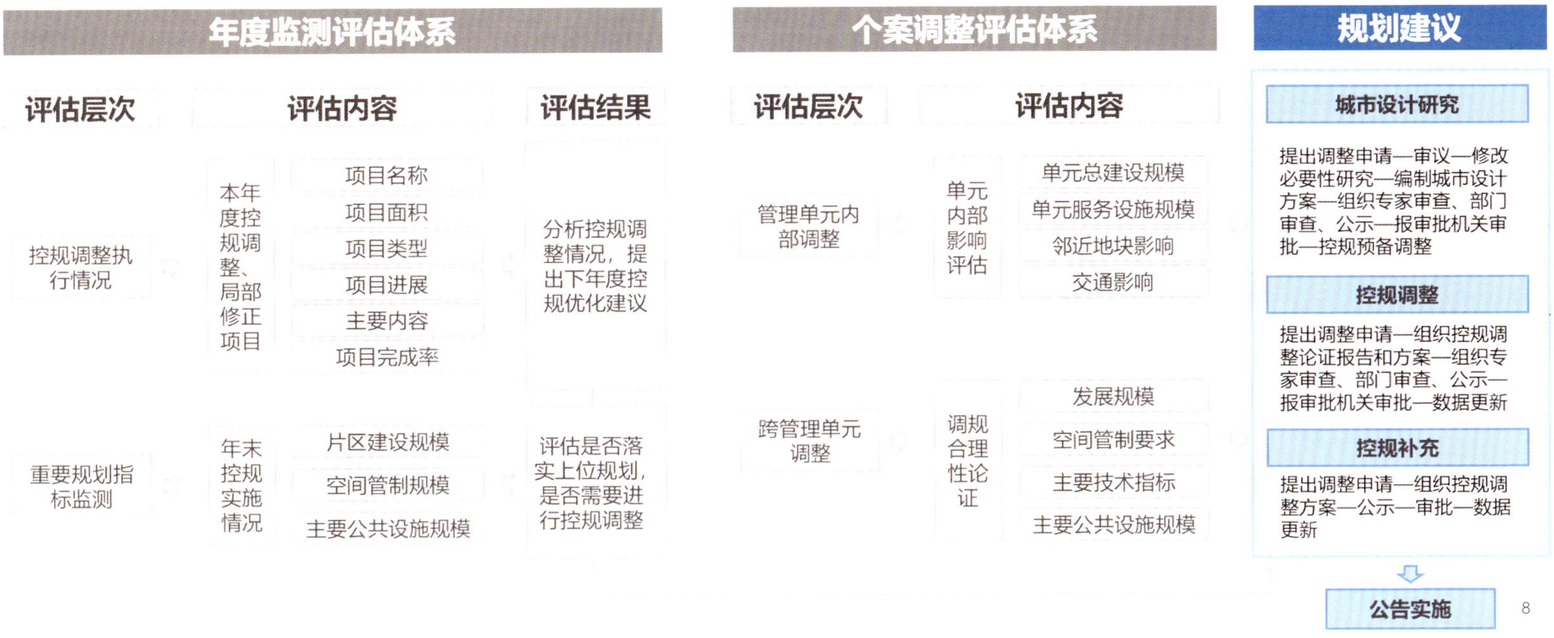

8.控规动态管控流程图

这也为不同体量的企业入驻，提供了可操作的空间，能适应绝大部分企业类型的需要。各类设施弹性体现在从规划角度出发，研究其最大需求，为综改示范区的发展作出战略留白，在实施过程中可根据实际需求不断修正。

3. 基于精细化管理的一系列规划设计

从各地实践来看，控制性详细规划能否发挥其作用，实现规划目标，“三分规划、七分管理”。只有通过管理来使用控制性详细规划，才能有效落实规划意图。为了保障控制性详细规划的有效管理与实施，需要从管理方面入手。

精细化管理的前提是将控制性详细规划、城市设计等各类规划项目的设计语言转换成管理语言，从而保证规划意图的有效传导，指导实施建设。同时综改示范区根据地块重要程度不同，规定重点地段需带方案出让进行审批式管理，一般地段制定简易管理规定进行准入式管理。

精细化管理作为规划编制与管理的创新点与亮点，综改示范区的重点地块的控制性详细规划不仅包含传统控制性详细规划图则，其核心区还单独编制了城市设计（项目名称为五大中心概念性城市设计），对其整体功能布局、空间风貌、交通网络、地下空间、建筑风格进行了详细城市设计研究。城市设计主要成果作为控制性详细规划的延伸和细化，其编制的“1+8”建设管控图则，统一纳入控制性详细规划的管理体系，成为后续各功能地块修规及建筑方案设计的重要依据，有效引导了综改示范区的土地出让、开发建设，整体推进统一、有序。

4. 基于控规建立动态管控机制

本次规划还建立年度监测评估与个案调整评估两级动态管控机制，明确各级评估重点内容，以此形成动态维护管控体系，达到及时监测与反馈控制性详细规划实施效果的目的，促进控制性详细规划良性循环发展。

四、结语

控制性详细规划的编制和实施在各地实践中经常由不同的主体来组织和落实，应根据地方实际情况，落实并深化现行的《中华人民共和国城乡规划法》（2019修正）、《城市、镇控制性详细规划编制审批办法》（2011年）的要求，因此要高质量编制未来的详细规划，并不能以一部大而全的法规来管理，应当因城施策、因地制宜，给详细规划充足的弹性空间，提高规划编制质量，同时提升实施性，保障规划落地。针对特殊政策区的控制性详细规划，建议由一个部门统一编制、统一实施管理，对于哪些政府部门可以赋予详细规划的编制、审批、管理等权限，从法律角度应该明确，防止出现多头管理和管理边界模糊不清的问题。

参考文献

[1]中共中央国务院关于建立国土空间规划体系并监督实施的若干意见[N]. 人民日报.2019-05-24(001).

[2]山西省开发区条例[N]. 山西日报.2019-02-14(007).

[3]山西转型综合改革示范区管理委员会[EB／OL]. http://zgq.shanxi.gov.cn/

[4]山西省人民代表大会.山西省人民代表大会常务委员会关于山西转型综合改革示范区行政管理事项[S/OL]. http://www.sxpc.gov.cn/zyfb/jyjd/201711/t20171115_4810.shtml

作者简介

董岳峰，上海同济城市规划设计研究院有限公司，城市开发规划研究院，五所，副主任规划师，高级工程师，注册城乡规划师；

陈保禄，上海同济城市规划设计研究院有限公司，城市开发规划研究院，五所，所长，高级工程师，注册城乡规划师。

国土空间规划背景下“景中村”规划研究
——以石海村村庄规划为例

Research on the Planning of Villages in Scenic and Historic Area Under the Background of Territorial Planning
—Take the Village Plan for Shihai as an Example

黄轶辰 刘玉超 刘 晓
Huang Yichen Liu Yuchao Liu Xiao

[摘　要]　国土空间规划体系对开发边界外的村庄提出了编制多规合一的实用性村庄规划的新要求，更强调生态资源的保护和全域全要素的管控。风景名胜区内的村庄因其独特的区位与资源条件，面临着更为复杂的风景资源保护、村民生活改善、旅游可持续发展等问题。因此，如何统筹景区与村庄的发展诉求，实现风景名胜区的保护与村庄可持续发展的平衡，是“景中村”村庄规划实用性的关键。本文以石海村为例，通过对村庄现状发展特征的研判，综合考虑景区保护要求、村民发展诉求和旅游服务需求，明确村庄发展定位与管控指标，从空间布局、产业发展、村落建设、实施保障等方面提出了规划对策。

[关键词]　国土空间规划；风景名胜区；村庄规划

[Abstract]　In the Territorial Spatial Planning System, village plans are needed to replace multiple plans for local development with one master plan. Conservation of ecological resources and management of all elements in the entire area are emphasized for higher practicality. The villages in scenic and historic area are facing more issues in scenery maintaining, livelihood improvement and sustainable development of tourism. In order to make the village plans practical, the demands of the scenic and historic area and villages are needed to be coordinated to balance the conservation with local development. In the village plan of Shihai, Sichuan, planners defined the development orientation and land use requirement based on the analysis of local characteristics, protection requirements and development demands. Beyond that, strategies of spatial layout, industrial development, village beautification and social security policy are raised to guide the implementation.

[Keywords]　territorial planning; scenic and historic area; village planning

[文章编号]　2022-89-P-108

一、项目背景

在生态文明建设和乡村振兴的时代背景下，伴随着国土空间规划体系改革的推进，生态优先、多规合一、地方特色等新要求使村庄规划编制的内容与方法从单一的人居环境改善扩充到村庄全域空间重构、环境治理和产业优化等多个领域。

位于风景名胜区范围内的“景中村”同时具有“景区”和“村庄”属性，生态保护要求较高、空间管控要求复杂，同时旅游资源丰富、发展诉求强烈。提升土地利用综合效益、实现生态保护与经济发展的平衡是“景中村”村庄规划的核心目的。

本文以全域位于风景名胜区内的石海村村庄规划为例，项目按照新时期四川省村庄规划编制的基本要求，基于问卷调查和入户访谈，以及对三调数据的分析研究，对石海村的发展特征进行了梳理。规划以实现景村协同发展为目标，统筹全要素资源，从空间布局、产业体系构建、居民点风貌、村庄管理与运营机制等方面提出了针对性的规划策略和村景协同发展路径。

二、研究对象与特征

1. 研究对象

石海村位于四川省宜宾市兴文县南部。2019年11月，由原石林村、大旗村、平寨村、兴晏村、中埂村合并后设置（面积33.25km^2）。

石海村全域位于石海洞乡风景名胜区范围内，其中村域北部区域同时位于兴文世界地质公园内，而风景名胜区的核心景区又全部位于石海村村域范围，属于典型的景中村。

2. 发展特征

（1）景村空间叠合，空间利用缺乏统筹

石海村与石海洞乡风景名胜区、兴文石海国家地质公园在空间上高度叠合，景区保护要求、容量限制等因素制约了旅游服务设施的升级。同时村庄由于缺少整体统筹与差异化发展指引，土地的低效增量扩张影响着景区资源的可持续性开发。

（2）旅游资源丰富，但旅游对经济带动不强

石海村旅游资源点众多，但目前旅游业仍以景区内的自然观光为主，本地居民对旅游服务业的参与度较低，过半数的劳动人口选择外出务工，旅游业对村民就业和村庄经济的带动能力不强。

（3）村落建设滞后，对景区发展支撑不足

受地形和农林资源分布影响，石海村宅基地分布极为分散，村域现状农村宅基地图斑面积和建设用地密度呈现以兴文石海景区为中心逐渐减小的圈层式分布。同时，由于石海村“一户多宅”、闲置宅基地现象较为普遍，目前人均宅基地面积达到156.89m^2，远高于四川省人均30m^{2}宅基地面积，导致道路和公共服务设施配置成本较高，不利于高等级设施的配建，村域设施配套滞后。同时目前村庄建筑风貌缺乏特色，村落风貌较为杂乱。低效的居民点布局和落后的村庄建设，一方面影响了村民的生活品质，另一方面使得村庄难以支撑景区旅游产业的升级。

（4）村景分治，村庄与景区发展缺乏互动

目前由于景区和村庄管理主体不同，村庄的设施优化提升与景区旅游设施建设缺少统筹协调，很难形成主客共享的设施建设机制。此外，由于景区管理人

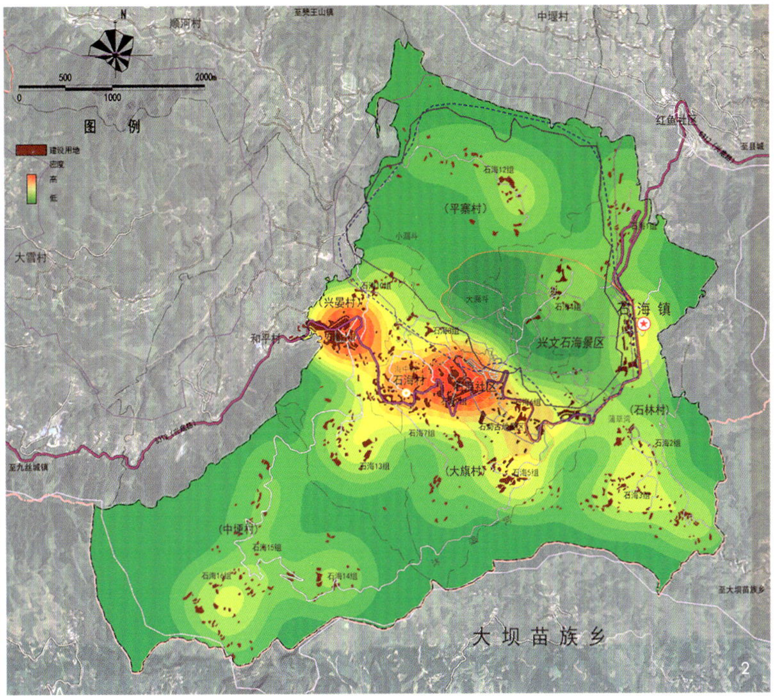

1.石海村与景区空间关系图
2.现状居民点密度分析图

员与村民沟通交流不足，景区发展的倡导往往与村民的响应不匹配，阻碍了景区发展策略的落实，村民参与旅游的积极性不高。

三、规划目标与策略

1. 发展定位与管控指标

基于石海村自身发展条件与特征，明确以兴文石海景区为核心，村庄服务景区的发展关系。石海村发展定位为：以生态农业、乡村休闲为主导，以景区旅游服务为特色的融合发展型村庄。石海村品牌定位为四川省首个地质文化村。

结合石海村现状基础数据，按照《四川省村规划编制技术导则（试行）》（2019年5月）、《宜宾市村规划编制工作指南（初稿）》（2020年8月）及相关规划管控要求，确定石海村规划编制范围内规划控制指标详见表1。

表1 规划编制范围内规划控制指标表

序号	指标	规划现状	规划目标	变化量	属性
1	常住人口数量（人）	约2 000	2 000		预期性
2	建设用地总规模（hm^2）	80.50	66.91	-16.88%	预期性
3	城乡建设用地规模（hm^2）	64.04	53.64	-16.23%	约束性
4	人均宅基地规模（m^2/人）	156.89	80.60	-48.63%	约束性
5	生态保护红线规模（hm^2）	83.17	83.17		约束性
6	永久基本农田保护面积（hm^2）	413.17	344.01	-16.74%	约束性
7	耕地保有量（hm^2）	502.29	556.56	10.81%	约束性
8	林地保有量（hm^2）	1 506.34	1 461.24	-2.99%	预期性
9	公共管理与公共服务用地（hm^2）	0.76	0.94	23.27%	预期性
10	新增建设用地规模		9.54		预期性

2. 规划构思与策略

石海村是一个旅游资源丰富、村—景高度叠合、相互依赖的特大村。第一，本次村庄规划的编制要落实生态优先的基本要求，统筹全域全要素，协调好保护与发展的关系。第二，村庄发展应充分发挥旅游资源优势，通过乡村旅游带动村民生活质量的提升。第三，应提升村庄建设品质与整体风貌，塑造与景区相协调的村落景观。第四，规划需对体制机制进行创新、完善，构建统筹村景发展的管理和组织模式，最终实现村庄与景区的协同、可持续发展。

（1）生态优先，统筹全域全要素，优化村域空间结构

“景中村”生态景观保护要求突出，规划首先落实国土空间规划中确定的生态保护红线、自然保护地等各类管控，应保尽保，通过全域全要素的用地分析评价，科学确定石海村保护与发展空间底线，从生态保护、景区优化角度进一步界定生态、农业、建设空间，因地制宜提出管控要求，引导村庄土地合理利用，支撑村庄和景区可持续发展。

（2）农旅融合，推动村庄产业转型，提高农民收入水平

石海村发展要充分依托石海景区，为景区提供相关服务，围绕文旅构建全域旅游及相关服务业态。同时发掘村域范围优质景观资源，打造景点，大力发展特色乡村旅游，培育形成与景区协调发展的乡村文旅产业，促进村庄农旅融合发展。引导传统农业向为旅游服务的生态农业转型、居民就业由外出务工向参与旅游服务业转型，让村庄深度参与旅游发展，实现农业增效、农民增收。

（3）村景一体，提升村落建设品质，塑造景村协调的景观环境

加快石海村人口迁移和风貌整治，支持石海景区

3.村域建设适宜性评价图

表2 生态敏感性评价指标

	考虑要素	高敏感	较高敏感	中等敏感	较低敏感	低敏感	规则与权重	
地类植被	用地现状	水面、裸地	林草地	耕地	园地、设施农地	其他		0.25
水体保护	湖泊水库	湖泊、水库	100m缓冲	200m缓冲	500m缓冲	其他	敏感性取高	0.25
	河流		河流、沼泽	50m缓冲	100m缓冲	其他		
	其他水域			其他水域	20m缓冲	其他		
地形地貌	坡度	>60	45~60	30~45	15~30	<15		0.15
	高程	>1 000	800~1 000	600~800	400~600	200~400		0.1
保护要求	风景名胜区	一级保护区	二级保护区	三级保护区			敏感性取高	0.25
	地质遗迹保护区	一级保护区	二级保护区	三级保护区				
	基本农田		基本农田保护区					
	生态保护要求	生态红线	公益林					

表3 综合建设适宜性分级定义与特征

综合建设适宜性分级	范围与定义	用地特点	土地利用方式
适宜建设区域	地形地质条件较好，对耕地、林地占用较少，土规建设指标相对充足，保护要求不高的区域，包括现状已建成区域	建设条件较好，建设成本较低，对生态、景观等影响较小	优先用于未来的发展建设
一般适宜性区域	地形地质条件一般，占用较多耕地、林地，与土规有一定差异，各类保护区有一定保护要求的区域	工程、征地、调整规划等成本较高	尽可能不做建设，如必须建设，应采取相关措施使其符合建设要求
不适宜建设区域	地形地质条件较差，征地成本高，占用土规基本农田或禁止建设区域，或各类保护区有较高的保护控制要求的区域	保护要求高、建设限制大	不用于未来的建设

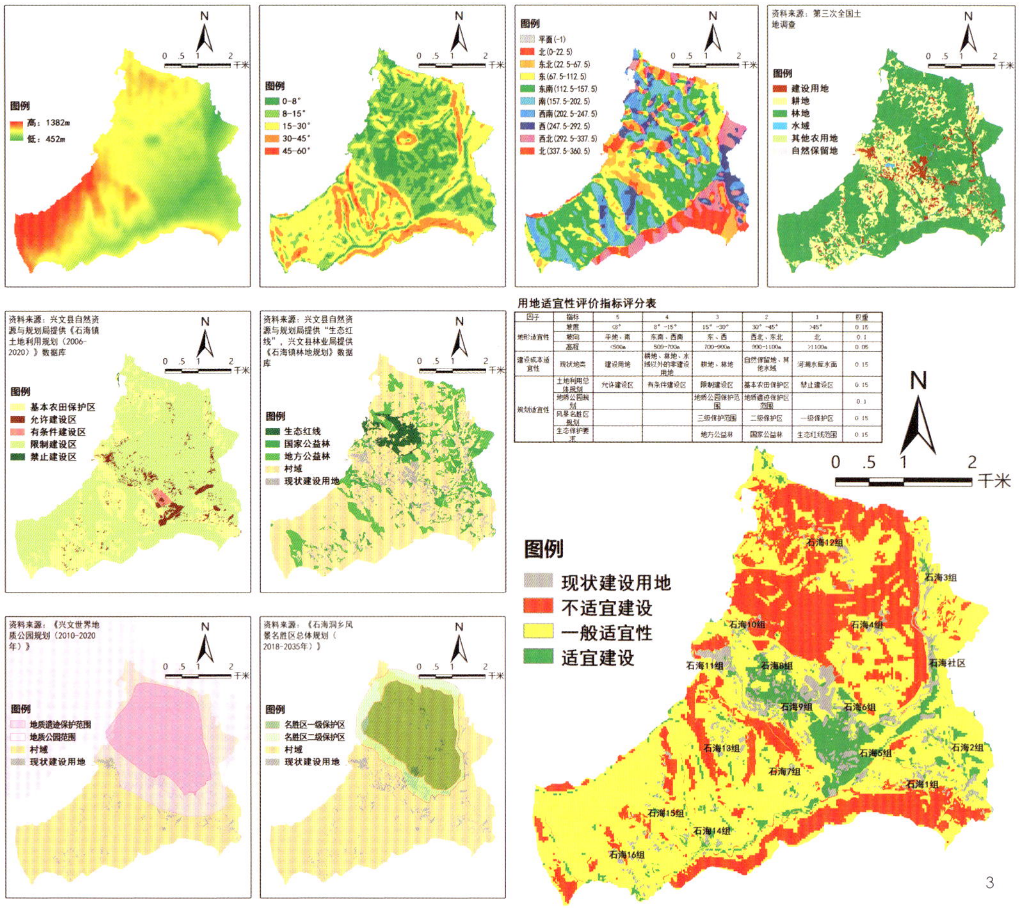

3

进一步发展。引导居民点集约化发展，基于主客共享的原则完善农村居民点配套服务设施，提升设施服务水平，促进村民安居乐业。维护特色生态，按照景区标准建设村庄，结合文化特色提升村落风貌，构建景村协调的村域景观环境。

（4）完善机制，探索多元合作模式，实现村景协同发展

景中村涉及风景名胜区、建制镇、村庄自身等多元管理和参与主体，为保障乡村振兴用地，盘活存量土地资源，将农村土地要素活化，完善城乡建设用地增减挂钩、闲置宅基地和闲置农房流转等相关政策，大力发展农村集体经济，完善机制组织保障。通过机制的创新与完善促进村民深度参与乡村旅游，实现村庄与景区的全面协调可持续发展。

四、村景协同发展路径

为落实规划策略，实现石海村村景协同发展，规划从空间布局优化、村庄产业转型、村落品质提升、机制体制创新四个方面提出发展路径。

1.路径一：统筹全域要素，构建村景共生融合的空间体系

石海村林地面积较大，且村庄地处石海洞乡风景名胜区范围内，对生态、景观等保护要求较高。本次规划首先对村庄全域进行生态敏感性分析，判别不同级别敏感性分区，将具有较高以上敏感性区域作为保护性空间。再通过建设适宜性评价，辨别可以用于发展建设的区域，代替资源环境承载能力与国土空间开发适宜性评价作为用地布局的依据。进而依据评价结果明确各类建设管制分区并提出管控要求。

（1）落实管控要求，确定底线型空间

石海村域空间管控要素较多，规划首先对县级生态保护红线和永久基本农田保护红线进行落实。生态保护红线范围内按照《生态保护红线管理办法（试行）》进行管控，禁止从事与生态保护无关的开发活动，以及其他可能破坏生态环境的活动。永久基本农田保护红线内按照《中华人民共和国基本农田保护条例》保护要求执行。

（2）综合评价土地，识别土地开发条件

规划首先根据石海村生态特征，从地类植被、水体保护、地形地貌和保护要求四个方面对石海村全域进行生态敏感性分析，综合判别得到不同级别的敏感性分区，为区域生态修复分类分区提供参考，为石海村景村融合可持续发展提供保障（表2）。

规划同时根据用地的自然条件和人为影响进行全面综合的建设适宜性评价，对村庄土地的建设适宜程度进行分析。

综合考虑村庄现状特点、规划控制要求等内容，确定因子-指标两层评价体系。从自然特点、土地开发、规划衔接三个角度，将各指标按照地形适宜性、建设成本适宜性、规划管控要素三大因子归类。将每个用地单元（以5mx5m为基本评价单元）按照各类指标在建设适宜性上的高低按照1~5的数值进行赋值，建设适宜性越高则指标值越高。

对各指标进行赋值，采取加权平均计算后，将村域的综合建设适宜性分为三级（表3）。

（3）划定管制分区，引导空间合理利用

规划按照生态保护优先、集约用地的要求，对存量与增量建设用地利用进行统筹与管控，基于生态敏感性评价和建设用地布局适宜性评价，结合建设用地空间布局安排，在石海村范围内分为允许建设区、有条件建设区、限制建设区和禁止建设区四个区域（表4）。

2. 路径二：农旅深度融合，推动村庄产业转型

石海景区是石海村产业发展的重要基础，同时也对乡村产业发展提出了更高的要求。石海洞乡风景名胜区对生态环境、地质景观的保护与管控，要求石海村在不破坏自然生态、不影响地质景观特点的前提下形成生态农林产业；另一方面，景区的发展优化也必须能惠及石海村村民，提高村民收入。因此需要进一步提升农旅产业融合度，壮大农村集体经济。

规划从对接石海洞乡风景名胜区优化提升出发，结合新镇区建设，围绕“产业兴旺、生活富裕”的目标，整合资源、组织农民、发展产业，通过农业与旅游业、旅游业与文化结合，村庄、景区、镇区三方统筹协调，形成农旅融合、经营形式多元发展的产业格局，切实壮大村级集体经济，提高农民收入水平。

（1）以旅游为核心，构建农旅融合发展的乡村产业体系

石海村产业发展应以旅游业为核心与纽带，其他产业起到基础支撑作用，以生态农业、乡村休闲为主导，生态农业为乡村休闲提供乡村景观、农业体验、绿色农产品。限制工业发展，可从事无污染、家庭作坊式的旅游纪念品生产和特色农副产品初加工，发展休闲疗养、文化体验、特色餐饮等配套服务业，构建农旅融合发展的乡村产业体系。

（2）发展集体经济，激活农村产业活力

发展农村集体经济是石海村实施乡村振兴战略的重要途径和发展现代乡村产业的必然路径。规划重点通过投资和经营模式的创新推动农民就业及农房、农地的旅游化转型，引导村民、村集体、村资产全面参与旅游服务产业。

在投资层面，鼓励将各级各部门投入的发展生产和扶持类财政资金，依据使用管理规定和国家政策要求，集中投资各类农村经营主体。进而通过财政资金带动社会资本投资村集体企业、平台公司和种养殖大户。降低农村经营者的金融风险，激发乡村产业的内生动力。

在经营模式层面，大力发展家庭农场、村民合作社、农旅社会化服务组织等多元农业经营主体和服务主体，通过土地入股、技术入股、劳动力入股等方式，将企业与农村经营主体进行连接，促进城乡人才和技术的双向流动，带动本地就业。

3. 路径三：提升村落品质，塑造富有特色的村域景观

为支撑石海景区旅游服务的升级与完善、促进村庄和景区的协调可持续发展，规划首先引导村庄居民点集约发展，集中配置高品质的服务设施。进而通过建筑风貌提升和景观环境塑造构建具有地方文化特色的村域景观环境。实现村庄人居环境改善、设施主客共享、村景风貌协调。

（1）有序引导形成集约的居民点布局

根据现状居民点位置、农村产业发展条件、建设质量和景区发展需求，以有利于景区保护和人居提升、有利于生产生活方便为要求，结合旅游服务点布

表4 建设用地空间管制分区划分及土地利用目标

分区类型	范围与定义	土地利用目标
允许建设区	规划城乡建设用地范围	安排规划期内新增景区和村庄建设用地的规划选址区域
有条件建设区	规划弹性用地范围	增减建设用地空间布局的弹性，为旅游项目建设预留发展空间
限制建设区	规划范围内除允许建设区、有条件建设区、禁止建设区外的其他区域	落实耕地保护责任和促进农业现代化建设
禁止建设区	具有重要资源、生态、环境和历史文化价值，必须禁止各类建设开发的区域	根据生态保护红线的管控要求开展生态保护与修复

4.石海村产业发展思路　5.村域空间管制分区图

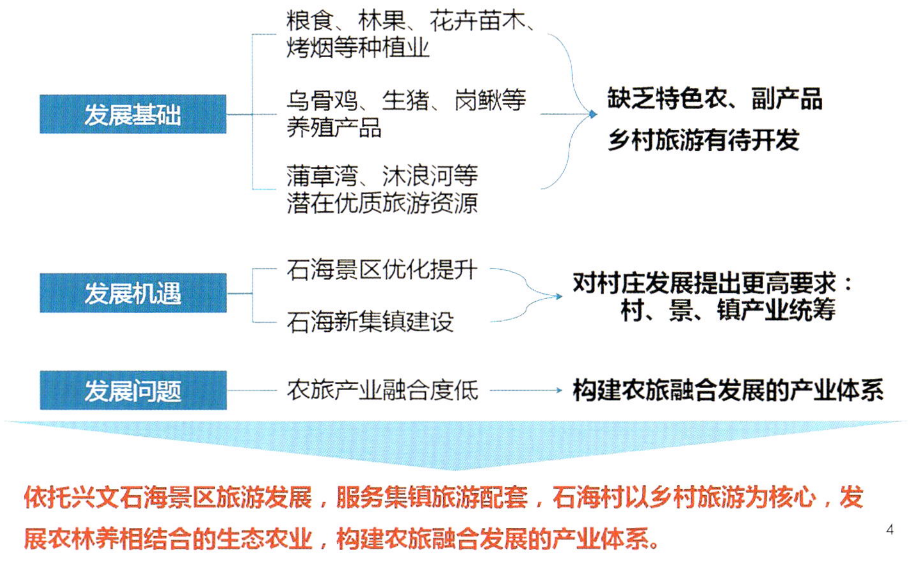

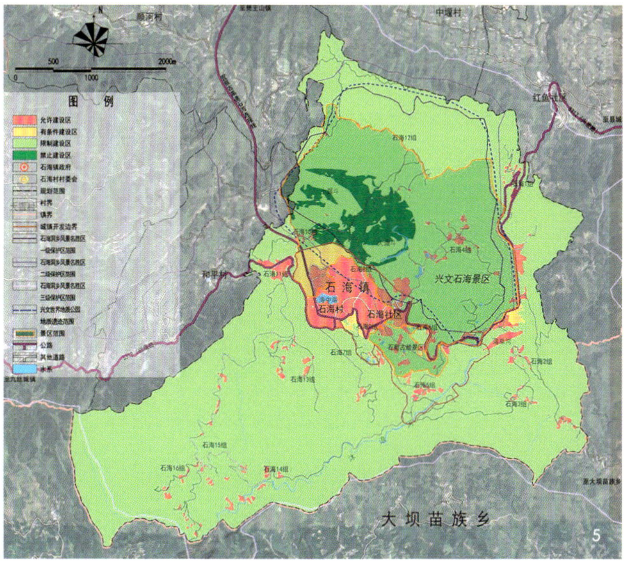

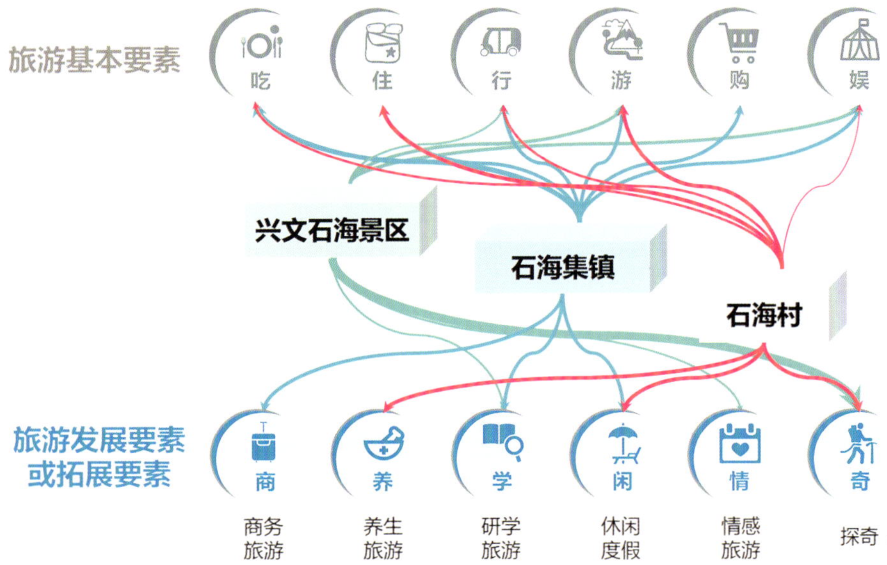

6

7

6.村、景、镇分工的旅游产业发展模式

7.居民点调控指引图

局集中居民点。积极引导居民有步骤、有计划地向集中居民点集聚，统筹村庄基础设施和公共服务设施，集中打造主客共享的高品质服务设施。

首先对一户多宅、闲置宅基地进行清理，减少村域低效用地规模。其次将位于石海洞乡风景名胜区一级保护区内的居民点搬迁，对位于石海新镇区城镇开发边界内的居民点逐步搬迁。其他居民点尊重村民意愿实施搬迁。

规划结合石海镇区的坡地苗寨项目建设布局集中安置点，原则上同意村民间遵循自愿原则置换房屋与土地使用权，但城镇开发边界外（即规划编制范围内）不允许新增农村宅基地。

（2）塑造富有僰苗特色的川南村落

规划在分析僰、苗传统民居特色元素的基础上，结合现代的实用功能和审美需求，综合现代建筑技术和客观条件，在川南民居风格基础上，融入石海村僰苗文化与石文化，以“僰苗密寨”为主题，整体打造人地和谐、村景共融的兼具山水风光与僰苗文化特色的新民居风貌。

公共建筑整体风貌可选择僰、苗两种风格：僰人风格公共建筑外形要体现端庄稳固，风格古朴粗犷，外立面采用天然饰面石材装饰；苗族风格公共建筑立面山墙采用木穿斗架（或涂料粉刷），墙面适用木板、竹编或者涂料粉刷；正立面按照传统样式增加柱枋等装饰构件，门窗更换传统花格样式。整体风貌统一。

民居户型方面遵循石海村传统民居建筑平面布局，形成客厅（堂屋）坐中、左右厢房卧室、中轴对称式的传统空间布局，呈“一”字形或“L”形建筑平面。

民居风貌继承并突出石海僰苗文化特色，满足当代居住要求与建设规范，适应并引领地域新型农村住宅发展需求，塑造石海特有建筑风貌。民居以平顶为主，建议采用屋顶花园的形式。建筑立面采用苗族木板、竹编、涂料粉刷，或僰人石料装饰。门窗及其他装饰要素与建筑整体风格统一。建筑采用钢筋混凝土材料作为结构框架，墙面为砖墙，外涂饰涂料，门窗采用节能门窗、装饰构件与亲人性常用构件用木材。苗族风格民居墙体主导色为木褐色、木黄色，屋顶为青灰色；僰人风格民居墙体主导色为青灰色、深灰色、浅灰色，屋顶为青灰色。建筑层数控制在2~3层，层高≤3.6m，建筑屋檐高度≤10m，有坡屋顶的建筑屋脊高度≤15m。

（3）构建宜居宜游的景观环境

石海村景观规划力求将天然石景观和植被景观引入居民点，使人居景观与自然景观有机结合，实现村在景中、浑然一体。同时，充分考虑乡村与田园的关系，在景观设计上兼顾空间的功能需求和建筑与外部空间风貌的协调，通过对街道环境、公共空间的特别塑造，形成宜居宜游的景观环境。

沿主要旅游道路打造风景道，通过道路两侧植物景观的优化，梳理观景视线，打造步移景异、富有野趣的景观走廊。同时规划利用景观节点集中展现石海村文化形象，提供主客共享的活动空间。

4. 路径四：完善机制保障，促进村景统筹发展

（1）探索规划“留白”机制

针对旅游开发建设用地需求的不确定性，规划提出探索用地“留白”、划定有条件建设区，支持旅游产业项目和基础设施等项目落地。

规划在主要旅游资源点周边设置预留用地和弹性用地，以满足未来难以预期的重大项目的用地需求。允许预留部分规划建设用地指标用于单独选址的农业设施和休闲旅游设施等建设。规划预留用地、弹性用地作为有条件建设区，作为村庄未来发展的备用空间。

（2）合理深化土地流转，引导村民参与乡村旅游

在合法合规、保障村民权益的基础上，积极引导农村宅基地、集体经营性建设用地等通过租赁、入股、合作、抵押等多种方式参与乡村旅游发展，通过合理整合建设用地，适当流转土地对存量建设用地进行挖潜。对有条件的村庄居民点与农业空间，通过主题建设、景观美化、设施提升等措施，利用村庄构建乡村休闲体系，发展农业风貌观光、农业休闲体验、乡村民宿度假等产业。

（3）构建居民参与旅游产业的保障机制

村庄建设和旅游产业发展要充分考虑村民要求并使其从中受益，引导村民积极参与。激励村民参与机制，不断增加村民的就业机会和商业机会，建立就业五个“1”保障机制，为村民参与旅游产业创造条件，逐步提升旅游对就业的带动作用。

（4）建立景区与村庄的对接融合机制

在用地分类、空间管控、项目招商、金融服务、基层管理等各方面建立风景名胜区规划建设与村庄规划建设的对接，政府、企业、乡村一体化的综合协调机制，并协调景区与村庄、企业与村民之间的经营行为和利益分配，建立统一的设施建设与服务标准体系。

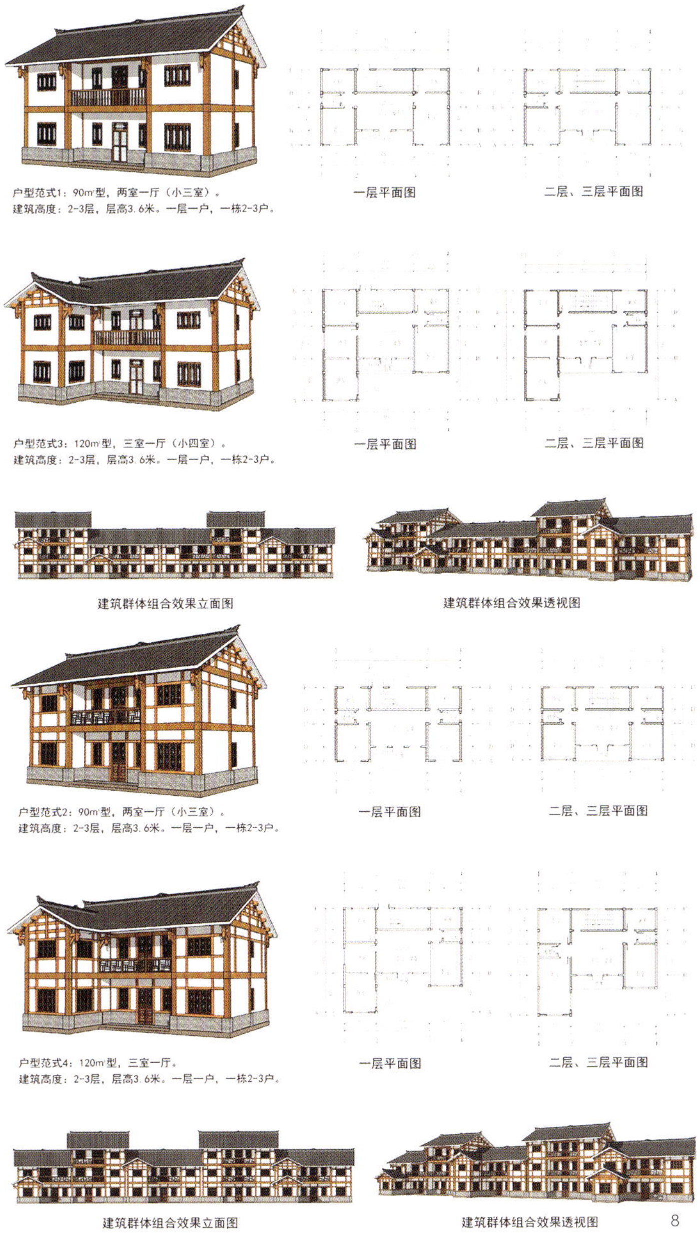

8

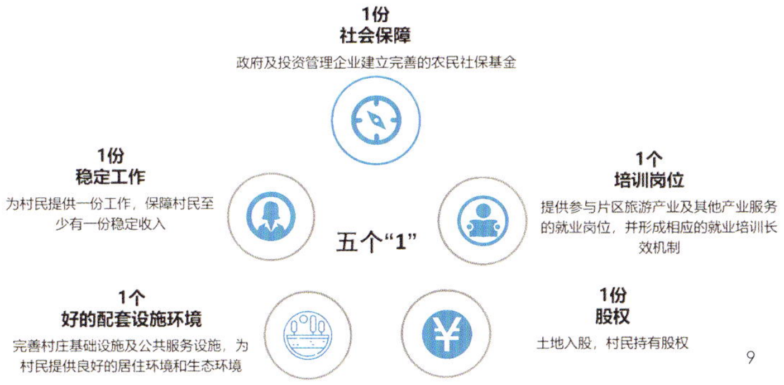

9

五、结语

“景中村”的村庄规划较一般的村庄规划涉及的要素更多也更具综合性，规划中既要考虑风景名胜区景观资源与生态环境的保护，也要协调村庄经济与民生的全面发展。本文以石海村为例，从空间、产业、村落建设和机制保障等方面进行了探索，以期在保护住“绿水青山”的生态基底的基础上，以融合发展的乡村产业和景区化的村落环境实现村庄与风景区协同共生、可持续发展，并通过多元合作模式引导村民参与乡村旅游，实现生态效益、社会效益、经济效益的和谐共赢。

参考文献

[1]金志丰，陆效平，陈江龙，等. 基于建设适宜性分区的农村宅基地整理模式选择——以常熟市为例[J]. 中国土地科学，2010(3)：36-41.

[2]郑红玉，卓跃飞，吴次芳，等. 基于减量化目标的农村宅基地整理分区及模式优选[J]. 农业工程学报，2017(12)：270-277.

[3]钮心毅，宋小冬. 基于土地开发政策的城市用地适宜性评价[J]. 城市规划学刊，2007(2)：57-61.

[4]余澳. 农村土地承包经营权有偿退出机制的建构[J]. 农村经济，2018(9)：43-48.

[5]韩宁，马军，卫立群. 风景名胜区“景中村”景观整治探讨：以杭州市西湖风景名胜区内村庄为例[J]. 现代园林，2011(3)：34-36.

[6]徐颖，崔昆仑，刘振中. 风景名胜区内村庄整治的思考：以天台山国清寺景区周边村庄整治规划为例[J]. 小城镇建设，2009(2)：24-27

[7]谢忠山，台丹清. 小农经济到现代农村集体经济历史演变中的土地确权问题探讨[J]. 理论与当代，2019(4)：26-28.

[8]中共中央国务院关于实施乡村振兴战略的意见[J]. 共产党人，2018(4)：4-15.

作者简介

黄轶辰，上海同济城市规划设计研究院有限公司，城市开发规划研究院，规划师；

刘玉超，上海同济城市规划设计研究院有限公司，城市开发规划研究院，主创规划师，工程师；

刘　晓，上海同济城市规划设计研究院有限公司，城市开发规划研究院，设计三所，所长，高级工程师。

8.居民点风貌指引
9.五个“1”保障机制
10-13.苗族风格+僰人元素民居外立面建设、改造示意图

10

11

12

13

城镇开发边界划定中的城市设计思维
——以山西省浑源县为例

Applying of Urban Design Thinking in Delimitation of Urban Development Boundaries —Take Hunyuan in Shanxi as an Example

田宝江
Tian Baojiang

[摘　要]　城镇开发边界具有底线约束和开发引导双重作用，在城镇开发边界划定过程中，要充分运用城市设计思维，优化城镇空间格局，引领城市健康和谐发展。本文以山西省浑源县为例，介绍了城镇开发边界划定过程中城市设计思维的运用。城市设计思维对城镇开发边界划定的优化作用主要体现在三个方面，一是保障城镇空间形态完整；二是促进城市用地空间与城市发展定位及城市功能转型相契合；三是在全要素管控背景下，促进城市与周边自然环境有机融合，实现城市、人、自然和谐共生。

[关键词]　城镇开发边界；城市设计思维；形态完整；全要素管控

[Abstract]　The boundary of urban development plays a dual role of bottom line constraint and development guidance, we should apply urban design thinking in delimiting of urban development boundary to optimize urban spatial pattern and make the city developing healthily and harmoniously. This paper shows how to apply urban design thinking in delimiting of Hunyuan urban development boundray, the advantages of which include three aspects: the first is ensuring the integrity of urban spatial form, the second is making close connection between urban function and layout of urban land use, the third is promoting the organic integration of the city and the surrounding natural environment and realizing the harmonious coexistence of city, human and nature.

[Keywords]　urban development boundary; urban design thinking; integrity of form; all elements control
[文章编号]　2022-89-P-114

《中共中央 国务院关于建立国土空间规划体系并监督实施的若干意见》于2019年5月发布，标志着我国国土空间规划体系的初步确立。其中，划定生态保护红线、永久基本农田、城镇开发边界“三线”是国土空间规划的核心内容。城镇开发边界作为国土空间规划中指导和约束城镇发展的区域边界线，在城镇实际建设中承担底线控制和引导发展的双重作用。

在城镇开发边界划定过程中，基本上是“约束思维”和“发展思维”综合考虑的结果。约束思维是对生态地区和基本农田的保护，确定哪些地区是在城镇开发建设中是不能碰的；发展思维是对未来城镇发展的空间预留。在国土空间规划体系建立之前，主要是通过限建区和禁建区来保护生态地区和基本农田，用适建区来体现城镇发展空间；城市规划的空间布局主要是在适建区的范围内展开，对于周边的生态环境和农业空间的关注不足。在国土空间规划背景下，实行对国土空间的全要素管控，城镇开发边界与另外两条红线的划定紧密相关，在市域行政范围版图上，三者相互影响、相互交织，某一红线范围的变动，都会对另外两条红线产生直接影响。

目前，规划学界对于城镇开发边界的划定已经有了较多的理论与实践探索，基本共识是综合考虑底线约束和城市发展需求，围绕生态保护、基本农田保护，划定城镇开发建设不能触碰的底线，另一方面，通过研究人口、产业、公共设施、功能提升等方面的发展诉求，预测城市发展用地和空间走向，在综合考量这两个方面的基础上划定城镇开发边界。这种操作方式基本上解决了城镇开发边界划定的“对错”问题，但对于城镇空间的品质关注不足，如城镇空间形态的完整性，城镇空间与生态空间、农业空间的有机融合，城镇空间发展与城市功能地位及转型的关系等。因此，有必要在城镇开发边界划定过程中，融入城市设计思维，在约束思维和发展思维的基础上，体现“设计思维”和“品质思维”。城市设计思维主要体现在城市空间塑造、空间要素间关系协调以及城市空间美学创造三个方面。近日，习近平总书记指出：“要发挥美术在服务经济社会发展中的重要作用，把更多美术元素、艺术元素应用到城乡规划建设中，增强城乡审美韵味、文化品位，把美术成果更好服务于人民群众的高品质生活需求。”

浑源县隶属于山西省大同市，位于山西省东北部，处于环渤海经济区东西结合部，交通区位优越，区域重大交通设施的建设使浑源成为大同都市区南部交通门户，成为晋北地区对接京津冀，融入环渤海、大雄安，参与乌大张的枢纽。有世界建筑奇迹美誉的悬空寺以及北岳恒山都在浑源县境内，且与县城距离只有3km，县城西北部还有国家级湿地公园神溪湿地，历史悠久，文化底蕴深厚，生态及人文旅游资源丰富，发展潜力巨大。但是，浑源经济发展多年来主要依靠煤炭资源，随着煤炭资源的不断减少以及国家生态环境保护和可持续发展的政策要求，浑源也面临城市发展的转型与升级。

浑源县城现状城镇人口14.36万人，城镇集中建成区用地规模（含城中村、西部工业区）13.99km^2。根据《大同市国土空间总体规划（2021—2035）》，至2035年，分配给浑源的新增城市建设用地指标为4.3km^2。浑源县城建成区较为完整。根据资源环境承载力和国土空间开发适宜性双评价，综合分析县城发展约束条件与发展潜力，同时基于三调数据，尊重自然地理格局，在确保生态保护红线应划尽划、永农应保尽保、尽可能避让优质耕地的基础上，考虑城市发展阶段和趋势，预测城市未来发展方向主要有向北和向西两种选择。

上一版的浑源县城总体规划中确定城市沿恒山路东侧向北发展，这似乎是较为合理的选择。一方

1.生态文旅片区　3.向北发展
2.发展方向选择　4.向西北发展

面，城市建成区已经呈现向北自然延伸的态势，恒山路、天峰路两条南北向干道基本成形，并且也有了城市综合服务中心、安置小区等建设项目，且这个方案占用农田较少。

在本轮浑源县国土空间规划中，我们重新审视了城镇开发边界的划定，认为上一版总规中确定的发展方向，在满足了底线约束的基础上，选择了建成区自然蔓延的发展方向。但这样做的结果也存在两大问题，一是城市集中建设区形态不完整，呈反“L”形状，城市西北部出现明显缺失，也使得东西向的干道迎宾路和南北向的干道恒山路只有单侧服务功能，道路效能未能全面发挥；二是城市西北部的神溪国家级湿地与城市相邻，从全要素管控的角度出发，应充分协调城市与神溪湿地的关系，在保证生态保护红线的基础上，最大限度将神溪湿地景观导入城市，城市与自然有机融合，也为提升城市空间品质、打造城市特色奠定基础。为此，我们重新划定了城镇开发边界，将新增的4.3km^{2}建设用地放在了县城的西北部，与神溪湿地生态红线保持最小350m的距离，保护神溪湿地不受城市建设活动的影响，另一方面，开辟生态景观廊道，将神溪湿地生态绿地导入城区，实现城市与自然生态有机融合。

这样的城镇开发边界划定至少带来了三方面的显著效益：一是城市整体用地形态完整，便于公共设施、绿地开放空间的合理布局，满足服务半径的需求，因为城区尺度较为合理，使得公共服务设施均满足15分钟生活圈的要求，服务半径较为均等。二是与城市发展定位及功能转型相契合。正如前文所说，浑源正面临着资源型城市转型提升的发展需求，未来浑源的发展方向是以文化旅游作为城市的主导产业，大力发展文创产业，融入山西省旅游三大版块的长城版块（注：山西省旅游发展规划确定全省旅游划定为黄河、太行和长城三大版块）。因此，城市建设必须为未来的城市主导产业预留用地和空间，这片新增的建设用地，未来的定位就是打造特色生态文旅片区，承担城市旅游服务、文旅度假、公共服务和居住等职能，通过用地功能体现城市定位与特色。三是城市与周边自然环境有机融合，体现人与自然有机和谐、共生的发展理念。

在城镇开发边界划定后，城市设计思维可以进一步引导城市空间布局和建筑形态的优化。对于西北部的生态文旅片区，在空间布局上有两种方案，一种是方案B：延续城市建成区路网，形成较为规整的方格网布局，同时保留了三条生态景观廊道，将神溪湿地景观导入城市。

另一种方案C是充分体现生态理念，采用自由组团式布局，组团之间通过绿地分隔，同时也是沟通城市与神溪湿地的生态廊道。

这两个方案各具特色，但也都有明显不足，方案B过于规整，缺乏特色，难以体现生态文旅片区的空间特征；方案C又过于自由，地块形状不规则，给后期供地带来很多不便。为此，运用城市设计思维，统筹用地与周边环境关系，考虑空间形态完整和地块开发控制的建设要求，将两个方案优化整合为方案A。

该方案既形成了组团式的开发格局，又保证了组团用地和地块的相对规整，同时保留了沟通神溪湿地的四条生态廊道。通过水、绿系统和路网系统的叠加，形成用地开发的基

1

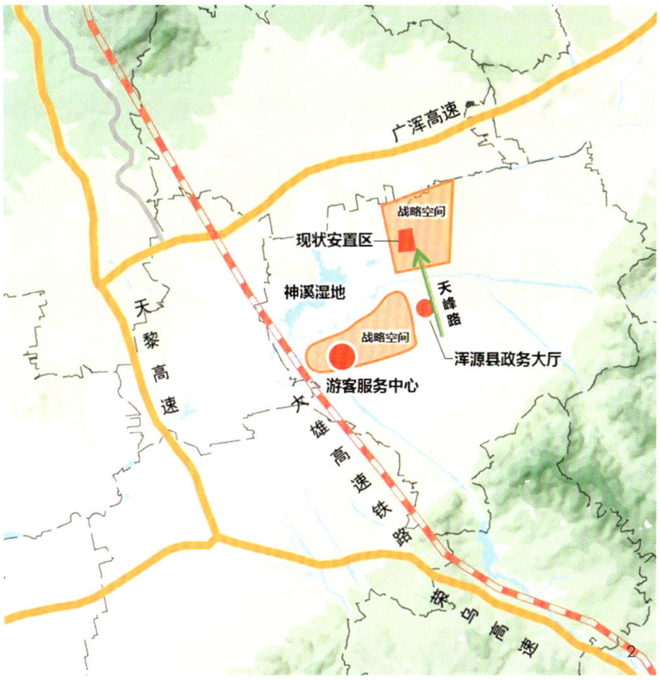

2

3

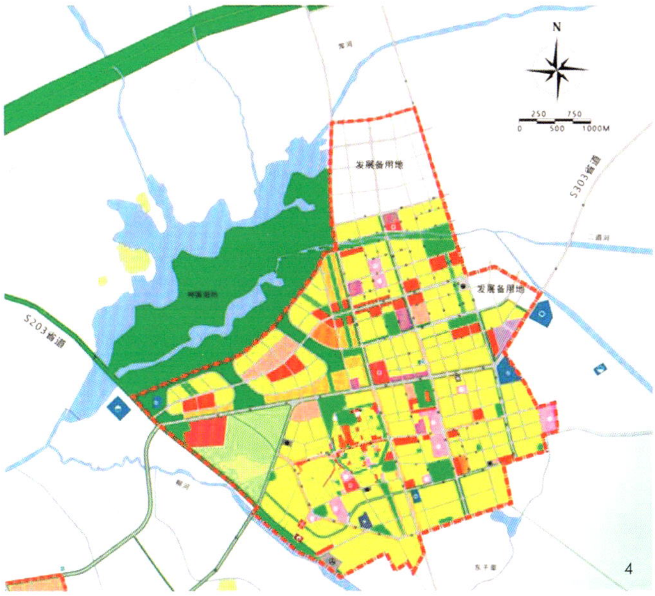

4

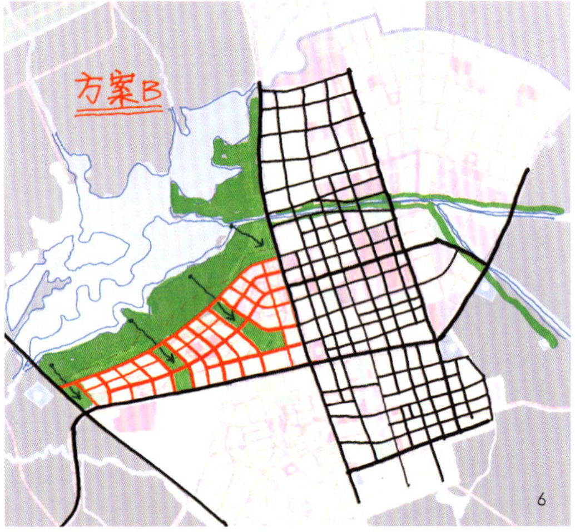

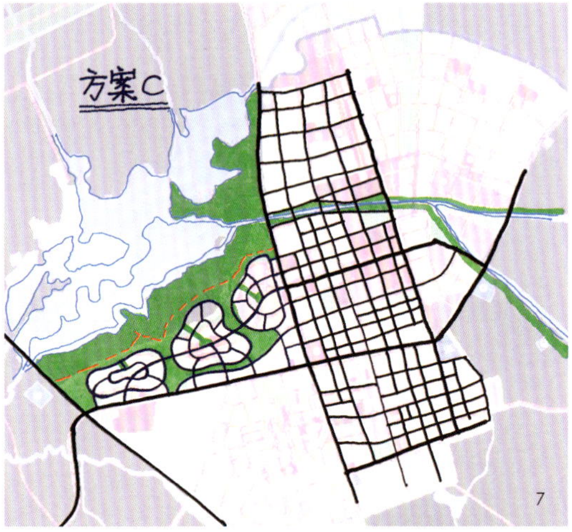

5-7.方案A、B、C　　8.建筑形态引导　　9.整体空间鸟瞰图

底和基础框架，在这个设计结构的引导下，建筑单体的形态也就能自然地衍生出来。

由此可见，城市设计思维贯穿了城镇开发边界划定、城镇空间布局和城镇建筑形态控制的全过程，在国土空间规划全要素管控的背景下，城市设计将发挥更加重要的作用。

总之，城镇开发边界具有底线约束和开发引导双重作用，在城镇开发边界划定过程中，要充分运用城市设计思维，优化城镇空间格局，引领城市健康和谐发展。在此过程中，城市设计思维对城镇开发边界划定的优化作用主要体现在三个方面，一是保障城镇空间形态完整；二是促进城市用地空间与城市发展定位及城市功能转型相契合；三是在全要素管控背景下，促进城市与周边自然环境有机融合，城市、人、自然和谐共生。同时，运用城市设计思维，可以对下一层次城市用地布局和建筑形态的生成提出直接的管控要求，并对建筑形态的衍生提供外部空间框架机制。

参考文献

[1]朱江, 曹迪, 任思儒, 等. 城市设计思维下城镇开发边界"修订"方法研究——以广州为例[J]. 西部人居环境学刊, 2020(1): 17-24.

[2]王凯. 生态文明视角下的国土空间规划思考[R]. 第十三届规划信息化实务论坛主会场报告.

[3]杨俊宴, 胡昕宇. 城市空间特色规划的途径与方法[J]. 城市规划, 2013(6): 68-75.

[4]王煜坤. "多规合一"视角下城市开发边界的划定方法探讨--以合肥城市开发边界划定为例[J]. 低碳世界, 2017(15): 207-209.

[5]张兵, 林永新, 刘宛, 等. 城镇开发边界与国家空间治理——划定城镇开发边界的思想基础[J]. 城市规划学刊, 2018(4): 16-23.

[6]吴斌, 王婧. 底线约束导向下的城市开发边界划定与管理——以南京市溧水区为例[C]// 共享与品质——2018中国城市规划年会论文集(11城市总体规划). 2018.

[7]田宝江. 生态导向的城市设计实践与反思[J]. 中国园林, 2018(12): 13-16.

[8]殷会良, 李枫, 王玉虎, 等. 规划体制改革背景下的城市开发边界划定研究[J]. 城市规划, 2017,(3): 10-15+41.

作者简介

田宝江，同济大学建筑与城市规划学院，博士，副教授，上海同济城市规划设计研究院有限公司，总规划师。

“单元导控”和“空间精准供给”双向思维下的零散地块控制性详细规划实践探索
——以滑县老城区七个地块控制性详细规划为例

The Practice and Exploration of Regulatory Planning for Scattered Plots Under the Two-way Thinking of Unit Guidance and Control and Space Precision Supply
—Research on the Regulatory Detailed Planning for Seven Plots in Huaxian County

王宝宇
Wang Baoyu

[摘　要]　本文以《滑县七个地块控制性详细规划》实践为例，探讨老城区零散地块控制性详细规划的面临的问题及应对思路；提出该类型控制性详细规划既要有自上而下“单元导控”思维以应对地块的分散特性，保障片区公共设施的落地以及落实城市结构性空间的把控要求；又要有自下而上“空间精准供给”思维，加强控规阶段的“项目策划”研究，增强落地项目与空间的匹配度，以确保近期落地项目的可实施性和可操作性。

[关键词]　单元管控；老城区；控制性详细规划；零散地块

[Abstract]　In the case of *Regulatory Planning for Seven Plots in Huaxian County*, the problems and the relevant countermeasures faced by this kind of planning in the old town are discussed in this paper. It is proposed that this type of planning should have a top-down unit guidance and control thinking to deal with the scattered characteristics of the plots, so as to ensure the completion of public facilities and to put the control requirements for space structure into effect. Meanwhile, it should have a bottom-up space precision supply thinking, enhance the project planning study during the phase of regulatory planning, and improve the matching degree between the function of project and the spatial properties of plot, in order to ensure that the recent launched projects are implementable and operable.

[Keywords]　unit guidance and control; the old town; regulatory detailed planning; scattered plots

[文章编号]　2022-89-P-117

老城区的用地空间是复杂的，具有成熟开发条件的地块往往散布在城区各个角落，难以形成连续成片的存在。这些地块常常被打包一起开展控制性详细规划以应对近期的开发建设需求。在城市空间的把控过程中，若从城市总体规划直接到分散地块的控制性详细规划，将很难将总规的要求直接传导到位；包括城市结构性空间的需求难以把控，同时也难以落实不同层级公共设施的空间需求；这就需要具有自上而下的“单元导控”思维将总规要求传导到位。另一方面由于这些零散地块开展控规工作往往是急于应对项目落地，因此具有强烈的“近期实施性”和“落地性”要求。基于此，此类控制性详细规划需要具有自下而上“空间精准供给”的思维加以应对；同时这也是应对新形势下高质量发展城市空间对“精准规划”“精准管理”的必然要求。本文以滑县老城区七个地块控制性详细规划为例，探讨新形势下在国土空间背景中，面对零散地块的控规特性，如何运用自上而下的“单元导控”和自下而上的“空间精准供给”双向思维进行控规实践探索。

一、项目背景简介

滑县位于中原豫北地区，是河南典型的农业强县和人口大县，现行总体规划中心城区建设用地规模为68km^2，人口规模为65万人。本项目由七个地块组成，位于滑县老城区范围内。上位规划中七个地块的功能以居住及生活配套为主，包括教育、商业等配套设施组成。本项目七个地块总用地面积约为225.46hm^2（3382亩）。

零星地块开展控制性详细规划一般具有2个特点，一是零散特性带来的公共性空间的协调和落位，如：不同层级公共设施的落位、城市结构性空间的衔接、支路划分与周边地块的协调等。二是“近期实施性”。这就要求针对营利性的用地，控规的控制指标要适应当前的市场需求，避免带来后续项目难以进驻的问题。

七个规划地块在总规中的位置、规模见表1。依据现行总体规划，七个地块分别位于总规布局中的2个功能区。地块1、2、3、4、5、6均位于城中片区，地块7位于老城西部道口片区。地块均距离老城中心较近，城中片区定位为城市综合居住功能，道口片区为商贸、文化休闲、综合居住功能。地块1位于城北森林公园入口，地块7位于卫南水库公园东侧，两个地块分别依托森林和大型水体的生态资源优势，融合发展、准确定位、科学导控。

二、“城市结构性空间”传导下的地块定位研究

在国土空间规划语境下，总体规划的结构性空间要素是需要得到传导与落实。控规在现行总体规划的结构框架下，分析研究了七个地块的所在区位、交通便利条件、城市规划轴线、城市功能节点、现状及周边的资源禀赋，确定各地块的目标定位、主体功能以及建筑风貌，形成传导控制体系的重要依据，如表2所示。

地块1靠近中心城区北部森林公园，需要考虑与森林公园的融合发展。森林公园在近几年政府全力支持下，已经成为滑县中心城的北部绿肺。地块1将借助森林公园的生态优势，居住项目定位为生态宜居的

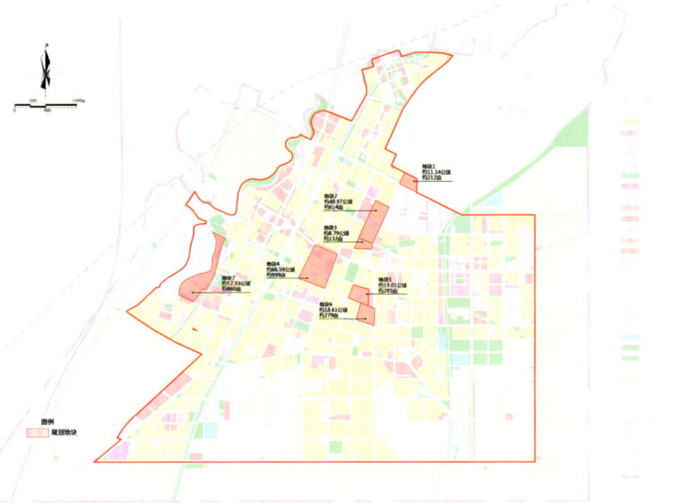

1

2

1.七个地块区位图

2.地块在中心城区各功能区的位置

中高档次的居住社区，沿森林公园的入口道路，预留商业空间，未来项目可结合底商设置康体休闲、特色餐饮等商业设施。地块2、3、4、5、6处于老城区与滑东新区交界处，五个地块均有三面或四面毗邻城市道路，且至少一条或两条为城市主干路，区位优越，交通便利；几个地块毗邻的道康路、中州大道及滑州大道为城市功能性联系轴，轴线两侧的地块应具有承担城市形象展示功能，控规中应充分考虑，通过功能、绿地等规划，打造好城市的轴线空间。地块7毗邻西湖，西湖为中心城区最大的湖面，是城市级的生态资源，同时地块靠近老城中心，地块的优势弥足珍贵；地块的规划设计应尽量发挥其生态优势，在建设生态社区的同时为休闲服务设施留足空间。

地块的定位、业态、建筑风貌为引导性要素进行控制。地块底商规模和位置属于刚性性控制要素。

三、“单元导控”思维下的单元划分与导控要素研究

1. 面向“好管”“好用”的单元划分

长期以来，单元划分往往站在规划编制视角，多以城市道路、水系、铁路线等自然分割线为界，边界较规整；而行政管理边界往往延续历史的镇、村边界，边界曲折崎岖，往往被新建的城市道路切割，与规划边界相互矛盾。“管理”与“规划”编制边界的背离，导致规划成果难以“好用”“好管”。随着城市发展的高质量要求，“好管”“好用”的规划要求，“管理”和“规划编制”边界的统一势在必行。“规划编制边界”在尽量考虑行政边界的同时，行政调整也成为必然趋势。

2. 多因素考量下的单元划分

单元根据本地实际情况，结合城市现状功能及规划管理要求，以及街道社区边界、城乡建设要求等，将建设地区划分为若干规划控制单元，组织编制单元规划（表3）。

综上，依托上版总规、综合已有区块的控规成果、专项规划等多规合一，结合行政边界（高铁片区、产业集聚区、道口古镇、滑东新区、街道边界、社区边界），结合城市功能节点、自然水系、主次干道等因素，以十五分钟生活圈的辐射规模为依据，将滑县中心城区划分为16个生活单元，43个社区。

3. 保障地块所在单元公共设施的落位

生活单元对应十五分钟生活圈，社区对应十分钟

表1　七个地块区位及规模一览表

地块名称	地块位置	规模（hm^2）	特征
地块1	北环路与滑兴路交叉口东北侧	14.14	位于森林公园入口，生态资源丰富
地块2	工贸路以东，滑兴路以西，向阳路以北，林苑路以南	40.97	交通便利，周边高等教育、医院、商业等设施配套较齐全
地块3	滑兴路以西，向阳路以南	8.8	地块小，用地性质简单，南侧毗邻城区暗渠
地块4	人民路以东，文明路以西，振兴路以北，中州大道以南	66.6	位于城区最中心位置，区位优越，交通便利，周边配套较齐全
地块5	滑台路以东，广福路以西，振兴路以北，欧阳路以南	19.01	交通便利，部分用地现状建设较好，可开发用地有限
地块6	广福路以东，滑兴路以西，滑州大道以北，振兴路以南	18.61	交通便利，南侧靠近滑兴河，环境较好
地块7	环湖路以东，西堤路以西，新鑫路以北，欧阳路以南	57.33	靠近老城区，人口稠密，毗邻西湖，生态环境优越

表2　七个地块规划定位

地块名称	优势条件及特色	目标定位	功能	建筑风貌
地块1	借势生态优势，打造生态宜居样板区；同时为森林公园提供服务功能	森林公园窗口 生态宜居社区	园林式居住+黄河文化体验、森林公园服务设施	森林创意社区、园林式
地块2、3、5、6	拆旧补新，激活城市活力，重拾城市记忆，打造城市空间重生典范	新区老城重塑街区 现代宜居生活社区	居住+生活配套、教育等	新亚洲+现代
地块4	通过主体化商业综合体的建设、配套设施的完善，打造现代居住街区的样板	老城空间重塑典范 城市特色服务节点 品质生活社区样板	主体化商业综合体+居住	新亚洲+现代
地块7	挖掘西湖文化，打造独具特色的城市生态空间	西湖休闲体验区 滨湖花园居住区	滨湖休闲商业+城市花园社区	新中式、城市花园

3.单元划分示意图
4.社区划分示意图
5.地块所在单元设施配套示意图
6.地块4周边商业业态分析示意图
7.地块4与老城、滑东新区商业设施对比示意图
8.现行总规与地块控规各地块内绿地空间分布

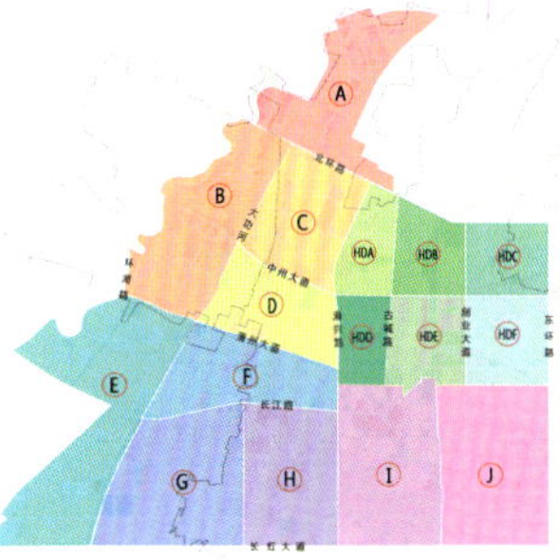

3

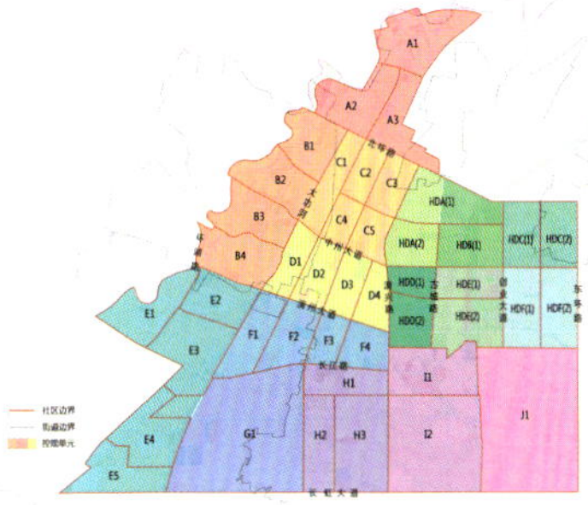

4

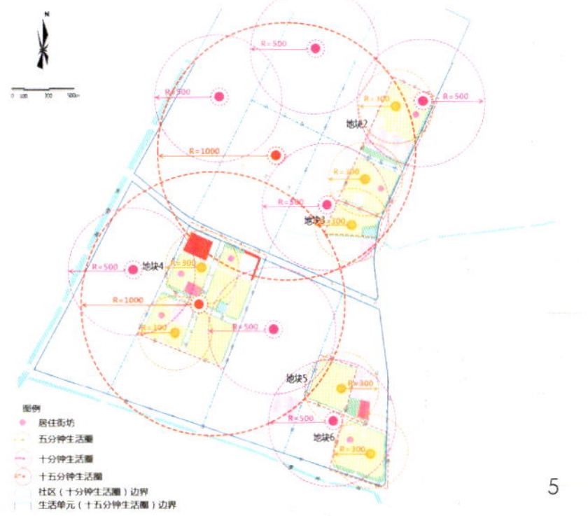

5

生活圈，规划单元按照“十五分钟生活圈—十分钟生活圈—五分钟生活圈—居住街坊”四个层级进行配套相应设施，保障各编制单元公共设施的落位。

4. 明确地块对各层级公共设施的需求关系

分析其中5个地块所在单元的位置，地块2、3、4、5、6主要涉及2个单元、4个社区。规划对每个地块所需要的五分钟、十分钟、十五分钟生活圈所对应的设施，其空间位置都进行了核对，确保每个地块都在各层级公共设施的辐射范围内。

四、“空间精准供给”思维下对用地的导控研究

1. 对营利性用地的导控研究

用地空间从开发角度可以分为非营利性用地和营利性用地。非营利性用地如公共设施、基础设施、公园广场等；营利性用地如商业用地、居住用地等。营利用地所建项目是面向市场的，需要进行准确的市场预测和定位研究，才能建立与市场匹配的用地导控要求。在当前的城市发展背景下，商业用地对市场的敏感性尤其尖锐。滑县7个地块的控规，关注对有较大规模的商业设施用地进行了定位研究，旨在建立与市场匹配的用地导控体系，以保障后期项目顺利入驻和运营。

以老纸厂北部商业用地为例。依据上位总体规划，老纸厂地块（地块4）北部配置一处商业综合体，占地面积为3.02hm^2。规划研究了未来商业业态发展趋势，同时研究了周边商业设施的竞合关系，顺应错位发展思路，定位该地块商业设施的业态、规模、空间模式、辐射范围、服务人群等。

通过分析比较周边商业模式、规模体量大小、服务面向人群等方面，老城的商场集聚在中州大道沿线，商业业态以零售业为主，体量为2万~5万m^{2}左右，部分商场结合小体量商业街进行布局，商场设施及流线较为传统，建筑品质、服务水平不高；滑东新区规划未来将形成大体量、高品质、未来感强的现代商超。地块4位于两者之间，且是老城区带状商业核心的一部分，将在功能、建筑体量、建筑风格等方面来衔接两者。

此外结合国内二三线城市商业发展趋势，地块4北部的商业地块将围绕儿童教育培训和休闲娱乐主题，打造成为一个集教育培训、餐饮、休闲娱乐、零售、医美、康体等于一体的商业综合体；商业体量约3万~5万m^2，辐射半径约5km范围内。地块作为节点空间，将同时结合敬老广场、文化广场、街头公园、休闲绿地等，融入老城带状商业核心，沿中州大道形成24小时中央商业活力带。

2. 对公共空间的“精准落位”

总体规划的用地是框架式、指标管控，控制性详细规划不仅要落指标，还要考

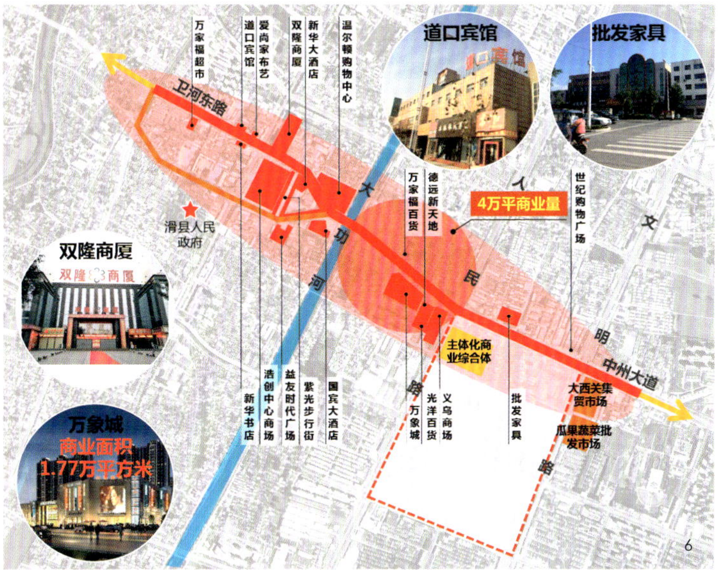

6

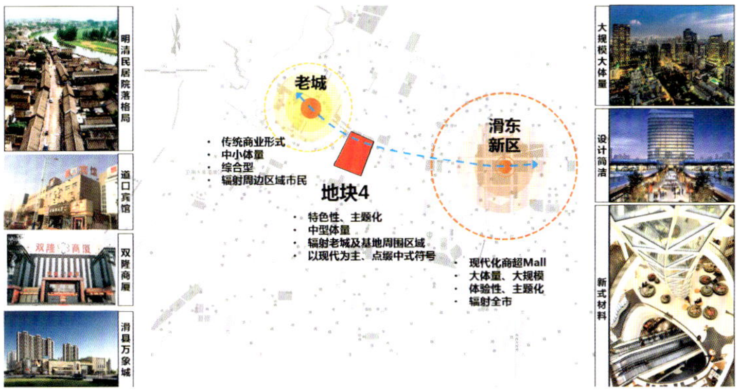

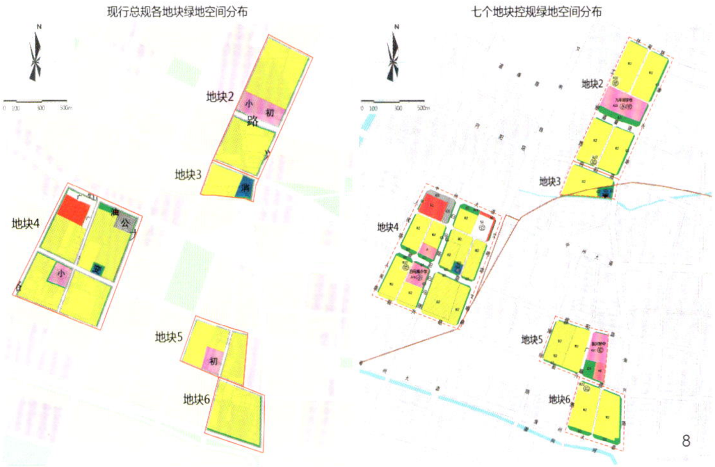

8

表3　单元划分考量因素汇总表

考量因素	具体解析
城市行政管理范围	管理区、社区和村庄作为行政管理单元，有一定的管理地域，对于管理范围内的人口、用地、设施配套等都具有管理权限；在划分控规单元的时候，应重点考虑这些边界，但同时应尽可能避免单元界线对同一功能区分隔较多的情况
风景区及历史文化名城边界	滑县中心城区中有森林公园、道口古镇、西湖湿地公园等风景区或历史文化用地，其边界可作为划分单元的依据
交通通道	城市主次干路网是控规编制单元划分的重要依据。但是由于不同主次干路网承担功能不同，因此城市主次干路网是否作为控规编制单元的边界需要同时结合规划用地功能布局考虑
水系等自然分界线	由于水系相对稳定，分隔作用较好，多个管理区、社区、村庄的划分很多也是以这些界线为依据，因此，规划在控规单元划分中将重点考虑
已编制控规范围	应尽量延续现有控规范围的前提下，对边界线不合理的编制单元进行适当调整
适宜的规模	单元规模依托十五分钟生活圈的辐射规模，以人口规模为基准，以用地规模为重要参考因素，一般设定5万~10万人为1个单元，单元配置的公共设施配套将依托十五分钟生活圈的要求进行配置；同时考虑不同区块的实际情况进行相应的调整，如老城区、历史街区、外围新开发地区等的实际差异，划定适宜规模的控规单元
土地功能同一性、完整性	划分控规单元应注重土地使用的同一性或内在联系性，保障规划管理的合理性
总体规划划分	总体规划对中心城区功能板块的划分也是控规单元划分主要依据，有利于落实总规的结构性空间用地

表4　公共绿地控制表

类别	人居公共绿地面积(m^2)	居住区公园最小规模(hm^2)	居住区公园最小宽度(m)	备注
十五分钟生活圈居住区	2.0	5.0	80	不含十分钟生活圈及以下级居住区的公共绿地指标
十分钟生活圈居住区	1.0	1.0	50	不含五分钟生活圈及以下级居住区的公共绿地指标
五分钟生活圈居住区	1.0	0.4	30	不含居住街坊的绿地指标

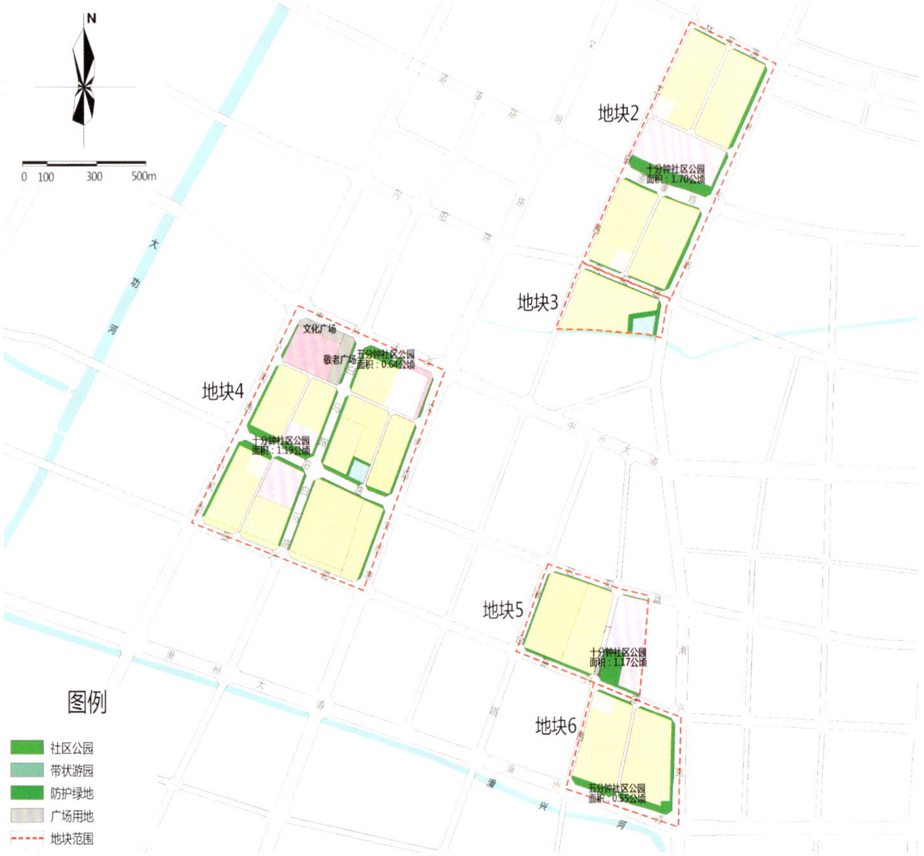

9.五个地块绿地公园规划示意图

虑用地权属、现状实施性等因素，进行准确的调整，保障落位。滑县控规以绿地为例，

地块控制性详细规划中，规划五个地块根据《滑县县城建设区道路两侧建筑退线管理办法》规定，沿中州大道两侧设置宽度不小于20m的绿化带，沿滑兴路、道康路两侧设置宽度不小于15m的绿化带，沿人民路、文明路两侧设置宽度不小于10m的绿化带，沿向阳路、欧阳路、振兴路、林苑路、滑台路两侧设置宽度不小于6米的绿化带。同时结合3个层级生活圈的规范要求，集中设置具有一定规模，且能够开展休闲、体育运动的居住区公园。公共绿地控制指标应符合表4。

五、结论

滑县老城区七个地块控制性详细规划在“单元导控”和“空间精准供给”双向思维指导下，在一定程度上满足了对公服设施用地和自身对市场项目落地的需求。另一方面，可以看到在缺乏完整的单元控规情况下，规划依旧存在较大问题。如地块支路的划分，与周边待规划地块如何协调？地块居住开发量如何在整个单元中去平衡？公共设施与单元开发量的平衡关系等都成为未来需要再协调的问题。

建议国土空间规划体系下，应以首先完成单元控制性详细规划，在严控单元公共设施用地的同时增强对营利性项目市场适应性的研究与导控；在单元控规的导控基底下，再进一步推进地块图则的规划设计，建立“好管”“好用”的控制性详细规划体系。

作者简介

王宝宇，博士，上海同济城市规划设计研究院有限公司，主创规划师，注册城乡规划师。

面向国土空间规划的详细规划编制实践
——以黄冈市白潭湖片区控制性详细规划修编为例

Detailed Planning Preparation Practice for Territorial Planning
—Taking the Revision of the Regulatory Detailed Planning of the Baitan Lake Area of Huanggang City as an Example

管 娟 邹 涛
Guan Juan Zou Tao

[摘　要]　详细规划是面向开发建设实施，落实国土空间总体规划战略意图、衔接相关专项规划的主要途径。新时期国土空间规划体系下，详细规划如何进行编制与管控，实现国土空间的精准供给与落地，是当前规划编制面临的主要难点。本文以正在编制的规划实践案例为例，探讨国土空间规划背景下详细规划编制的路径，以期为同类型的规划实践提供参考。

[关键词]　国土空间规划；详细规划；黄冈市；白潭湖片区

[Abstract]　Detailed planning is the main way to implement development and construction, implement the strategic intent of the overall planning of land and space, and connect with relevant special plans. Under the territorial space planning system in the new era, how to prepare and control detailed plans to achieve precise supply and implementation of territorial space is the main difficulty facing the current planning formulation. This paper takes the planning practice case under preparation as an example to discuss the path of detailed planning preparation in the context of land and space planning, in order to provide a reference for the same type of planning practice.

[Keywords]　territorial planning; detailed planning; Huanggang city; Baitan Lake area
[文章编号]　2022-89-P-121

一、编制思路

2019年5月，《中共中央 国务院关于建立国土空间规划体系并监督实施的若干意见》发布，明确了新的国土空间规划体系，强调国家空间治理能力建设，是一个全域全覆盖、全要素的管控体系，体现的是“生态文明时代空间供给侧结构改革要求”。白潭湖片区项目修编恰逢国土空间规划改革之际，始于2020年8月，契机于与一江之隔的鄂州民用机场（现鄂州花湖机场）的选址与建设带来的顶层功能布局的提升。研究与探索在新时期如何编制详细规划成为本项目一开始所要面临解决的重要内容。

编制之初，首先对比详细规划前后的编制思路，确立新时期国空编制新思路，突出强调“共享、安全、健康、创新”四个重要规划理念：①共享——以生活圈的理念来完善配套设施；②安全——提升城市韧性，刚弹结合管控；③健康——营造品质空间，提升人居环境；④创新——国土空间规划强调的是全要素管控，在控规修编中同时强调非建设用地管控。并通过空间布局、指标管控等技术手段落实于规划编制中，来确保详细规划的可实施落地。

二、规划实践

本次规划实践对象白潭湖片区，位于黄冈市中心城区中部。修编时强调目标与问题双导向相结合，从区域机遇、上位依据、现实诉求三方面确定规划编制路径方式，明晰本次修编调整的主要内容。

1. 区域机遇

白潭湖片区，西临黄冈老城区，与临空经济区、浠水片区共同构成黄冈临空经济区。一江之隔的鄂州民用机场与武汉天河机场，共同构成了国内绝无仅有的4F+4E国际航空客货运枢纽，双枢纽的建设将对黄冈所在的武鄂黄黄城市群的空间结构产生

1.国土空间规划编制思路转变示意图

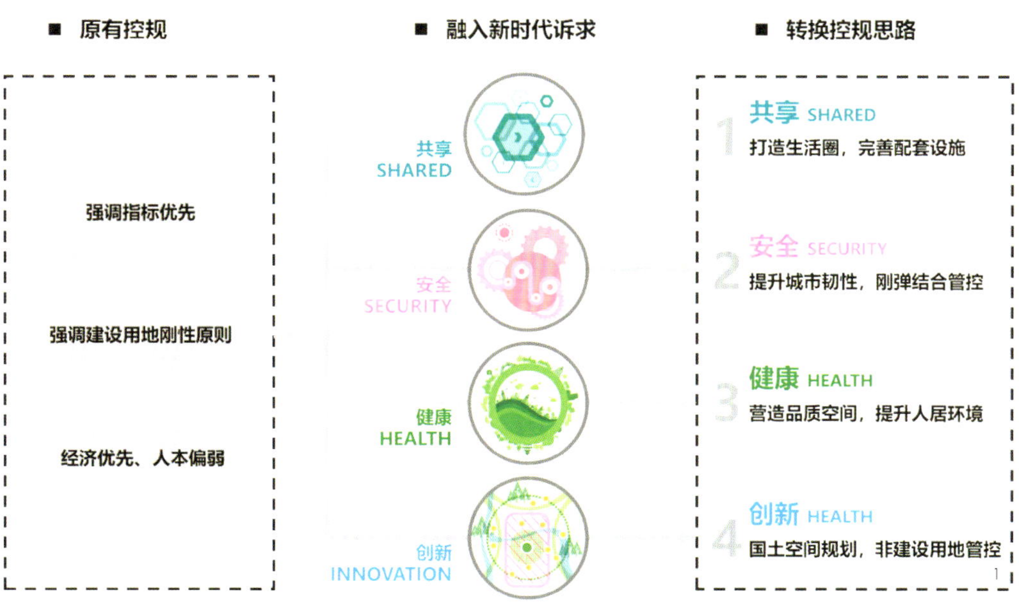

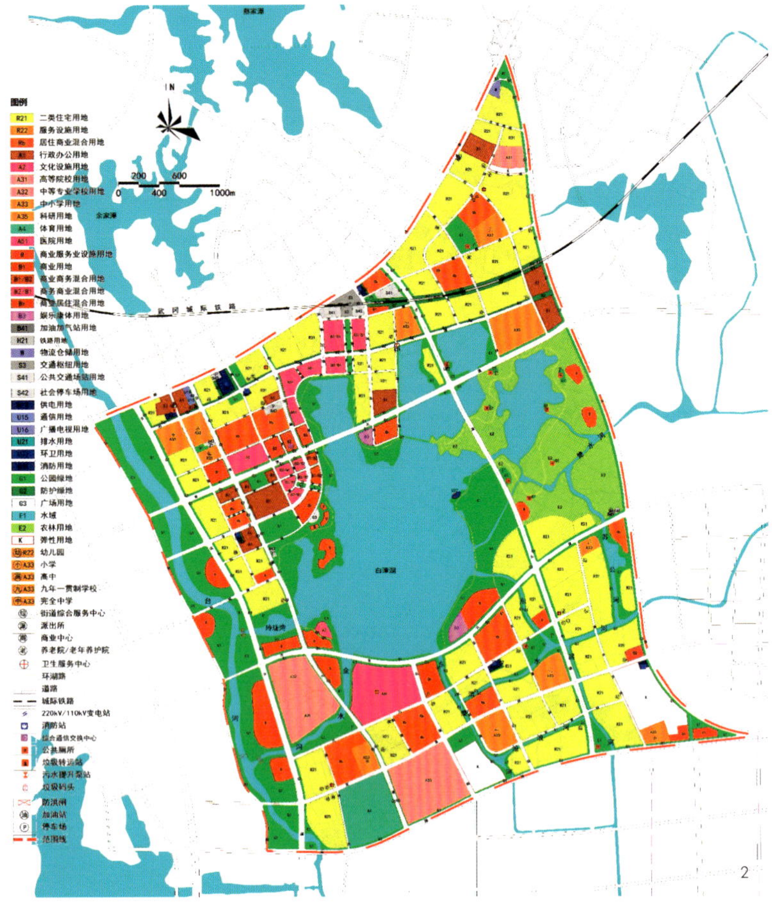

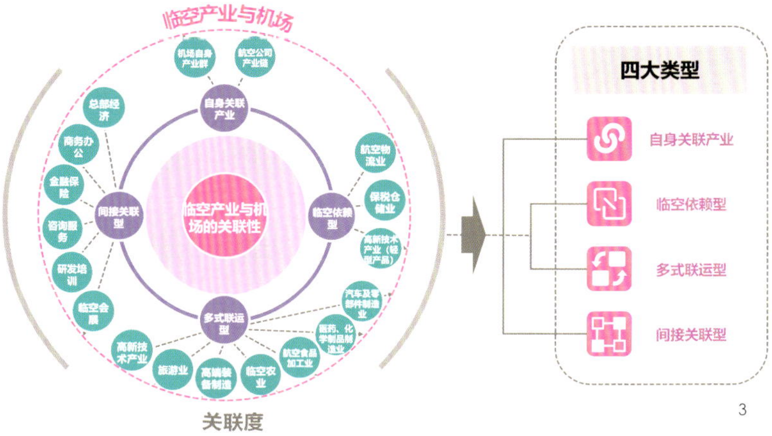

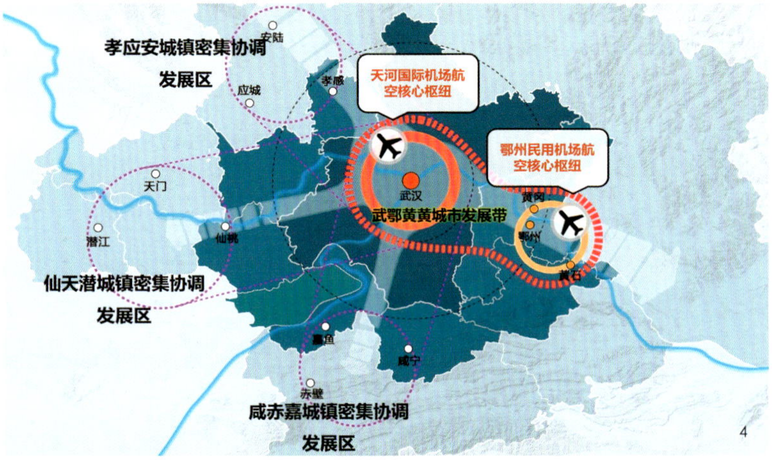

2.白潭湖片区控规土地利用规划图　3.临空产业示意图　4.鄂州民用机场带来的空间结构变化示意图

重大影响。

黄冈围绕临空产业，将打开区域参与国际国内分工的快捷窗口，重塑区域产业体系。在新一轮分工下，未来的白潭湖片区同临空经济片区呈现出“产业+服务”的总体布局分工。白潭湖片区从原有为城市服务转向为区域服务。未来承担的更多是临空服务的功能，结合目前已有的重大项目落地项目，围绕白潭湖形成三大中心，商务会展服务中心，大数据服务中心，大健康服务中心。

2. 上位依据

《黄冈市城市总体规划（2012—2030）》于2013年已获正式批复。本次修编以《黄冈市城市总体规划（2012—2030）》为依据，与城市总体规划强制性内容及其他相关系统内容进行对接。白潭湖片区隶属于总体规划中城东新区组团，城东新区组团以行政、文化、商业、金融、教育、居住等为主，是黄冈中心城区未来新中心，城市内部功能升级和空间结构优化的核心区域。整体蓝绿空间呈现“U”形开放空间，蓝绿空间比例约占城东新区组团整体规模的30%。

《黄冈市国土空间总体规划（2020—2035）》编制工作并正在进行中。本次修编与正在编制国土空间规划的编制单位进行了积极对接，将编制思路、过程编制方案进行沟通交流，编制双方达成共识，在不突破已经批复的《黄冈城东新区环白潭湖地区控制性详细规划》建设用地规模基础上，结合白潭湖片区开发建设的实际情况与需求进行调整，并动态进行编制维护。

3. 现实诉求

白潭湖片区经过若干年发展，已具备一定的建设基础，结合现状开发情况，对上版控规实施评估，整体发展情况较好，充分发挥了生态本底优势，基本按照原控规结构发展，但由于片区定位提升和项目客观实际情况，原控规已不能完全满足未来发展需要，需要对用地布局进行适应性调整修改。①借力临空经济区建设，未来白潭湖定位提升；②蓝线及其控制线进行调整；③现状实际建设项目与原控规用地布局不符；④结合新的生活圈规范要求，完善配套服务设施。通过对重大项目、建成项目、在建项目、出让项目、抵押项目及已批项目综合分析梳理，并对接相关专项规划，共梳理出364宗地块需要调整。

三、规划特征

通过对编制背景宏观、中观、微观的梳理，确定修编的三大思路：“生态优先、城市织补、精细化管控”，即立足于生态优先，严格遵守白潭湖生态底线控制要求，落实蓝线要求；采用城市织补理念，面向白潭湖未来城市服务能级升级，针对用地布局及公共服务设施的完善进行精细化的指标管控.。未来白潭湖片区功能由服务于城市组团的公共服务向服务于区域层级的产业服务和生活服务复合能级提升，将建设成为生态优越、环境友好、风景美好、宜居宜业、生态和谐的创新湖滨新城。

本次控规编制实践是基于上版控规的提升优化，总结有以下三个特色：①围绕生态本底，提升城市品质；②承接区域目标，优化城市功能；③应对发展诉求，精细城市管控。

1. 围绕生态本底，提升城市品质

严格遵守白潭湖生态底线控制要求，腾挪围湖建设用地，按照15分钟生活圈要求在公共绿地总量不变基础上，增加调整公共绿地，保障片区绿地均好性。保障片区绿地均好性，提升城市品质，整体蓝绿空间达到42.55%，并充分发挥蓝绿空间优势，围湖形成环湖步道。

开发强度调整协调现状同时，主要考虑：①滨湖及主要生态廊道形成有序得空间秩序；②景观道路结合道路宽度和两侧功能进行调整。结合现状建成容量，严格控制滨湖第一界面的开发强度，充分利用生态本底优势，适当降低开发容量，塑造花园式办公形成有序的滨湖空间秩序。结合现状建成建筑高度，严格控制滨湖第一界面的建筑高度，形成由湖向外逐步升高的空间形态，塑造优美的天际线。

城市风貌塑造上提出“蓝绿交织、灰白雅调”的色彩主题，以绿色为基底，引导绿色生态建筑设计，形成错落有致的生态智慧城形象。

5.规划修编调整思路
6.蓝绿空间对比
7.建筑高度对比
8.开发强度对比
9.规划重大公共服务设施对比
10.规划结构对比

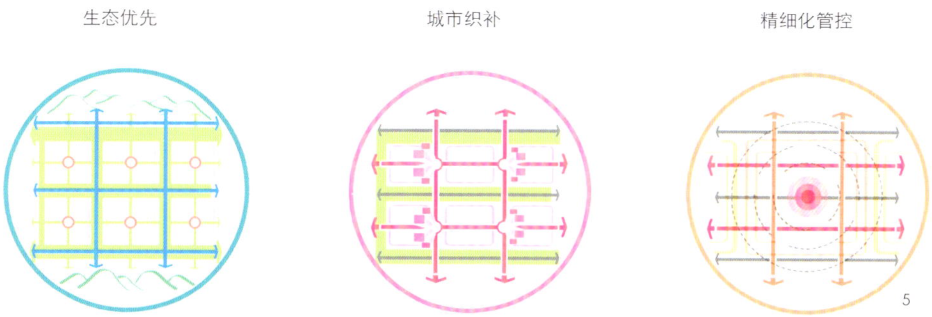

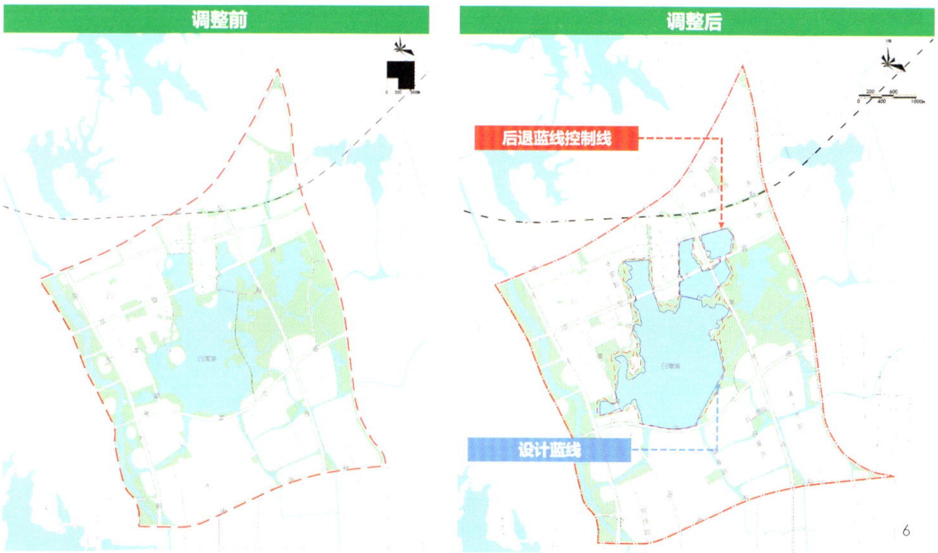

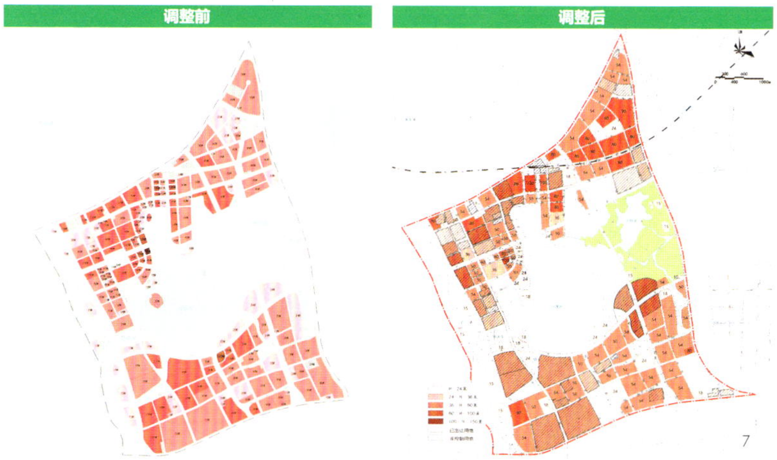

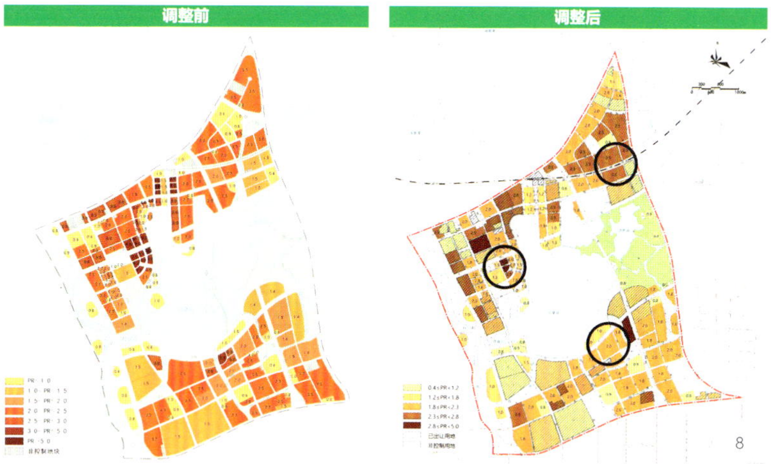

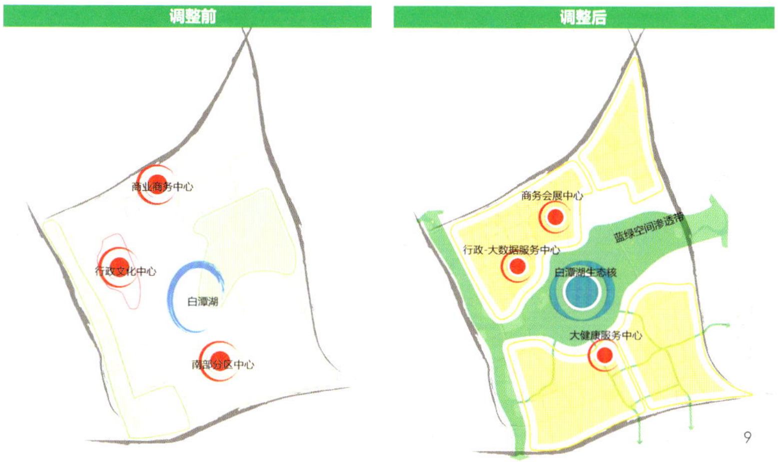

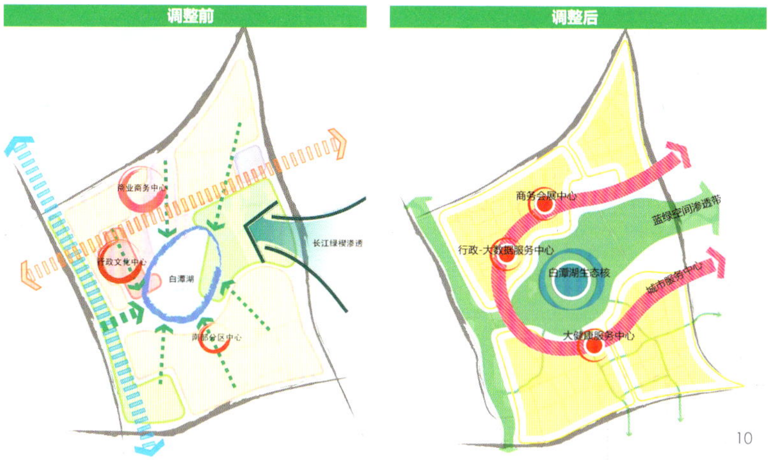

用地类别	建筑尺度	建筑材质控制		色彩描绘	建筑色彩控制	空间示意图
文化设施用地	以低层、多层为主，局部点缀小高层。 临江地区以中、低层为主。	外立面以涂料、玻璃、石材、铝合金混凝土、面砖为主		自然、轻快、明亮 主色调：白色、浅灰为主；滨江地区选择偏冷灰色调配合江水环境。 辅色调：有一定对比度的色调，例如：浅黄色、木色等。		
商业用地	以低层、多层为主，局部点缀小高层。	外立面以仿古涂料玻璃、墙砖、石材等材料为主		热烈、欢快、轻松 主色调：偏中性的简洁明快色彩的复合色或高纯度色搭配； 辅色调：有较高的对比度		
教育科研用地	以多层建筑为主，局部区域建设小高层。	外立面以石材、面砖、玻璃、素混凝土为主		冷静、平和、严肃 主色调：灰色、白色； 辅色调：稳重坚实的冷色调； 场所色：偏中性色调		
康养用地	以多层建筑为主，形成围合式庭院空间。	外立面以涂料、石材、面砖为主		素雅、温馨、轻松 主色调：浅灰、浅青、米色 辅色调：与主色调协调的暖色调 场所色：暖色调		
商务用地	以超高建筑为主体，点缀高层建筑，通过空中连廊连接。	外立面以石材、玻璃、铝合金、混凝土等现代建筑材料		理智、稳重、高效 主色调：暖灰、白色； 辅色调：与主色调协调的中性色调； 场所色：比较明快的中性色		
居住用地	以小高层、多层为主	外立面以涂料、石材、墙砖、玻璃等材料为主		温暖、轻松、舒适 主色调：保留传统色调，以灰色、白色为主； 辅色调：与主色调协调的暖色调 场所色：暖色调		
行政办公用地	以多层、低层为主	外立面以涂料、玻璃、清水混凝土、面砖等为主		清醒、冷静、安全 主色调：灰、白色为主，但避免沉重。 辅色调：局部设以暖色调		

11

控规单元	建设用地面积（hm²）	建筑面积（m²）	毛容积率	人口
A	153.82	1538247.07	1.19	22215
B	190.73	1907256.57	1.01	26650
C	160.96	1609614.03	1.29	38589
D	131.33	1299141.52	1.35	29011
E	168.07	1680710.66	0.91	17216
F	204.72	2047215.50	0.92	16432
G	93.09	930896.53	0.27	2058
H	129.93	1299249.41	1.27	24245
J	203.73	2037337.87	1.01	40111
K	206.93	2069347.17	0.94	24662
L	173.04	1730379.55	0.16	0
M	50.81	508095.05	0.60	5136
总计	1867.16	18657490.94	0.94	246324

12

11.城市风貌引导　12.控规单元划定

2. 承接区域目标，优化城市功能

结合片区功能定位的提升，围绕白潭湖将“内向型”的结构转变为“外向型”的U型磁力芯结构。对接临空经济区，围绕白潭湖片区承担形成临空商务服务职能。对现有的公共服务设施进行梳理，围绕顺丰机场相关配套设施的建设，对接临空产业进行功能提升转化，打造商务会展中心、大数据服务中心、大健康服务中心。

3. 应对发展诉求，精细城市管控

规划形成12大控规单元，407个地块，按照控规单元进行总量管控。同时在3个常规指标下引入了2个特色指标，并提出非建设用地管控措施与原则。

（1）海绵城市指标：将生态管控与城市管理相结合，在指标控制中引入了海绵城市特色指标控制，将年径流总量控制率作为新增海绵城市控制性指标，绿色屋顶率、透水铺装率、下下凹式绿地率、雨水收集设施容积4个为引导性指标。

（2）智慧城市指标：根据《新型智慧城市评价指标》，本次规划在智慧城市的规划控制中，创新性地采用指标控制方法，以引导规划区的智慧城市建设。控制目标分三级进行控制，包括5个一级指标，14个二级指标和45个三级指标，均为指导性指标。其中，一级指标为智慧产业、智慧生活、智慧交通、智慧市政、智慧旅游，从五大方面进行智慧城市建设，逐个细化，分级控制引导。

（3）非建设用地管控：设定非建设用地管控单元，主要包括森林覆盖率、河湖水面率、自然湿地净损失率、绿地斑块破碎度、聚集度、连接度、景观可达性、自然岸线保有率、野生动物重要栖息地面积等指标管控。

规划区内非建设用地空间为白潭湖湿地管控单元，明确建设要求和控制指标，强化非建设用地管控效力。白潭湖湿地单元——以保育湿地为主要功能，兼顾休闲娱乐功能，同时结合湿地景观发展观赏游憩、湿地教育、展示展览等功能。管控措施分为刚性管控和弹性管控两类。

三、总结

2021年2月黄冈市临空经济区管委会正式挂牌成立。2022年7月17日鄂州民用机场（现鄂州花湖机场）

正式通航。编制对象所在的黄冈临空经济区是以白潭湖城东新区为本底，是武鄂黄黄临空经济区内最大的产业承载区域，距建成的鄂州花湖机场7.5km，10分钟车程，区位优势进一步凸显。本文以正在编制的白潭湖片区控规修编为例，旨在探讨面向国土空间规划下详细规划编制如何转变规划思路，建立目标与问题双导向下的编制路径，以期为同类型的项目作为有益的参考。

注：目前规划仍在编制中，本文所用资料为阶段成果，主要用于学术交流。

作者简介

管　娟，上海同济城市规划设计研究院有限公司，城市开发研究院，所总工，高级工程师，注册城乡规划师；

邹　涛，博士，上海同济城市规划设计研究院有限公司，空间规划研究院，副总工，所长，高级规划师，注册城乡规划师。

3个常规指标+2个特色指标

项目		内容
土地使用控制	用地性质	用地性质是对地块主要使用功能和属性的控制
	土地使用兼容	用地使用兼容是确定主导用地属性，在其中规定可以兼容、有条件兼容、不允许兼容的设施类型
	用地边界	用地边界指用地红线，是对地块界限的控制，具有单一的用地性质，应充分考虑产权界限的关系
	用地面积	用地面积是规划地块用地边界内的平面投影面积，单位：hm²
使用强度控制	容积率	容积率是控制地块开发的一项重要指标，指地块内建筑总面积与地块用地面积的比值
	建筑密度	建筑密度是控制地块建设容量与环境容量的重要指标，是指地块内所有建筑基底面积与地块用地面积的百分比
	人口密度	单位居住用地上容纳的人口数，是指总居住人口与地块面积的比率
	绿地率	衡量地块环境质量的重要指标，是指地块内各类绿地面积总和与地块用地面积的百分比
交通活动控制	车行交通组织	是对街坊或地块提出的车行交通组织要求
	步行交通组织	是对街坊或地块提出的步行交通组织要求
	配建停车位	是对地块配建停车车位数量的控制
海绵城市	年径流量控制率	年径流总量控制率指标是指通过自然和人工强化的渗透、集蓄、利用、蒸发、蒸腾等方式，场地内累计全年得到控制的雨量占全年总降雨量的比例
	绿色屋顶率	是对建筑屋顶提出的对初期雨水收集、净化要求
	透水铺装率	是对道路、广场等硬质铺地提出的渗水性要求，从而控制地表径流、雨水利用
	下凹式绿地率	下凹式绿地是指一种高程低于周围路面的公共绿地，也称低势绿地
	雨水收集设施容积	是对城市雨水收集量提出的控制要求
智慧城市	智慧产业	是对城市产业提出的信息技术要求
	智慧生活	是对城市生活提出的信息技术要求
	智慧交通	是对城市交通提出的信息技术要求
	智慧市政	是对城市市政提出的信息技术要求
	智慧旅游	是对城市旅游提出的信息技术要求

13

海绵城市指标控制

2个既有指标1个控制性指标+4个引导性指标

在海绵城市的规划控制中，主要采用“2（建筑密度、绿地率）+1（年径流总量控制率）+4（绿色屋顶率、透水铺装率、下凹式绿地率、雨水收集设施容积）”的方式进行落实。其中建筑密度、绿地率为控规既有控制指标，年径流总量控制率为新增海绵城市控制性指标，绿色屋顶率、透水铺装率、下下凹式绿地率、雨水收集设施容积4个为引导性指标。

1.各类用地类型年径流控制率表

用地性质		年径流控制率（%）
R	居住用地	85
A	公共管理和公共服务设施用地	80
B	商业服务设施用地	80
S	道路与交通设施用地	70
G	绿地	95
	备用地	80

2.各类用地类型绿色屋顶率指导性要求表

用地类型	用地名称	已建区	新建区
A	公共管理和公共服务设施用地	不做要求	≥50%
B	商业服务业设施用地		
G	绿地		
R	居住用地		≥30%
S	道路交通设施用地		不做要求

3.各类用地类型透水铺装率指导性要求表

用地性质		已建区	新建区
G	绿地	≥40%	≥70%
S42	社会停车用地		
R	居住用地	≥40%	≥50%
A	公共管理和公共设施用地	≥30%	≥40%
B	商业服务业用地		
S	道路与交通设施用地	≥10%	≥20%

4.各类用地类型下凹式绿地率指导性要求表

用地性质		已建区	新建区
S	道路与交通设施用地	≥40%	≥60%
A	公共管理和公共设施用地	≥30%	≥40%
R	居住用地	≥20%	≥30%
B	商业服务业设施用地		
G	绿地	≥15%	≥20%

14

一级指标	二级指标	三级指标	参考值
智慧产业	产业发展水平	信息服务业增加值占地区生产总值比重	≥10%
		电子商务交易额占商品销售总额的比重	≥30%
		信息服务业从业人员占社会从业人员总数的比例	≥10%
	企业信息化运营水平	工业化和信息化融合指数	≥85%
		企业网站建站率	≥90%
		企业电子商务行为率	≥95%
		企业信息化系统使用率	≥90%
智慧生活	智慧化的医疗体系	市民电子健康档案建档率	100%
		电子病历使用率	100%
		医院间资源和信息共享率	≥90%
	智慧化的社区管理	社区信息服务系统覆盖率	≥99%
		社区服务信息推送率	≥95%
		社区老人信息化监护服务覆盖率	≥90%
		居民小区安全监控传感器安装率	≥95%
	市民生活网络化水平	市民上网率	≥60%
		移动互联网使用比例	≥70%
		家庭网购比例	≥60%
智慧交通	智慧化的交通管理	公交站牌电子化率	≥80%
		市民交通诱导信息服从率	≥50%
		停车诱导系统覆盖率	≥80%
		城市道路传感终端安装率	100%
智慧市政	宽带网络覆盖率水平	家庭光纤可接入率	≥99%
		无线网络覆盖率	≥95%
		主要公共场所WLAN覆盖率	≥99%
	宽带网络连接水平	户均网络接入水平	≥30M
		平均无线网络接入宽带	≥5M
	基础设施投资建设水平	基础网络设施投资占社会固定资产总投资比重	≥5%
		传感网络建设水平	≥1%
	智慧化的环保网络	环境质量自动化检测比例	≥95%
		重点污染源监测比例	100%
		碳排放指标（比上一年下降）	≥40%
	智慧化的城市安全	食品药品追溯系统覆盖率	≥90%
		自然灾害预警发布率	≥90%
		重大突发事件应急系统建设率	100%
		城市网络化管理的覆盖率	≥99%
		户籍人口及常住人口信息跟踪	≥99%
智慧旅游	智慧管理	客流监测系统（门禁系统、红外成像、手机信令分析等技术）覆盖率	≥90%
		应急报警系统（非法闯入、火险、异常天气等灾害自动探测报警系统）覆盖率	100%
		各部门数据（基础数据、视频数据、客流数据、车辆数据）共享率	≥80%
	智慧服务	以游客为中心的自媒体（网站、手机APP、微信、微博等）24h服务有效率	100%
		重要信息（动态发布天气、交通、重要告、车辆车位等信息）发布率	≥90%
		电子或自助售票系统占有率	≥80%
		实施智慧科技(AR、VR、AI）旅游体验占有率	≥80%
	智慧营销	网络宣传营销占有率	≥90%
		网络自媒体在线交易率	≥20%

15

13.海绵城市指标控制表
14.指标体系控制表
15.智慧指标控制表

上海同济城市规划设计研究院有限公司（TJUPDI）新闻简讯

同济规划院规划师王理在中国城市规划学会第九届青年规划师演讲比赛中获得"最佳表现奖"

2021年12月4日下午，中国城市规划学会第九届青年规划师演讲活动召开。本次演讲活动汇聚了来自全国各地的15位青年规划师，以演讲的方式与大家分享了在行业新形势、时代新要求下青年规划师的心得与思考，抒发青年规划师对青年责任、规划理想、家国未来的远大展望与美好希冀，展现了青年规划师的激情、责任感与职业精神。

本次演讲活动由中国城市规划学会青年工作委员会主办，中国城市规划学会乡村规划与建设学术委员会和中国城市规划学会学术工作委员会协办，昆明理工大学、云南省城乡规划设计研究院、湖北省城市规划设计研究院承办。

经过单位推荐，共有来自全国各地的15位青年演讲者参加活动，围绕村落保护、乡村振兴、社区营造、城市更新、儿童友好城市等主题开展线上演讲。

在本次演讲比赛中，我院推荐的规划师王理做了题为"从他乡到故乡"的主题演讲，并获得本次演讲比赛的最佳表现奖。

同济规划院第二党支部"杨浦滨江残疾人环境友好建设课题"进入导则编制阶段

2019年11月，习近平总书记在考察杨浦滨江时提出"人民城市人民建，人民城市为人民"重要理念，为推进人民城市建设指明了前进方向。

近年来，规划院第二党支部深入践行习近平总书记关于人民城市建设的重要理念。在党史学习教育中，规划院二支部认真贯彻落实中央和上级党委的要求，把学习党史同总结经验、观照现实、推动工作结合起来，与杨浦区残联共同开展"杨浦滨江残疾人环境友好建设课题"研究。

课题启动以来，在规划院领导的支持下，二支部通过多轮座谈、实地调研等方式不断深化参与，充分发挥我院专业优势，积极推进课题朝着更高目标和更好落实的方向发展。

2021年8月18日，规划院第二党支部参加杨浦滨江无障碍环境建设专题调研会，了解无障碍设施情况。上海市残联理事长、党组书记王爱芬出席会议。王爱芬对杨浦区残联和同济规划院共同编制的"杨浦滨江残疾人环境友好建设课题"给予了充分肯定，并对课题提出了更高期望和要求。

11月16日，规划院第二党支部参加杨浦滨江残疾人友好环境建设专题调研会，上海市残联副理事长郭咏军、上海市住建委副主任金晨、杨浦区政府党组成员祁克萍、杨浦区建管委、杨浦区残联以及区滨江办、同济规划院等相关负责人参会。会上，规划院二支部书记张恺代表课题组就杨浦滨江残疾人友好环境建设课题进行了详细汇报，与会人员就滨江沿线无障碍设施需改建项目展开交流讨论。会议对杨浦滨江无障碍建设工作的推进落实做了部署，包括尽快启动相关导则编制工作，有序推进"杨浦滨江空间无障碍创新示范区"的创建工作，并对黄浦江滨水空间的无障碍贯通起到示范作用。

12月6日，规划院二支部同杨浦区残联聋人协会、盲协、肢协、智亲友会和腾辉残疾人服务中心组成多个专业调研小组，再次来到杨浦滨江，对已有5.5公里建成段开展深入调研，这也标志着"杨浦滨江空间无障碍建设导则"编制工作正式启动。

自2021年6月启动至今，规划院第二党支部开展此课题已半年时间有余，力促为民办实事持续走深走实。随着工作的不断推进，二支部所在的规划设计四所、五所、六所、七所等团队党员参与度不断提高，工作的阶段性成果也得到了上海市有关部门及杨浦区政府的充分肯定。下一步，工作重点将正式进入导则编制阶段，活动性质也从党建活动扩展到团队联合课题。

规划院第二党支部发挥专业优势开展此项办实事活动，也是对规划专业延伸领域的一次创新尝试，体现了党史学习和实际工作的紧密结合、相互推动，同时也积极践行了"人民城市人民建，人民城市为人民"的理念，今后将进一步贯彻人民城市建设的重要理念，保质提优推进课题研究和工作开展。

乡村规划师蹲点3个月给上海农村带来了什么

宝山沈杨村，是上海"钢管之乡"。这里出产的钢管足以满足盖房子的各种需求，也为村庄带来了丰厚收入。这两年，村子大刀阔斧调整产业，钢管企业走了，一群"专家"来了，第一件事便是拆了村里刚造好的艺术白墙。

为啥这么干？村民不解，接下来的变化更令人惊讶。"专家"蹲点3个月后，沈杨村通过验收，成为上海外环线内唯一的乡村振兴示范村。

这群"专家"叫作乡村规划师。今年7月，上海正式启动乡村责任规划师制度，向农村输出一批"脚底踩泥、眼里有光"的乡村"造梦者"。今天，我们将镜头对准一支"造梦"团队，揭秘这一职业。

一堵围墙带来的转折

"农村为什么要规划，我觉得现在这样挺好。"在沈杨村第一次召开乡村设计村民大会时，一位村民抛出的疑问，道出了不少人的心声，也让团队负责人江浩波印象深刻。

事实上，村里的一些干部也抱有同样的困惑。沈杨村紧邻顾村公园和上海大学，周边配套完善，一条外环绿廊贯穿村落，每年花期还能带来庞大人流。和上海许多偏僻村落比起来，沈杨村的发展优势十分突出。

围墙，成了一切的转折点。

为了让村子更好看，村干部聘请设计公司沿街竖起水墨画艺术围墙，却让村民十分不满，直言"堵得慌"。围墙想要遮住的，是凋敝的厂房，闲置的荒地，杂乱的违建，这恰恰暴露了沈杨村深层的发展难题。

转型迫在眉睫。刚收到沈杨村的邀请，在区域规划上颇有经验的上海同济城市规划设计研究院有限公司城市设计研究院副院长江浩波却犹豫了："我想了整整一周，到底要不要做乡村规划。"

这样的担心不无道理。乡村不能推平重建，事多量大，规划落地"难"；乡村规划评价体系不如城市规划清晰，规划思路"难"；乡村不是城区，土地是集体资产，要动一砖一瓦得要和村民商量，村民沟通"难"；乡村规划资金渠道少，投入产出不成正比，规划可持续"难"。更何况，整个改造只有3个月时间。

不过，村干部们的决心还是打动了规划师。今年4月，江浩波带领团队正式进村。"乡村规划师这个角色背后，必须是一支团队。"江浩波说，这是出于乡村规划的特殊性，它不像造花园，光好看不行，还得为未来发展搭好"骨架"。

江浩波的团队成员均来自同济院，有规划、景观、建筑、市政等各类专业，背景多元、各司其职。

一场顶尖设计院和乡村的碰撞由此开始。

3个月"产值"是聊天

在规划师的帮助下，沈杨村绘制了一幅新蓝图，要做与城市融合共生的花园生态村、魅力多彩的活力创智园、上海市特色乡村典范，打造"绿带明珠，花园谧境"。不过，在第一次召开村民大会时，参会村民满脸狐疑，甚至反问："你们还要造多少围墙？"

为了打破村民心理藩篱，江浩波团队采用"陪伴式乡建"，在全施工周期里驻地指导，这在上海还是第一次探索。

团队驻村的第一件事就是拆墙。实地走访时，团队成员发现这些围墙占用了部分道路，一路延伸到桥头，阻挡了原本美丽的河道景观。而在围墙背后的“灰色空间”成了村民租户洗衣晾晒和藏污纳垢的地方。

拆墙之后，更多“灰色空间”被打开。规划师团队把围墙背后的“灰色空间”重新利用，结合村里的花卉产业，撒上花种，改造为“花博乐园”；沿河步道重新设计，改造为滨河绿带，与外环绿道串联，吸引了许多自行车爱好者观光游览。围墙也重新利用，比如卡丁车游玩区的围墙，改为透视墙，融入卡丁车的轮胎元素，成为村里的地标景点；拆除的围墙红砖，改造成座椅，供村民休憩使用。

但在改造过程中，团队把提升方案交给村民去“审核”。

同济院景观所所长马云富和组员，3个月的“产值”是和沈杨村村民聊天。“不进村、不驻村，不了解村民的需求，规划设计就很难落地。”马云富表示。

沈杨村水系发达，同济院主创规划师陈超想把沿河荒地改为亲水平台，让村民们有散步的地方。这个方案获得村民认可，但在施工过程中却遭到一户村民反对。原来，亲水平台的出入口正对这户人家的大门，村民觉得不利于“风水”。工程队坚持按图施工，不同意修改，双方僵持不下。得知居民需求，陈超赶到现场一番查看，就地调整方案，将出入口向旁边移动两三米，难题迎刃而解。为了尊重村民的用水习惯，规划师还保留了河边的水井，结合景观布置改造成互动性压水井，成为林荫一景。

白天，陈超俨然化身“包工头”，同时协调七八家施工队的施工内容，结合居民诉求，每天晚上回去优化方案细节。村里的施工师傅虽然经验老到，手脚麻利，对村子情况很熟悉，但有时看不懂专业施工图纸，陈超就手把手指导。

从梅雨季蹲点到盛夏，规划师们硬生生把脸晒得黝黑。通过陪伴式乡建，规划师们也收获了村民的点赞，不少村民从起初的反对、质疑，变成主动参与，主动询问进度。

“好设计应该尽可能兼顾村民需求。在不影响原则下可以进行改动，也会让村民感受到尊重。”陈超说。

一张规划图也能“赚钱”

改车挡、改路宽、设计雕塑……乡村设计看似细碎，但一切都有迹可循。

“陪伴式乡建不是只做细节，规划师们是带着整体思路去操作的。”江浩波说，乡村规划需要统筹协调，如果单纯做景观设计，可以比花园还漂亮，但也会带来高昂的维护费用，并不利于乡村发展。

整体思路，指的是一张蓝图，也就是沈杨村全域国土空间梳理。江浩波介绍，乡村地区的国土空间资源需要结合经济发展和社会进步进行动态的调整，各类建设用地之间近远期结合，实现乡村地区土地管理的弹性与韧性，这时规划就起到了关键作用。

除了景观设计，产业设计是乡村规划的关键。同济院副主任规划师孙萌介绍，沈杨村规划图上标注有不同色块，对应绿地、文化、教育、产业等不同功能。得益于规划师的乡村规划蓝图，沈杨村搭好了未来空间发展的基本骨架，引进的产业类型、农田与产业的搭配、民宅的选址，都十分考究。村干部可以按照规划要求和标准进行招商，去给蓝图“填色”。

虽然这两年沈杨村面临产业调整的“阵痛期”，今年更腾退80亩低效工业用地，村庄收入大幅减少，不过新产业也在有条不紊地进驻。

“低效工业用地腾退之后，我们把农用地还给了村民，环境变好了许多。调整之后的商业用地，引进了卡丁车、花卉基地、水上餐厅、康养中心等高附加值产业项目。”沈杨村村支书朱燕军说，“规划师驻村也让我们改变了思路。没想到，规划也能用来‘赚钱’。”他介绍，沈杨村的蝶变还在进行中，在一期风貌改造的基础上，更聚焦产业改造，让乡村获得可持续发展。

记者从上海市规划资源局、上海市城市规划设计研究院获悉，首批乡村责任规划师共有42人，将重点支持第三批和第四批示范村建设，成为上海乡村建设的先锋队和探路者。

同济规划院名城所团队助力抚州市申报成功国家历史文化名城

2022年1月江西省抚州市被国务院公布为第139处国家历史文化名城。自2016年开始，我院名城所团队在阮仪三教授的指导下，以陪伴式的长期服务，全过程为抚州市申报国家历史文化名城各项工作提供技术支持，编撰了100多万字的申报文本与佐证材料，制作了申报专题片，陆续编制了从历史文化名城到历史文化街区、传统村落、历史建筑等一系列名城保护相关规划，其中《抚州历史文化名城保护规划（2017—2030）》获2019年度江西省优秀城乡规划

上海同济城市规划设计研究院有限公司（TJUPDI）新闻简讯

设计一等奖，抚州历史建筑保护测绘建档项目开发了面向公众展示的《抚州历史建筑小程序软件》，并获得计算机软件著作权。

杨浦区区委副书记周海鹰一行赴规划院走访调研

2022年1月19日下午，杨浦区区委副书记周海鹰一行前往上海同济城市规划设计研究院有限公司走访调研。延吉新村街道党工委书记秦恒、区委办公室副主任郑斐、区投资服务发展中心副主任桂静华陪同调研。规划院党委书记童学锋、副院长王新哲、副院长张尚武、院长助理江浩波、主任总工梁洁等参加交流会。

区委副书记周海鹰介绍了此次调研的来意，希望通过走访调研加深对规划院的了解，助力企业在杨浦实现长远发展。周海鹰提到：规划院是环同济大学设计产业圈中的骨干企业，有着极强社会责任感，为杨浦区经济社会发展做出了突出贡献。希望今后在更多领域加强与规划院的合作，贯彻落实“人民城市人民建,人民城市为人民”的重要理念，打造多样化、有美感的城市环境。延吉新村街道党工委书记秦恒提议，从制度层面进一步完善 “社区规划师”制度，打造好专业机构与政府部门之间的互动平台，让更多设计师参与杨浦的建设。

童学锋书记首先代表规划院感谢了杨浦区长期以来对我院的大力支持，未来规划院将结合企业自身的优势及特点，为杨浦区做出更多有“特色”的贡献，力争打造具有全国影响力的城市公共空间，更好的体现企业的社会价值。副院长王新哲从组织架构、经营情况、重大项目、疫情防控等角度系统阐释了我院近年来的发展情况。张尚武副院长提到，规划院将进一步发挥学科优势，努力用设计赋予城市更高品质。杨浦区人大代表梁洁总工以及江浩波院长助理也先后发言，表示同济规划院立足于杨浦，对杨浦有着深厚的感情，希望为杨浦的发展做出更多贡献。

今后，我院将进一步服务杨浦，做好城市更新、城市空间改造等相关工作、为杨浦提供助力。

2022年第三届同济规划青创论坛——“双碳战略”的规划应用场景成功举行

2022年1月20日，第三届同济规划青创论坛首期在同济规划大厦408会议室成功举办，论坛主题为“双碳战略”的规划应用场景，包括主旨演讲、主题演讲、圆桌讨论等环节。论坛有幸邀请到两位院士专家做主旨演讲，以及九位来自同济规划院、上海市规划院、中规院上海分院、同济大学建筑城规学院、交通学院、土木学院、联合国可持续发展学院等多个机构和单位的二十余位专家、学者、规划师齐聚一堂，围绕会议主题展开了精彩的演讲和热烈的讨论。论坛采用线上线下结合的方式，高峰时有全国1.9万余（国匠城B站直播数据）同仁共襄盛会。

同济大学建筑与城市规划学院副院长、上海同济城市规划设计研究院有限公司副院长张尚武教授宣布论坛开幕，介绍了论坛举行的背景，着眼于青年学者与骨干规划师从学术与实践两方面进行碰撞，今年还拓展到上海市规划院、中规院上海分院等，同步进行网络，形成一次基于上海、面向全行业的盛会。

主题演讲由上海同济城市规划设计研究院有限公司科研办主任汪劲柏博士主持，共有9位演讲者作了主题演讲。

圆桌讨论由同济大学建筑与城市规划学院助理教授刘超主持，同济大学土木工程学院卢昱杰教授、上海同济城市规划设计研究院有限公司王新哲副院长、上海同济城市规划设计研究院有限公司王颖总工程师、同济大学建筑与城市规划学院干靓副教授、上海同济城市规划设计研究院有限公司曲洪伟规划师、中国城市规划设计研究院上海分院林辰辉院长助理、上海市城市规划设计研究院发展研究中心、编辑部卢柯副主任、同济大学建筑与城市规划学院石邢教授等，围绕“城市规划设计在双碳战略中处于什么地位？”“多元规划单位、研究团队如何合作共建？”等议题进行了热烈研讨。

最后由上海同济城市规划设计研究院有限公司王新哲副院长，做了闭幕致辞。王院长高度肯定本次论坛的意义和价值，为加强学校青年学者、院规划师、以及上海市规划院和中规院上海分院等兄弟单位之间的交流合作提供了良好的平台，各位专家、学者和规划师为“双碳战略”学术研究与规划设计实践结合贡献了智慧和力量。期待以此为契机，助力更多的研究成果应用于规划设计场景，加强学术成果转化应用能力和多学科多平台合作建设，为我国规划设计研究实践注入新的活力！

本次青创论坛在和谐热烈的气氛中落下帷幕。来自兄弟单位和兄弟院系的部分专家为本次论坛专门测了核酸进场，两位院士专家都是从其他会场直接奔赴过来，为大家贡献了丰富的思想盛宴。这还是一次难得的多专业跨领域交流的盛会，虽然只有短短半天时间，但内容丰富精彩，涉猎了多个专业和多个领域，是上海低碳城市研究的一个全视野纵览。

同济规划青创论坛后续计划每两月举办一次，选择不同主题，邀请广泛讨论，努力成为行业交流的持续性平台。也欢迎感兴趣的朋友提出讨论议题并参与交流。

2021上海同济城市规划设计研究院有限公司年终总结大会成功举办

金牛辞旧岁，祥虎报新春。2022年1月21日，上海同济城市规划设计研究院有限公司年终总结大会召开，大会以线上线下同步进行的方式举办。同济大学副校长雷星辉、同济创新创业控股有限公司党委书记高欣出席会议并致辞。我院党委书记童学锋、院长周俭、副院长王新哲、张尚武、周玉斌等领导出席会议。

同济大学副校长雷星辉代表学校，感谢规划院过去一年规划院在疫情防控背景下，在人才培养、社会服务、科教结合、产教融合方面为同济大学做出的贡献，希望规划院未来有更好的发展。

同济创新创业控股有限公司党委书记高欣致辞，他提到：希望规划院能保持自身特色，坚持创新，加强党的全面领导，以更优异的成绩迎接党的二十大的召开。

总结大会上，管理层对过去一年的工作进行了全面总结。2021年，我院在党建、企业治理及风险管控、产教融合、助力学校“双一流”等领域取得了不错的成绩。2022年，我院将进一步践行新发展理念，为人民做好规划，力争提供高质量服务，做出高质量作品。

总结过去，展望未来。会上公布了2021年度同济规划院优秀共产党员、优秀党务工作者、先进基层党组织、优秀管理、优秀主管、优秀员工、优秀新人奖获奖名单，同时公布了2021年度同济规划院评优名单。

重识盐马古道价值，探求云龙乡村振兴新路径 ——同济大学盐马古道研究课题组工作简报

心系云龙：面向乡村振兴，探索“文化引领”西南山区城镇特色发展的道路

云龙县位于大理州最西部，曾是典型的集山区、民族、贫困、偏远“四位一体”的国家级贫困县。2013年以来，同济大学按照党中央、国务院的统一部署和教育部的要求，开展定点扶贫工作。回望九年帮扶历程，同济大学聚焦贫困根源，依托城乡规划学